走读苏州

典藏版

稽元 著

阊门史踪　平江探古　名园寻芳　城中繁华　景德遗珠　山塘古韵　上津波影　城南风情　葑门内外　烟雨城东　天灵遗踪　石湖烟波　太湖如歌　山景如画　阳澄帆影　昆太胜迹　诗画琴城　江岸听潮　枫落吴江

浙江摄影出版社

目录

序一
眼光·学养·才情 ——《走读苏州》初探 刘向东

序二
王守仁

阊门史踪

- 010 / 阊　门　阅尽姑苏沧桑
- 017 / 艺　圃　疏淡风景背后的风骨
- 021 / 西中市　留一段民国旧韵
- 025 / 泰伯庙　苏州文脉之根
- 028 / 五峰园　传书柳毅长眠地
- 031 / 桃花坞　真才子自风流

平江探古

- 036 / 平江路　如诗如歌又如茶
- 039 / 昆　博　笙歌绕梁难忘怀
- 044 / 苏州博物馆　吴中文物聚宝山
- 049 / 忠王府　时空变幻风云散
- 052 / 工艺美博　聚珍"苏作"惊绝技
- 056 / 北寺塔　八字娘娘此中坐

名园寻芳

- 060 / 拙政园　欲说往事无限愁
- 067 / 狮子林　佛家园林走向人世间
- 070 / 耦　园　夫妻恩爱留名园

城中繁华

074 / 观前街　品尝苏州味道
078 / 玄妙观　人神共乐之地
082 / 子　城　八千子弟揭竿处

景德遗珠

086 / 城隍庙　曾是周郎小乔家
089 / 环秀山庄　山壑宛然方寸间
093 / 小巷深处　园亭不见王孙过

山塘古韵

104 / 虎　丘　情有千千结
112 / 山　塘　不尽山塘河水静自流

上津波影

128 / 留　园　曾经风月醉楼台
133 / 西园寺　历尽劫波瑰宝在
141 / 寒山寺　不仅仅是因为钟声

城南风情

150 / 沧浪亭　最是那一湾难忘的水
154 / 盘门三景　千年古城唯此遗珍
159 / 文　庙　天下有学苏州始
166 / 巡抚衙门　首举洁白的革命旗
169 / 胥　门　门迎清清太湖水

葑门内外

174 / 网师园　坐在道家思想的船上
178 / 织造署　红楼斜阳照往事
182 / 南　园　鸟语花香里的秘辛
185 / 望星桥东　谛听历史的脚步声
192 / 定慧寺巷　双塔古寺映清流
195 / 洋　关　运河在这里拐了个弯
200 / 葑门横街　市井声声最动人

烟雨城东

206 / 金鸡湖　"东湖"风光最旖旎
218 / 甪　直　古镇风情言难尽

天灵遗踪

226 / 灵　岩　吴宫遗址唱梵呗
229 / 木　渎　托体山阿让人思
237 / 天平山　枫红如丹说忧乐

石湖烟波

244 / 石湖上方山　天开图画好湖山

太湖如歌

260 / 洞庭东山　湖山毓秀胜绝处
268 / 镇　湖　太湖边的刺绣之乡
271 / 光　福　绣女家在梅海里
279 / 西　山　太湖里的世外桃源

山景如画

290 / 高高穹窿山，吴中第一山
296 / 一座座青山紧相连

阳澄帆影

310 / 相　城　姑苏城北好风光
315 / 重元寺　水天佛国　吉祥莲花开

枫落吴江

320 / 同　里　梦里水乡梦里人
327 / 静思园　吉光片羽造奇园
330 / 震　泽　尚香公主归隐处
335 / 黎　里　梨花如雪开满川
338 / 盛　泽　机杼织出满天霞

昆太胜迹

344 / 昆　山　玉山佳处景色殊
348 / 周　庄　水乡的回忆
353 / 锦　溪　清水芙蓉带露娇
358 / 千　灯　照亮水乡妍丽景
360 / 古港浏河　我家原住长江口
364 / 太仓城厢　边走边看忆往事

诗画琴城

368 / 常　熟　如歌在琴弦上流淌
384 / 沙家浜　碧血化作芦苇青
387 / 古　里　书香散去红豆在

江岸听潮

392 / 凤凰山　河阳山色画图开
397 / 黄泗浦　鉴真东渡扬帆处
401 / 香　山　一虎雄峙大江边

405 / 后　记

金鸡湖畔，新城崛起（顾益明 摄）

走读苏州

苏州古城西南角的水陆城门——盘门（全景网 供图）

护城河畔的赤门（全景网 供图）

雪后灵岩山，分外妖娆

走读苏州

太湖大桥如长虹卧波

建于阳澄湖莲花岛的重元寺观音阁

走读苏州

虞山脚下的南梁古刹兴福寺

苏州大观音寺（李克祥 摄）

寒山寺旁的江枫桥，《枫桥夜泊》写的便是这里（全景网 供图）

艺圃一角（陈铭 摄）

中国历史文化名镇、国家5A级景区东山（吴中区委宣传部 供图）

走读苏州

以"吓煞人香"闻名的
名茶碧螺春
（全景网 供图）

走读苏州

著名华裔建筑设计师贝聿铭为故乡设计的苏州博物馆，已成为广受欢迎的旅游目的地
（全景网　供图）

走读苏州

"江南六大古镇"之一的周庄，夜色初上（全景网 供图）

苏州园林代表作之一
——沧浪亭
（全景网 供图）

序 一

眼光·学养·才情
——《走读苏州》初探

刘向东

收到老友稔元的书稿——《走读苏州》，只见厚厚一捆，足六斤重。初读之后收获颇多：这是一本立体、形象地介绍苏州文化的好书，又是一位资深驻苏记者对二十七年文化报道的回望、延伸和升华，更是一位苏州儿子感恩桑梓、回报故土呈献的一份厚礼。可喜可贺！

从总体印象而言，我觉得此书和一般介绍景点的旅游书籍大相径庭。它熔文学性、文史性、新闻性、可读性、收藏性于一炉，属于有较高审美价值的游记文学范畴。游记，是一种记叙旅途见闻的文学体裁，它题材广泛，政治、经济、文化、风土人情、山川风光、名人轶事、古迹名胜，无所不包，且文笔轻松，状物抒情，恣意挥洒，多彩多姿。历代名篇佳构不可胜数，诸如郦道元的《水经注》（部分篇章）、柳宗元的《永州八记》、徐弘祖的《徐霞客游记》、方苞的《游雁荡山记》、姚鼐的《登泰山记》、刘鹗的《老残游记》，以及朱自清、俞平伯同名作《桨声灯影里的秦淮河》，等等。稔元的这本游记，继承了历代优秀游记之传统，又具资深记者、亲历故乡变化等独特优势，铸就了新的高度和厚度，使之具有文脉绵长、内容博大、思想丰厚、趣味盎然等鲜明的艺术特色。

文脉绵长。且不说文中论及的苏州先祖数千年的文明史，单就从公元前514年建城算起，也有了二千五百多年的建城史。吴越春秋，而秦汉、而唐宋元明清、而民国、而新中国成立、而改革开放至今，一座古城漫漫数千年的文化积淀，何其悠远、绵长、深邃。绵长的文脉必然承载博大厚重的文化蕴藏，必然展现恢宏壮观的历史画卷。只见作者纵论古今，洋洋洒洒；千年古迹，冥冥幽光；历史碎片，连缀辉煌；名人轶事，珠玑闪亮；诗文典故，满目琳琅；珍闻奇趣，可读可藏……真可谓姑苏文脉汩汩流淌泽被万代，现代苏州万千气象奔来眼底，是一本文化苏州的全景地图，一本文明苏州的厚重大书，其内容博大自不待言。思想丰厚，是指全书不仅出景致、出人物、出故事、出细节，而且出新意、出观点、出智慧、出思想。比如，过去人们一谈起苏州，就津津乐道于阴柔婉约之吴韵，甚至不屑于苏州男人讲话的"娘娘腔"，而作者倾注大量有说服力的史料，还侠义苏州、阳刚苏州、争强苏州的另一面，塑造了苏州人刚柔相济之全貌，这无疑是对吴文化的正本清源并为其增添了新的光彩。至于章节里闪烁的睿智、感悟、哲理，以及传播的新知识、新发现、新信息就不胜枚举了。说到趣味盎然，乃游记文学一大成功之道。此书有大量划破迷雾释疑解惑之奇趣，有写造园史话觅迹探幽之雅趣，有让人欣欣然陶醉于大自然美景之乐趣，有读典赏诗获取新知之鲜趣，有上海话对苏州话的幽默风趣，有才子佳人卿卿我我、曲曲折折的民俗之趣，包括吴王与西施、韩世忠与梁红玉、冯梦龙与侯慧卿、唐伯虎与秋香、钱谦益与柳如是、冒辟疆与董小宛、吴梅村与卞赛赛……一本游记如此幽默多趣，它产生巨大的吸引力就不言而喻了。

作为一位新闻工作者，稽元的这本厚重而精彩的游记文学究竟是如何写成的？这是我要重点探索的又一问题。窃以为他离不开"三靠"。一靠记者的眼光，二靠文人的学养，三靠作家的才情。三者交相辉映，叠加裂变，便激发出无穷无尽的创造力。

何为记者的眼光？

它是指记者观察事物，认识世界，获取报道线索，权衡报道价值的角度、力度、敏锐度，包括其高度、深度、广度和远度。有的学者把它概括成观察力、判断力、穿透力。我还称之为深邃、广阔、前瞻的三种眼光。深邃乃透过现象见本质之"显微镜"，广阔乃"窥一斑而见全豹"之"广角镜"，前瞻乃预见未来之"望远镜"。记者眼光是衡量记者水平高低的试金石，是记者的生命线和成功的第一要素。稽元的眼光在中青年时代就练到相当的功力。他采写的通讯《老台胞寻女奇遇记》（和通讯员合作）被传为佳话：一是夺得中国新闻奖一等奖；二是被上海电影制片厂改编拍摄成故事片《假女真情》，主要演员获第十届电影金鸡奖最佳女演员奖；三是几年后被收入范文式的《中国新时期优秀通讯选》。一篇通讯有这样大的影响，这在《新华日报》七十多年报史上实属罕见。

二十多年来，稽元凭借一双慧眼，使他的新闻事业之树硕果累累，也使他越发洞见苏州文化的博大精深。他从感受古苏州的古典之美、儒雅之美，又发现吴文化的刚柔相济之美、新苏州的现代之美、洋苏州的中西兼融之美；他从感受苏州园林的典雅之美、昆曲的婉约之美、苏绣的绚丽之美、苏州民间服饰的俏丽之美、苏州方言的甜柔之美，又发现长江的澎湃之美、太湖的浩瀚之美、运河的温顺之美、群山的逶迤之美；他从感受小巷的幽静之美、古街的遗韵之美、古庙的藏古之美、古镇的画景之美、古桥的诗境之美，更发现昆山人敢为天下先的英姿之美，张家港人负重爬坡的拼搏之美，苏州人创新争先、勇立潮头的跨越之美。这无数的感受、领悟、发现集中到一点，让他看到古苏州、新苏州、洋苏州无穷无尽之美，这无数的美敲击着他的魂魄，激荡着他的心潮，他再也无法平静。于是，他厚积薄发，倾其心志，凝聚功力，一本多姿多彩的《走读苏州》便应运而生了。

何为文人的学养？

是指文化人的学识涵养，它是胸墨、功力、内涵、底气的积淀，德、才、学、识的总汇，以及靠这一切积聚的创造力、爆发力、持续力。大诗人陆游诗曰："汝果欲学诗，工夫在诗外。"这诗外之功，广言之画外之功、艺外之功、文外之功等都是学养。嵇元的学养是从长年苦读中来，是从采访写作中来，是从广交朋友、讨教切磋中来，是从悉心研究、论证中来……他广泛阅读、博闻强记所下之功非常人所及。纵观苏州数千年之大文化，应读之书、应查之典浩如烟海，选其精要也有千百册之巨。大凡必读之书，他都要千方百计地去寻、去借、去买、去摘、去钻、去积累。仅仅为了论述吴王阖闾葬于虎丘这一史实，他就选读了《吴越春秋》、《吴地记》、《吴郡图经续记》、《元和郡县志》等古籍，为了廓清苏州织造署的历史脉络，以及部分红楼人物和苏州的关系，就把《红楼梦》和有关红学典籍读得烂熟于胸。至于写数十个苏州园林的建园史、迹迁史、修缮史，究竟要读多少典籍、查阅多少资料，连他自己也计算不清了。平时，嵇元没有赶饭局、打麻将、跳舞、神聊等兴趣，几乎把所有业余时间都放在寻书、看书之上。书是他的最爱，书也成了他丰富学养的不竭之泉。

二十多年的采访与写作实践，是嵇元的社会大学，也是他的文化大学。他除了捕捉经济苏州的一个个亮点，更钟情于文化苏州的一个个彩点。一旦发现了报道线索，他便不分昼夜，穷追不舍，采访、思考、写作、发稿之后，又把边边角角的小料整理、积累下来，久而久之，这些小零碎就被连成整串整串的珍珠玛瑙、奇稀古珍，供日后派大用场。且看写碧螺春一节，写茶史、茶经、茶珍，写炒茶、品茶、售茶，又写东北客商喝茶的笑话，等等，洋洋五千言。这里，可见他观察、采访之细微，更加可见他注重平日积累之远虑。古人曰："不积跬步，无以至千里。"嵇元采访写作之积累，乃他丰富学养的又一泉也。

我认为记者是使人进步最快的职业之一。何也？记者站在巨人的肩膀上，他采访交结了无数成功者，便汲取了诸多大智慧。嵇元结识之师友，除了难以计数的采访对象之外，还有数以百计的政治、经济、文化、科技、教育、建筑、旅游、艺术诸界的政要、专家、学者、教授，等等。他不仅在参加重大学术研讨交流活动中掘地三尺，寻根究底，而且不放过任何一次请教、切磋的机会，去探求新知。"三人行必有我师"、"十步之内必有芳草"，广交朋友乃嵇元丰富学养的第三泉也。

研究、思考、过滤、消化，有所得，有所进，做学问，出成果，这是嵇元学养的第四泉。他在书中提出"项羽起义是在苏州而非湖州"、"孙策、孙权之母吴夫人曾对孙吴政权起到一定作用"，提出"网师园体现了道家思想"、"'洪武赶散'背后，是新登基皇帝穷凶极恶地掠夺良田"，还提出"退思园主人兰生，是一位改革者和实干家"，如此种种，都是他的研究成果或新的感悟、体会。

何为作家才情？

这里主要指作家的文采激情。当作家的眼光长到山岳一样高远，学养在胸中形成汹涌的江河时，他的文采激情就会像庐山瀑布一样，"飞流直下三千尺"了。嵇元亦然。

作家的才情首先在培养、塑造自己特有的文学风格上彰显。风格出则精彩现，风格隐则不见作家面貌。长期做新闻工作的一些人，文字常流于直白平淡，嵇元则不然。他在新闻园地中耕耘的同时，还在文学园地里挥洒热汗，成长为记者兼作家的两栖人才，其秀润的风格也日渐形成。秀润，乃委婉秀美圆润之谓也，好似群山叠翠，碧波千顷；泉出幽径，流水淙淙；百鸟入林，婉转啼鸣；雨打芭蕉，滴滴含情。若以中国画比之，它分为苍莽和秀润等大类，"苍莽者古拙雄浑，用笔枯硬，如人之老年；秀润者，格调清秀，丰茂秀丽，笔润湿而酣畅，如人之青春"，她"千种宛转，万种风情，骨清神奇，蕴涵超迈"，在书法界，王献之就被推崇为秀润之典范。嵇元的风格不必和王献之攀比，却也日渐圆熟。且以穹窿山一节为例。从作者健步登山始，到缓步下山终，一路上边看边讲，谈古论今，释禅说道，言情状物，写景抒情，声色并茂，文采斐然，像资深导游精彩解说，又似渊博学者侃侃而谈，直自"满山树声，一天月华；寺内寺外，俱应无眠"，适才点出此乃韩世忠将军玩月处，正是"佛之禅意，历史之天籁也"，其景也美，其境也幽，其情也浓，其秀润风格呼之欲出。

作家的才情在选材谋篇中彰显。即作者在写作上扬长避短，力求详略得当，形成自我特色。比如，一讲到苏州旅游，人们就会想到苏州园林、古城、古镇、古迹，其实除了市区之外，还有太湖、阳澄湖、长江、大运河、天平山、虞山，这些人们知之较少的景致，便成了作者出彩之点；此外，张家港、太仓、昆山、常熟、吴江五市也成了作者新的着力点。就人们熟知的比如拙政园等经典园林而言，作者也尽量避免图解式叙描，而是突出若干鲜为人知的趣闻细节，使其别开生面。至于人们很少涉足的小型园林，诸如艺圃、怡园、曲园、听枫园、五峰园等，作者也适时穿插其间，以拾遗补缺，从而将一个完整而纷呈的苏州园林展现在读者面前。

作家的才情在身心融入、融化中彰显。一般游记作家的融入，多是指旅途之中的人景融入、人史融入，而本书的融入乃作家前半生旅途和一座历史文化名城全方位的融入，是他的个人成长史和城市发展史的立体式融入。这种融入、融合、融化，带有人文合一、人城合一的浓重色彩，是一种灵与肉、骨与髓的紧密结合，达到难分难解、无法分割的程度，这也正是本书区别于一般游记文学的另一标志。

你看，平江路上，我们看到儿时嵇元的幼稚身影；虎丘、山塘，我们看到作为医务工作者的青年嵇元的矫健身影；金鸡湖畔、工业园区，我们看到嵇元成熟干练的记者身影；老浏河口、穹窿山巅，我们看到嵇元头发稀疏、走向老年的作家身影……生生息息半个多世纪的漫长岁月里，嵇元年年岁岁、日日月月，都在孜孜探求故乡的人文底蕴，他用情之专、用功之苦、用时之长、用心之细，是常人难以想象的。

于是，才有了山塘街满街花香酿出的化不开的情；

才有了寒山寺二十多年不绝于耳的新年钟声；

才有了金鸡湖"飞龙在天"、"空中园林"的天上诗意街景；

才有了东山和西山的碧湖、青山、梅海、古柏交织的姑苏第一佳境；

才有了苏州绵长悠远的底蕴和翱翔九天、领飞全国的身影……

在本文行将结束之际，尚有一点言犹未尽，在我年迈多病、精力甚差之际，何以全力为嵇元友此书撰文呢？

其一，我想到退休文友的三种活法。一曰退而休之，停笔耕，享天年，这无可非议；二曰退而稍进，整理文稿，精选出版，以此为结，此句号画得比较圆矣；三曰退而精进，即凭借功力，再作开拓，再上层楼，又有喜人力作问世，此乃人生第二春也，可敬可赞。嵇元友尚未退休就如此努力，我为之擂鼓助威，岂不快哉！

其二，我视写作为生命，以己生命之泉为友人事业之树浇几许清水，人生之大幸也！嵇元梅开二度，我添一片绿叶，岂不乐哉！

2011年11月25日

（作者系新华日报社原社长、总编辑、党委书记，高级记者，江苏省委宣传部原常务副部长，江苏省新闻工作者协会主席，南京大学、苏州大学、南京师范大学兼职教授）

序 二

王守仁

  提到苏州，人们常用"上有天堂，下有苏杭"的名句来形容苏州的美丽。自公元前514年，伍子胥奉吴王阖闾之命，"法天像地，相土尝水"，构筑大城于江南原野，世世代代的苏州人依托独特的地理和人文环境，凭借聪明才智和勤奋努力，打造江南文化重镇，留下了灿烂的物质文化与非物质文化遗产。苏州自古就是人杰地灵之地，素有"鱼米之乡"、"东方威尼斯"之称。改革开放的春风，更是让这座千年古城焕发出勃勃生机。

  城市的伟大，是历史的恩赐，由人民创造。苏州是一部内容丰富的史书，是一幅风光无限的画卷。嵇元的《走读苏州》带领我们走进苏州，驻足一个个历史现场，浏览古城新姿，品味江南风情。苏州作为历史文化名城，人文积淀丰厚，才子佳人辈出，名胜景点荟萃。同时，苏州的经济发达，社会文化事业进步显著。苏州是一座既古老又年轻的城市，就旅游资源而言，其实是城乡联动，空间广阔，景点种类众多，有古典的、有现代的，有山的、有水的，一景一点均有典故。嵇元以景点为由头，对苏州进行解读，这本游记文字活泼而不轻飘，述说详细而不琐碎，历史书写庄重，故事描绘生动。

  介绍和研究苏州景点的书或文章原本已不计其数，可谓汗牛充栋，但《走读苏州》写得有新意，阅读时愉悦感油然而生，让人手不释卷。嵇元自己对该书写作提出的要求是："一、要有点学养，不能空洞无物，做个文抄公，拼凑成文；二、不要写成说明文，景点四平八稳一个个介绍过来；三、要有一点想法，有一点思考，有一点发现，有一点自己的观点，给人以启发；四、文章里要有'我'，假如没有'我'的眼睛和心，写出来的文章必然味同嚼蜡，而许多旅游文章就是这样有景无'我'；五、要有一点读书人写文章的感觉；六、在写作方面要有所创新，有的景点不是平铺直叙的介绍，有的疏可走马甚至不提，有的密不透风娓娓道来。"《走读苏州》很好地践行了这些理念，可读性强。现在许多地方搞了一些生态园、农庄、湿地公园之类，生态固然不错，但这是休闲场所，至于里面有什么历史的、文化的信息，就不一定了，因此去了以后只给人一种单薄的记忆。而苏州的景点再小，却都有佳话流传，可以讲出故事来，让人感觉方寸之间引人入胜，景点虽小却像一杯碧螺春茶，品一下回味无穷。嵇元有深厚的文学修养，知识储备充盈，博闻强记，这使得他能够对尘封的史料进行爬梳剔抉，钩玄索隐，掌故传说、轶闻趣事信手拈来，像"宝塔不在寺后却临街"、"苏州探花到琉球"、"何人解得此塔谜"、"曾是周郎小乔家"、"东园主人因何亡"等篇章，都有作者一定的考证和自己的想法。

读罢《走读苏州》，我真切地感受到这是一本苏州人写苏州的书。嵇元作为地道的苏州人，生于斯，长于斯，对苏州的街巷、老屋、古桥、小河等烂熟于心，对城市的变迁了如指掌。他长期担任《新华日报》驻苏记者，平时是个有心人，留意观察民风民俗，把所见所闻所思都记载下来。这本书是他作为一线记者像蜜蜂采集花粉那样收集真材实料辛勤劳动的成果，同时也表达了他对家乡的挚爱和关切，因此对城市建设工作时常会提些改进建议。如在"阊门：阅尽姑苏沧桑"篇中，作者认为"举案齐眉"这一典故发生在苏州的皋桥，希望能在皋桥周边整理出一块地方，竖个举案齐眉的青铜雕塑，再建个碑亭，亭内竖一块"汉贤女孟光为丈夫梁鸿举案齐眉处"碑。"北寺塔：八字娘娘此中坐"篇中提及孙坚墓在20世纪80年代初为一工厂发展而被平毁，如今那家工厂早已停产，作者呼吁"苏州应该恢复这一古迹纪念地"。在"曲园：永远的花落春仍在"篇中，作者感叹在曲园看不到关于俞平伯先生的任何介绍："他正是在这里长大的，他们俞家故宅也在这里，因此他同时也是苏州人，苏州理应将他好好介绍，这不仅是对一段历史的敬畏、对一位名人的敬意，也是对子孙后代的一种责任。"《走读苏州》正是以这样的敬畏、敬意和责任来言说苏州、阐释苏州、宣传苏州。

我也出生在苏州，童年是在古城区"如诗如歌"的平江路度过的。苏州作为故乡，允诺人们精神和文化上的居住，常常让我魂牵梦绕。我和嵇元是中学同学，但自1971年起，我就离开苏州到南京工作，后来去英国留学，学成回国后长期在南京大学任教。四十余年来，我与嵇元一直保持着联系。《走读苏州》书稿完成后，我有幸先睹为快。书中熟悉的人名、地名时时勾起我儿时的记忆，感到十分亲切。虽然我是苏州人，许多景点都去过，而且年年回苏州，但看了这本书，我越发觉得苏州这座城市不平凡，有许多地方还真没有走过、没有读过。或许我们每个人对自己的家乡、自己居住的城市都走得不多，看得不多，读得不多。开卷有益，《走读苏州》有助于读者了解苏州文化之底蕴、领略苏州城市之秀美，特此向每一个关心、热爱苏州的人推荐此书。

2011年12月于南京大学

（作者系国家教育部大学英语教学委员会主任委员，中国外国文学学会副会长，英国伦敦大学国王学院博士，南京大学外国语学院教授、博士生导师）

走过一座一座桥,走过苏州

阊门史踪

阊 门　阅尽姑苏沧桑

艺 圃　疏淡风景背后的风骨

西中市　留一段民国旧韵

泰伯庙　苏州文脉之根

五峰园　传书柳毅长眠地

桃花坞　真才子自风流

阊 门
阅尽姑苏沧桑

《红楼梦》从此地开篇

苏州的景点数不胜数,要走读苏州,从哪儿开始呢?忽然想到了曹雪芹。看来他老人家对苏州比较了解,写《红楼梦》就是从苏州开始的,而且这位旗人作家轻而易举地找到了在苏州的起笔处:

> 正不知那石头上面记着何人何事。看官请听:按那石上书云,当日地陷东南,这东南有个姑苏城,城中阊门,最是红尘中一二等富贵风流之地。(程甲本《红楼梦》第一回)

一部不朽名著,却是从苏州的阊门开始写起,可见阊门是古代苏州最有代表性的地方。我在春天一个有薄雾的早上,来到阊门。阊门朝西,位于苏州古城西城墙的北部。如今这里车水马龙,高高的城墙,有三个城门洞,当中一个通汽车,两旁还各有一个小城门,为慢车道和人行道,北面还有一个水城门。城门上面是重檐翘角的城楼。从晋代吴郡人陆机的《吴趋行》诗来看,古代的阊门城楼,是很雄伟高大的:"阊门何峨峨,飞馈跨通波。重栾承游极,回轩启曲阿。蔼蔼庆云被,泠泠鲜风过……"显然,今天阊门这格局不是当时的原貌。

高楼大厦看多了,来到城门前,怎么也不觉得阊门有何殊胜。不过,在历史上,将阊门看作苏州的代表性建筑,也不是曹先生的首创。汉代的《论衡·书虚》说:"颜渊与孔子俱上鲁泰山,孔子东南望,吴阊门外有系白马,引颜渊以示之,曰:'若见吴阊门乎?'颜渊曰:'见之。'"事件发生的地点在岱顶今孔子庙前,后来有明代人在此建双柱单门的"望吴圣迹"石坊以作纪念,所以这里又叫作望吴峰、孔子岩(崖)。老夫子和弟子爬上泰山,什么也不看,就是朝大江之南眺望,这是因为当时的吴国正在迅速崛起的缘故。在他眼里,阊门可以代表阖闾大城。

孔子看见的吴国都城是一座建成不久的新城。春秋时吴王阖闾任命楚国逃亡来的伍子胥主持建造新吴都,伍子胥于是"象天法地、相土尝水",用当时中国先进的建城思想建造了一座中国南方最大的城池——阖闾大城。这座吴国新都城有城门八座,其中阊门为首门,因古代文化中将天宫的天门叫阊阖之门,就取此意。清代还在城楼上高挂"气通阊阖"匾,意思是苏州城和天宫血脉相连,是天宫在地上的投影。现在城门内路的南侧新建了一座花岗岩四角亭,亭中竖有一块"气通阊阖"石碑,以示今天的阊门和古代的阊门一脉相承。让人遐想无限的是,阊门的命名,体现了建城者的目的,是想在江南大地上建造一座天上的城市。也许,苏州城在建城之初就有"人间天堂"的意思了。

秦始皇时,曾下令拆除全国诸侯国首邑的城墙,或许汉代以前的城墙就在那时拆除了。今天的阊门,可能并不在原址,前几年考古只发现了汉代的城墙遗址。后来苏州城墙历史上又有过几次拆除。虽然春秋时期的阊门因年代久远,今天已经无法确切知道具体位置,但在今天阊门附近,这是毋庸置疑的。

现在的阊门城门和城楼是在新世纪初恢复的,恢复的是苏州人的一个历史情结。关于苏州城池的历史,目前学术界比较公认的观点是,根据历史记载,始见于阖闾元年,即周敬王六年(公元前514年)。但是由于苏州历史上经过多

月夜阊门

次城池毁坏事件，要找到春秋时期的城墙遗存还真不容易。2004年在阊门城门外考古发现元末时的瓮城遗址，听了专家的建议，放弃了原先准备恢复瓮城的计划，建成了遗址纪念地。古遗址风吹雨打，任人践踏，看了让人心疼。

吴越战争吴国失败后，阖闾时建的吴都，被越国毁城，成为吴墟。后来又做过越都，越国被灭后又成为废墟，还是被叫作吴墟。楚国的春申君带了他儿子（史称假君）来江东主持这一带的事务后，重建了吴都，这就是苏州城的前身。近年在阊门北码头城墙的明代堆筑下发现了战国时的土层堆筑（到底是越国所建，还是春申君所建，需作进一步研究）。这一发现，可以有力地击碎有关学者苏州城始建于东汉泰德年间的谬说，同时也证明了现代历史学家顾颉刚关于苏州城二千五百多年来城址一直没有迁徙的观点是有道理的。

阊门再往西过去没几步就是吊桥了。我曾看过多幅清代画阊门的画，吊桥上有的有棚，可遮风雨；有的两边有棚，有人在内做生意；有的无棚，只有栏杆。今天是可通行汽车的新建廊桥，行人可在两边廊桥里扶栏观景。信步走上城楼，这里辟有茶室，不少人在此会友品茗，有情侣在喁喁私语。阊门一度是苏州的公共客厅，重要的会见活动，就安排在阊门。如三国时，号称"凤雏"的襄阳名士庞统，来东吴公干后要西还时，吴郡的名士陆绩、顾劭、全琮等在阊门设宴，为庞统送行，留下一段国家一统后共荐天下才俊建设国家的佳话。今天在城楼上登高望远，视野仍很开阔。从西面寒山寺方向过来的上津河（真正的一段古运河），一条进城的河，一条通往虎丘的山塘河，再加上护城河的两端，五条河汇聚阊门，被人叫作"五龙会阊"，这五条河在那时都是交通干道，这里就成了交通枢纽和物资集散之地。

唐代大诗人白居易做过杭州刺史，此后他又来苏州任刺史，登上阊门城楼，城内外风光气象万千，灵感泉涌，写下一首《登阊门闲望》诗：

  阊门四望郁苍苍，始知州雄土俗强。
  十万夫家供课税，五千子弟守封疆。
  阊闾城碧铺秋草，乌鹊桥红带夕阳。
  处处楼前飘管吹，家家门外泊舟航。
  云埋虎寺山藏色，月耀娃宫水放光。
  曾赏钱唐嫌茂苑，今来未敢苦夸张。

诗里的"钱唐"指杭州，"茂苑"指苏州。白居易一直很是赞美杭州，但此诗说他来苏州做刺史后，就再不敢一味夸奖杭州了。因为大运河开挖成功贯通南北，通航已多年了，阊门在白居易时代又是一番气象，大运河在苏州段要经过阊门，阊门内外就成了苏州货物最主要的集散地，这一带就繁荣起来了，也带动了苏州经济的发展，促使苏州成了经济强市，当时叫"雄州"。

托大运河的福，阊门的繁荣一直持续了下来。明代画家唐寅就住在阊门里面不远处的皋桥或桃花坞，他对阊门的繁华有细致观察和深刻体会，写了一首《阊门即事》的七律诗：

世间乐土是吴中，中有阊门更擅雄。
翠袖三千楼上下，黄金百万水西东。
五更市卖何曾绝，四远方言总不同。
若使画师描作画，画师应道画难工。

诗很写实，反映的是阊门四方商客会聚、交易兴旺、经济充满活力的场景，阊门繁华，苏州也就繁华。唐寅作为画家，却也感叹无力将所看到的场景描绘下来。到了清代，阊门一带继续繁荣，康熙时人、翰林院检讨孙嘉淦在《南游记》中说："姑苏控三江、跨五湖而通海，阊门内外，居货山积，行人水流，列肆招牌，灿若云锦，语其繁华，都门不逮。"所以曹雪芹赞叹阊门是中国首屈一指的风流富贵之地。苏州画家徐扬曾将阊门的繁华用画笔作了记录，这幅画就是《盛世滋生图》（也叫《姑苏繁华图》），画面上的阊门一带是商业繁盛、店铺林立、船只满河、人烟辐辏的场景。

意想不到的是，1958年，苏州市政府决定拆除城墙，阊门这一古城的标志性建筑也被拆除了；20世纪80年代因大运河改道不再经过阊门，这两个因素对阊门地区的繁华都是一种打击。虽然今天阊门地区很热闹，但因为不再承担物资交流的功能，这一地区对全国或东南地区的辐射作用，就基本消失了，只是市区的一个商业旅游区。本世纪初，作为环古城河风光带的一个节点，政府恢复了阊门水陆城门和城楼，并连接上了一段原有的古城墙。2011年9月20日，苏州在古城阊门、平门、相门三个区段启动了古城墙保护修复工程，阊门恢复的是北码头段，负责恢复城墙工程的苏州城投公司收集到了十万块旧城砖，全都将砌进新恢复的城墙里。北码头现在成了一条商旅性质的民国风情街。

阊门虽没有完全恢复旧观，但也可以供人抚今思昔了。

"洪武赶散"洒泪处

阊门外汇聚的五条水道中，有一条水道在过去是大运河的一段，长约2.5公里，当地人叫上塘河。在上塘河东端、渡僧桥西的白少傅祠（2005年刚开放时叫白居易纪念苑）后面，有一幢外观三层实为两层的八角形楼阁式仿古建筑，叫朝宗阁，和巍峨的阊门隔河相望，现在作为"洪武赶散"这一段历史的展出场所免费开放。朝宗阁是"五龙会阊"的标志性建筑，在晚上的灯光波影里更是璀璨晶莹。朝宗阁旁的上塘河，往西尽头就是寒山寺所在地的枫桥。大运河从枫桥那里通往西北方向，经无锡、常州、镇江，然后过长江，往兴化、淮安一带向北而去。

在明王朝刚建立之际，从阊门的上塘河开始往北的这段运河，是一条苏州人（部分松江人、常州和浙江人）洒满泪水之路。数十万江南士绅人家（有专家说是四十万），被新政权迁往苏北和安徽各地垦荒，这是许多正史史书如《明史》、《明实录》所不记载的"洪武赶散"运动。明代苏州人状元吴宽（1435—1504）曾说："皇明受命，政令一新，富民豪族，划削殆尽"，以致苏州城东"遭世多故，邻之死徙者殆尽，荒落不可居"。元末时苏州城乡繁荣，文化活跃，至此，有"人间天堂"之誉的苏州几成鬼城。

新中国成立后，许多历史学家对朱元璋建立政权后的举措多有肯定之处，其中一条就是打击豪强。又说因为苏州地区的张士诚政权得到苏州士绅拥护，朱元璋对苏州人恨之入骨，故对士绅和百姓采取了惩罚。总之为他找出一点理由，好将他的反人民暴行归结为是苏州人有错在先。

对朱元璋所谓打击苏州豪强最后株连到广大中小地主、自耕农，到底应该给予正面评价还是否定，或者说，朱元璋的这一做法是有积极意义还是消极意义的，对社会的发展是有益还是反动的，可以作进一步分析。

还是从当时的材料来看一下吧！明代苏州知府况钟在宣德五年（1430）七月二十六日所上的《请减秋粮奏》中说：

> 查得本府七县该粮二百七十七万九千一百九石零，内官田粮二百六十二万五千九百十五零，每田一亩课米不等，由一斗二升至三石止；民粮一十五万三千一百九十四石零，每田一亩课米五升至二斗六升止。

可见，苏州七县（相当于今天苏州市范围，再加新中国成立后从江苏划给上海的崇明县、嘉定县）所有粮田中官田粮占了94.49%！朱元璋通过所谓的打击豪强，就是派出亲信到苏州等地通过罗织罪名，抄没那些有家产的人家，从而将中国最肥沃的苏州、松江、嘉兴等江南地区的农田，无偿地攫取到了自己的手中。在苏州，他是名副其实的最大的地主，人民过着困苦的生活。况钟在景德六年（1455）三月初八所上的《丁少粮多请免远运奏》中说：

洪武年间，验丁授田，每户税粮多者四五十石，少者亦不下十石。农民当秋冬修筑圩岸，春夏车水出圩，营办粪壤滋肥，方得收成有获。稍或妨误，非但官粮拖欠，口食亦且不给。

这是一份地方官府给朝廷的内部报告，情况应该是真实的。从中可以看出，苏州农民给朱皇上种田，一年四季辛苦无歇，负担非常沉重。种粮是靠天吃饭，风险极大，农民很可能劳累了一年，反而拖欠了皇粮，自己吃饭的口粮还没有着落。其他还要征夏粮麦子、丝、商税、盐钞、人丁丝绢、房地赁钱、荡课钱、酒醋课程、进贡的麻、水牛皮、麂皮、桐油、角弓、透甲箭和长洲、吴县特征的茶课，一样不少，后来的苏州人、大学士王鏊也无奈地叹息道："岁有常品，而交纳之费乃数倍于价。"

而那些需要迁徙的苏州人无论是襁褓幼儿还是耄耋老人，迁徙圣旨下达后，一律起行，他们在阊门（可能在阊门外朱家庄）集中，在阊门外的码头上船，从大运河一路北上，来到了芦苇丛生、盐碱遍地的新地方。他们到了屯垦的新地方后，便不准随便离开住地。据江苏省作家山谷先生向我介绍，在苏北许多地区，当地人将睡觉叫作"到苏州"，睡着了就说是"到苏州去了"。我当时不解此话，后来想明白了，那是移民沉痛的话，只有在梦里他们才能回到故乡。也有笔记说他们为到苏州扫庐墓，粮食收入库后就以外出讨饭名义来苏州，到苏州时往往已是冬至。至今苏州还有在冬至而不是清明扫墓和祭祖的独特习俗，说"冬至大如年"。

苏州移民在当地极为贫困的状况下进行开发，垦荒煮盐，传播教育，发展文化，扎下了根来，对当地的经济和社会发展作出了贡献。凡苏州移民多的苏北地区，至今仍然普遍重视教育，可能还是受苏州带去的习俗影响。这些移民的后裔中出了许多名人，如传说是《水浒传》作者的施耐庵，"扬州八怪"之一的郑板桥等。据说，扬州、江都、兴化、高邮、宝应、东台、建湖、大丰、泰州、淮安、泗阳、盐城、阜宁、东海、响水、射阳一带甚至连云港等地，都有苏州移民的后裔。如宝应的刘氏、乔氏、王氏，兴化的顾氏、张氏、朱氏、周氏、姚氏、杨氏，泰兴的葛氏、徐氏，阜宁的徐氏等，即是此次移民运动的后裔。那些苏州籍人后裔，也一直对苏州保存着那份深厚的感情，比如盐城人到苏州经商、打工的远比到上海、杭州和南京的多。

六百年就这么过去了，朝代换了又换，许多记忆已经模糊，不知自己那一支来自江南哪县哪村或城里哪条街巷，但这些移民的后代讲起自己家族的来源，异口同声地说本家原在"苏州阊门"或"苏州阊门外朱家庄"，这是因为巍峨的阊门可能是留在移民脑海中最深也是最后的家乡标志。如今，苏州阊门成为"中国十大寻根圣地"之一、中国寻根问祖的"八大朝宗圣地"之一。有的人在网上说"姑苏繁华地,宗亲心中根",有的说,苏州阊门是"苏北人心中的寻根圣地",一些人专程到阊门来拍了照片,或回家和亲人分享,或发在网上,缅怀先祖,寻找同支宗亲。这种深沉的感情说来让人动容。2011年初,苏州当地媒体派出特派记者前往苏北采访移民后裔,引起极大反响,许多人捧出家谱,对苏州记者像对亲人一样倾诉,当地媒体对记者的这一采访也作了许多报道。显然,这激起了当地许多人的感情涟漪。

随着南北交流的深化,越来越多的外地人到苏州阊门来寻根思祖。苏州市金阊区了解了这情况后,决定利用此前建设环古城风光带时所建的那座阁,筹建一处"阊门寻根纪念地",阁名叫朝宗阁。阁内有"洪武赶散"这一历史的展览,阁旁还有望苏埠、朝宗路、思乡树、石幢、寻根驿站等,组成一个让人可以观光、怀祖、了解那段历史的综合性、公益性、景点性的移民寻根纪念地。

对于许多人来说,这真是一个让人感慨万千、终生难忘的景点。我曾多次在那河畔徘徊,买了一些鱼在河中放生,看着它们摇头摆尾潜入清波。我的外祖母姓徐,生前曾告诉我说,她和我外祖父都是"洪武赶散"时被赶散的苏州人家的后裔,是"阊门朱家庄人"。这里五河相汇,八面来风,景色美丽,当年那大哭小喊、生离死别的场景今天已难以想象,但又似乎能清晰地抚摸到那道久远的伤痕,让人心情复杂,难以言说。

艺圃
疏淡风景背后的风骨

苏州阊门内有许多幽长的小巷,在一条叫文衙弄的小巷里,有一座叫艺圃的古典园林。进了园里,一杯清茶,小坐半天,看水光,看树荫,看游鱼,看石上鸟雀,看假山倒影,享受一下清闲,这意境,或是在苏州其他人流如织的著名园林不可得享的。但是,有许多苏州本地人居然也不知道这座园林,或虽知其名而没有去过,可知此园的冷僻了。

但说艺圃冷僻,也太过分,毕竟是世界文化遗产,而且是明代的园林,身世非同寻常。

艺圃由苏州人袁祖庚始建,名醉颖堂,时在嘉靖二十年(1541)。袁于次年中进士,做过浙江按察副使,据说曾和戚继光在台州共同抗倭,后来受到不公正待遇辞官回到苏州,做起了寓公,并题园曰"城市山林"。这四字有大隐隐于市的意思,却也道尽了苏州古典园林的特点和艺术追求。万历四十八年(1629),园为苏州著名士绅文震孟所得。文震孟与其弟、著名园艺家文震亨一起重修园子,更名为"药圃",当时有世纶堂、青瑶屿、生云墅、石经堂、五狮峰等景点。

文震孟的曾祖父是苏州人人皆知的书法大家文徵明。祖父文彭,明经廷试第一,官至国子监博士,是一位有造诣的书画家,一代篆刻大师,据说用青田石刻印章就是因他倡导而成新潮。父亲文元发为卫辉同知。在这样的家庭里,文震孟受到良好的道德和文化教育。天启二年(1622)三月,他五十岁时第十次参加会试,殿试第一中了状元。作为东林党中坚,他很快成为朝廷中正直大臣的代表,但也因此而大吃苦头。同年十月,文震孟上《勤政讲学疏》,得罪了皇帝和太监魏忠贤,受廷杖八十,后又被斥为民。堂堂状元,因向皇帝进言而被打屁股,这是封建皇权淫威的癫痫性发作。文震孟后来虽在崇祯朝再被起用,并曾为帝师，官拜礼部左侍郎兼东阁大学士，仍因为官正直而几次沉降。《明史》说他"刚方贞介，有古大臣风"，于崇祯八年（1635）被斥回苏州。次年因外甥姚希孟（也是进士，两人常一起学习）病故，他太过伤心不久也逝世了。

艺圃景色颇有特色。园分东宅西园，说起来这里也是状元府了。在朝东的大门口，我看到一长条的花岗岩台阶石上有很深的车辙印，这块石上怎么会有车辙印？这不让人奇怪吗？也许是修复大门时，从其他地方搞来了古构件，其中一块，好像是桥梁上的，还有车辙，放在门口地上，一时还让人难以理解。但再一想，我们有许多宝贵、美好的文化财富，曾经遭过摧残，这座艺圃，也曾经受过破坏，今天能完好保留下来并成为世界文化遗产，是多么值得庆幸啊。

宅分五进，有世纶堂、东莱草堂等，为什么明明是大瓦房，却要说是草堂？这是第二个疑惑。

进到园中，眼前有豁然开朗的感觉。园子面积不大，资料上说是3697平方米，但是景点安排自然而简练。毕竟是明代园子，大致还是那个时代的气质。

园子的全部景色或建筑，均围绕一个较大的池塘安排。东面有一三面临水的攒顶四角方亭，叫乳鱼亭，据说是取意北宋诗人王禹偁《诏臣僚和御制赏花诗序》中"观乳鱼而罢钓"句，"乳鱼"是小鱼的意思，看到幼小的鱼，不忍下钓，这里或有劝导做官要常悯赤子之意？恐怕只能是各人有各人的理解了。

坐在亭子里，斜倚吴王靠，看亭外景色如一淡彩画。池塘对面，就是此园的代表性景点"响月廊"，月而有声，岂不谬乎？于是有人解释"响"可作"享"，这未免牵强。也有的说这是通感。我想，园主人当年建园，必有通盘考虑，景点之间，多少有各种内在的联系。

文震孟后，园归山东姜氏，主人就在响月廊南头造了鹤柴轩。现今的鹤柴轩系后来补建，并不在原址，但当时主人养的鹤，在水池里，当然会有响声，满池月色被搅碎，发出水波声。《红楼梦》第七十六回中，史湘云和黛玉中秋夜在"凹晶溪馆"赏月联诗，看到一黑影，书中写道："湘云笑道：'可是又见鬼了。我是不怕鬼的，等我打他一下。'因弯腰拾了一块小石片向那池中打去，只听打得水响，一个大圆圈将月影荡散复聚者几次。只听那黑影里戛然一声，却飞起一个大白鹤来，直往藕香榭去了。"大约"响月"就是这意境了。

这姜氏，即是此园第三代主人姜埰，他是山东莱阳人，崇祯四年（1631）进士。他因"敢诘问诏旨"得罪了崇祯皇帝，被拉到午门打了一百大板，打得昏死过去。崇祯十七年（1644），李自成大顺军攻破京师，崇祯皇帝自缢而死。姜垓先来到苏州，哥哥姜埰跟着也来到苏州。看到了苏州的风土人情后，他们的内心是要在苏州好好生活了。虽然家乡遭此大难，但姜家好像还是有些银子的，正好阊门的药圃已经荒芜，黄宗羲说"文肃（即文震孟）之后，废为马厩"，姜埰经人介绍买下了这处文状元家的旧池馆。清顺治十六年（1659），也即姜来苏州约十五年，他开始大兴土木，进行新家的重建。

当然，姜埰还是要做一下姿态的，他将园子名为敬亭山房，自号宣州老兵，意思是住在这园子里也算是在执行吊死煤山那位皇帝命他谪戍宣州的旨意了，终究还是大明的忠臣。给接待客人的厅堂起个家乡的名叫东莱草堂，表示不忘故乡。虽然《明史》说他临死前"语其二子曰：'吾奉先帝命戍宣州，死必葬我敬亭之麓。'二子如其言"。而事实上在昆山著名文人归庄写的《敬亭山房记》中说："自甲申至今二十有九年矣，先生犹得以先朝遗老，栖迟山房，以尽余年，岂非幸欤！"

走过敬亭山房、东莱草堂后，就是延光阁、念祖堂（后更名博雅堂）、四时读书楼、红鹅馆、六松轩、度香桥、朝爽台、爱莲窝、绣佛阁、垂云峰、南村、响月廊等景点，无不显示出主人的另一种生活意趣。到了其次子姜实节，就不认什么明代皇帝的旨意了，将园名敬亭山房改为艺圃，意思是以家园为圃，耕耘艺术，以此谋生。他也确实淡泊功名，一心钻研书画艺术。

姜实节最终成了书画家，著有《酸心集》（佚）、《焚余诗草》。他也和常熟王翚（字石谷）很要好，王翚当时有"画圣"之誉，康熙皇帝南巡时，就由他画了十二大卷南巡图卷，深得皇帝喜爱。王翚这样一位大家，应姜实节之邀，来到艺圃，绘了一件手卷《姜贞毅艺圃图》。王翚作画特认真，一丝不苟，因此他绘的这幅画也就成了宝贵的苏州园林史料。1998年，《姜贞毅艺圃图》现身北京翰海秋季拍卖会，以一百五十四万元人民币成交。但此画苏州没有派人去参拍，后来不知被谁获得了。

后来，园子又曾易手。侵华日军占领苏州时，一度为日伪占用，就更加破落了。抗战胜利后被教育单位占用。

新中国成立后，艺圃先后为许多单位所占用，有机关、剧团、幼儿园、仓库、车间等，破坏更加严重。假山下挖起了防空洞，池塘被垃圾填去大半。太湖石因是石灰岩，被拉去烧石灰了。汪琬的《艺圃后记》中说："中间叠土为山，登其巅稍夷，曰朝爽台，山麓水涯，群山十数，最高与念祖堂相向者，名垂云峰。"这块难得的大太湖石峰，有可能与苏州其他巨峰瑞云峰、冠云峰同为太湖石名峰。新中国成立后苏州有一家石灰厂，建厂三十来年到处搜罗青石包括太湖石、青石碑、青石块等，用来烧制石灰最为起劲，因为这样的原材料几乎不需要支付成本。垂云峰就是在"文化大革命"时被拖去烧作石灰的。这倒让我想起了明代于谦的《石灰吟》诗："千锤万击出深山，烈火焚烧若等闲。粉骨碎身浑不怕，要留青白在人间。"20世纪80年代，政府迁走艺圃里的占用单位和居民，但对艺圃进行修复时，再也找不到那么大那么好的太湖石峰

艺圃景色疏朗秀美

来填补空缺，假山就只能用小块的太湖石来重建。好在那时的工匠水平较高，做事又认真，修复后的假山还是一件精品，不失明代园林风韵，可以聊慰人心。

园子北部有两处主建筑，一是博雅堂，一是延光阁，一北一南，中为庭院（天井）。修复主厅念祖堂即今博雅堂时，采取的是落地翻修，保持了原貌。博雅堂南临水而建的是苏州园林中最大的水榭延光阁，也是艺圃的主建筑。水阁面阔五间，长约15米，进深6米多，南面有3米依靠石柱、石梁架于水上。在阁内朝北眺望，可见全园景色。

艺圃值得一看的是园子南部一处叫"芹庐"的庭院，这里有圆洞门、三折贴水平石桥，叫浴鸥池的小池塘和精致的香草居和南斋，映的白墙绿水，布局精妙，构成一处读书会客的好地方，在苏州园林中独具一格，是此园的精华。对芹庐，要像品一盅茉莉花茶那样，慢慢品味，才知其清香。里面靠墙立的几块太湖石，很有画意，这就是明代吴江造园家计成所著《园冶》里所说的一种造园手法："藉以粉墙为纸，以石为绘也。"这一手法为贝聿铭所借用，在为苏州博物馆设计新馆时，贝大师利用与拙政园相邻的白粉墙，贴墙安置了一些石片，下面安排一汪浅浅的水，搞出些倒影，远看似一米芾的山水画，实际上是受了芹庐的启发，这本是苏州传统造园的一种手法，计成叫作"峭壁山"。

西中市
留一段民国旧韵

走进阊门，面前是一条街。这条街叫西中市，长约453米，宽约14米，今天看来，有点破旧，有点杂乱，但也透出一种原生态的市井风情来。

据《吴地记》介绍，阊门又叫破楚门，吴国大军是从这里走出去乘船后远征楚国的。今天在西中市路北的房子背后，还有一条河通向城里，河对岸的一条小巷叫盛泽码头，今天巷窄河窄，叫一船河、一人弄可能比较合适。

但是在历史上，这里是进城的主干道、主河道。大约在清末民国初年，现代工商业在苏州开始出现，许多商号集中在这条街上。这些商号纷纷造房子，于是就占河道、建楼房，店挨店地在西中市聚集了大量的钱庄、药材店、银楼、当铺、茶庄、菜馆、戏服店等，苏州二十四家钱庄有二十家集中在这里，给西中市带来了新的生机。现在西中市区域内还有雷允上诵芬堂老店、老中国银行大楼等十八处民国建筑，是苏州一条民国建筑比较集中的民国街。新中国成立后，这里也没有大动，基本保留了原来的风貌。

因这里的房子年久失修，基础设施条件差，居民强烈要求改造。苏州就先对与西中市相接的东中市的南幅进行了改造，结果并不理想。我母亲生前曾在阊门内的美和布厂做过织布工人，她多次和我讲阊门和西中市的闹热。后因职业的敏感，我去细细地看了一下改造后的东中市，实在看不出精彩，有的地方路面还一边高一边低。但走在西中市，却看到了历史的沉淀。民国在中国的历史上时间较短，又多灾多难，拥有成片民国建筑的城市并不多。由于历史的原因，西中市还留有一片民国时期建造的房屋，实在很宝贵，值得保护。

我就将这想法和当时苏州市方志办主任徐刚毅先生谈，他非常认真地对待我的意见，亲自去作了考察，回来对我说我的想法有可取之处，然后他又花了不少时间，实地调查得比较清楚。过了些日子，他问我，呼吁对西中市保护性改造的报告已经写好,是不是一起署名?我认为我署名不合适,意见能被人重视就是莫大的荣幸了,但可以向苏州市政府有关领导转交此信。我将信送去后,据说还有批示。但后来事情又有波折,好在徐刚毅先生始终在关注西中市,他自己多次呼吁、上书,终于引起了领导和有关方面的重视。苏州市规划局也开了会,定下了计划,平江区也成立了领导小组,商定按民国一条街的风貌来进行整治改造,对清末民国初年和新中国成立以后的建筑也进行保留和修缮,以体现历史的真实性,同时置换出一部分民居,引进新的商家。

工程于2009年5月开工,因顺应民意,工作又做得比较细,所以进行得比较顺利。这样,一条有特色的街,以其原有的素丽,穿过历史的尘埃,展示在世人面前。可以说,对此评价基本没有反对的,都是说好,许多人将西中市列为免费观赏苏州旧城风貌的一个景点。

今天逛西中市,一定要抱一种慵懒的心情去踱步。这里曾有六宜楼,本是一家徽菜馆,它提醒人们记得苏州历史上曾经有过人数很多的徽帮商人;有老陆稿荐熟肉店,苏帮卤菜很值得品尝,据说最早的陆稿荐就是开在阊门内的;有姚记豆浆店,卖白粥、豆浆、馓子、油条之类极大众、价钱极便宜的食品,店主人坚持走平民路线,市民络绎不绝,相当捧场,来这破旧店堂里消费的也是一种怀旧情绪;有以民国建筑群为主的阊门饭店,可以就餐、住宿,让人穿越时光;有雷允上药店,以中国四大国药铺之一的身价上了邮票,制作的六神丸、诸葛行军散、玉枢丹、冯了性药酒、青大将丸、断龟版片、洞天长春膏等,用料地道、炮制认真,制作一丝不苟,"雷药"闻名天下,店堂里至今挂着蒋介石、林森、张学良等人当年为雷允上的题词(复印件),依稀可见这家药铺的显赫;对街是昆山奥灶面馆,奥灶面是苏州的非物质文化遗产,此文化遗产的传承人刘锡永先生在苏州西中市开了一家分号,刘先生对我说,到底是阊门,这里生意相当好(出版典藏版时已关张)。

然而,仅仅看西中市的民国风情也浅表了一点。这里的历史积淀之丰厚,让人走在这条街上感觉是走在历史的课堂里。

阊门内西中市的第一条巷,叫专诸巷。一般人都认为,这里因为住过春秋时期的刺客专诸,后来此地形成了巷,人们就叫了此名。专诸是伍子胥的一个朋友,被引荐给吴国公子光(就是后来的吴王阖闾)。听说吴国的国王姬僚最好吃鱼,公子光就安排专诸到太湖边去学农家菜中的炙鱼,即烤鱼时不断在鱼身上涂抹调料制成的一种美味菜肴。专诸学成炙鱼本事,公子光就在家里设宴,请吴王僚赴宴。专诸扮作厨师,手托鱼盘送上宴席,等菜端到吴王僚面前时,就从鱼腹里掏出短剑,刺死了吴王僚。这道剑气从鱼腹中奔向吴王僚胸口,拉开了吴国一个全新时代的序幕,这场政变也导致了阖闾大城的建造。但是，那时城尚未建造，专诸就住在这里吗？还是姬光登基后让专诸的家属住在了这里？无法考证，只好作为助兴的故事姑妄听之。不过今天苏州到处可以吃到的熏鱼，就很有可能是从当年的炙鱼演变过来的。

西中市的东头，南面一条巷叫吴趋坊，至少在晋代就已经是苏州代表性的街了。苏州话中，吴的读音和鱼一样，据说是古吴语读法。明代苏州有一位通俗文学作家冯梦龙，他在《警世通言》的"唐解元一笑姻缘"中说："那才子姓唐名寅，字伯虎，聪明盖地，学问包天。书画音乐，无有不通；辞赋诗文，一挥便就。为人放浪不羁，有轻世傲物之志。生于苏郡，家住吴趋。"本来一直以为唐寅住桃花坞，但这位在唐寅辞世后半个世纪出生的苏州文化人说他原本是住在这条巷里的，我想冯梦龙的说法应该是有根据的。

据说唐寅的父亲在这吴趋坊口开了一家酒楼，这里当年也是黄金地段。唐寅的好友文徵明有《饮子畏小楼》诗："今日解驰驱，投闲傍高庐。君家在皋桥，喧阗井市区。何以掩市声，充楼古今书……"子畏是唐寅的字，文徵明也说他原来住在吴趋坊口热闹的皋桥附近，并不是住桃花坞。而唐寅另一好友祝允明（字枝山）所撰的《唐子畏墓志并铭》说："唐氏世吴人，居吴趋里。"那是说唐寅一直住在皋桥旁的吴趋坊。而唐寅在《与文徵明书》里说自己"计仆少年，居身屠酤，鼓刀涤血"。唐寅父亲唐德广，原来是开酒店的生意人，唐寅作为长子，少年时要帮父亲料理店务，帮忙杀鸡杀猪。但是唐德广很是希望儿子能走学而优则仕的人生之路。所以文徵明看到唐寅的房间里都是书。曾在苏州担任过晚清江苏巡抚的梁章钜（1775—1849）在其《浪迹续谈》中介绍，吴趋坊北口原先唐寅读书的地方，人称"唐六如读书处"，后来有个宁波人早在明代就在这个地方开了一家著名的南北货商号孙春阳，梁章钜赞叹这家店说："前明旧家，著闻海外。铺中之物，岁入贡单。其店规之严，选制之精，合郡所未有也。"

唐寅到吴趋坊北面约一两公里处买了地，建房子、种桃花，那是后来的事了。这河路相傍的吴趋坊还是唐寅故里，我忍不住又多看了这条街几眼，也希望今后这里能够竖一块"唐寅故里"的碑。

吴趋坊口往东再走不过七八步路，是一座不起眼的桥，这里是苏州城内三横三竖河道网络中第一横河和第一竖河的交汇处，这条第一直河上，架着的一座水泥桥，外貌极其普通，却又大名鼎鼎。东汉时因为有个大户人家皋伯通住在附近，此桥就叫成了皋桥，直到今天。《后汉书》在卷第七十二下"逸民列传第七十三"里有梁鸿的专传，说有个叫梁鸿的扶风平陵人，因不会种田更不会种水稻，先是在洛阳替人牧猪，后来回到家乡娶了一个容貌不漂亮的姑娘孟光。夫妻俩相互尊重，很是恩爱。后来因为梁鸿作了一首《五噫之歌》诗，感叹百姓生活艰辛而皇帝挥霍，讽刺汉章帝，结果引来官府的追捕。大概是谁向他们透露了信息，他们夫妻俩听说后开始逃亡，后来逃过了大江到了苏州。两人在苏州人生地不熟，只好打工谋生，就这样梁鸿夫妇来到了皋伯通家。但因为没有什么技能，梁鸿只能为人做粗活，"居庑下，为人赁舂"。梁鸿虽落到流亡外地为人干粗活累活的地步，却仍受到妻子孟光的尊重。每次为丈夫准备饭的时候，孟光总是"不敢于鸿前仰视，举案齐眉"，以表尊重。孟光的这个举动，不知是不是有意，反正是被东家皋伯通注意到了。皋伯通先生虽然是个富人，奴仆必然很多，但他心地很好，对这对外地来的打工夫妇很尊重，"察而异之曰：'彼佣能使其妻敬之如此，非凡人也。'乃方舍之于家"。也就是不再住在劳作场所的"庑下"（庑是堂下周围的走廊、廊屋），而是另给了住所，让他们夫妇有了个家（引文均据《后汉书·梁鸿传》）。梁鸿在皋家住下后，关门写作，好像写作速度不太快，著书十余篇。后来他病得很厉害，对皋先生说，一定不要让我的妻子把我的遗体运回家乡去。他希望死后能够永远留在吴郡这块土地上，这表明了梁鸿对苏州的感情。后来果然按他的愿望葬在苏州城里阊门内南约二三里处，离皋家也不太远。

"举案齐眉"这一典故就是发生在这里，在权威史书上也有记载，因此，这里也应该算是个名胜之地了。但今天，皋桥一带环境杂乱，虽然能在桥堍小店铺吃到生煎馒头、甘蔗汁之类，但我还是很希望以后能在皋桥周边整理出一块地方，种些树、花、草，竖个"举案齐眉"的青铜雕塑，再建个碑亭，亭内竖一块"汉贤女孟光为丈夫梁鸿举案齐眉处"碑，碑后刻上《后汉书》的这一原文，既澄清史实，又教育世人，还可成为一个历史文化景点，肯定很有意义。

泰伯庙
苏州文脉之根

从皋桥往西走不过百步,有一座大概是民国时期建造的旧水泥桥,叫作庙桥。庙桥不仅小,五六步就能跨过,而且桥身一点艺术品位也没有,但此桥来头不小。走过小桥往北,可以看见一座石坊,石坊后是新造的硬山白墙黛瓦建筑。我在2012年春季去时,门还关着,尚未开放。

很难相信,这就是苏州历史最为悠久的祖庙——泰伯庙了。

大约于唐大历元年(766),大诗人杜甫卧病在夔州,回首往事,写下了一首《壮游》,这是一篇自传性的叙事诗,篇制较大,是杜甫的精心之作,略引如下:

> 脱略小时辈,结交皆老苍。
> 饮酣视八极,俗物都茫茫。
> 东下姑苏台,已具浮海航。
> 到今有遗恨,不得穷扶桑。
> 王谢风流远,阖庐丘墓荒。
> 剑池石壁仄,长洲荷芰香。
> 嵯峨阊门北,清庙映回塘。
> 每趋吴太伯,抚事泪浪浪。

这首诗比较清楚地回忆了他在苏州的游历,那时他还是个年轻人,来到苏州,本来想去日本游历(可见当时苏州是去日本的国际码头,鉴真和尚就是从苏州出发的),船也定了,但后来不知是何原因没有去成。他就在苏州游览了虎丘,凭吊了已荒芜的吴王阖闾墓,看到了剑池。诗中的"长洲",大概是今天胥门百花洲那一带，那里荷花盛开，说明他游览苏州时是在夏秋季。还给他留下深刻印象的是，苏州阊门非常雄伟。在阊门的北面，有一座庙，就是泰伯庙。庙的旁边还有很大的水面，泰伯庙映在水中，别有一番壮丽景象。杜甫以很恭敬的心情去祭拜泰伯，这表明当时苏州的泰伯庙，是一个开放的祭祀场所，不仅本地人，许多外来的游人也来参拜这位吴国始祖，就像苏州的一个特色景点一样。年轻的杜甫在祭拜泰伯时想起了很多历史往事，感触很深，以至流下了滚滚热泪。

苏州泰伯庙始建于东汉永兴二年（154），由当时吴郡太守糜豹奉朝廷之命而建，是一处官方纪念场所。因为汉代人认为泰伯奔吴，建立的勾吴国是在那时的吴郡郡城所在地吴县，就是今天的苏州古城，如《汉书·地理志》第八上记载："会稽郡，秦置。高帝六年为荆国，十二年更名吴……县二十六：吴，故国，周太伯所邑。"所以要在泰伯建故国的地方建个庙以纪念他。不过当时糜豹将庙建在姑苏城外，那里到了唐代还有水面相映。五代时吴越王钱镠考虑到庙在城外易受战乱破坏，就在914年将庙迁建至阊门内今址。近两千年来，苏州泰伯庙历代修缮过十多次，每次都是由官方负责，其中有明代的苏州知府况钟、清代的江苏巡抚汤斌等名臣。

清咸丰十年（1860），太平天国大军东征。在太平军攻打苏州前，负责守卫苏州的清军总兵马德昭丧心病狂地下令在阊门内外纵火，结果吴趋坊、泰伯庙等都烧毁了。同治三年（1872），苏州被清军收复，六年（1875）修复了泰伯庙。因是在战乱后百废待兴之际的工程，格局总有些局促，不过也可看出官府对此庙的重视了。后来民国时，也有修缮。

很长时间里，泰伯庙前街巷的景象太让人意外。原本就很窄的街巷，两边摆满了摊贩，卖青菜萝卜、活鱼鲜虾，还有炸肉圆、现杀鸡、烘蛋糕、蒸馒头的店铺和摊档，热闹而乱哄哄的。泰伯庙以前曾作为小学校址，后来小学撤并，20世纪90年代初，居然会将这处文物保护单位改建成了庙桥农贸市场。我曾多次去菜场看过，原先庙里的庭院搭起了简易棚，里面全是肉摊、菜摊，下面铺了水泥地坪，地下湿漉漉的，空气里弥漫着一股农贸市场特有的气味。而里面的享殿，据说用的还是楠木材料。走进去，看到墙上嵌有清代及民国的重修记碑石及画像刻石，像清康熙二十四年（1685）《重建至德庙碑记》、二十五年（1686）《巡抚江南汤公长生碑》等石刻，都有很高的文物价值。但殿中停放了一些三轮电瓶车、摩托车和菜筐之类的杂物，水龙头在滴着水，一根柱子下面已被水浸烂了一小半，谁看了都会痛心。历史上原有的"三让无称"、"归化"、"开吴"三坊及石桥、方池，现均已不存。

好在有识之士不断呼吁，省、市、区、街道四级政府重视与努力，菜场终于搬迁，庙前街巷也开始清理摊档。2009年6月18日，政府对泰伯庙开始进行修复，这一工程还被列为政府的实事工程，工程于当年12月29日通过验收。据当地媒体报道："由于文物部门在前期调查中，找到了一张反映泰伯庙建筑形制的图纸，图上不仅绘有至德坊，还有仪门、大殿等，依据这份可靠的历史资料，此次维修恢复了东西两庑和仪门；庙内环境也进行了全面整治，院落地面全部采用旧的金山条石铺设，四周砌筑围墙并配置绿化。"2011年9月5日，苏州市有关方面又通过了《泰伯庙·阊门西街地区修建性详细规划》的评审。其中泰伯庙根据留存至今的《至德志》等历史资料复原清代时的盛况，修复后的泰伯庙阊门西街文化区总规划面积4.8公顷，其中泰伯庙占地7492平方米，有祭祀祠堂（供奉有泰伯、促雍和季札三尊雕像）、陈列展览等，展现泰伯和吴国开拓吴地、发展经济文化的历史功绩；目前还在实施街坊改造，建设泰伯西街文化区，使这一片区成为吴文化的重要纪念和展示场所。

为什么苏州人对泰伯深有感情呢？泰伯本是一个籍贯属于黄土高坡的人，其真正的名字已经失传。据《左传·僖公五年》载："泰伯、仲雍，太王之昭也。泰伯不从，是以不嗣。"泰伯不听从他爹古公亶父的话，父子之间发生了无法调和的矛盾，结果泰伯只好出走，周王室祭祀时没有他的牌位。据说泰伯南下到了江南一带，司马迁（前145—前87）只说他到了荆蛮，没有搞清楚他到底去了哪儿。班固（32—92）说苏州古城的底子就是泰伯当年建的勾吴城，那也就是说泰伯到了吴县。这笔账今天已很难说清楚，让爱好者去继续考证吧。让我深思的是，为什么这个黄土高坡来的人，会受到吴地人的爱戴呢？孔子说是因为他"让国"，本来应该由长子继承王位的，他不争，离国出走了，是一种"至德"，言下之意是吴国要继承"让国"、"至德"的传统，不要去侵犯别的诸侯国。老夫子一句话，搞得天下的泰伯庙又叫至德庙，苏州这座泰伯庙就是在1092年诏令改叫至德庙的。清乾隆十六年（1751）二月乾隆皇帝南巡时在苏州泰伯庙御笔亲书"三让高踪"，现在庙门口的四柱三间冲天式石坊，石柱端雕卷云纹，横额镌光绪二年（1876）巡抚吴元炳所书"至德坊"三字，都是首先肯定他的"让国"行为。但在苏州，人们不会对他的"让国"感兴趣，而是将他看作吴地人的一个文化符号。之前，这块土地的开发历史已经无法考证清楚，但大家有一个共同心理就是吴地人是以他为首的一个族群，不管是喜欢吃肉的西北人，还是喜欢吃鱼腥虾蟹的本地人，大家团结一心，建设自己的家园，终于成为全国最为富庶的地方之一，创造了有自己风格的灿烂文化。纪念他，就是纪念一个生生不息的区域伟大文化。北方从来就不再纪念他，但在苏南、在苏州，他是一个始祖，永远享受着祭祀的香火和吴地人心中的一瓣心香。修复泰伯庙，自古以来就是一件值得称赞的好事，相信泰伯庙以后也会成为苏州的一个文化景点。

五峰园
传书柳毅长眠地

还是在1989年暮春，我在阊门内下塘的一条小巷里漫步，忽然看见一个园子。虽说是园子，但当时里面住着很多居民，拣菜、烧炉子、洗衣裳……是一个大杂院。

走了进去，见里面有假山，有池塘，也有高大茂盛的树，还有一个土墩。我问，这是什么地方啊？里面的居民回答说，这就是五峰园。苏州的中小型园林太多，人们对此珍惜又不珍惜，要查起历史，不知多少园林在历史长河中被冲走了，只留下古籍里或人们回忆中的几行字。可能这个园林太小，名气又不大，也就不太受重视，长时期默默地深藏在逼仄的小巷里。

"你没有听说过五峰园？"里面的居民对我不清楚这个园子好像很是失落、着急，热情地介绍说："五峰就是那五块太湖石。"但当时我只看到了三块一人多高的太湖石，高高地矗立在一块小小的太湖石假山顶上，倒也显得很是夺人眼球。还有两块石峰可能倒掉了，一时没看见。

他们介绍那个土墩说，那里是柳毅墓。"柳毅葬在这里？"青年书生柳毅为受恶丈夫虐待的龙女义务传送书信的传奇故事，脍炙人口，特别是在江南一带因越剧《柳毅传书》而深受欢迎，这一故事几乎可以说家喻户晓。但柳毅传书本是唐人的传奇，是神话一类的故事，怎么会真有其人，并且和苏州有关系了呢？

但是大院子里的人言之凿凿，坚称柳毅是葬在这里。并说，土墩上本来有一亭子，还有一椅子，是供柳毅坐的。这人是后来住进来的居民，到底过去这土墩上是什么样的建筑、是供神像还是什么的，他也说不清楚了。然后我又到外面巷子里找人了解。有一老者指着西街南的桥说，龙女就是那位龙王的公主，因为和凡人结了婚，后来也死了，但她不能土葬，是安放在一口棺材里，在这桥洞里用铁链吊着棺材浸在水里的,让人听来觉得十分神奇。

我又查了一些书,发现柳毅的故事收在《太平广记》卷四一九"龙二"中,这是最早记载李朝威所写《柳毅》故事的书。《太平广记》所收的这个柳毅故事出自《异闻集》,而《异闻集》已佚。

这篇小说的开头是这样的:"唐仪凤中,有儒生柳毅者,应举下第,将还湘滨。"

也就是说有一个叫柳毅的儒生,在大唐帝国的首都长安参加考试,但没有考中,将回到"湘滨"。湘,指的是湘水、湘江,湖南因湘水纵贯全省而简称湘。"湘滨"这个词,应该是指湘江边而不应该是洞庭湖畔。但因为这个"湘"字和"还"字,一般人们就认为柳毅是湖南人。但小说继续往下发展,又出现了另外的说法,可能很多人没有留意。柳毅遇上了正在牧羊的龙女,龙女对柳毅说:"长天茫茫,信耗莫通,心目断尽,无所知哀。闻君将还吴,密近洞庭,或以尺书寄托。"

龙女说的这句话里,又说柳毅是"还吴",吴,从古至今指的都是苏州,没有例外。湖南的湘,从来不会被认为吴地。换句话说,"湘滨"不属于吴地。龙女说苏州和洞庭(湖)距离很近,这很符合苏州城和洞庭湖(太湖在吴县部分也称洞庭,这里的洞庭湖指太湖)很近的地理。虽然这个故事里出现了"还湘滨"和"还吴"两种说法,但只有吴和洞庭距离很近的地理才比较符合故事所指的地方,湘滨旁边是没有吴这个城市的。也许可以这样理解,柳毅传书原先是在吴(苏州)流传的一个故事,李朝威听说或拿到了原文本,进行了改写,改了头,但漏掉了文中龙女说的话中那个"吴"字。

龙女还说"洞庭之阴有大橘树焉,乡人谓之社橘",叫柳毅到了那里,解下腰带,束在其他东西上,然后叩树三下,湖底就有人来接应了。不仅太湖东山岛叫洞庭东山,而且唐代的时候,那里的橘子就是贡品,白居易还亲自去监督采摘进贡到京城里去的橘子,表明那个地方的橘子非常有名,至今那里还有一个地方叫橘社。这些信息,都值得进一步研究。

南宋时苏州人范成大编撰的《吴郡志》卷十五说,"东山有柳毅井为故迹"。说是"故迹",那说明柳毅井存在已有一段时间了。而且,在南宋绍定二年(1229)时刻印的苏州城市地图《平江图》上,也有柳毅桥的记载,就在后来五峰园的附近。在明代、清代的地方志书上,均有柳毅桥这座桥梁,可见柳毅在苏州文脉清晰。一个地名的出现,绝不是偶然的事情,应该是相当郑重的历史信息。苏州经历过南宋建炎毁城之灾,许多地方史料都已毁掉,唐代苏州的许多信息也湮灭了,而早在南宋时期苏州就出现了这么多和柳毅有关的古迹,其中必然有历史的原因。此外,柳毅在苏州还被奉为神明,苏州有许多水仙庙，还有一些乡的土谷神，供奉的就是柳毅。

柳毅和苏州的关系比较密切，留下的历史文化信息也较多，我就将自己收集到的信息，写了一篇《柳毅与苏州》文章，送到《苏州杂志》社去，当时主管这份杂志的是陆文夫先生，主编是朱红先生，他们看了稿子后关照我再提供一些照片。我就请了《苏州日报》女记者郑红，带她去拍了五峰园，这篇文章连带照片刊发在该杂志的1989年第6期上。当时我想，柳毅能成为苏州的一个神，是他作为龙王女婿的缘故，而苏州又是水乡，乡民为祈求风调雨顺而请他去当地方上的保护神的。但今天又想，可能问题没有这么简单。因为明代王鏊所纂的《姑苏志》在介绍"柳毅桥"时，还有这样的说明："（柳毅桥在）张广桥西。毅或家居此。"这是说有一种说法是柳毅曾住在阊门内。而且，要祈求水不为害，完全可以直接供奉龙王，为何要供奉龙王的女婿呢？柳毅不仅在苏州较多的地方成为神，并且成为立春社火的主要祭祀对象，官方也相当重视，这里面所包含的历史和民俗文化信息，值得专家做进一步研究。

据说，1982年有关部门曾对五峰园做过简单维修，但仍属荒园。让人欣喜的是，苏州市园林和绿化管理局对五峰园做了修复，并于1998年10月1日对外开放，这让苏州又增加了一处有特色的景点。

今天来到五峰园，觉得园子虽小，但是清幽、雅致，也别有韵味，许多老苏州人很喜欢来此吃茶。土墩上修了一座精美的六角亭，匾书"柳毅亭"三字。一座假山，山径盘绕回旋，山洞幽深曲折，很见叠山功力，五座姿态奇异的太湖石峰在假山之巅高高矗立，分别为"丈人峰"、"观音峰"、"三老峰"、"庆云峰"及"擎云峰"。假山北有一小水池和假山相映，用太湖石为岸，细看也有石矶等，做得并不草率。池北是一四面厅，叫五峰山房，现为茶室，边饮茶边欣赏对面的五座石峰，让人心静了不少。五峰山房西有一旱船，其实是一种仿船形的小轩，旱船建筑精美，在里面小坐，正对着柳毅亭。我坐在这叫"不系舟"的船形小轩里忍不住遐想，柳毅在苏州，是一个有家、有遗址并最终长眠于斯和成为地方神祇的实实在在的人物，并不虚无缥缈，他之所以受到苏州人的尊敬，还是他体现出路见不平敢于挺身而出帮助弱者、对人重信义遵承诺、不求报答的一种君子的高尚品质吧，这也应该是今天苏州人的城市精神。

所以，柳毅是苏州宝贵的精神财富。五峰园虽小，但却很值得品味。

桃花坞
真才子自风流

从五峰园出来，往东北方向走不多远，就到了桃花坞大街。说大街，今天看来不过是两车道的一条普通道路。现在桃花坞地区正在实施综合整治工程，苏城西北这一地区即将以新的面貌出现。让"桃花坞"这三个字充满魅力，并让苏州人怀有特殊情结的，是因为"江南第一风流才子"唐伯虎晚年就住在这里。

从桃花坞大街往桃花坞走，是一条叫廖家巷的小巷。在巷里走不多远，有一建筑，粉墙黛瓦，山墙作观音兜，两侧延伸作波浪形坡，建筑风格非明非清，也与民国建筑不同，很有特色，据说是浙派风格的建筑，墙上有一标识牌：准提庵。前面和后面，都成了民居，只剩当中一个五开间的大殿和一个很大的天井，进出要走边门，里面是苏州版画院（已决定搬迁）。承蒙画家凌老师同意，我进去看了一下。里面很破旧，但还可见当时的风采，前廊梁枋木构有许多精工雕饰。

桃花坞地区整治后的效果图

清嘉庆年间，湖南长沙人唐仲冕（1753—1827）来苏州任吴县知县，因唐伯虎的桃花坞故居早已湮灭，他以也是唐家人的身份，利用离桃花坞不远处的准提庵，在东房建"唐解元祠"，同时供奉了唐寅、祝枝山和文衡山（徵明）三公的神主，让后人为苏州的这三大才子有一个供奉香火的纪念地方。从此，苏州人习惯叫准提庵为"唐寅祠"了。如今的准提庵是1934年重建的，新中国成立前就有乡绅打算好好修一下，后因日寇侵华，一个宏大的修复计划只完成了一部分。新中国成立后没有作为重要的文化景点重视，又不是宗教点，就逐渐成为了普通民房。1989年、1996年曾两次维修过，所以建筑总体保存得还可以。这里，一直到截稿前，都还在整修，可喜的是，开放之期可望了。

在准提庵里，我还见到了东墙嵌着的一方古碑，刻的是苏州名人杨廷枢画像。杨廷枢是明末复社领袖之一，清兵攻陷苏州，他在苏州太湖边光福乡的山里被捕获，押到吴江芦墟镇泗洲寺永安桥畔被杀害。据记载，他死得很壮烈，受刑瞬间大呼"生为大明人"，头已断还有"死为大明鬼"之声传出。我细看此碑，面上有敲击印，估计又是"文化大革命"时有人毁碑未成留下的痕迹。

出准提庵再往北偏东，曲曲折折地穿过一些巷子，就来到了名闻遐迩的双荷花池，这里就是唐伯虎的故居。在这里，我想起了关于唐寅的许多往事。

唐寅很聪明，考上了举人的第一名，即解元。后来赴北京会试时，交上了江阴富家子弟徐经，结果卷入了作弊案，被抓进大牢，还革去了功名。唐寅回到苏州后，由于苏州是一个重视科举的城市，也是一个文风比较纯正的城市，唐寅卷入此案，在当时成为姑苏的一件大事，一方面唐寅受牢狱之灾，打击很大，一方面社会上了解与不了解他的人，都将他当作反面典型，像仇敌一样，指责唾骂，唐寅成了过街老鼠一样的人物，声名扫地，生活陷于贫困。更严重的是，夫妻反目，连僮仆也瞧不起他了，当时他的处境真是万分困难。

但唐寅还是挺了下来，他有的是天赋，断绝了做官的念头以后，将精力放在写诗、作画上，终于以画著名，成为苏州画坛一代大师。他有一首《言志》诗：

　　不炼金丹不坐禅，
　　不为商贾不耕田。
　　闲来写就青山卖，
　　不使人间造孽钱。

唐寅从此成为一个以卖商品画和书法谋生、自食其力的民间画家，一个社会底层的知识分子。他为了提高自己的画艺，雇了一艘小船，专门去湖南的衡山、江西的庐山、浙江的天台山、福建的武夷山等名山大川写生，以大自然为师。他的仕女、人物、花卉都有很高的水平，但以山水画的造诣最高。苏州历史上在南北朝时就有著名画家，但是到了唐寅时，"吴门画派"才真正形成，那种清丽、细致、温润的画风，体现出江南这方水土的气质，那种"行笔极秀润，缜密而有韵度"（王世贞《艺苑卮言》）的画艺，体现出苏州文人画的修养，唐寅无疑是"吴门画派"中的大师和旗帜。

后来，他在城内西北买了一块地，建造了自己的新居。历史上，这里有一条河叫桃花河。宋代绍圣年间，枢密章楶在这里建桃花坞别墅，在这一带广种桃树。唐寅也因他的新居而自称"桃花庵主"，他还写了一首著名的《桃花庵歌》，是他的代表作：

> 桃花坞里桃花庵，桃花庵里桃花仙。
> 桃花仙人种桃树，又折桃花当酒钱。
> 酒醒只在花前坐，酒醉还在花下眠。
> 花前花后日复日，酒醉酒醒年复年。
> 不愿鞠躬车马前，但愿老死花酒间。
> ……

唐寅的这首诗，版本有多种，这只是其中的一种。从这首诗，可以看出唐寅的个性，他已经将世事看得十分透彻了。

唐寅虽不为社会主流所接纳，他也和社会主流保持着清醒的距离，甘愿做一边缘知识分子，但是苏州人非常钦佩他的才气和骨气，当时许多文人和他成为朋友，即使贵为大学士的东山人王鏊，也和他建了亦师亦友的关系，交往甚多，这些朋友给了他人生许多勉励。在他逝世后不到百年，就有苏州籍作家冯梦龙为他编写了一个故事《唐解元一笑姻缘》，这就是"三笑"故事的前身。故事一出，立即风靡起来。明代就有了弹词曲本《三笑缘》，后来苏州弹词艺人又据此改编出长篇弹词《三笑》，以名家徐云志（1901—1978）的《三笑》最为有名。其实，唐寅没有追求过什么秋香，那是松江吉道人的事，而且吉道人追到了秋香后，又移情去追其他女人了。冯梦龙和其他艺人是借这个故事塑造了一个文学形象的唐寅。事实上许多人愿意认同心目中的那个风流有才、为爱情甘愿卖身为奴的姑苏大才子唐伯虎，而不是那个愤世嫉俗的佛教徒画家唐寅。

唐寅的故居在清顺治年间为苏州一医生所得，后来又成了佛寺宝华庵，光绪年间又改为文昌阁。今天能看到的，应该是那清代建筑，而不是唐寅当年所居住的地方。不过人们还是坚持认为，这就是唐寅的故居。唐寅故居现有建筑面积511平方米，南向，大致可分为两路两进房屋。西路头进为一水阁，临池而

唐寅故居双荷花池整治后效果图

建,面阔五间,硬山顶,船篷轩,圆作梁架。第二进为殿堂,清静幽深。在水阁东侧有石板小桥跨池,以通出入。那个水池面积不大,据说原为两个水塘,后来打通为一,但仍叫双荷花池。长时间来,不受重视,周边环境不太好,建筑杂乱无特色,旁边还有工厂(已停产多年)。居民一直对这里很有感情,街道办事处也做了一些努力,如在水池里种荷花,整治了水池周边的环境,但和一代名胜相比,并无根本性的改观。在苏州市委、市政府的重视下,平江区对这一破旧杂乱的桃花坞区域进行大规模的整治,将在这一区域修复建设唐寅故居休闲区、"非遗"展示区及唐寅祠等。据了解,规划将唐寅祠、唐寅故居,打造成"唐寅故居文化区",区内将广种桃花,恢复东荷花池,复原学圃堂、寐歌斋、蛺蝶斋,重现"桃花坞"的风采,并建立非物质文化遗产展示馆,成为中国非物质文化遗产的展示中心。2011年10月,唐寅故居文化区的建设已启动,相信这里将成为吴文化的重要展示窗口和苏州旅游的新窗口。唐寅故居、唐寅祠将迎来真正的春天,成为向世人介绍唐伯虎这位苏州大才子的纪念场所。

"桃花坞里桃花开,游人尽作桃花仙",这一天不会再让人等很久了。

平江探古

平江路　如诗如歌又如茶

昆　博　笙歌绕梁难忘怀

苏州博物馆　吴中文物聚宝山

忠王府　时空变幻风云散

工艺美博　聚珍「苏作」惊绝技

北寺塔　八字娘娘此中坐

平江路
如诗如歌又如茶

平江路双桥和三吴亭

　　我从小在平江路旁的一条水巷里长大，平江路不知走了多少回，几乎可以说对平江路的每幢房屋、每座桥梁都很熟悉。但是近年来这条路迁走原住民，引入商家，天天人流如织。在许多游人的眼里，那些发在网上、印在纸质出版物上的照片和电视镜头中的平江路，竟然是这样的美，流连忘返者有之，赞叹不绝者有之，与其说是穿越了时空的沧桑，还不如说是发现了苏州城里原先不过一条普通街巷的美。一滴海水可知大海，从一条平江路的风韵和历史积淀，体现的是苏州古城无与伦比的历史文化价值和中国江南城市的美学价值。

　　有人可能会说，平江路怎么是一条普通的街巷呢？

　　从路的年龄来说，平江路并不是苏州最古老的路，比平江路年岁更大的街巷，至今在苏州还有很多。北宋开宝八年（975），苏州在吴越钱氏政权统治下，叫平江军，北宋政和三年（1113）苏州升为平江府，元代叫平江路。到朱元璋打下平江路后，改为唐时的名称又叫苏州府。这条路原先因有十口古井叫十泉里，改名为平江路大约是在明清之际的事。平江路虽然得名相对晚，但一些桥，却在南宋的《平江图》上已有，如雪糕桥、朱马交桥、唐家桥、胡厢使桥等，并且在原址未变，河路并行的"双棋盘"格局和一些横巷也没有变，从规划上来讲，说平江路是古城的一块"化石"也未尝不可。

　　在老苏州眼中，平江路确实只是苏州城里的一条普通街巷。因为苏州的大宅高第，并不在平江路上。平江路是南北向，房子只能造成东西向，而苏州大户人家的房子基本都是南北向，所以平江路上少有大户人家，基本上是一两进的房子，而没有庭院深深的大宅院。因此平江路给人的感觉更加平民化一些，就像苏州一个穿着花布衣洗得有点褪色的小家碧玉式姑娘，勤劳而淡雅，是本色的苏州市井。因此在平江路支巷柳枝巷口，在维修时将屋顶的一只角做成了翘角，就给人不太协调的感觉，因为，翘起一只屋角，这不是平常的民居风格。

平江路两边的巷子里，大户人家比邻而居，其中还有许多著名人家。许多游人喜欢往这些巷子里探幽，往往会有意想不到的收获。比如，平江路西的悬桥巷，27号是洪钧的故居桂荫堂。洪钧本是一小商人家庭的孩子，不愿子承父业继续从商，改为读书，在同治七年（1898）考中状元。赛金花作为妾曾住西路第五进堂楼。作为状元府，值得进一步保护。清代大藏书家黄丕烈也居住在悬桥巷里，他喜欢抄书、校书、考察古籍的来龙去脉。还有一件事更是出人意料，他每年都要"祭书"，将书当作神灵一样祭拜，还将祭书典礼绘成画，爱书爱到这份上真可谓有点痴迷了。悬桥巷前巷是南石子街，6号至10号为竹山堂，是清咸丰年间探花、官至军机大臣的潘祖荫故居，这幢三路五进的大宅第，大致格局还在，走马楼仍是原物。潘在任上时所得西周青铜器大克鼎、大盂鼎，抗战时期就埋藏在这里。据潘家后人告诉我说，这两个国宝在新中国成立初因为上海的亲属多次动员，潘祖荫的孙媳妇潘达于女士决定将大克鼎、大于鼎捐赠给上海博物馆，后大于鼎转给北京中国历史博物馆（今中国国家博物馆），成为这两大博物馆的镇馆之宝。本来，这两件稀世珍宝或许有可能留在苏州，其中有些历史我不便在此披露。当然，两鼎今天这样的安排，也是值得欣慰的。潘家后人说，至少在1940年前，有人记录潘家藏青铜器达六百多件，还有宋版书一千多册。这些宝物后来究竟去了哪里，相信以后作为一个学术课题会搞清楚来龙去脉，这里也不便披露。但我多么希望北京、上海两大博物馆在潘家老宅门口竖一块"大克鼎、大于鼎收藏处"石碑，让游平江路到这里来的人可从潘家了解为什么说苏州文化积淀深厚，同时也是纪念潘家为国家保护宝贵文化财富所做的不朽功绩。

平江路虽普通，但只要静下心来细细品味，还是很有韵味的。

这里有一条丁香巷，名字优雅，是不是那位叫戴望舒的诗人，在潇潇春雨中曾来过这里，看见一位撑伞的苏州姑娘走进巷子深处，从而引发了诗情，写下脍炙人口的名诗《雨巷》？当年戴望舒在松江写下此诗，并将诗稿投给了苏州人叶圣陶任代理编辑的《小说月报》。叶见诗大为赞许，说《雨巷》替新诗的音节开了一个新纪元。不必附会戴的《雨巷》诗写的就是这条巷，但无疑这条丁香巷最合《雨巷》的诗境，这在中国还无有能出其右者。苏州管理平江路的部门能否在这巷口和巷子里种些丁香树呢？能否在巷口建个诗亭，将《雨巷》诗刻碑竖在亭内，让游人往来时驻足吟诵一下带些诗情再走呢？

丁香巷北是胡厢使巷，巷口的双桥，其一为石拱桥胡相思桥，是苏州古城内尚存的七座石拱桥之一，桥西堍南侧嵌有一方青石，上刻有"桥神土地"四字，这是苏州古代祭祀桥梁神祇、体现水乡独特风俗的唯一实物，很有民俗学的价值。另一桥唐家桥为梁式平桥，上有六块石条，其中两块为武康石，估计是宋代原物。这两座桥构成"钥匙桥"式的双桥，比昆山周庄的双桥历史要早四百多年。双桥东就是胡厢使巷，巷口有一平江区政府前几年新建的六角形亭子，据一辈子住此巷内的老居民我的父亲丁齐福先生生前介绍，新中国成立前亭子原址为火神庙，住有一个名叫"粗膀"的道士。亭子造好后，起了个名叫"三吴亭"，由苏州中医医院院长葛惠男先生写了亭名，制成匾挂在亭子里，现在三吴亭与丁字形河、双桥、紫藤棚，构成平江路的一个景色节点。

走进巷内，除了中家桥古牌坊、蒋家祠堂等历史遗存外，还有40号当地人叫"马家墙门"的马宅，这幢大宅三路五进，花园的后门通到兴隆巷，小时候我常去玩耍，只觉得房子进深。马家有个儿郎叫马骥良，在上海谋生时成为电影评论家，是个进步文人，取笔名叫唐纳。唐纳长得英俊，人又儒雅，在上海曾结识过一山东姑娘，艺名叫蓝苹，后结为夫妇。蓝苹作为马家媳妇还来马家墙门小住过，但这对夫妇后来又劳燕分飞了。蓝苹离婚后不久去延安，改名江青。

平江路除保吉利桥堍有汪氏诵芬义庄（清代建筑）外，目前在两边街巷里尚有全晋会馆（中张家巷）、惠荫园（南显子巷）、潘宅、卫道观（卫道观前）、纱帽厅（钮家巷）、居士林（菉葭巷）、端善堂潘宅、昭庆寺（大儒巷）、丁宅等大批古建筑。所以，将平江路定为历史街区而不仅仅是一条路，是非常正确的决策，这样能更好、更完整地保护古城风貌，而对游人来讲，穿行于原汁原味的街巷，可以获得苏州古城更多的历史文化信息。

今天平江路开出了数以百计有特色的酒吧、茶室、咖啡馆、影楼、服装店、古玩店、琴馆、画室、苏式小吃店、菜馆等，这些新时代涌现出来的旅游文化型商业，丰富了平江路，也给了平江路以青春的活力和新的感觉。许多人来到平江路，啜一口清茶，看着河水和街上的行人发一会呆，是一种别样的享受。

不过，今天主要游玩的平江路，只是2002年至2004年政府实施平江路风貌保护与环境整治工程的那一段，从白塔东路到干将路的主要部分，长1090米。实际上平江路北起东北街的华阳桥（拙政园附近），南至干将路的苑桥，全长1606.8米，还有三分之一没有大做整治，那一段平江路，可能更原生态一些。

平江河里有船摇过。摇船人在唱歌，歌声洒下河，融在了波光里。八百年来，平江路依然在原址，依然是这样的风流，保留着它河路并行的格局、肌理和长度。伫立桥头，感想涌来，那些流逝的岁月，就在这河里流淌，就在平江路面上凝成了印痕，回眸过去的时光，发现竟然没有褪色，是如此清晰地呈现在眼前，让人可以抚摸——其实是一份沉甸甸的文化财富。

昆　博
笙歌绕梁难忘怀

平江路旁有一条中张家巷，1986年，苏州在纪念建城两千五百年之际，开出五家专题博物馆，其中的苏州戏曲博物馆，就是利用了这条巷子里的清代全晋会馆的建筑。后苏州戏曲博物馆由江苏省人民政府报国家文化部，经批准更名为中国昆曲博物馆。

"文化大革命"前，中张家巷是一条河路并行的水巷，大约在1966年前被填没。全晋会馆门口原先还有四株高大的古榉树，长在河边，亭亭如盖，大约在1969年不知被哪个部门或单位锯掉了。填没的河道草草地铺成石子路，可通汽车，再后来，又整治过几次路面。2007年前后，当时的平江区政府区长惠建林告诉我，准备将原有的河道恢复出来。我想，这真是一件好事，不仅可以沟通平江河和护城河的水系，而且可以让巷子里的中国昆曲博物馆和苏州评弹博物馆，面临一条小河，参观者今后能坐船去参观，将是多么有味道。我说，这条河原有的花岗岩驳岸还在，恢复应该不太难，如能在中间再建一座石拱桥，那就更美了。2011年9月20日，西起平江河，东至护城河的中张家巷河道恢复工程启动，停顿了一段时间后于2017年又启动了。计划恢复河道近600米，建553米的驳岸，最宽处约7.5米，最窄处约5米，石桥不是一座而是七座，风格各异，真是让人惊喜，"小桥、流水、人家"的独特风貌的恢复，指日可待。巷内的两家博物馆，往北将和已复建后开放的相门城门景区相通。

全晋会馆在苏州的建筑中有北方建筑的气质，体量较大，端庄气派。该建筑群分中、西、东三路，东路仍为民居。晋商是清代一支重要的商贾力量，在苏州的晋商，于清乾隆三十年（1765）集资于阊门外山塘街半塘桥畔创建全晋会馆，作为晋商在苏州的办事机构。咸丰十年（1860）毁于兵燹，光绪五年（1879）至民国初年，晋商重新集资建了这一坐北朝南的新会馆。中路依次为头

中国昆曲博物馆原为全晋会馆，大门很气派，门两边有吹鼓楼

门、戏楼、正殿等。头门为单檐歇山顶，面阔三间，进深五间，脊柱间各设将军门一座，明间两扇黑漆门扉绘有工笔重彩的门神，并置抱鼓石一对。以脊柱为界，前为海棠轩，后为鹤胫轩，梁枋饰以戏文浮雕。头门左右蝴蝶墙用水磨砖斜形贴面，墙下承青石须弥座，墙檐抛枋下是精美的砖雕，刻的全是戏文故事，壁面还嵌砌有环以缠枝纹的透雕团龙砖。这座门厅利用砖雕、木雕等艺术，雕满了戏文（其中以三国故事居多）及和合、刘海戏金蟾之类的传统吉祥内容，所有雕刻都极为精美。大门两侧各建楼阁式吹鼓亭一座，这样气派的大门与苏州传统建筑注重内敛含蓄的气质不太一样，是一组全国罕见的古典礼仪式民间建筑。

走进去，穿过一个小天井，又是一个很大的天井，这样大的天井在苏州很少见。天井北面朝南的是五开间正殿，中间三开间用落地窗，东西两间用墙，不过各开了一扇六角形窗。细看大殿，和前面的大门有些不同，大门的墙上也用崇脊筒瓦，而这座建筑屋顶铺的却是细瓦。原来，全晋会馆在开馆之前，被占用开设工厂。利用古宅、寺庙、祠堂、园林等古建筑开工厂、学校、粮库，在新中国成立后的苏州是普遍现象。全晋会馆里开的是一家眼镜厂，眼镜厂要用非常容易燃烧的赛璐珞做眼镜架。果然在1976年1月，一场大火将原来的筒瓦悬山顶大殿烧毁。过了十年，苏州决定恢复全晋会馆大殿，从谢衙前的原苏州名刹灵鹫寺找到体量大致相当的大雄宝殿，请能工巧匠移建了过来。这座大殿建于一基台上，基台高约1.3米，虽是单檐建筑，但也显得高大轩敞。目前里面陈列了一些昆曲服装，主要有一个室内小戏台。昆曲在古代大多是在大户人家演出，演出就在大厅内，叫唱堂会。在这里看演出，是一种相当小众的近距离欣赏形式，多少可以领略一下古时看昆曲堂会的感觉。

正殿原先应该是供奉山西人的神灵或祖先牌位的，但详细情况已很难考证了。这天井之所以这么大，其实是一个观剧场地。在天井的南面，就是进入大门后过一小天井的楼，上面是面对大殿的古戏台，也是全晋会馆建筑的精华所在。

这是苏州现存古戏台中最为精美的一座。戏台如亭，歇山顶，檐下雕饰戏文及各种吉祥图案，台边围有吴王靠。斗拱及木雕皆朱漆贴金，装饰华丽。台向外凸出，这样正面朝向天井里的观众，两边分别面向天井东、西沿墙的楼上包厢里的观众。戏台顶部正中藻井上的"鸡笼顶"，凹进的穹顶呈内旋式、半球体，外径约3.5米，深约2米。四周由曲木拱搭成架，叫作"阳马"，既起着支撑作用，又是一种独特的装饰。从底到顶的嵌拼如小斗拱状，呈环状旋榫，堆叠向上，从上到下，共盘旋十八圈，一共有六百三十二个木构件。十八条拱头共雕成三百二十四只蝙蝠，漆成黑色，又相间着三百零六朵金黄色云头圆雕向顶部正中一铜质圆明镜汇聚，整个穹窿"鸡笼顶"红底镶墨涂金，显得相当华美。据馆内人员介绍，戏台顶这样设计科学地运用声学原理，能使演唱时产生较好的音响效果。后台面积是前台的五倍，这是因为昆曲表演行头较多，化装、管事、放置戏衣道具等需要。

有人说，这是昆曲博物馆的一宝，但馆内人士让我看了另一宝——晚清苏州宝和堂昆曲堂名担。这堂名担像一间小屋，用镂雕的紫檀木和黄杨木构件拼装而成，双层飞檐，白玉栏杆，三面挑出莲茎形铜梗，配以玻璃莲花彩灯，构件数以百计。过去苏州人家宴请重要宾客或结婚、祝寿等喜庆活动，要请昆曲艺人（民国时也请滩簧也就是苏剧艺人）来家中演唱助兴，这是当时的一种民俗。一些戏班子就应邀前往唱戏。将堂名担挑了去，在大厅里拼装好，仿佛一小屋，然后艺人就在堂名内吹拉弹唱。一般是八位艺人，少则六人，多可至十人甚至十二人。新中国成立后，由于住房面积不适合唱堂名，主要还是社会的变迁，堂名这一以家庭表演为主要形式的传统艺术，很快走向消亡。幸亏当时筹建戏曲博物馆的人士慧眼识宝，抢救了这件宝贝，真是值得庆幸。

馆内还有许多值得一看的宝贝，如昆曲文物史料展、昆曲江湖角色行当行头展示、昆曲珍贵的传奇刻本和抄本展示等，看着这些珍贵的文物，可以看出发源于昆山、兴盛于苏州全府的昆曲，当时是多么辉煌，说她是"百戏之祖"一点也不过分。但是，昆曲作为中国戏曲中艺术水平最高的一个剧种，而且当时上至皇帝下至贩夫走卒都喜欢的一个剧种，为何今天衰落成这样呢？在苏州文庙即碑刻博物馆里，有一块碑，是嘉庆时一位姓全的苏州织造，下令不准演唱花部（就是其他地方剧种）、硬性扶持昆曲的通告。从碑文可以看出，乾隆以后昆曲就已受到民间其他戏曲的挑战，虽然官方出面打击这些草根艺术，想让给昆曲生存的空间，但昆曲观众、演出剧目、演员都越来越少，演员身上的

昆博的主厅内常演出昆曲

戏也越来越少。在心灵触动之余,我曾写了一篇大散文《寂寞笙歌渐成石》,发表在江苏作协机关刊物《雨花》杂志1995年第8期上。

谁知时来运转,昆曲2001年被联合国教科文组织列为"人类口头和非物质遗产代表作",即通常所说的世界非物质文化遗产,据说侨居美国,在耶鲁大学教授中国书法和昆曲的苏州女士张充和和他的四位学生,起了促成的作用。这样一来,昆曲作为中国艺术的重要性就不得不更加重视了。经台湾著名作家白先勇的大力相助,并引入台湾一些文化界和经济界力量,和苏州一起努力,打造出了青春版《牡丹亭》这台好戏,并在大学里巡演,也到多国演出,极大地扩大了昆曲的影响,迎来了昆曲史上一个难得的小高潮。

但是,我也和一些昆曲界人士聊过,得到了一些不同的信息。苏州昆曲院院长蔡少华先生认为,国运兴,昆曲兴。他说,你想,昆曲是多么高雅的艺术,演出投入多么大,当大家四处奔波、日夜劳作,忙于衣食时,谁会有心思

欣赏昆曲啊！我想是啊，正是我们国家开始走向复兴的路上，经济实力和以前不可同日而语了，在各方的重视之下，昆曲也就应运复兴了。

有一次在苏州金鸡湖畔苏州文化艺术中心排演《玉簪记》时，我在后台和白先勇先生有过一次较长时间的交谈，他对昆曲的复兴似乎并不是非常乐观。他心目中的昆曲演出，是在苏州一个园林式的地方，要在那样的环境演出才能真正欣赏到昆曲的魅力。

后来有一次我在路上遇到赴台湾演出昆曲《长生殿》的导演顾笃璜先生，他对昆曲复兴也不是非常乐观。"还有好多事情要做。比如，现在最优秀的中年演员，她的老师有几部戏？她身上有几部戏？她后面的青年演员身上又有几部戏？"我说，现在在昆曲给人的感觉成了最适宜演爱情戏的剧种，这是因为《牡丹亭》、《玉簪记》等的影响。其实昆曲当初并不是以爱情戏见长，有大量场面宏大、题材重大、剧情慷慨激昂、文藻华美的政治剧本在舞台上演出，苏州剧作家撰写的《一捧雪》、《千钟禄》、《浣纱记》等，均是反映忠奸斗争并有深沉思考的剧本。而且那时昆曲兴旺的一个重要原因是新剧本层出不穷，戏班子多，城乡处处有演出，满足了全民对昆曲的需求。现在是笙歌渐趋寂寞，偶有演出，再也非复昔日盛况了。顾先生若有所思地说："《一捧雪》在50年代还在演出……现在最主要的还是要抢救……现在最红的名演员身上又有多少戏……"

中国昆曲博物馆内每逢星期天下午，有昆剧专场演出，参观者可在此领略昆曲迷人的风采。馆内的昆曲音像视听中心，有时传出了杜丽娘那甜美销魂的一声轻吟："原来姹紫嫣红开遍，似这般都付与断井颓垣，良辰美景奈何天，赏心乐事谁家院？……"这唱词我听来怎么都有点像昆曲今天的写照。但愿昆曲这无与伦比的高雅艺术永远幽兰吐芳、生命长存。

苏州博物馆
吴中文物聚宝山

"一百二十五万人次！"2011年初，当时的苏州博物馆馆长张欣先生在他的办公室里和我谈起2010年接待参观者的数字，让我吃了一惊。因为我听说江苏省的博物馆中，2010年接待参观者的人次数，还没有超过百万人次的。一百二十五万人次，是一个什么概念呢？一年大约开放三百一十天，不管刮风下雨还是严寒酷暑，开馆的每天，差不多要接待四千人次。

说起人们喜欢到苏州博物馆来参观，我想大概有四个主要原因，一是位于著名园林拙政园旁；二是这博物馆新馆建筑是美籍华人、世界建筑大师贝聿铭先生主持设计；三是苏州的文化有其独特的魅力；四是管理和服务达到一流水平。

苏州博物馆成立于1960年元旦，作为历史名城、文物之邦，苏州的博物馆似乎成立得比较晚。新中国成立后江苏省文物管理委员会设在苏州，1954年筹备、1957年开馆的江苏省博物馆也设在苏州的太平天国忠王府内。借地利之便和刚新中国成立的特殊年代，这两家文博单位收集了大量珍贵文物。但在1959年，省文管会、省博物馆并到南京博物院，将八千件文物也带去了，至今在苏州好像连清单也没有留下。接着，苏州开始筹建自己的博物馆，作为一座地方历史文化的综合性博物馆和苏州地区文物收藏、研究、展示、教育的中心，苏州博物馆当时就设在忠王府内。

这忠王府，其实是拙政园的主要住宅部分，如今宅和园分属园林和文化两个单位管理。许多苏州人，将祖传之宝捐给苏博，成为苏博最早的珍贵文物来源。比如，苏州旅沪大画家吴湖帆先生将七十二把状元扇捐赠给苏博，王鏊后裔王季常将皇帝送出征将军时赠饮御酒的重达六公斤的犀角杯献给苏博……后来，苏州考古发掘的出土文物也送到了苏博，比如1957年在虎丘塔里发现的五代秘色瓷莲花碗（省里文物考古部门参加的苏州考古发掘的出土文物有的送到了南京博物院）。这样，苏州的文物收藏越来越丰富了。这些宝贝就珍藏在忠王府古建筑库房里，但这样的收藏，对苏州来说，客观条件越来越不适应了。

2001年6月，一位出访的官员将苏州市政府的一封信送到美国纽约建筑设计大师贝聿铭手上，邀请他为家乡设计一座新博物馆。地址在忠王府西的今址，和拙政园一墙之隔。这里应该是拙政园西花园的住宅部分，这住宅部分到2001年时，情况已经比较复杂，环境又差又乱。不仅有张氏义庄，还有邮电局、敦号南酱店、百货店、幼儿园、民国时的洋楼、平江区医院等，七八十家居民，加上后来拆迁的人家，一共涉及一百八十多家住户和单位。在这里建一座新博物馆，和拙政园、忠王府结合为一体，不失为一个比较好的设想。但是当时有人激烈反对。当然，少数人的反对并不是什么坏事，出发点也是好的，更何况有不同意见可以让工作做得更好。2004年7月7日，在苏州举行的联合国教科文组织第二十八届世界遗产委员会大会上，全体会议以鼓掌通过的方式，同意拙政园旁建造博物馆新馆的设想，这样，争论告一段落。我那时以中国政府观察员的身份，也在会议上目睹了这一值得纪念的时刻。最后，张氏义庄整体搬迁到东南面不远处的一条巷子里，予以保留，那幢洋楼拆到觅度桥畔的洋关（尚未复建），其他没有什么保留价值的建筑则拆除了。

贝聿铭也是知道有人强烈反对的，但他的态度很淡然，他说更多的是考虑"今后新馆做成一个什么样的馆"。这让许多人佩服不已，说大师毕竟是大师。

讲到贝聿铭设计，已有许多文章和回忆录了。其中当时的苏州市文化局局长高福民，为这件事的办成办好，可谓是劳苦功高。他主编的《贝聿铭与苏州博物馆》一书，披露了其间的许多有趣细节。

请贝聿铭来设计新博物馆，这事可以说是苏州近年来文化事业建设的一个神来之笔，十分精彩。贝大师为设计此馆，先后五次来到苏州，到小巷考察，坐船夜游环城河，和苏州文化人以及国内著名建筑、文化专家分别座谈，听取意见。有一次，他到西百花巷寻访，说他小时候到过这里，他要追寻的是苏州那时的气质，他一路走，一路回想，一路在捡回他对苏州古城的旧时感觉。苏州博物馆还将馆藏文物让他鉴赏，让他了解苏州文物（文化）的特点，从而为设计新博物馆寻准一个原点。

2002年4月30日晚，那是一个夜色迷人的时光，在苏州会议中心姑苏厅，苏州市政府和贝聿铭签订委托设计合同。我当时也躬逢其盛，对他说的两句话印象最深，一是他说他是苏州人，二是他说他已退休十一年，这是他的最后一件作品了。合同签订后，他即投入了设计，为苏博新馆设计之事到过他纽约住所的朋友谭颖女士告诉我，贝先生家里放满了关于苏州的资料，他对这项工作非常用心。他关于苏州新博物馆的理念,主要是三句不可分割的话:苏而新、中而新、不高不大不突出。

现在来看新博物馆,会让人有许多感受。俗话说,有一千个观众(或者叫读者)就有一千个哈姆雷特。每个人对作品都会有不同的解读或感受。苏博新馆总体是精致清雅的,大致有这样几个特点:

新馆体量不大。造这个馆,苏州不差钱也不会吝惜花钱,但贝老设计的这个馆,体量并不大,甚至最高点没有超过周边的建筑,大门取意于苏州官宦人家,也有八字墙,但不是拷贝,有那个意思而已。走进去是一个天井,再进去,甚至没有安排气势逼人的大厅或主厅,进门的厅实际是一个面积较宽敞的八角形的、十字路口性质的节点而已,这和一般的展览建筑非常不同。在这"十字路口",往前一眼就可看到后园和墙,甚至可以看到墙那一边拙政园里的树,在墙头上露出葱郁的绿色,也算是借景吧。为何设计得这么没有"派头"?有许多人认为说话喉咙响是阳刚,建筑高大是雄伟,城里高楼林立是现代化,甚至诬称苏州"娘娘腔"。近年来,中国许多地方不管自己收藏文物数量有多少,先用财政的钱造个大而无当的博物馆,以示暴发了。但从审美角度讲,并不是以大为美。苏州文化的特点就是优雅、精致、清丽,不追求强烈的感官刺激和心灵震撼,以真美的本质和文化韵味隽永为艺术的上乘之道。苏州博物馆新馆也是这样,映入眼帘的就是黑、白、灰三种颜色,营造出淡雅的美感,而这三种颜色也是苏州城市规划确定的三种基本色。其中还有一个插曲,贝老力主屋顶用一种在山西和内蒙古交界处出的黑花岗岩(又叫中国黑或蒙古黑),加工成石板作瓦。而两院院士吴良镛先生坚持要用苏州传统的那种小青瓦,两位都是大师级人物,吴是1946年协助梁思成创办清华大学建筑系的规划与建筑学的专家,非等闲之辈。到了美国,贝请吴吃饭,两人还在为新馆到底用石板瓦还是黏土小青瓦争论。最后贝还是坚持用石板。虽然在苏州建筑史上很少见到有此实例(木渎春秋古城址的古护城河里发现有一片石瓦),但从实际效果来看,还是很协调。因为,这种蒙古黑石瓦在阳光下呈灰黑色,被雨水淋湿后呈乌黑色,和白墙壁又构成了苏州典型的粉墙黛瓦,体现的是黑、灰、白三色。

苏州博物馆新馆建筑体量不大,色彩、风格完全和苏州古城风貌相协调,也是对拙政园的尊重。贝老追求的正是这个效果,他不希望新馆建筑突出,"压迫"周边环境。他为设计新馆,看了许多苏博所藏的文物,他得出一个印象,就是苏博的文物体量都比较小,所以他对建筑内部设计都是一些不太宏大的空间,通过精心设计使之带一点自然采光,让人感觉仿佛是在一户苏州大户人家欣赏主人的珍藏,亲切,自然,宁静,风雅,这是苏州的感觉;而这种感觉是在参观其他高大殿堂似的博物馆时所没有的。

最值得一说的是，北面那和拙政园相区隔的围墙，贝大师用了以墙作纸、以石为画的手法。这在古代就有，但后来都用花窗这一手法来改善长长的粉墙形成的单调和隔离感了。贝大师显然是考虑视觉效果，他借墙创作了一幅自己的作品。那些石头经过切割，又用火枪喷火烧过，做出水墨效果，经过拼贴，使之成为一幅平远山水画。因墙面较长，"画卷"显出咫尺千里的效果，如今似乎成了标志性的"景点"了，每天都可以看到许多参观者，喜欢在此将"画"作为背景留影。

贝聿铭将这一建筑亲切地称之为"小女儿"。他是1917年4月生的，从签约时的1999年夏，他那时是八十二岁（但许多文章说他是虚岁八十五岁出山为家乡接这个活的），至2006年10月建成开馆，他已九十岁高龄。在这过程中，他确实为建这座新馆殚精竭虑，力求尽善尽美。我有一次去工地，在今天水池（或叫荷花池）的南岸，看见一老头正坐在建筑材料上和工人交谈，态度谦和，助手站在后面，细看正是贝老先生。我在旁看了一会，都不好意思去打扰，听了他们断续的几句话，是他正在征询施工人员的意见。他的这种工作作风，让我非常钦佩。张欣馆长说，馆里要种的树，每一棵他都过问，甚至亲自坐车到苏州西郊、太湖之滨的光福镇去选，甚至还北渡长江到如皋去选。

苏州博物馆新馆造好了，随即成了许多业内人士研究的对象，这幢建筑所体现的"苏而新"理念为苏州古城改造、苏州城市建设指出了一个有标本意义的参考物，同时也因为贝聿铭的名头，成了人们感兴趣的苏州新观光景点。

苏州博物馆新馆占地面积10700平方米，建筑面积19000余平方米，陈列总面积3600平方米。常设四个富有苏州地方特色的主题展览，分别为"吴地遗珍"、"吴塔国宝"、"吴中风雅"、"吴门书画"，其中还建了宋画斋，一间茅草屋，编竹夹泥墙，室内布置为宋代民居，体现出宋代苏州民居朴素、清雅的特色，作为展室，很有特点。

作为地方博物馆，苏博珍贵文物数量不少，现有文物三万多件，常年展出的文物有一千六百余件。这里略作介绍：

一是1978年4月瑞光塔中出土的真珠舍利宝幢，这是一件国宝级文物，高122.6厘米，楠木构成，分须弥座、佛宫、塔刹三个部分，华盖和八条小龙均用金银丝编成，用珍珠四万余颗，还有九颗佛教圣物舍利（是佛祖还是高僧的舍利不清楚）。另一件国宝级文物是1957年3月从虎丘塔里发现的一只越窑秘色瓷莲花碗，盏托如盘，如莲花盛开，底足也有莲花纹饰；盏托上放碗，碗外面浅浮雕莲花，真如河水一般绿，线条优美，整个器物清纯脱俗，端庄高雅，是苏博三件国宝级文物之一。此外，苏博的书画也是一大强项，大多为捐赠，其中国宝级的为苏州过云楼后人顾笃琨的子女捐赠的《七君子图》。当年藏家把元朝赵天裕、柯九思、赵原、顾定之、张绅、吴镇六位大画家的墨竹逐一收裱在同一长卷中，其中，柯九思有两件作品，一共七件，故名"七君子图"，画芯全长约10米，宽36.5厘米。元代年代不长，大家作品存世不多，而六位大家的作品集于一卷，中国独此一件，故特别珍贵。过云楼顾麟士幼子顾公硕曾参与筹建苏州博物馆，并将自己收藏的一百二十四件珍贵书画、刺绣文物捐赠给苏州博物馆。在苏博新馆开馆之前，顾氏后人再将此重宝捐赠，这在近年来是非常难得的事了。苏博新馆大厅右手边走廊的南墙上，有一铭牌，上面刻着从20世纪50年代起即向苏博捐赠文物的人士的名字，但越往后越少，这是时代变迁、人的观念也发生了变化的缘故吧。

我在牌子上看到了2008年捐赠者的名字中有杨明义，颇感欣慰。2007年10月，杨明义先生创作了《姑苏瑞雪夜》，以水墨的黑白两色为主，描绘出水乡傍晚瑞雪初降的景象。粉墙黛瓦的水乡民居，飘飘洒洒的雪花、屋顶一缕袅袅升起的炊烟，红色的木门和一副对联非常艳丽夺目，营造出温馨的江南意境。12月，此画参加法国卢浮宫举办的国际艺术沙龙展，获得沙龙展特别独立艺术家大奖。杨明义先生在北京将这一喜讯打电话告诉我，我一边说祝贺一边在想，这好像是继1929年苏州画家颜文樑先生的色粉画《厨房》获得法国巴黎春季沙龙荣誉奖后，苏州画家在法国又一次获得大奖。而且此次获奖的是中国画作品。这样的艺术珍宝，应该留在家乡，不能流失。于是，我就在电话里建议杨老师，此画意义不一般，是不是捐赠给苏州博物馆收藏吧。其实此画已有外国和中国有实力者表示要求购买，没有想到杨很爽快地答应了，并委托我和苏博联系。我将这一消息告诉了张欣馆长。但是收藏当代人的画作，这对苏博来讲，也是一件新的事情。经过请示，得到批准。首届世界华人收藏家大会在上海召开时，2009年10月10日有二百多位收藏家专程到访苏州博物馆，苏博利用这一机会举办隆重的接受捐赠仪式，让这些收藏名家见证杨明义先生的捐赠。杨对这样的安排很满意，这也体现了馆方的细心体贴之处。

苏州博物馆新馆还经常开展各种借展，即向其他博物馆借来珍贵文物，进行展出。如《姑苏繁华图》特展、赵无极黑白梦特展、悲鸿绘画经典作品苏州特展、周瘦鹃先生收藏书画捐赠纪念展、"三星伴月　金沙流采——来自古蜀文明的珍藏"文物展、吴国王室青铜器精品展等等。所有展览全都是免费的，所以，这里也是常年给苏州和其他来参观人员提供文化盛宴的殿堂。

今天，苏州博物馆也是苏州游中值得一去的景点，有时可能需要排一会队，但是真的很值得。

忠王府
时空变幻风云散

站在太平天国忠王府门口，望着那高敞的大门，忽生奇想，过去的风云似乎就浓缩在大门里的空间中。

这是一幢江南王府式大型建筑。当年的忠王府占地还要大，但因种种原因，今天列为忠王府的只是其中一部分，这一精华部分、主体部分，迭经历史沧桑保留下来了。

走进忠王府，一进一进，庭院深深，共有五进，确实是苏州少有的大宅，其气势、规模和完整度，甚至远胜设在苏州书院巷里至今尚存的江苏巡抚衙门。清咸丰十年（1860年）四月，忠王李秀成率太平军攻克苏州。到了苏州以后，他想将苏州作为他的大本营，于是他要为自己建一个王府，结果看上了拙政园，就将园南部几户人家的房子拆了，造起了规模宏大的王府，拙政园作为王府的后花园。走进忠王府大门，走过一个可能是苏州老房子中最大、最长的天井，就来到了忠王府的主建筑正殿。正殿高大宽敞，北有穿廊连接后轩，形成"工"字形格局，称为工字殿。当年，李秀成就在这里召开重要的军事会议，做出一系列部署。

李秀成来到苏州，是因为苏州当时是长江下游最为繁华和富庶之地，这对清或太平天国都是重要的经济支撑地区。不算其他税收，仅苏州每年要运送进京的漕米，嘉庆二十三年（1818）实征七十二万五千一百四十石（全是白粳米），是全国交漕粮最多的地方；丝绸生产仍然是大宗出口产品，换回的白银维持着国家外汇的平衡。但是，苏州在繁荣的背后，社会也积聚了深刻的矛盾。土地的兼并，农民的贫穷，积聚着农村的矛盾。城市除了有贫富矛盾，苏州的特殊之处是，还有大量因漕运改海运而失业长期滞留在阊门一带的安徽、广东籍的游民。谋生需要和生活无出头希望，又同当地社会不相融，使这些外来人口成为破坏苏州原有状态的一股潜在力量。

太平军东来，结果是腐朽的清廷和太平军给了苏州的经济和社会以双重打击。

清将马德昭先是以放火烧民房作为守城方法，最终又逃之夭夭。清政府地方大员的不负责任与处置乖张，引起苏州市民的极度憎恶。据李秀成《自述》说，太平军来苏州时，苏城老百姓贴出了"同心杀尽张、和贼"（张、和是清政府大员）的标语。谁知太平军进城后，也是积极放火烧房。这场火烧了三日三夜，并且着火区面积不断扩大。

陶煦在《贞丰里庚申见闻录》中说：那时的苏城"红光烛天，百里外皆可望见"。作为一座古城，这场大火，不知有多少苏州的古建筑、家藏的家具、图书和文物灰飞烟灭，损失无法计算。

李秀成主持苏浙事务，以苏州为中心成立了苏福省，主要是想利用苏州及周边地区的财富来支撑太平天国。苏的粮、银源源不断地送往天京，当时有诗曰"旌旗簇簇拥上游，转粮一线仗苏州"。在战乱期间，苏州百姓的负担可想而知。

如今忠王府中只有游人，建筑上太平天国时留下的一些彩绘人们还能看到。苏式彩绘是中国艺术中的一宝，在北京颐和园等处，可见许多苏式彩绘，成为这座皇家园林光彩四射的瑰宝。而在苏州，到了清代，房子里彩绘的不多了，没有留下许多彩绘作品。因为主人的审美观，忠王府里留有大量彩绘。据介绍，忠王府现存彩绘和壁画（统称彩画）描绘精致、色彩绚丽、内容丰富、风格秀丽，数量多，艺术水平高，是江南苏式彩绘的典范。2010年，苏州博物馆邀请文物出版社对忠王府中路门厅、轿厅、前殿、后堂内的三百四十一幅彩画和后殿内的九幅壁画进行了全面拍摄，并出版了图书，让更多的人可以欣赏到这些艺术珍宝。

但这些彩绘的背后，却是苏州城市命运的一场剧变。太平天国的政治理念和半洋半土的宗教和异样文化、军政合一的治理机构，对于习惯传统文化生活的苏州人来讲，根本无法接受。一时城里士绅除携资逃到上海外纷纷自杀，特别是女性担心受辱，自杀比男的更多。据有的史籍记载，有的井里填满了女尸。苏州市民自发成立了专门的收尸局，苏州的人力资源遭受空前损失，生产受到严重破坏，《苏台麋鹿记》载：

> 城中设收尸局数处，皆苏人自备资斧，雇用土工杠夫，以作善举者也……至匝月而局方撤，计掩埋总数凡四万五千有奇，绅士人民之殉难者，不可胜数。民人之殉难以数万计，姓名多湮没不传。

为了减少苏州农村对太平军的敌对态势，李秀成亲自到农村中去宣传，和农民直接对话，取得了一定的效果，农民无种子他还发放了大量粮食种子，让农民可以及时播种。在苏福省政权取得一定稳固后，李秀成以苏州为基地，和清廷方面的中外联军进行了多场大战，取得了太仓、嘉定、青浦"三捷"。在被俘后关在曾国藩的木笼里，他写下自己一生和太平天国运动的总结时，写到这"三捷"，笔下还是颇为生动的。

李秀成无疑是一个优秀的人才，他在苏州也想整顿秩序，比如接受苏州市民上访，制止护王陈坤书的胡作非为等。但总的说来，这一时期导致苏州资本持续减少，苏州原有的生产关系包括生产资料的进来和产品的出去这一经济脉络被打破了，青壮年劳动力、技术员工、商业人才大量损失，这都使苏州大伤了元气。可以说，太平天国是苏州城市发展史上的一个拐点。

忠王府的修建工程，一直到苏城被清军接收，还没有停下来，这可能是李秀成稳定人心的一种方法，也可能是李秀成对营建苏州的家很是用心。李鸿章的淮军在苏州逃亡上海的士绅和外国势力的支持下，1863年12月4日攻下苏州，将他的行辕就设在忠王府内，不过他拆去了大门的东西辕门、角楼、鼓吹亭，改大门为清代衙署样式，又涂去一部分龙凤彩绘，其他基本保持原样。清同治十一年（1871），这里又改为八旗奉直会馆。1938年日伪的"江苏省维新政府"在里面粉墨登场。1946年，国立社会教育学院借作校舍。1951年划归苏南文管会。1960年作为苏州博物馆用房。2006年10月，苏博在忠王府西面建成新馆，忠王府作为"太平天国在苏州"的专题博物馆（我个人觉得改为苏州历史博物馆更加合适）。

李鸿章占用这一建筑群，没有将它像天京的天王府一样付之一炬，这是他做的好事之一。据说忠王府里原有几座戏台，现在还留有的一座，其实是李鸿章攻克苏州后所建。戏台坐南面北，这样看戏人还是面朝南。戏台方形平顶，台前两角柱，三面敞开，除戏台正面可坐观众外，两厢也是观演场地，虽有北方风格，却是苏州最精美、最典雅的室内戏台。

站在古戏台边，不闻檀板玉笛。走进来才知，历史的烟云早已散去，留下许多故事任导游编讲、后人评说。倒是戏台前面庭院里的东南角上，一架紫藤长势正茂，挂满璎珞样的花串烂漫似锦，真所谓蒙戎一架自成林。花前有一石碑，上镌"文衡山先生手植藤"字样，文衡山就是文徵明，那这株紫藤已有四百多岁了。年年花开又花落，但不知那位广西农民出身的王爷是不是曾经在花荫下盘桓过、抚摸过如铁虬的藤干？是不是想过，他的到来，其实宣告了苏州在封建时代的繁华从此结束而走进发展的低谷时期？

问花花不语……

工艺美博
聚珍"苏作"惊绝技

苏州博物馆西、北寺塔东的西北街88号,是一幢清乾隆年间建造的古建筑"尚志堂"吴宅,门上砖雕镏金"苏州工艺美术博物馆"。

这里曾做过苏州檀香扇厂,20世纪70年代初,我有一朋友在内当工人,有时我就去那里看工人们如何干活,只觉得满厂弥散着檀香的香味。今天再来这里,房屋结构、布局基本未动,但物是人非,成了博物馆了。有时我想,像这样的檀香扇厂、红木雕刻厂、刺绣厂、丝绸服装厂之类企业,继续保存在苏州古城内,也是可以让古城更有文化内涵的安排。

当年这里作工厂,毕竟有点乱,现在作了博物馆,环境更加清雅。这吴宅有一个其他古宅所没有的特点,就是一进一进房屋之间的天井比较大,显得相当宽敞,如今种上花木,配以太湖石、鹅卵石径等,加上传统苏式建筑的落地雕花长窗、月亮门、砖雕门楼等,整个博物馆就像是由多个庭院组成的古典园林,很耐看。虽然说来此我有今昔沧桑之叹,但走了一圈后,发现苏州工艺美术博物馆设在这里,实在是一个很好的主意。

据馆方介绍:"馆区占地面积约4500平方米。馆内收藏有苏州近代的刺绣、檀香扇、缂丝、琢玉、木雕、石雕、剧装、桃花坞木刻年画、明式家具、民族乐器、仿古铜器、雕漆、金属工艺品及文房四宝等十余类近千件工艺美术精品、珍品。无论是展馆环境、展馆面积、馆藏品种和数量均居全国工艺美术类专业博物馆之首。"

曾有人告诉我说,中国的十几个大类的工艺美术中,苏州只缺一两个门类,是中国工艺美术种类最全的城市,说苏州是工艺之城,是一点也不为过的,这也是苏州之所以独特的关键。可惜我当时没有细问,至今也不知苏州到底缺的是哪一种工艺美术大类。苏州的工艺美术作品有一种说不出的苏州味道，或者说是苏州的风格，就是不太用大料，不以"土味"、"拙味"为特色，而是即使小件作品也是经过巧妙设计、精工制作而成，精、细、雅、巧，诸美皆备。清康雍时人、苏州状元韩菼的满族学生纳兰常安《受宜室宦游随笔》中曾有这样的记载："苏州专诸巷，琢玉、雕金、镂木、刻竹、髹漆、装潢、像生、针绣，咸类聚而列肆焉。其曰鬼工者，以显微镜烛之，方施刀错。其曰水盘者，以砂水涤滤，泯其痕纹，凡金银琉璃绮铭绣之属，无不极其精巧，概之曰'苏作'。"这仅是写苏州阊门内一条街的工艺品产业的盛况，其实苏州工艺界的能工巧匠遍布城乡。我曾听说过一个两位苏州银匠比手镯制作技艺的故事，其中一位极尽雕琢功夫，一对手镯精美到无以复加；另一银匠的蒜头手镯外表无甚稀奇，但里面拉出来竟然是一串十八银罗汉链，每粒惟妙惟肖的银罗汉仅比一颗绿豆大一点，形态各不一样，这就是苏州工艺所追求的境界。我在檀香扇厂见过工人制作扇子，一片极薄的木片上，既有钢丝锯拉花，又要用电烙铁烫花，还要嵌入象牙雕刻成的花……好像能想出来装饰的工艺都用上了。我看着檀香木片上拉出的那细如棉线的花纹，叹为天工，一把扇子制成，上面凝聚的功夫真是不可思议。红木、檀香木本不是苏州所产，据说是郑和下西洋时，返航时因空船航海不稳，就买了东南亚、非洲一带的紫檀、檀香原木，用来压舱。郑和是从太仓启航的，回来也是停靠太仓的刘家港，这些压船木头，被心灵手巧的苏州工匠用来开发出家具、盒匣、扇子等，这些原木一被苏州人利用了，就变成了精美绝伦的工艺品，充分表明苏州人巧手慧思、善于用材，追求精美的气质。

封建时代，苏州的工艺品的上品，流向皇宫和达官贵人府第；新中国成立前的苏州工艺美术作品，流散在有钱、有闲人家里。新中国成立后，苏州工艺美术产品主要作为国家创汇的骨干产品。倒是在今天，普通百姓的生活条件大大改善，工艺美术的市场大大拓展，迎来了苏州工艺美术新的春天。

那时艺人创作出了多少好东西没有留在国内呵！我记得20世纪80年代，有工人制作了乌檀木雕花嵌象牙宫扇（这是一种放置桌上供观赏的摆件），还得了奖，但是被日本游客买走了。我心里听了有点失落，这么好的东西，就以区区的一万元卖掉了。卖掉那些宝贝后，厂里资金可以回笼，工人可以拿奖金，国家可以得到宝贵的外汇……虽然那个时代绝大部分工艺精品被卖掉了，这里没有收藏，但是，这家博物馆毕竟还是保下来了这么多宝贵的工艺美术艺术珍品，其中还有部分是当今中国工艺美术大师、江苏省工艺美术大师、江苏省工艺美术名人的代表作品，一部分已故老艺人的绝品、孤品，因此，有这个馆，苏州又是值得庆幸的。

馆内分设珍品精品馆、织绣艺术馆、综合雕刻艺术馆、檀香艺术馆、微型景观馆五个展馆。有红珊瑚雕刻、黄杨木雕、檀香扇、刺绣、乌檀木宫扇、玉雕等等。由于工艺美术博物馆并不免费开放，所以平时馆内人要少一点，正是有这份清静才能让人可以好好观赏这些平时难得一见的艺术珍品。

苏州玉雕作品，这里的展出只能说是沧海一粟。苏州玉雕古来有名，追源溯流，可一直到新石器时代。在历史的长河里，"治玉"这一传统工艺在苏州得到了延续，并形成了"苏玉"这一有浓郁地方特色的玉雕流派，历史上出现了陆子冈等琢玉大师。明人宋应星在《天工开物》中很佩服地说"良玉虽集京师，工巧则推苏郡"，意思是好的玉料虽然集中在京城里，但有超一流治玉技艺的工匠，则还是首推苏州。

如清乾隆年间，有一位苏州籍的玉匠，供职于大内。有一天，他看到一位同行从一块新疆和田玉上琢碗，碗的坯料"挖"走了，留下一块差不多略小于杂志那么大的玉石弃料，厚度约有三寸多，当中一个很圆的凹塘，一般认为这料是没啥用了。但这位苏州工匠觉得这毕竟是一块上好的料，还有橘黄的石皮，丢弃了毕竟有点可惜。突然，灵感像电火花那么一闪，他想到了家乡苏州的园林，激发出了他的创作灵感。

过不多久，一件精心设计制造的一个玉山子诞生了。这仿佛是一幅立体的、袖珍的《桐荫仕女图》画作，那挖碗的圆凹塘，被琢成一个月亮门（又叫圆洞门），把庭院分为前后两部分，洞门半掩，显得很有层次感，虎皮黄的石皮琢成桐树、芭蕉和太湖石假山，一边芭蕉荫下有一石台和两只鼓形石凳，一女子双手捧瓶（或棋盒），另一面为院外，也是女子，手持灵芝，面朝院门的方向，似乎准备盈盈步入园林之内，院门处琢出缝隙，两面的情景就呼应了。上有"乾隆癸巳新秋御题"及"乾"、"隆"印各一，还有琢文曰："和田贡玉，规其中作碗，吴工就余材琢成是图。既无弃物，且仍完璞玉。御识。"并有"太璞"印。乾隆癸巳是乾隆三十八年（1773），这位苏州玉匠冒着暑热完成了这件作品，出神入化地变弃料为宝，得到皇帝的高度称赞，亲自题识，现珍藏在北京故宫博物院。

就是这一位名不见经传的玉匠的作品，已足够显示出苏州玉匠的巧思和高超技艺。但这只不过是苏州无法计数的玉雕工艺品中的一个故事而已，在乾隆时期苏州玉坊有八百多家之多，玉匠大概有三千人左右。新中国成立前夕，苏州玉雕极不景气；新中国成立后，苏州玉匠进了厂，玉石料主要由国家划拨，然后由外贸部门收购了去外销，苏州分配到的主要是一种档次不高的岫玉，但也扩大用材，雕刻珊瑚、翡翠、玛瑙等。大约在20世纪80年代末、90年代初开始，苏州出现了个体的玉匠，后来这支以个体、私营为主的玉匠队伍越来越壮大，也出了不少高手。再后来有许多外地玉匠来到苏州，一方面是吸收苏州的文化养料，提高自己的创作水平，另一方面加入"苏作"队伍，可以卖出好的价钱。据说，苏州的玉雕从业人员已超过三万人。

苏州工艺美术品都和这玉雕作品、檀香扇一样，是需要细细品鉴的，其中的雅味，非粗疏之人可理解，所以，观赏苏州工艺美术作品，本身也是一种雅文化的滋养。大约在20世纪90年代初，我来到桃花坞地区，那里原有一家苏州扇厂，好像已经不太景气了。因为苏州扇厂生产的水磨竹骨扇，是一种清雅的掌上清玩之物，本身卖不出什么价钱。而不远处苏州电扇厂的长城电扇正卖得热火朝天。我来到扇厂里，能感觉得到一种寒酸的氛围。但是在一破旧的屋子里，我看到一个年纪近六十岁的师傅正在一缸里抄纸浆。苏州怎么会做宣纸呢？那师傅见我疑惑，拿起一张白纸，让我迎亮看，"你看到了什么？"我说我没有看到什么。他有点期待："你再仔细看看……"我又瞥了一眼，还是没有看到什么。他略有失望，解释道："这纸里有云头，你看多么好看！伲苏州做扇子，全要用这纸做，才算正宗。"原来，他是将宣纸手工撕碎，浸在水里，再打成浆，然后再抄成纸。由于是手工撕后重抄成纸，纸中就会有这一团团的"云头"了。当时我有点不屑：什么"云头"，有啥欣赏的价值？我问这位师傅："就你一个人在抄这'云头'纸？"他有点落寞，说："是的，现在的年轻人不肯做这活，这纸浸在缸里，我要脚踏的，冬天水很冷，生活蛮苦的……"我想是啊，这工艺又原始，又像是一种多余的工艺，淘汰也是必然的。后来我听有的书画家说，主要是将宣纸做成扇面时用了胶水或糨糊，扇面不大好画，墨色和颜料不易洇开。这时我才想起了过去那种"云头"纸，由于经过再加工，组织比较松，书画易出效果，但是今天想来，这才是真正的苏扇有别于其他扇子的标志。而我看见几个人在打磨竹扇骨，我说，怎么不水磨啊？他们笑了，水磨是指一种打磨后出现的天然滋润的效果。我发现他们是在用一种干草在打磨，他们又笑了，说："这是一种树叶。等用木贼草打磨过了，最后一道打磨才用这树叶。"他们说不上这树的名字，但在天井里就有这树，我走过去摸了一下树叶，似乎有点毛茸茸的感觉。我这才明白，苏州人所说的水磨，有时是指一种细致的用功。

一柄扇子尚且这样，那苏州的玉雕、核雕、砖雕、红木雕刻、漆雕、缂丝、刺绣、嵌银丝、竹刻、制砚、制笔、裱画、硬木家具、民族乐器、国画颜料，哪一样不是这样用水磨功夫制作出来的呢？要细说苏州的工艺美术真是说不完的呀！我一边看一边想，这家博物馆虽说是规模在华东第一，但和苏州工艺美术的辉煌相比，还是小了点。苏州工艺美术的高贵、清雅、精致，其实体现的就是苏州城市的气质，或者反过来说，没有苏州的工艺美术，苏州城市也就缺少了这种气质。

北寺塔
八字娘娘此中坐

从苏州火车站下来进入苏州城,第一个看见的古迹,是北寺塔。无论外地游客还是苏州本地人,看见这座壮丽雄伟的宝塔,不管会产生惊艳还是亲切的感觉,都会对它留下深刻而难忘的印象。

苏州人对此塔有个苏州方言和北方方言引出的笑话:因为"北寺"在苏州话里,音近"不是"。如外地人问:"这是什么塔?"苏州人答曰:"北寺(不是)塔。"

但是如果只是看一座塔,那就太过局限了,这个笑话也可能有个提示作用:不要只关注一座塔。塔只是寺庙的一个重要部分,要从整体了解,先要关注寺庙本身才对。

因为这座寺庙位于苏州古城内北部区域,苏州老百姓就习惯地称之为北寺了,寺的正式名称是报恩寺,当地传说是孙权为报乳母之恩而建(明卢熊《苏州府志》云,寺乃吴大帝赤乌中乳母燕国夫人陈氏舍第为之),但据唐陆广微《吴地记》:"通元寺,吴大帝孙权(母)吴夫人舍宅置。"南宋范成大《吴郡志》卷三十一"报恩寺"条则说:"即吴先主母吴夫人舍宅所建通玄寺基也。"卢志撰于明代,晚于范志,所以我认为应以《吴地记》、《吴郡志》的记载为是。

吴夫人,在晋陈寿《三国志·吴书》中有专条记载,为"孙破虏吴夫人"。孙破虏即孙坚,吴郡富春(今浙江富阳)人。吴郡郡治在吴县(今苏州市区),富春是当时吴郡下辖的一个县。吴夫人在孙权出生后告诉邻居说,她怀孕时曾做了个梦,梦见自己的肠子从肚子里出来,绕住了吴郡郡城的阊门。邻母听后惊叹道:"安知非吉征也。"孙权还没有出生,她母亲就已开始为这个儿子未来登上政治舞台做舆论准备了,可见她是个有心计人,不是一般的农妇。但同时也说明，吴郡郡城在下面县里人的心目中，是如何的有地位了。陈寿评论孙坚时说他是"孤微发迹"，也就是孙坚祖上实在贫寒。孙坚"少为县吏"，十七岁时开始杀人，在汉灵帝熹平元年（172），他大约十七八岁时，拉起自己的武装，揭开了孙氏发迹的第一页。

后来孙坚考虑婚姻时将择婚的目光投向了同郡氏族。有一位才貌双全的吴姓女，本来是郡城人，出身名门，其父是汉朝末年的丹阳太守吴辉，早年父母双亡，后来徙居钱塘（今杭州）。这位姑娘史失其名。孙坚娶她为妻后，人们称她为吴夫人，后来又称之为太妃，而不愿意叫她孙夫人，是对她的特殊尊敬。吴夫人生了四子一女，长子孙策（175—200），次子孙权（182—252），一个女儿史无其名，后人给她起了个名字叫孙尚香。

孙坚这支小部队主要是在北方东拼西杀，三十七岁时，在襄阳城外的一座山上被射杀。在寿春抚养几个孩子的吴夫人，是一位很了不起的母亲，在这兵荒马乱、颠沛流离的年代里，居然将孩子都培养成才，当时袁术、曹操等都惊叹不已。袁术看到孙策，经常叹道："使术有子如孙郎，死复何恨！"曹操看到孙权少年执政，意气风发，感慨地说："生子当如孙仲谋（孙权字仲谋）。"

孙坚阵亡后，部下朱治率部回到孙策身边，来帮助这位首长的大公子。他给孙策提了一个很关键的意见，就是孙坚的老领导、孙策打算继续投靠的袁术"政德不立"，应该离开这个没有前途的军阀，回到江东（当时的江东的大城市仅吴郡，也就是苏州）去，讨平群雄，创一番自己的事业。但孙策没有听从这一建议，仍跑到庐江一带为袁术打仗，将吴夫人和孙权等兄弟留在曲阿。朱治安排人将吴夫人接出来，吴夫人和朱治会合后，这支小部队突然长途奔袭，占领了吴夫人居住过的城市钱塘。在吴夫人的幕后策划下，又挥师北上，攻下了吴氏的祖地吴郡，并将吴郡作为孙氏集团的根据地。

孙策因杀害吴郡太守许贡，在一次打猎时，被许贡的小儿子带领两个部属刺伤，不治而死。对于吴夫人来讲，丈夫孙坚壮年被杀，现在长子又二十六岁死于非命，年仅十八岁的次子孙权接下了孙坚、孙策留下的事业，瞻望前景，满眼风险。《三国志》在吴夫人本传里，说："及（孙）权少年统业，夫人助治军、国，甚有补益。"吴夫人为吴国的稳定和发展作出了贡献。她死后，和丈夫孙坚合葬，史称高陵。孙坚起先葬在曲阿，后来在吴夫人主持下迁墓吴县（今苏州市）的城南。20世纪30年代，其墓犹存，苏州士绅组织了保墓会，给孙坚墓立碑。到80年代初，却被批准为一工厂发展而平毁。今天那家工厂早已停产。我认为，苏州应该恢复这一古迹纪念地，现亦有人提议建个纪念碑等。

吴夫人逝世前，决定将她的住宅捐作佛教寺庙，可能这是佛教进入苏州甚至江南地区的发轫之举。吴夫人的宅第，起先叫作通元（玄）寺，后来改作

人民路上雄伟的北寺塔

报恩寺,虽然历经战乱,但香火一直不息,成为苏州的名蓝原刹。吴地佛教兴盛,千百年来对苏州人的教化作用,还是很明显的,苏州佛教史的第一页应该写上吴夫人。

事实上苏州人也没有忘记夫人。宝塔的第三层,在塔心方室北面墙上有一龛,供奉着一座小石像,这就是苏州人独有的信仰"八字娘娘",道教中并没有八字娘娘这一位神祇,因苏州话中"北寺"和"八字"是同一发音,八字娘娘应该是"北寺娘娘"之讹。每年正月初八和八月初八,苏州的妇女要为她烧香。这一风俗流传至今,只不过寺内和尚担心宝塔安全,指引人去塔后的七佛殿烧香,许多人不知道她正静静地坐在塔内呢。

北寺塔始建于南梁(502—556),现塔建于南宋绍兴二十三年(1153),南宋绍定二年(1229)的《平江图》碑上就有此塔的标识。这座八面九级楼阁式砖木建筑,高76米,占地1.2亩(约800平方米),一至六层的砖结构还是宋时原物,七层以上为明代所修,是江南地区面积最大的古塔。据资料介绍,这座塔结构复杂,工艺精美,据说"是研究宋代小木作形制的珍贵实例",在第三层上,塔身不涂纸筋石灰,而是让青砖裸露,砖上可以清晰地看到阳文的"报恩塔砖"字样。让人惊奇的是,这座宝塔至今还能让人登临,可见当初人所建的塔是多么坚固。在塔上扶栏下望,塔东边有楠木观音殿、塔北面有七佛殿和藏经阁,塔东北有元代珍贵文物张士诚纪功碑(又称陵平造像碑),还有改革开放后新修建的园林"梅圃"。这一黄石造景的仿古典园林,以水面为主,水阁、亭子、石桥等配置有致,园景清幽。在塔上极目四野,苏州古城内外景色历历在目。鸟在脚下飞翔,头上方是塔铃,风中传来一阵阵塔铃声,这时不由人想起一首上海说唱中唱的词:"古代劳动人民真伟大",同时也想起了那位伟大的吴夫人,是她为江南的繁华、为苏州新一轮发展即六朝的历史拉开了序幕。

名园寻芳

拙政园　欲说往事无限愁

狮子林　佛家园林走向人世间

耦　园　夫妻恩爱留名园

拙政园
欲说往事无限愁

康熙帝不喜欢拙政园

清康熙二十三年（1684）农历九月，康熙皇帝启銮南巡。农历十月二十七日，船队抵达浒墅关，然后上岸，改换骑马。在马队的簇拥下，康熙皇帝一行向苏州城进发。马队经枫桥镇过阊门进城，来到瑞光寺，后又登上了盘门。皇帝骑着马在城墙上缓缓行走，四望姑苏城内外，大致了解了苏州情况。到了齐门，他从城墙下来，根据地方官的安排，下午去游赏苏州第一名园拙政园，晚上到葑门内的苏州织造府公署下榻。

这一次康熙皇帝到苏州，苏州地方官从景点观光的角度，安排皇帝首先游览拙政园。拙政园从海宁陈家被没收为官产后，不知何年成了吴三桂女婿王永康（一作宁）的府宅。康熙二十年（1681），清廷平定三桂之乱，吴家老小包括襁褓中的婴儿，被彻底杀光。拙政园也在前两年就被没收，一些雕龙柱础、楠木柱石等被运去北京，园子改为苏松常道衙门。康熙皇帝在园子里一圈走下来，印象并不怎样，喜欢题字、写诗的康熙帝并没有动笔，也没有说什么，当天晚上就到苏州织造府公署去吃饭看昆曲了。后来康熙皇帝又来苏州多次，再也没有去过拙政园，对虎丘倒是情有独钟。

雄才大略的康熙皇帝为何对拙政园不感兴趣？具体原因我不太清楚。不过我有一个想法，就是园林确是生活的好地方，但绝大多数园林总是传不过三代。在园子里，听听昆曲，看看闲书，吟吟诗词，会会朋友，搞搞酒会，赏赏花开花落，所谓"刻他一部稿，讨他一房小"，大门一关，风花雪月，自拥仙境，还管外面世界干什么？苏州园林明清时最盛，不仅官府造园，有钱的百姓也造园，大量资本就投入到华宅美园中去了。而且我和拙政园管理人员交流过,他们说江南地区雨水多,维修一个园子相当费工夫,也很耗钱。明清时士大夫阶层在自己营造的小天地里过着闲适写意的半隐居生活,而那时世界上欧洲一些国家开始了海外寻找市场、原材料和土地的事业,并开始向外殖民,开始进行钢铁、造船、纺织等产业的现代化构建,人家的青壮年在扬帆远航,而在园林里长大的青年们又在做什么呢?

明正德四年(1509),有一位叫王献臣的官员因官场失意,回到苏州。他回来后,以苏州城内东北角的一块地建造家园。外面的世界这时已开始发生深刻的变化,就在这一年,葡萄牙军舰首次抵达亚洲的帝汶岛。次年,葡萄牙人攻占了东南亚的马六甲,从而结束了中国从宋代以来在东南亚的战略地位。1509年及往后,中国政治腐败,内乱不止,对国际变化毫无感觉,以苏州为例,园林却在一座座地造起来。

王献臣取晋文人潘岳五十岁时所作《闲居赋》中"方今俊乂在官,百工惟时,拙者可以绝意乎宠荣之事矣……于是览止足之分,庶浮云之志,筑室种树,逍遥自得。池沼足以渔钓,春税足以代耕。灌园鬻蔬,以供朝夕之膳;牧羊酤酪,以俟伏腊之费。孝乎惟孝,友于兄弟,此亦拙者之为政"之句的意思,取园名为拙政园。

非常清楚,王献臣取这园名,是表明自己"绝意乎宠荣之事"的志向,和官场决裂,今后将筑室种树,池沼钓鱼,灌园鬻蔬,逍遥于其中了。他本是进士,官至御史,因得罪东厂,先是解官,又是下监牢吃官司,还挨了三十大板,再谪放上杭县当个相当于秘书长的吏,受此奇耻大辱,因此他四十多岁即回苏州老家了。建园子时自称是"拙者",不再关心"宠荣之事",其实说的也是牢骚话。他的贡献不是多大的政绩,而是留下了这座园子。

园主好似走马灯

这所园子历经许多主人,产权和园貌变化剧烈。文徵明在明嘉靖十二年(1533)依照园中景物,绘了三十一图(这期间西班牙正在美洲大肆殖民),据他自己说,拙政园"凡为堂一,楼一,为亭六,轩、槛、池、台、坞、涧之属二十有三,总三十有一……而君甫及强仕即解官家处……享闲居之乐者,二十年于此矣"。1533年回溯二十年,即1513年,而王献臣是1509年回苏州的,造园还需要买地、筹备材料等,最快也要在次年动工,那么拙政园真正建造时间大约是三四年,当然也可能王献臣住进去后还有陆续修建。不过今天拙政园景和这三十一景,对比下来,有了很大差别,这是因为拙政园的园主变化,太过频繁。

拙政园荷风四面亭

拙政园西部花园里的贴水走廊

第一个变化是在王献臣儿子的时候，园就易主了。苏州图书馆珍藏一本手稿本《识小录》，我有幸一睹，其中披露了一件历史秘事。

原文不抄录了，这里照原文翻译，括号内是我的点评和补充：

拙政园在娄门迎春坊（拙政园前的路名今天叫东北街了），乔木参天，有山林杳冥之致，实在是整个苏州园林中最好的。园创建于宋代某人，到了我明朝正（德）、嘉（靖）年间，御史王某，再一次建设园林……到了他儿子时，就已经穷了，孙子更以为人办丧事为业，我少年时还见过他。当王御史死后，园亦为我家所有。曾叔祖徐少泉，用一千两银子，和（王御史）儿子赌，就是六粒骰子投下来要全是红的一点者，为胜（六粒骰子掷下如全是红的，就输掉园子，有一粒不是红的，就赢得这银子。他儿子愿意这样赌，先是赌其他的注）。赌了很长时间后，叫来一帮妓女，让大家喝酒，又奏音乐，（这样闹了一会，王御史儿子）有点疲倦了，（我叔祖）暗地里用六面都是红色一点的骰子，一下子掷出来，四座都大声叫（就是起哄），这个王家不肖子惘然不知（其间所做的手脚）。这样，拙政园就归了徐家。所以苏州有《花园令》这出戏，就是借这件事编出来的故事。

这则轶闻，可信度很高，因为是徐家后人披露先人如何用阴谋夺得人家的园子，而且这个故事在苏州几乎成了公开的秘密，还被编成戏文。不过这一夺园阴谋之所以得逞，证明了王献臣儿子的是非辨别能力实在太差。

景色美丽的园子其实是一个封闭的小世界，长期居住其间，当然会消磨人的进取心。如果不是出去读书、为官等原因，苏州园林主人的后代，大多没有出息。拙政园第一次易主，就是一例。我将我的想法和北京作家何建明先生说了，他很不以为然，他对苏州园林是完全的肯定，并且说，我如写批判苏州园林的文章，他就写文章来反驳。我们约好，各写一篇大散文，表达自己的观点。后来因种种原因，我没有将我的这个想法写成文章，一出文学上的双簧也就没了下文。

拙政园的历史，就是一会儿被人强占，一会儿被出售，一会儿又被没收，一会儿成为官衙，一会儿又成了农民运动领导人的办公场所，一会儿又成了学校，主人走马灯似地换个不停，园子面积也就一会儿大，一会儿小，一会儿是一个整体，一会儿分成几部分各有其主，园名也变来变去，建筑和景点也在经常变化中，一会儿景色优美好似仙境，一会儿又荒草丛生狐兔出没……拙政园园主的复杂，可以说在苏州园林中也是比较突出的。到明代晚期，就已被剖分成三个园子了。

西部花园在太平天国运动落幕后，成了汪姓宅园，据《拙政园志》（内部发行）载，光绪三年（1877），汪将园子卖给苏州富商张履谦，张改园名为补园。但我查了张之曾孙女所著《补园出岫》，园子是1871年购得的，那一年是同治十年。张履谦买到的园子已很破败，他做了很大的努力来重新建园，投下的物力和财力也很大。如今拙政园西部园景虽然精致，但也有着浓浓的晚清建筑气质，和中部园子景色不大相同。不过因为主人有相当的文化素养，故虽是晚清所建，却也很值得肯定，比如留听阁、卅六鸳鸯馆、与谁同坐轩等，都是园林中的极品，在那个时代能造出这样精美的园子，洵属难能可贵。

中部园子是全园的精华，以水为中心四面错落布局，不仅东、西、南、北乃至东南角、西南角、西北角、东北角都有很精心的安排，各个单元的景色各不相同。有园中园形式的枇杷园，有以建筑为主的见山楼，有以土山为景的绣绮亭，有以舫式建筑为特色的香洲，有以精致秀美见长的梧竹幽居，有飞跨水上、曲线优美的廊桥小飞虹，还有可能是《红楼梦》中大观园"开门，只见迎面一带翠嶂"原型的将军门后的假山……可以说各有风采，又组成一个面积很大，景点很多但又风格统一，景色疏朗清远，有江南水乡风貌的景区。至少从清初开始，拙政园园景就开始改变了，到了新中国成立初，园中景色和文徵明画三十一景时已大不一样。但好在今天留下来的园子，各景点无一败笔，而且还留有明代文化清中含秀、朴中显雅的气质，不以富贵华丽来炫人眼目，在园中赏景就好比品一杯茶、听一首曲、闻一朵茉莉花飘出的清香。

现在，东、中、西三个园子已经成为一体，五百年来园景不断变化，现在园子被列入世界文化遗产名录，园景就固化了，将永远以这一面貌展示在世人面前了。假如拙政园不是归国家所有和保养、变私家享用为供社会欣赏，还是在私人手里，我想，将很难改变其遭到面积分割、园景变迁、园主不断改易的命运。

苏州是园林之城，而苏州园林之首，无疑是拙政园，园景之美，让人有顶

名园寻芳　63

礼膜拜的感觉。今天的新苏州人对拙政园感情如何我不清楚，但四五十岁以上的苏州市民，对拙政园绝对有着深厚的感情。一直到上世纪70年代后期，拙政园门票还只收五分钱，几乎每一个出生地在苏州的市民，一两年中必去一下拙政园，从而积累了对这座园林的感情。

榜眼、状元与山茶花

清顺治十七年（1660），早春二月，杨柳枝好像丝条一样，柳芽似有似无，正是春寒料峭时分。大诗人吴梅村和第二个女儿，这个时候从太仓来到苏州。

一路上，五十二岁的诗人想起了很多往事。他的二女儿，是在去年从北京回到太仓的，她带来了四岁、五岁的两个女儿，她此次回娘家既是治病，也为避祸。她才二十四岁，却已患了咯血症。经过太仓名医治疗，也不见效，府城苏州应该名医要多一点，所以吴梅村决定在第二年带女儿到苏州城来求治。

他的这个女儿，嫁的是海宁陈家。海宁陈家在盐官镇上是世家大族。吴梅村的亲家是陈家第三代的陈之遴（1605—1666），字彦升，号素庵，明崇祯十年（1637）以一甲二名进士（榜眼），授翰林院编修。吴梅村也是会试第一名、殿试榜眼，两亲家可谓门当户对。吴梅村的这个女婿，右眼失明，但在当时，榜眼的女儿嫁了榜眼的儿子，双方又都是江南人，应该是难得的好姻缘。

陈之遴在清顺治二年（1645）降清，受清摄政王多尔衮器重，任都察院左都御史、礼部尚书、户部尚书等职。他本是南方人，娶妻是苏州人，于是就从一位镇将手中买下了拙政园，准备今后归老所居。这次吴梅村从太仓坐船来苏州，一般说来，是船从娄门进城，可直接来到拙政园上岸。

但是此时的拙政园，已非陈家所有。顺治十五年（1658），陈之遴等人因贿结内监吴良辅被人告发，吏部等衙门会议，结论是斩立决。后来顺治帝发下圣旨："陈之遴受朕擢用深恩，屡有罪愆，屡经贷宥，前犯罪应置重典，特从宽，以原官徙往盛京。后不忍终弃，召还旗下，乃不思痛改前过，以图报效，又行贿赂，交结犯监，大干法纪，深负朕恩。本当依拟正法，姑免死，著革职，并父母、兄弟、妻、子流徙盛京。家产籍没。"（《清世祖实录》卷一一六）所以吴梅村来时的拙政园，已被没收为官产了。陈之遴临走前写了一封信给吴梅村："吾子女不少，患难辛苦，惟有容儿夫妇耳。"吴梅村的这个女婿叫陈容永，字直方，可能因为吴梅村的缘故，女儿没有流放，吴梅村回忆说："独子妇不在遣中。相国（指陈之遴）命将幼稚归。"（吴梅村《亡女权厝志》）

吴梅村此次来到苏州，又经过了拙政园门口。本来，女儿、女婿应该可以住在这里，或者说，拙政园归陈家已十来年，陈之遴因公务繁忙虽没有来住过，但陈夫人、女儿、女婿可能是来住过的。如今拙政园被充公，凭他的身份，进园来应该不会有什么困难。

园中景色依旧，二月天气虽属早春，但园中的三四株宝珠山茶花，花开正烂漫。想到原先的园主人如今远在数千里之外，主人之媳也不能住在自己的园中，吴梅村感慨万千。

据吴梅村说，女婿右眼失明，按照清律，有残疾的人，可以用钱赎罪减轻处罚免予流放。但此次清廷决定所有人犯都要发遣，陈容之是吴梅村爱婿，也在四月中旬发遣。吴梅村女儿认为丈夫充军关外不能幸免，后来因忧虑导致吐血，不治而死。但牵涉陈家的所谓"贿结内监案"，那个当事太监吴辅华，却受到顺治帝的庇护，仍留在宫中，直到顺治帝临死前才让他落发出家。说穿了这是一场朝廷里的南北党斗争，海宁陈家和吴梅村的女儿成了朝廷内斗争的牺牲品，吴梅村间接受到了打击。

女儿死了，女婿走了，悲惨的陈家结局和陈家故园拙政园里妖艳盛开的山茶花，构成了一幅诡异难言的场景。吴梅村在园中找了个地方坐下来，写了一首诗，这就是歌行体的长诗《咏拙政园山茶花》。在那个时代，他必然会将诗写得很隐晦，他担心别人看不懂，就又写了"诗引"。

吴梅村写这首诗后仅大概十几二十来年，拙政园又发生了很大的变化，三四株山茶花，这时只剩下了一株了，花枝探过围墙，遮住了半条路，山茶花不知人事已非，艳丽的红花还是开得非常茂盛，但是由于没有人照料，进园的人可以随便折花。康熙十八年（1679）举博学鸿词，授翰林院检讨的著名词人陈维崧来此园后文思泉涌，写下此诗《拙政园连理山茶歌》：

此地多年没县官，我因官去暂盘桓。
堆来马矢齐妆阁，学得驴鸣倚画栏。

这时的拙政园，因为没人管理，马屎被堆到楼房那样高。一代名园呈现出一片萧条之象。到嘉庆年间，宝珠山茶花就已经枯死了。

清代有一个叫张之万（1811—1897）的状元，历任修撰、河南学政、内阁学士、江苏巡抚等职，他在太平天国平定后的同治癸酉年（1873）来到苏州，住在拙政园里。光绪乙未年（1895），他又一次来到苏州，还是住在园子里。他将吴梅村的《咏拙政园山茶花》用行楷写了下来，刻成银杏木屏条，挂在玉兰堂里。张之万书法很好，应该说他抄写的吴梅村《咏拙政园山茶花》也是一件文物。1939年，银杏木屏条移到现在香洲装镜子的那个地方，但在1945年至1951年期间被毁。幸好新中国成立后拙政园修复，发现了这状元所书写的诗屏拓片。但当时没有将这一孤品拓片作为一种文物归档收藏，而是将它布置在香洲那面镜子的另一面。"文化大革命"中，这拓片"遗佚"，在这个世上消失了，说来多么让人可惜。

张之万书写吴梅村诗时曾说，以后得到名种山茶花，再补植几株在拙政园里，以成佳话，但两年后他就死了，愿望没有实现。清光绪年间，有人在拙政园西部补种了十八株山茶花，并将西部花园的主建筑命名为十八曼陀罗馆（曼陀罗即山茶花），现有两株在苏州博物馆内。后来一直有人打算或建议要在拙政园种山茶花，1962年苏州市园林管理部门将茶花定为拙政园的传统花卉，假如选择光照和土质均好的地方补种几棵山茶花，那么到现在也应该颇为可观了。

拙政园东园的景色，和中部、西园有所不同，原来是建造于新中国成立后的。

明崇祯四年（1631），有个官至侍郎、叫王心一的苏州人因拙政园东部的土地主人求售，他就筹资买下了这十几亩荒地，建造一座园林叫"归园田居"，里面有兰雪堂、流翠亭、一丘一壑、墙东一径廊等景点。王心一长期在外面为官，归园田居是他弃官归苏，为其老父亲养老，买了屋后人家的十数亩荒地而建的。之所以取名"归园田"，是有出典的。晋陶渊明有《归园田居》诗五首，其一为：

少无适俗韵，性本爱丘山。
误落尘网中，一去三十年。
羁鸟恋旧林，池鱼思故渊。
开荒南野际，守拙归园田。

王心一取陶渊明的《归园田居》作为自己新园之名，既切合他为官"误落尘网中"的心态，又因陶诗中"守拙归园田"句，园名和隔壁的拙政园真如天成。

清兵打进苏州，年老的王心一被抓去迫害而死后，苏州人敬畏园子的原主人，原主人死后，宁愿这块地荒成菜田，近三百年来也一直无人敢去买这块地，这就是拙政园东部花园的真实故事。

到了新中国成立后，归园田居已废为菜田。政府在20世纪50年代开始整理和修复，至1960年建成今天所看到的样子。因为是那个年代的作品，大草坪等现代公园的元素也引进了园子，大门造得气宇轩昂，和当初失意文人的心境完全不搭调。

狮子林
佛家园林走向人世间

狮子林秋色如染

还是在我很小的时候，母亲给我讲了一个故事。说苏州有个姓黄的状元，有一天对乾隆皇帝说："你什么时候有空到我家来吃狮子头吧！"乾隆皇帝想，在宫中什么都吃过，就是没吃过狮子头，于是就答应了。

有一次乾隆皇帝下江南来到苏州，摆銮驾来到黄府。酒过三巡，乾隆皇帝有点等不及了，就说了："爱卿，你就将狮子头赶快送上来吧！"黄状元赶快关照厨房将狮子头端上来。菜上来后，果然香味四溢，黄状元还连声对皇帝说"趁热吃"。

乾隆皇帝满怀兴趣提箸一看，什么狮子头啊，分明是一大碗红烧大肉圆。乾隆皇帝有点不高兴了，夹起一个肉圆就丢地上。那黄状元连忙趴在地上将肉圆吃了。乾隆皇帝看见堂堂状元公竟这副模样，忍不住笑了，说："你真是我宫里养的阿黄。"阿黄原来是个狗名。黄状元连声谢皇上赐名，从此自称阿黄。他然后说真的狮子头没吃到，但苏州有个狮子林的园子很好玩。

当时狮子林是佛刹狮林寺后面的花园，也是苏州的一大名胜。特别是里面的假山非常有趣，好似迷宫，皇帝转来转去玩得很开心。一会儿乾隆皇帝来到一个亭子里，这里隔着水面可以看见对面的假山。看着假山，回想着刚才钻山洞的感觉，不觉脱口而出："真有趣！"黄状元说，"皇上是金口玉言，莫不是为这亭子起个名字？"皇帝就说："是啊是啊。"笔墨早就伺候在旁边了，乾隆皇帝就拿起笔来将这三个字刷刷刷地写了下来。黄状元说："这个'有'

名园寻芳

字请皇上赐给臣下吧！"皇帝想，是啊，这亭子名怎么可以这么白话这么俗气呢！幸亏状元书读得多，人又聪明，发现了问题，提醒了自己，就点点头说："好吧！'有'字赐你，亭名'真趣'。"黄状元就将这'有'字从皇帝的题字中裁下，剩下"真趣"两字，命地方官做成盘云金字匾，挂在亭子里。然后就凭这御笔"有"字，说是皇帝让他"有"的，向和尚无偿要到了狮子林。

乾隆皇帝确曾五次到狮子林，为狮子林写了十首诗，并在北京长春园、承德避暑山庄按苏州狮子林的样子各仿建了一座，可见他对这座园林的喜爱。而据苏州人顾禄《清嘉录》（此书道光十年即1830年出初版）记载云："潘儒巷之狮子林，元至正间，天如禅师倡道之地。中多奇石，阴洞曲奥，倪高士瓒爱其景，为之绘图。旧在寺中，本朝康熙间，黄小华殿撰轩之父购为涉园。圣祖高宗南巡，屡幸其地。"安徽休宁人、湖南衡州知府黄兴仁确实在康熙年间买下了此园，并改名为涉园，其子黄轩（字日驾、小华）为乾隆三十六年（1771）状元。事实是黄家早在乾隆皇帝的爷爷康熙时就已买下了此园，并据有人统计拥有此园达一百七十年之久。凭皇帝的一个"有"字占有了一座园林，可以看作是一个民间故事吧！但从此也使狮子林和南面的狮林寺就脱离了关系，这也是事实。据我的朋友许钰贤老师2011年夏天到安徽休宁黄家故宅去参观，发现那里展出的内容中，还是以安徽黄家曾拥有世界文化遗产狮子林为荣。

狮子林的最后一任园主人上海颜料巨商贝仁元（字润生，苏州人，1870—1947），也就是今天美籍建筑设计师贝聿铭的叔祖父。他在民国初年买下了狮子林园子后，花银圆八十万元和九年时间，至民国十五年（1925）将此园修复。修复过程中对园子也作了一些改建，增加了一些民国初年上海滩上洋气的建筑和建材，功能也有改动，如设贝氏家族子弟学校、贝氏祠堂、"承训义庄"等，现在除了一些建筑，如指柏轩、问梅阁等还借用禅宗公案取名外，总的说来佛教气息已经很少。记得1996年4月，苏州专门在狮子林指柏轩里为贝聿铭先生举办八十寿宴。后来苏州想建博物馆新馆，请来贝大师主持设计。这场小型夜宴，让他重温了过去苏州的味道，童年的记忆和西方建筑思想在此相撞，他设计新博物馆建筑要"苏而新"的理念，可能就在此时开始触动灵感。那天晚上，笔者也在园子里，夜色中酒香轻溢，星光与风声、树声相融，只见灯火中的楼台，园子确实别有一种风情，让人陡生诗情。

苏州的每一个孩子或成人，有谁没有去园中的假山玩过呢？此园无论对于乾隆皇帝还是今天的人，凡去过的，都会有一段美好的回忆。那座假山，可能在苏州是体量最大的假山，但清代苏州文人沈三白在其《浮生六记》卷四"浪游记快"中却说："城中最著名之狮子林，虽曰云林（一般认为是元末画家倪瓒设计）手笔，且石质玲珑，中多古木，然以大势观之，竟同乱堆煤渣，积以苔藓，穿以蚁穴，全无山林气势。以余管窥所及，不知其妙。"这是文人的一种审美观点，认为假山要模拟真山水才为上品，然而狮子林设计者对这座假山的定位就是一座很好玩的假山，造得扑朔迷离，像迷宫一般。就好像《西游记》不是优美的抒情诗，但是一部有趣的书。狮子林假山就是一座妙趣横生的人工造出来的尤物，它给人的感觉主要不是优美，而是好玩、有趣，这种审美气质也是苏州古典园林中独一无二的。

狮子林的假山水旱群峰共占地1.73亩，有二十一个洞口，九条磴道，分上、中、下三层，有"水陆十八景"或"桃源十八景"之说。游人任选一个洞口进去，都能经过不同的路径，玩遍整座假山。而在玩假山时，会感觉一会儿上了山崖，一会儿进入洞中，一会儿来到水边，一会儿疑似无路，有时眼前的一段路被一石头挡住，却要绕走很久才能到达，山路盘旋曲折，可谓是设计穷思极想、巧妙天下无双。

细看狮子林里的假山，无论是独峰的九狮峰，还是假山南面台地上的石峰狮子峰，或者假山上的许多其他石头，常给人以狮子的感觉。原来这座园林是元代僧人天如禅师为纪念他的老师中峰禅师所建，而中峰和尚曾结茅天目山狮子崖，因此园中山石的摆放，尽可能形肖狮子，以作纪念。同时，狮子吼也是佛教中比喻佛法宏大的意思。现在人们还愿意在假山里找出各种姿态的狮子呢，有的含晖，有的吐月，有的滚绣球……就看各人的慧眼和想象力了。也就是说，狮子林的假山不仅可以玩，也可以品，说它是煤渣，那是相当不公平的苛评。

假山怎样观赏呢？在假山对面，隔水面有真趣亭，有石舫，在哪里都可以面对假山细细观赏，但最好的观赏点，还是真趣亭东的花篮厅。这花篮厅，原是荷花厅，是观荷之处，说来还是一处有纪念意义的地方。据我母亲生前告诉我说，有一次，来到狮子林那一带，突然路上出现不少日本人在扫街。平时只见他们凶神恶煞般地横冲直撞，怎么现在这些人突然扫起街来了？原来，日本投降了。驻苏州的侵华日军在狮子林附近的谢衙前的国民革命军第五师司令部投降后，1945年10月25日上午九时，在狮子林荷花厅举行日军军需物资接收仪式，由我第三方面军接收委员会主任张雪中中将负责接收清单。而狮子林，在苏州沦陷时期，作过日本特工队招待所，同时也作特别监狱，他们抓了中国人或抗日志士就关进去，拷打、杀害，园子西部问梅阁楼下的石屋，就是关押所谓犯人的地方，而在石舫船头，据说也曾枪杀过抗日志士。所以，在狮子林举行受降仪式，可能别有用意？无论怎么说，狮子林既是苏州一处值得纪念的地方，也是一处有政治意义的景点。

狮子林还有许多碑刻，如文天祥梅花诗狂草、听雨楼藏帖等，给狮子林增添了许多文化气息，有缘来到此园时切莫忘了观赏。

耦 园
夫妻恩爱留名园

耦园东花园象征"太阳"的圆镜式花窗

  平江路有多处双桥，悬桥巷东的双桥，连着新桥巷。这是一条巷河并行的水巷，从新桥巷往东走不远，过仓街就是小新桥巷。在这幽静的小巷深处，绿杨丛中，居然藏着一座列入世界文化遗产名录的古典园林耦园。

  耦园大门是苏州典型大户人家六扇头黑漆墙门，门上钉有细竹条，但无抱鼓对等代表做官人家的附属设施以显身价。门前流淌着一河清水，人迹很少。走到这里乍一看，河道在这里好像断头了，其实河水穿过小桥转一个弯，沟通的是内城河。这里靠近城墙，虽然城墙已在1958年被拆除，但还有一点残遗，好似土坡，种着许多树木，成为耦园外围的一部分。想当年在河道尽头是城墙的雉堞，一定别有情味，苏州的几座园林中，可能耦园的门前风光是最美的。来到耦园门口，心情就静了下来，恍惚中时光倒流，门里主人吟诵着陶渊明的诗踱步出来：

    结庐在人境，而无车马喧。
    问君何能尔，心远地自偏。
    采菊东篱下，悠然见南山。
    山气日夕佳，飞鸟相与还。
    此中有真意，欲辨已忘言。

  如将诗中的"南山"改为"城垣"、"山气"改为"水色"，这首诗就活脱脱是耦园的写照了。

  耦园是苏州园林中建造比较晚的一座。仓街从古至今一直不热闹，甚至从没有过一家小饭店，有"饿煞仓街"之说。但这样也好，在古城内难得有环境如此清冷的角落。

清前期,四川保宁知府陆锦(保宁府治为阆中)来到苏州,在现小新桥巷靠城墙边买地建园,取名为涉园。这是取晋诗人陶渊明《归去来兮辞》中"园日涉以成趣"句之意。意思就是每天在自家的园子里面徜徉,享受无穷的情趣,是隐逸自得其乐的心态。程亦增写有《涉园记》,其中说这座园子:"绕曲槛不加丹艧以掩朴素。庭中杂卉乔木惨淡萧疏,无浓荫繁葩壅障风月,更不令栋宇多于隙地。"

陆锦的涉园在咸丰十年(1860)因战火而毁坏,但是园子里有座黄石假山,却保留了下来。同治十三年(1874),湖州人沈秉成到苏州来做官,任苏松太道道台。做了几年官后,他爱上了苏州,决定退隐苏州不回家乡,于是买下涉园废墟,重新设计建造了一座园林,并改名为耦园,黄石假山也保留了下来,一如旧貌。

耦者,两人并力而耕作,如《国语·吴语》:"譬如农夫作耦。"但是在沈秉成看来,耦还有另一个意思,就是偶,这是他对妻子的一番感情,故取此耦字为园名,表示他们夫妇在此地偕隐。苏州城西寒山寺有和合二圣,城东耦园又体现夫妻恩爱,这可看作苏州城的夫妻恩爱文化的两处名胜。

耦园的住宅部分居中,东、西各有一座花园,这种格局在苏州园林中也是独一无二的。中路住宅有门厅、轿厅、主厅(载酒堂,原建筑烧毁后 1993 年按原来样式重建)以及五开间阔的楼厅,这是苏州大户人家比较经典的布局(但轿厅后少一进花厅,可能是因为面积所限)。

耦园跨水而建的山水间

耦园东花园圆洞，象征"月亮"

耦园的精华部分在东花园，从载酒堂东边门进入。

东花园有几个看点。一是黄石假山。有人说这是明代正德年间叠山大师张南阳的作品，上海豫园、太仓弇园的黄石假山就出自他手。这样说来，陆锦在买地建涉园之前，这地方就有一座假山了，也就是说陆锦买的也是一座废园。由于缺少资料，这里仅备一说。这座假山叠得确实出色。黄石假山起基础容易收顶难，但这座假山的外表作雄浑状，充分发挥黄石不同于太湖石玲珑剔透的审美特质，表现出黄石朴拙坚厚的气质。假山又分作东、西两个部分，这样整座假山就不显得粗拙，更有内涵。东山叫留云岫，言其高；西山叫桃屿，言其平缓。两山之间有一曲折的谷道，两侧削壁如悬崖，名"邃谷"。假山南面还有绝壁临水，仿佛神工，有的地方还做出风化剥裂的苍劲感，这可以和有的园子用太湖石叠假山造出的岩溶地貌相媲美。叠此座假山的不知名艺术家用这件作品证明了，园林里用黄石同样可以人工反映出大自然的山石之美。因宋、元大量用太湖石叠假山，太湖石资源变得稀缺起来，产自苏州西郊的黄石作为后起的造假山材料能不能竟美太湖石？耦园的黄石假山这一成功实例，为奠定黄石作为造园材料的价值，起到了一定程度的示范作用。

东花园的布局也很具匠心，主要景点有受月池、双照楼、城曲草堂、听橹楼、筠廊、吾爱亭，都很有特点。一座叫山水间的水阁，尤其精美，阁中鸡翅木"岁寒三友"落地罩，双面圆雕松竹梅，这是新中国成立后从苏州吴县洞庭东山购来的珍贵文物，称冠苏州园林。东花园的圆洞门，也是精心设计，极有巧思。门内墙上有一砖刻隶书对联："耦园住佳偶，城曲筑诗城"，砖额"枕波双隐"。此联南有月洞门，象征月亮；门东粉墙上有圆镜式花窗，象征太阳。这对门窗有"日月同辉、夫妻偕美"之意，和这诗联共为此园的精神写照。

西部花园面积略小，主要建筑为鸳鸯厅式的织帘老屋。厅南为太湖石假山，厅北庭院布置了太湖石牡丹花坛，并有一口古井，花坛北为园主人的藏书楼。苏州的园林就是这样，最终还是要用某一个点或建筑作为全园的华彩乐章，体现出主人的文化修养。事实上，园主人夫妇都有自己的诗集，耦园主人虽然曾官至封疆大吏，但建造的却是一座地道的文人园林。

城中繁华

观前街　品尝苏州味道

玄妙观　人神共乐之地

子　城　八千子弟揭竿处

观前街
品尝苏州味道

"长远朆去观前哉,今朝夜快点去荡观前,你阿一淘去?"这是苏州人最常说的一句话。这"长远",在这里只是心理上的概念,可能只是三五天没去,就有了久违的感觉。

观前,指的是观前街,是苏州城中最繁华的传统商业街,因街在玄妙观的前面,故名观前。其实在南宋昆山人龚明之的《中吴纪闻》中,这玄妙观前的路,因道观叫太一宫而叫宫前,后来宫名改叫天庆观,街名也随之改叫观前,直对宫(观)的南北向巷叫宫巷,这名字一直叫到今天。太一(乙)宫建于宋太宗太平兴国年间(976—984),那么,观前街的历史至少有一千多年了。

不过那时的宫前街或观前街,还不是苏州的商业中心。太平天国风云消散以后,苏州城开始从战火中复兴。原先的商业中心是阊门外一直到大运河边的枫桥镇一带,都已被兵燹烧作白地,战后商业中心就开始向城里转移,大量商家转移到观前街。所以有的资料说观前街的兴旺,是从晚清开始的。我有一位商界朋友刘石麟先生,生前说他藏有一块当年松萝茶的店招。这块招牌之所以有名,是有一张照片,拍的是清末的观前街,最显眼的就是这块松萝茶店牌。而在店牌下,则是一条宽不过三五米的小巷,但巷两边全是鳞次栉比的店铺。这就是那时的观前街。

从清末至新中国成立前,观前街培育了许多名店、名品,虽也有一些店因种种原因,已经消失在历史长河中,但观前街还是为今人留下了许多宝贵的商业和文化财富。百年观前大致说来,有这样十大特点:一是百店林立,许多商家今天已是中华老字号。二是门类众多,各有特色,并且随时代发展不断丰富。三是当年许多前店后坊生产的商品已是苏州的代表性特色商品。四是商业和文化交融。五是随着经济发展,已从一条街发展成街区、商圈,"荡观前"

不进店光走路，半天时间也不够。六是不仅本地人喜欢，外地人也喜欢，节假日可能外地人多过本地人。七是成为旅游景区，到苏州不去观前总觉得像是缺了什么。八是景气不衰，从清末以来总是保持苏州第一繁荣商业街的龙头老大地位。九是格局未变，基本和百多年前的街区格局一样。十是基本保持苏州特有的建筑风貌，体量不大、高度控制，街景秀朴而热闹、传统而现代，成为中华特色商业街。

观前商圈林林总总商店数以千家，难以概述，举其大要，到观前去，首先是看老字号，就是通过消费商品来品味苏州的历史文化。而观前街上的老字号，目前所遗留的，一半以上和吃有关。观前街最东端有一家长发商厦，这家商场在20世纪90年代开在原义隆酱菜店（也是老店）底子上，这家商场的特点是拥有自己的食品加工厂，由于接收了当时观前街上的老字号广州食品公司的糕点师傅团队，技术力量强。长发月饼，在苏州每年月饼销售中，销量总是拔得头筹，特别是现烘现买的鲜肉月饼，饼皮酥松，肉馅鲜香味美，更是引得市民日日排队。他们做的苏式月饼，曾到新加坡去展销，当地报纸赞叹说"饼皮可以飞上天"。其他茶食如麻酥糖等也很有名。

醋坊桥口的陆稿荐创自清康熙二年（1663），起初是两中市一家普通肉铺，后来发展为卤菜熟肉店。清代中晚期时一道士给店主出了个主意，编个故事说是有一乞丐睡在门口，因店主给他饭吃，留下一条稿荐（草席），店主用这破草席烧火，肉奇香，这肉汤传至今天。店主想起这乞丐枕头用的是两只陶钵，暗喻"吕"字，想来他就是仙人吕洞宾。仙人来帮助店主，此店哪会不发？这样的商业神话捧红了这家店。到了光绪年间，陆姓后人将陆稿荐租给醋坊桥堍的倪姓熟肉店，此时正值观前兴起，这家熟肉店迅速成为苏州同业的名店。其自烧自卖的卤菜目前有酱肉、酱鸭、熏鱼、酱汁肉等，都是略带甜味、香味久久不散、滋味隽永的特色食品。再往里走，是叶受和茶食店，因为和津津豆腐干生产厂家是一家的缘故，在这家老字号里能买到正宗的津津卤汁豆腐干，这是民国时期创制的苏式小食品，开始时是用烧制牛肉干的汤煮的，后来配料作了调整，才成今天的味道。其他还有虾子鲞鱼、虾子酱油、杏仁酥、麻酥糖、春季现烘现买的玫瑰酒酿饼等该店自制的食品，都很受本地市民和旅游者的欢迎。

再往西走不几家门面，是赫赫有名的采芝斋，苏式糖果蜜饯的代表性名店，所产苏式糖果、苏式蜜饯另有一功，名闻海内外。如轻糖松子，是以松子为芯，外裹白而酥的糖，吃时只觉肥甜香润，妙不可言。据说20世纪50年代，召开印度支那问题的日内瓦会议，周恩来总理特地要求用采芝斋的轻糖松子空运去招待，从此该糖名声大振。该店经过多少代人的开发，特色产品数以百

苏州市中心观前街整天摩肩接踵

计,如粽子糖,形如拇指大的微型粽子,粒粒透明,有松子、玫酱、薄荷、原味等几个品种,据说曾为给慈禧太后看病的苏州籍御医曹沧洲带进宫中,受到好评,老佛爷称赞的东西自然引起人们的兴趣,总要买些尝尝。采芝斋糖果中还有浇切片(黑芝麻的叫黑切片、白芝麻的叫白切片)、三色软糖、枣泥软糖、脆松糖、软松糖、杏仁糖、重松糖、蛋黄花生、贝母糖等。蜜饯以白糖杨梅干最为有名,苏式奶油话梅、敲扁大支酸、巧酸梅、乌梅饼等也是该店的招牌产品。采芝斋还生产椒盐胡桃、玫瑰西瓜子等苏派炒货……直至上世纪末,苏州人家过年不备些采芝斋的糖果蜜饯还似乎有些说不过去。

采芝斋对面是黄天源糕团店,这家店创自清咸丰年间,也是苏州糕团行业的龙头老大了。苏州糕团,自成一派,香甜软糯,就像苏州女孩子的性格。苏州是鱼米之乡,擅长用米制成食品,而糕团就是用米粉制成的糕和团子。由于节令多,苏州季节分明,糕团也有了鲜明的季节性。苏州人过年,家家必吃年糕,主要有桂花糖年糕和玫瑰猪油年糕两种,有水煮、蒸食、油炸、裹蛋液油炸等吃法。在其他地方，年糕没有这么丰富的。到了清明，苏州人又要吃青团子，有浆麦草汁、南瓜叶汁（上年取好，藏至来年春）或小麦叶汁、鼠麴草汁等，赤豆沙或芝麻作馅，吃时清香满口。其他诸如四色大方糕、黄松糕、定胜糕、条头糕、椒盐麻糕、枣松猪油夹糕、五色松糕、炒肉团、双馅团、猪油糕、赤豆糕等等，品种繁多，全用天然色素而又鲜艳夺目。据说，苏州糕团的秘密之一是用不同比例的糯米粉和粳米粉制作（叫相粉），入口糯而不黏牙。此外，用糖量适当，还喜欢用桂花、玫瑰花、松仁、薄荷、枣泥等，取其天然香味，香味文雅而持久，食后齿颊留香，是苏州有特色的风味食品。

吃，是"荡观前"的一大内容，一般市民吃些馄饨、面条、海棠糕、生煎包子之类，这些小吃也是观前街的特色。当然由于时代变迁（比如房租贵）、制作复杂等原因，有的特色小吃如糖粥、四色汤团、糖油山芋等就退出了观前，但近年来也出现了一些外地打进来的小吃，品种应该说更加丰富了，也满足了不同人群的需求。观前街还有一大特色是菜馆相对集中，尤其是太监弄、碧凤坊。虽然许多海外的、外地的、新潮的餐饮店也开在太监弄一带，但还是以太监弄里的得月楼、松鹤楼、新聚丰、上海老正兴等经营苏帮菜的名菜馆最吸引人。其中得月楼是目前最为红火的苏帮菜菜馆。2010年，得月楼在上海世博会开设世博店，获得极大的成功，松鼠鳜鱼、樱桃肉、清炒虾仁等被评为世博十大名菜，成为顾客点吃的经典菜。到苏州旅游在得月楼吃苏帮菜，是苏州之旅的华彩乐章。

苏帮菜不在中国十大菜系、四大菜系之列，但又自成一派，并且受到海内外游客的普遍喜爱。我想，苏帮菜有这样几个特点，一是时令性强，根据当地出产，每个月都换菜品或者说有当令菜品应时推出，比如甲鱼、塘鳢鱼，就一定要在菜花黄时吃，而籴（音窜）糟，即一种糟过的青鱼段，宜在腊月里吃，鲃肺（斑鱼肝）汤要在秋天吃，樱桃肉在春节以后才推出来……还有一个特点是讲究味道醇美，要咸出头、甜收口，虽说现在人们将苏帮菜列入淮扬菜、江苏菜系列，但是苏帮菜的调味、擅用的食材和烹饪方法，同淮扬菜区别很大。再有一个特点是食材选用有鲜明的地方特色和人文特色。比如选用虾、蟹、鱼等水产品入肴较多，猪肉菜较多，羊肉只在冬天有少量菜，牛肉菜极少甚至可以说不入菜，狗肉、鲤鱼之类和野生动物在苏帮菜的大菜馆更是拒绝入肴。苏州菜讲究味道不讲究造型，比如一块蜜汁火方，乍一看也就是一方肉而已，但要每根肉纤维都有值得回味的香味，烹饪时花的那就不是一般的工夫了。

现在商品各地大体趋同，但唯有吃，大致可以体现出一个地方独特的风情，所以到了观前街，哪怕一道菜、一种小吃、一块糕，也值得去品尝一下，用舌头来了解苏州，那是实在的感觉，不会错。

玄妙观
人神共乐之地

2012年3月30日,又一届苏州小吃美食文化节在观前街举行,各地小吃汇聚玄妙观正山门后的广场摆摊,热情的叫卖声和四溢的香味混杂在一起,老人坐了轮椅来品尝,孩子笑声叫声此起彼伏,淑女们迫不及待地当街吃了起来,而在这小吃之海的四周,都是庄严的神殿,这个时候真是人神俱欢。

佛和菩萨讲究清修,不是人们千呼万唤不会出来超度众生。道教的神仙们,却都很追求现世的幸福,比如"三醉岳阳人不识"的医神吕纯阳,就常会混在人堆里和凡夫俗子一同寻找快乐。所以在一些有历史的城市里,往往会有道观,和市民和谐相处,人神共享融融之乐。苏州城里的玄妙观,就是这样一座千百年来和苏州市民(包括周边农村人)共度无数美好时光的道教圣地,每一个苏州市民心目都烙有对它的印记。

在反映清代嘉庆、道光之际苏州风俗的《清嘉录》一书中,介绍了那个时代新年时"城中圆妙观,尤为游人所争集",小贩们在三清殿的广场上"支布幕为庐,晨集暮散,所鬻多糖果、小吃、琐碎玩具,间及什物而已。杂耍诸戏,来自四方,各献所长,以娱游客之目"。这是太平天国运动之前的情况。后来苏州商业中心从阊门石路移至观前街,玄妙观前的广场就常年热闹了。民国时,主要有各种小吃摊如海棠糕、梅花糕、糖粥、粉丝汤、烤鱿鱼等,还有许多荒饭摊(就是小炒小爆的饭摊)、驼骆担,以及卖杂件货、旧书、黄雀、扯铃、蛇胆眼药、伤膏药、梨膏糖、糖人、盆景、甘蔗、香烟和香烟屁股的,还有诸如小热昏、下象棋、耍猴子、木偶戏、卖拳头、套藤圈、变戏法、西洋镜、斗蟋蟀、打气枪、拔牙齿、飞车走壁……新中国成立后至"文化大革命"前的十几年里,玄妙观广场还是很热闹的。后来进行了园林式绿化整治,雪松亭亭,水杉高高,草坪如茵,环境是改善了,小生意、民间艺人纷纷改行消失，环境美化了许多，也清静了许多。虽然没有那么多便宜但有特色的吃喝玩乐，但人们还是愿意来玄妙观"白相相"，寻找过去的是许多人的根本目的。新世纪初，观前地区整治改造，建了四海、六合两个亭子，御道铺上了有暗八仙雕刻的石板，发掘出了五代时的古井，安置了一些木椅供人休憩，搬走了一些杂乱的店铺，整个环境上了一个台阶，但味道似乎寡淡了许多。

玄妙观除了玩，还可以让人祈福。中国的道教有一个好处，就是神仙众多，各有所长，也不需要凡人成天念什么经或神号，只要根据自己发财、长寿、读书甚至求得心上人等需要，提出要求或求个保佑，就可以了，很是简单。于是，在"白相"过以后，许多人也会进玄妙观里或旁边的配殿里烧个香，或者求个签。是不是有效，也不会太计较。

苏州是我国信奉道教较早的地方，早在汉代，苏州就有了道士，比如在西山炼丹的毛公刘根，其他还有梅福、蔡经、杨羲等，连麻姑也来苏州切磋过道教经义。据说早在汉武帝时，就奉敕在这里建了皇家的神明通天之台，主持这项工作的当然是道士。到了晋代咸宁二年（324），在今天玄妙观的地方，有了正式的道家丛林，叫真庆道院，这比北京的白云观还要早四百六十三年。

玄妙观成为道教丛林后，一直是苏州甚至周边地区道教的中心，地位尊崇，供奉着道教里数量最多的神和最高的神。玄妙观的核心建筑是三清殿，供奉着玉清元始天尊、上清灵宝天尊、太清道德天尊，这三尊大神合称"三清道祖"，简称"三清"。因为是最高神，这殿就建造得高而大，在古代绝对是很少的大体量建筑。据中国道教协会副会长、苏州市道教协会会长张凤林先生赠我的资料，这三清殿重檐歇山顶，面阔九间，达46米，进深六间，25.5米，高27米，这样规模的古建筑，是比较少见的。三清殿坐落在平台上，这平台的青石栏杆，是苏州一宝，上有古意盎然的雕刻。据玄妙观住持薄建华道长说，这些古栏板上的雕刻可能是六朝时的作品，雕刻手法有汉画像遗风。但是在苏州有一个传统说法，说这些栏杆是钉了铁钉修建起来的，故叫"钉钉铁栏杆"（第一个"钉"字读第四声，动词）。其实这是当初在建造时，为了追求牢固，在栏杆构件的接头、铆榫处，灌以熔化的铁水。祖先对建筑的质量是多么认真啊，这种独特的建筑方法让人钦佩。这栏杆从建造至今，使用了至少一千年，却从不需要维修，还很完好，而我们今天所建的建筑，又有几个项目能使用千年呢？

经过薄道长介绍，再去三清殿，只有实地感受过，才觉三清殿是如此华丽高大，不愧为江南最大的木构殿堂古建筑，同时又感觉到它的气质和一般古建筑不一样。原来，玄妙观受到历代皇帝的重视，经常题额、送匾、赐名，至今殿中还高悬着乾隆皇帝赐的金字大匾。古建筑专家刘敦桢1936年来考察三清殿，认定是南宋时宋皇室、大画家赵伯驹来任苏州（当时叫平江府）郡守

玄妙观的无字碑，记录了一段惊心动魄的历史

时主持修复的。赵伯骕亲自绘了图样交孝宗皇帝审看，经批准后在淳熙六年（1179）建造，后来苏州城虽历经战火，此殿也经过多次维修，但还是原构件、原规制，实在难得。

殿内三十根八角形石柱，分别刻有各天尊的名号，共一百八十位。三清殿后原有弥罗宝阁，比三清殿还要高大，是四层建筑，1912年被一外地来的人故意用炸药引起大火而烧毁。这弥罗宝阁是明代苏州著名地方官况钟主持建造的，晚清时胡雪岩资助重修也是三十根八角形青石柱，共刻一百八十位天尊名号，两殿的天尊名号相加，共是三百六十位天尊，一年三百六十天，寓意天天有天尊保佑苏州。可惜民国时期弥罗宝阁遗址地被占用，建了一个西式建筑，不伦不类至今。薄道长希望机缘到时，能够恢复弥罗宝阁，使这一全国也独一无二的道教建筑群得以完璧。我想，弥罗宝阁本是玄妙观的代表性建筑，在康熙二十八年（1689），康熙皇帝第二次南巡结束后，命画家王翚、杨晋等人绘制了《圣祖南巡图》，其第七卷（此卷已流失国外）是苏州城风光，画的玄妙观就是弥罗宝阁，雄伟壮丽，是当时苏州城的标志性建筑，并在阁旁还特地用文字注明。修复此阁，也是苏州许多市民的心愿。

三清殿东高矗着著名的无字碑，碑高二丈（6.5米）、宽八尺（2.5米），是一件体量硕大的青石碑，碑座有浮雕狮兽，较为精美。此碑在苏州大约也可算是韩世忠中兴碑后的第二大碑了。除边框上隐约可见纹饰残痕外，碑上并无一字，据说是中国三大无字碑中的一块。小时候也听父老说过，碑下原有一海眼，如果推倒此碑，将会水淹苏州城，是镇海眼的镇海石，所以苏州人谁也不敢去动它。其实，在神话传说背后还隐藏着一件惨痛的历史事件。

玄妙观正殿三清殿

元时苏州道教高人辈出，道观修建兴盛，玄妙观里的大德高道和元朝皇帝如忽必烈等关系良好。明洪武四年（1371），明太祖朱元璋欲清理天下道教，当然，也要清除元代在玄妙观里的影响，决定玄妙观为正一丛林，置道纪司，并没收宋徽宗所赐玄妙观的五十顷香火田，作为皇家财产。此项工作有司十分重视，办好后请浙江海宁人方孝孺撰文（推算下来此时方才十四岁），并刻石竖碑，以纪其事，碑名叫《清理道教碑》。方孝孺是朱元璋亲自考察并提拔的浙东名士，建文帝继位后诏方孝孺到南京，任翰林侍讲学士，成了皇帝的贴身秘书兼帝师。后来，朱元璋第四子燕王朱棣在北京起兵反对建文帝的朝廷，经过四年战争打进南京，夺得皇位，称永乐帝。朱棣让方为他起草登基诏书，方穿着麻衣痛哭而来，不但大骂朱棣，也坚决不肯写诏书。朱棣下不来台，就威胁道："你若不写，难道不怕灭你九族吗？"方回答说，就是灭十族也不写。朱就下令灭方孝孺十族。由于从古至今法律上并无十族的规定，于是朱棣就将方的学生门人乃至朋友列为第十族，共杀了八百七十三人，入狱充军流放者达数千人。方孝孺不过一介书生，在皇权的凶恶淫威面前，面对带血的屠刀，留下了一抹中国知识分子坚守自己信念铁骨铮铮的惨淡光辉。苏州玄妙观这块方孝孺书写的碑，在当时的政治条件下是不可能再保留了，推倒砸碎岂不简单，但是苏州人在一夜之间，磨洗去了这块碑上所有的刻字。是玄妙观道长还是当地官府安排这样做的，史无记载，可能当时就成了永无人说的秘密，但从此此碑用于镇海眼的说法也开始四下流传。所谓镇海眼当然无稽，苏州人不过用这样的方法，将碑保留了下来，从而留下了一段历史，也留下了苏州人深明大义、不畏强权的风骨。

子 城
八千子弟揭竿处

苏州作为吴文化的大本营，在古城中心，居然有一座法国风格的公园，叫苏州公园，这似乎让人有点意外。但这座现代公园，在苏州市民心目中一直很亲切，觉得和苏州古城也很协调，叫它为"大公园"。

大公园占地面积64亩，是个免费开放的市民公园，目前南部仍然保留着较浓的法国公园风味，是大片修剪得很规整而漂亮的花坛，然后是广场和高大的雪松。公园中心是一池塘，四周绿树环绕，曲桥荷风，环境疏朗。池北耸一小丘，也是树木蔽天，丘上有西式亭子叫民德亭，由民国闻人钱大钧（苏州人）和夏斗寅在20世纪20年代捐资所建。小丘北是林荫道，小河弯弯，看上去布局自然，有苏州园林那种自然山水的气质。公园的东区和西区，也各有广场。西北角还有一个儿童乐园，有一些电动游乐设施。大公园里天天有许多市民在里面锻炼身体、跳舞、喝茶。

大公园作为城市公园的特点是历史早、市民化、法国风。原先这里很荒芜，是一片废地。辛亥革命以后，国家逐渐开放，一些新思想涌入中国，苏州是江苏得风气之先的城市，许多市民提出了建市民公园的要求。据资料介绍，1920年，江阴旅沪巨商奚萼铭慨捐五万银圆，助苏州建设此园。奚萼铭其实在1919年1月年仅虚龄四十岁时逝世，这笔巨款是在奚身后其家人以其名义捐的还是他生前先已安排，有待苏州园林史专家进一步研究。建园工程启动之初，当时苏州著名的江苏省立第二工业学校（后叫苏州工业专科学校，其中土木科力量尤强，1927年并入国立第四中山大学即国立中央大学）土木建筑科的学生测绘了平面图，再交上海公董局法国园艺家若索姆规划设计。1927年，苏州人、创办苏州美术专科学校的画家颜文樑又为公园设计了东斋、西亭、喷水池等。1927年8月，大公园建成开放，看惯了曲折幽静传统园林的苏州市民，对这样的新式公园也十分欢迎和喜爱，体现出苏州人的开放心态。其实大公园和周边的金城银行宿舍、同益里、同德里、叶楚伧宅、梧村等不少西式住宅，构成了一处颇有法国建筑风格的街区，可能是当时的洋楼气质都比较内敛，建筑又很精致，色彩也淡雅，所以这一街区和苏州古城风貌相当协调。倒是近年出现的大体量楼房，对这个街区的风貌改变有所影响。

大公园作为一个现代园林，年纪尚不满百年。其实这块地身世显赫：这里曾是吴宫所在地。《吴越春秋》记载说，伍子胥"筑小城，周十里。陆门三，不开东面者，欲绝越明也"。小城刚开始为吴国王宫所在地，秦汉之后一直为郡守府，是整个江东地区的行政中心。当然，公园只是王宫旧址的一部分，原先的吴王宫面积还要大。

在北宋元丰年间，苏州有个进士叫朱长文，因坠马伤足，二十多年未出仕，在家写了一本《吴郡图经续记》，其中对苏州的"州宅"所作的说明，可见当年吴宫端倪，所谓"州宅"是指苏州的太守府第，这一区域一般也叫子城。

在子城这块地方，至少发生过两件事情历史不会忘记。秦二世元年（前209年），项氏叔侄率领吴中八千子弟，举起反抗暴秦的大旗，从而揭开了中国历史上气壮山河的一页，这也是苏州历史上值得骄傲的光辉一页。

司马迁在《史记》中有过"项梁杀人，与籍避仇于吴中"的记载，司马光在《资治通鉴》中也说："下相人项梁起兵于吴。"秦二世（前209）七月，陈胜等在大泽乡起义反秦。九月的一天，吴郡代理郡守殷通和项梁商量，也想起兵响应，项梁说要叫了项羽（籍）一起来商量。项羽来了以后却突然砍下了太守的头，在会稽郡郡守府中发动了一场流血政变，夺取了郡的大权。显然，这吴中指的是郡治所在地也即今天的苏州城。司马迁所说的项氏叔侄逃难到"吴中"，就是司马光所说的"吴"，这"吴"就是有郡治府第的苏州城，可见项梁叔侄在苏州城发动反抗暴秦的斗争，是历史事实。

项氏叔侄在吴中举起反抗暴秦的大旗，并召集了八千吴中子弟兵北伐和西征，直至埋葬了秦这个血腥暴虐的政权。司马迁甚至在《史记》中将项羽的专传放在大汉帝国开国皇帝高祖刘邦的传记之前，这是高度评价吴中起义反秦这一壮举。会稽郡太守府所在地，就是今天的大公园，如今这里可闻欢声笑语，当年的刀光剑影早已远去，园子里连块纪念碑也没有，但这一段历史，却是值得纪念的。

后来，这里一直作为会稽郡、吴郡所在地，许多名人在这地土地上演出过历史活剧，比如孙坚、孙策和早期的孙权，在这里建立三国吴的政权（史称东吴），写下六朝历史的第一页。至今苏州还很喜欢东吴，有人作为企业之名。

苏州为江东重镇，朝廷相当重视，派出的官员往往是朝中大臣，在这里办过公的有朱买臣、李德裕、白居易、刘禹锡、范仲淹等。到了元朝，苏北白驹场盐贩张士诚拉起部队，占领了苏州城，先是借一座叫承天寺的庙作王府，但后来就利用原先的府署即今大公园地方改建王宫，其中王府北面有一座齐云楼，华美高敞异常。代表淮北利益的另一朱元璋军事集团，派大将徐达、常遇春合围了苏州，最后攻进城来，张士诚见大势已去，叫妻妾宫娥齐上齐云楼，然后令养子放火，一时烈焰冲天，整个子城陷入一片火海，大约有两千年历史的办公场地，竟被烧成一片废墟。

到了明朝，朱元璋亲自请魏观出任苏州府知府，魏观来苏州后，想利用原来的办公用地建造苏州府衙。工程进行到府衙正堂上梁，按照风俗，建房子上梁时东家要请工匠喝酒以示庆贺。其中有一工匠拒绝喝酒，当时人多事杂他也没有放在心上。其实这工匠叫张度，是个御史，专门来搜集官员言行以打小报告的。他向朱元璋报告说有个苏州文人叫高启的，为上梁写了一篇祝文，里面有违碍语。于是朱元璋借题发挥，就将魏观捉来杀了（不久后平反），高启是明代最有才华的诗人，朱元璋叫他做官他偏不做，朱元璋记恨在心，竟然将他判了腰斩，据说还亲自去看对高启行刑，敌视知识分子在朱元璋身上体现得登峰造极。从此，这个地方就一直荒废，苏州人称作皇废基。

一直到清朝结束，进入民国，苏州士绅顺应民意，着手在这荒地上筹建一座市民公园。终于在各界的支持下，建成了一座体现时代新精神、新风尚的新式公园，当时里面还有一座纯法国式建筑的现代图书馆。虽然后来经历过日寇轰炸，许多建筑物毁了，又经过许多次的改建包括2001年的改造，公园的建筑有所变化，但大公园的市民属性、体现现代文明的风格和总的格局，一直保持至今。大公园作为民国时期建的公共客厅，至今受到苏州人民的珍爱。

景德遗珠

城隍庙　曾是周郎小乔家

环秀山庄　山壑宛然方寸间

小巷深处　园亭不见王孙过

城隍庙
曾是周郎小乔家

明洪武二年（1369）正月，朱元璋下令全国各城市要祭祀城隍，老百姓死后都要纳入城隍神的管辖。接到圣旨，苏州不敢怠慢，次年就动工建设城隍庙。这样，包括一府二县城隍庙的一组规模巨大的建筑群，就出现在察院场西，供奉的城隍神是战国时期重建苏州城有功的战国四大公子之一的楚国春申君，他也是苏州城有史可查最早的地方官。明嘉靖时杨循吉撰的《吴邑志》卷六记载说："府城隍庙，原在子城西南陬，莫详其所始，相传以春申君为之。"从这条记载可见，在朱元璋下令全国供奉城隍之前，苏州就在子城西南面建庙供奉春申君为城隍神了。

今天，这组建筑虽已不完整，但主体还在，就在景德路上，是一免费景点。

首先是一座歇山式重檐的正山门，进去后是一天井，然后是仪门。过去，地方官员上任要先去城隍庙报到，去时要穿戴官服，隆而重之前往，到了仪门下马，步行进入，体现出对城隍的敬畏，因而这仪门都建造得很有派头。那时每年五次（清代时为清明、中元、十月朔在郡厉坛，是三次）要将城隍神像抬出来，到山川坛或郡厉坛（在虎丘山前）去作为主神祭祀，主祭官在活动前三天就要去庙里告请。由此可见，城隍神在当时人们生活中神圣显赫的地位。

走过仪门，两边偏房分别奉祀一些苏州地方神如蛇王神、水仙神（柳毅）等。再进去就是主殿了。这幢建筑相当有特色，叫工字殿，就是前面大殿、后面大殿，中间相连，平面上形似"工"字。据有的资料介绍，这是洪武时建的原建筑。前面大殿是城隍神办公的地方，后面是城隍夫人的神宫，如果城隍神（苏州人叫城隍老爷）下班去见夫人，就不必走水路了，这是苏州人民用这种形式让春申君夫妇长期安家在苏州。这样，苏州就有了一座独特的现存比较完整的明代早期殿堂建筑，是珍贵的文物（但据1928年周振鹤《苏州风俗》一书

苏州城隍庙主殿

介绍，后面的寝宫是清康熙十一年建造的）。

大殿面阔五间，前附卷棚顶抱厦三间。殿内梁柱粗壮，彩绘绚丽，柱础雕刻精细，气势确实不同于一般建筑。走进去，先见梁上高悬一把大算盘，上有"不由人算"匾。两边是十二司，站着黑衣黑帽衙役打扮的神像，他们就是城隍神下面的局级办公机构的主要负责人，管理着另一世界的苏州。今天一般人进来，还大致可以领略古时官衙的威严。

苏州对春申君有感情是一段真实的历史形成的。公元前473年，越王勾践灭了吴国以后，将在吴国的越人迁回越国，对吴都进行了屠城，许多吴国男子被抓到越国去做苦力，吴都阖闾大城成为了废墟，被称作吴墟。后来楚国灭掉了越国，黄歇又主动要求管理江东地区，在吴墟上重建城市。

正是吴王阖闾以后，春申君黄歇复兴了这座大城，加上后来汉代的吴王刘濞的努力，打下了苏州成为东南地区一大都会城市的基础。在阖闾和刘濞之间，黄歇是承上启下的关键人物，苏州人民怎么会不感念他呢！苏州将他奉为城市保护神的历史悠久。在南宋范成大所撰《吴郡志》卷十二中，就这样记载："春申君庙，在子城内西南隅，即城隍庙也。"宋代就明白地说，春申君庙即苏州的城隍庙。春申君庙是苏州曾经作为楚地的标志。

我在20世纪60年代末曾去过城隍庙，当时城隍庙格局还是很大，神像虽已没有，但建筑没有大的破坏，被物资部门下属公司占用开设了门市部，放些柜台，在那里交换一些旧的生产资料如马达、齿轮、电器之类，里面树木森森，环境清幽。还开了一家工厂，专门生产棉线。据我的同学、当时在苏州线厂里工作过的徐征女士说，那些神像就堆在房间里，一些神殿作了车间。据资料介绍，这里原是周瑜的故宅，还有一株周瑜手植的桂花树，当时有没有见到这株桂花树，已经记不得了，如今城隍庙里也没有见到什么古树。

遥想汉建安三年（198），周瑜脱离军阀袁术，来到吴郡（郡治即今苏州）和少年时结交的朋友孙策会合，当时孙策已经赶走了朝廷命官，消灭了地方豪强，占有了吴郡。知道周瑜前来，孙策极为重视，不仅亲自迎接，还立即授周瑜中郎将，授步兵二千人、骑兵五十人，让他握有兵权。周瑜对音乐很有造诣，孙策还给了他一支乐队，为他在吴郡（苏州）建造府邸。当时周瑜还只有二十四岁，史书说他"长壮有姿貌"，就是个子高大又健壮，容貌也很漂亮，吴郡人一下子喜欢上了这位才貌双全的年轻人，都叫他为周郎。苏东坡《念奴娇》那著名的词里，称他为周郎，其实周郎这一称呼的版权还是苏州人的。

周瑜虽然把家安在吴郡，但经常到外面去东讨西伐，为孙氏政权攻城略地。这时，他还和孙策得到了乔公两个漂亮的女儿，后人称为大乔、小乔，孙策娶了大乔，周瑜娶了小乔，两人成为连襟。有一天孙策和周瑜开玩笑说："乔家两个女儿虽然从此离开家乡跟着我们在外奔波，但乔公得到我们两个人做女婿，也是他值得开心的事。"《三国志》用字，正室婚姻一般为聘、娶，陈寿写周瑜娶小乔用的词是"纳"，小乔应该不是正室妻子。这样，苏州有了孙郎、周郎，大乔、小乔，俊男靓女，聚于一城，这样的事，是写电影剧本的好题材。

建安五年（200），二十六岁的孙策被人刺杀，孙氏政权面临巨大危机。周瑜率部队从前线赶回吴郡，并且留在吴郡。周瑜带着武装力量回来，他以中护军的身份，与长史张昭，一文一武，帮助年仅十八岁的孙权顺利接位，稳定孙氏政权。《三国志·吴主传第二》说："张昭、周瑜等谓（孙）权可与共成大业，故委心而服事焉。"后来，他又到西线远征，主要在荆州一带前线征战。十三年，任前部大都督，并在这一年打赢了赤壁之战。但在准备乘胜取蜀时，周瑜死在去巴丘的路上。周瑜在苏州留下一个女儿。黄武四年（225）时，孙权为自己的长子孙登娶了周瑜的女儿，生了二子一女，只有次子孙英成活，被封为吴侯，也就是以吴郡为封地。估计小乔会和儿子住在一个城市里吧。后来，周府宅基地上建了宋宁宗时武状元周虎的宅第，再后来成为佛寺，明初成为城隍庙至今。

近百年来，因种种原因，城隍庙变化较大，现存城隍庙里只有工字殿一路收回开放，吴县城隍庙已全毁，写此书时长洲县庙主要殿宇尚存，但没有收回。上海对城隍庙一贯重视，成为沪上经典名胜其实对苏州应该有启发，看来苏州要恢复城隍庙昔日旧貌还需时日。今天再来这里，见不到春申君、周瑜、周虎的介绍，历史的风云，已化作大殿前大香炉中飘出的一缕缥缈的香烟。

环秀山庄
山壑宛然方寸间

我曾经面对环秀山庄的假山，深情地看了三年，春夏秋冬，阴晴雨雪，白天夜晚，看见它一年里各个不同季节呈现出的不同面容。

苏州是水乡，苏州的园林，几乎都以水为主布景，沧浪亭里水面小，但造园人巧妙地借了园外的水来弥补，园名也是水汽氤氲以补园中水的不足。而景德路上的环秀山庄，却是苏州城里唯一以山为特色的园林，造园手法独树一帜。

说穿了也有点不可思议，其实也就一座山，是用太湖石头人工堆砌起来的假山，但也就因为这座面积不足半亩的假山，园子成了不朽的经典。那么，园子里的假山，是谁的作品呢？现在人们谈起环秀山庄，一直上溯到吴越时的金谷园，又涉及好几位园主人。清末苏州榜眼冯桂芬在他的《耕荫义庄记》作过简要的总结："相传宋时乐圃，后为景德寺，为学道书院，为兵巡道署，为申文定公祠。乾隆以来，蒋刑部楫、毕尚书沅、孙文靖公士毅迭居之。"这里的主人换来换去，都是显赫有名者，但这座假山是谁做主人时问世的呢？

钱泳《履园丛话》卷十二里"堆假山"条透出一点信息：

> 堆假山者，国初以张南垣为最。康熙中则有石涛和尚，其后则仇好石、董道士、王天于、张国泰皆为妙手。近时有戈裕良者，常州人，其堆法尤胜于诸家，如仪征之朴园，如皋之文园，江宁之五松园，虎丘之一榭园，又孙古云家书厅前山子一座，皆其手笔。

孙古云是孙士毅的孙子。孙士毅是杭州人、文渊阁大学士兼礼部尚书，因功封伯爵，他与权臣和珅关系很好。在大约乾隆六十年（1795）身体很不好时，他写下遗书，托乾隆皇帝的大红人、领班军机大臣和珅上呈乾隆皇帝，请

秋深枫映环秀山庄

求让他的孙子孙均袭伯爵,并且加入旗籍。乾隆皇帝同意了,让孙均入籍汉正白旗,授散秩大臣。但到了嘉庆十一年(1806),孙均上书说自己生了"废疾",请求以同祖弟玉墀袭爵。嘉庆皇帝颁下圣谕说:你老爹当年在安南(今越南)打仗,攻下了黎城后,我父皇命你爹撤军,你爹想贪功,拖延军机,导致失利,兵溃逃回镇南关,打给朝廷的报告中又有许多虚夸不实之词。我体谅我父皇的意思,没有追究。现你既然已经病废,你爹原来的伯爵爵位应当撤销,你也要从旗中清退,回到原籍去(见《清史稿》卷三三〇)。

乾隆时浙江嘉兴有一位举人王昙,著有《烟霞万古楼集》,其中《晚晴簃诗汇》收有他一首《孙古云袭伯辞爵南归相见于西湖文靖祠堂》诗:"正好明光执戟时,锺繇膝疾易调治。元成让爵何其早,孙绰还山不觉迟。处士梅花半湖水,相公香火一楼诗。归来不践明湖约,焉得骑驴载酒期。"这诗透露出孙古云患了足疾,他是以足疾为由主动辞去伯爵爵位的,并且是回到原籍杭州居住了。嘉庆皇帝的旨意是"令(孙)均出旗归原籍",圣意如此,孙古云如何还能在苏州居住下去呢?

在此之前,孙古云一直以苏州人自居,社会上也认为他是苏州人,《清稗类钞》中讲到他,是"吴门孙古云……亦古泉巨室也",他在苏州是有名的钱币收藏大家,家里没有巨资是不可能支撑他收藏那么多珍稀古钱币的。钱泳所说的"孙古云家书厅前山子一座",当然指的是孙古云在苏州的家,他书厅前的假山，应该是在他回杭州原籍前请戈裕良堆叠的。

戈裕良是常州人，是清代继张南垣之后又一叠山大师。同是常州人的洪亮吉，在其《洪北江诗文集》里有赠戈裕良诗三首，诗题为《同里戈裕良世居东郭，以种树累石为业。近为余营西圃泉石，饶有奇趣。暇日出素笺索书，因题三绝句赠之》，诗题透露了他的身世，就是戈家"以种树累石为业"。戈裕良生于清乾隆二十九年（1764），从小和父兄一起种树垒石，有其家学，他又学过绘画，有很好的艺术根底。乾隆五十二年（1787）他二十三岁时父亲亡故后离家独自谋生，主要以替人叠假山为业，很快声名鹊起。不过估计他也要打拼一段时间才有可能独自揽大件活吧。

戈出来后十年，即1796年的正月初一，嘉庆皇帝登基，孙士毅有可能是在新年前上表乾隆皇帝为孙子孙古云求封，然后在嘉庆皇帝登基的当年病逝。推算下来，今天环秀山庄的假山不可能是孙士毅安排堆叠的，更可能是出在孙古云手里，叠成时间大约是在嘉庆年间。但嘉庆十一年他就要遵皇帝之命回杭州去了，所以环秀山庄假山不太可能是建于嘉庆十一年之后。

如果估计是在戈裕良四十多岁时的作品，那时他正当壮年，有经验，思想活，愿创新，当然也会出佳作，环秀山庄假山就是他艺术创作黄金时期的代表作。

我到底陪多少人观赏这座假山，多少次在假山里边走边品，已经记不清了，但看得多了，积累了这样几个体会：

在一座空间不大的园子里，出现一座假山，是很有些突兀的。因此，戈将假山设计得并不高，和房屋高度相协调，即使这样，也要交代这山的来龙去脉。因此，这座假山是借庭院的东北角堆叠的。给人的感觉是山脉从东北方向而来，院子里的是山之余脉。陈从周先生认为："移山缩地，为造园家之惯技，而因地制宜，就地取材，择景模拟，叠石成山，则因人而别，各抒其长。环秀山庄仿自苏州阳山大石山。"（《园林丛谈·苏州环秀山庄》）我认为对于环秀山庄的假山来说，这几句评语，虽然极为经典，但似乎不能完全精辟分析出这座假山的过人之处。不过也透露出两个信息，一是戈裕良为叠此假山，特意到苏州西部的山里去考察，寻找创作灵感；二是戈裕良在这里叠假山，参考的是苏州的山水风貌，至少外形上模仿的并不是什么北方高山、大川。

苏州西部树山村大石山我也去看过，看不出和环秀山庄假山有什么血缘关系。我认为环秀山庄假山模仿的是石灰岩的岩溶地貌（即喀斯特地貌），是水对可溶性岩石溶蚀与沉淀、侵蚀与沉积，以及重力崩塌、塌陷、堆积等作用形成的地貌。阳山是火成岩，两者不是一种地貌。现在环秀山庄假山，用的太湖石就是一种可溶性岩石，山洞的顶上，戈裕良利用太湖石的天然乳头状凸出，置于洞顶天穹，仿佛水滴后形成的钟乳石胚芽。像出洞后的悬崖、天生桥，也是模仿岩石在水的作用下塌陷形成的地貌。戈裕良所叠的是苏州山水和岩溶地貌相结合的一件艺术作品。

从外面看，假山浑然一体，走进山洞，方知里面的空灵，这是为了减少用料并节省成本，也可减轻假山的自重，还考虑了假山的排水、通风、采光，我多次在雨天进入山洞，外面雨很大，里面却是很干燥的，堪称神奇。

在环秀山庄假山，确实看不到花岗岩石块在作什么支撑作用，全是用每一块大小石头都经过细心地"钩带联络"叠砌而成，好比木有木纹一样，太湖石也有石头的纹理，戈裕良将石块按石纹拼接得天衣无缝，浑然天成。

我陪客人游假山，来到园子的东北角，细看很有味道。这里有一株很高大的榆树，泥土堆到山半腰一直到墙，墙上还贴砌了一些太湖石，恍然山是从墙外绵延进来的大山的一角。其实在墙的另一边，并没有什么山脉，这是戈裕良的一种高超的手法。

看这座假山的主体部分，最让人叹为观止的是这座假山四面可看。正面（即从南往北方向看），山体浑然带雄伟的感觉，如从西往东看，则可以看见山里面的沟壑、石桥，有景色不尽的感觉。在补秋山房推窗从北往南看，假山结构又一变，山路弯弯，显示有另外一景。补秋山房窗外的假山，有一临水的悬崖，模仿的是中国画的皴法，手法传统而经典，为他处所少见。

园子西北角上，还有一小型假山，两山间是问泉亭。西北角的假山，虽小但极精致，设计也很巧妙，上山路和下山路不是同一条。上山路是走补秋山房后面一很窄的落水天井，下山路更是难找，一半以上人会找不到。主山和次山，东西对峙，好似宾主在对话，景色安排中既显平衡又见呼应，这种奇思妙想设计出来的假山，既像立体的国画，又如真山，几乎可以说是独步华夏。

假山前原有水泥楼房，一度作过苏州市工艺美术公司办公楼。1984年至1985年，苏州市刺绣研究所和苏州市园林部门一起拆除了此楼，恢复了四面厅、有谷堂、问泉亭、西墙边楼等，还做了其他一些维修工作，才有今天所看到的比较完整的风貌。环秀山庄前的三进古建筑群，原是汪鏊祠堂。苏州市刺绣研究所老所长顾文霞创办的苏州刺绣博物馆就设在里面，现已归苏州创元集团。环秀山庄旁的苏州市刺绣研究所原先是苏州涉外参观的标志性单位，绣女们创作的精品不可胜数，猫、金鱼更是经典的苏绣作品。现该所已改制，被一家外地公司收归旗下，颇有门前冷落车马稀之感；而环秀山庄则收归苏州市园林管理部门，由苏州市拙政园管理处管理，作为旅游景点对外开放。

小巷深处
园亭不见王孙过

姑苏城中心偏西有个街区，小巷里集中了许多古宅和中小型园林，是典型的苏州城市风貌。但是在20世纪60年代，这个地方发生了"一厂毁三园"的事，在旁边街区还发生过"一厂毁两园"的事。现在那毁了三园的工厂已不在原地，只留下了一个长春巷巷名，让人依稀记得这里曾经有个长春园。

那是一段历史。我的祖父丁宝之先生在民国初年买了一个前清败落官员的古宅，首先做的事就是将后面的花园平掉，造起厂房，引进机器，开了一家丝织厂，甚至在大厅里也装上马达，用电力开动洋机器。他可能认为，花园是士大夫吟诗赏画拍曲子养小妾的地方，他们这一代人追求的是实业救国。苏州发生拆毁花园造工厂的事，那是中国从中世纪性质的社会走向工业化、现代化过程中发生的曲折。

可能苏州的花园实在太多了，至今保留下来的还有不少，成为全中国花园（现在叫古典园林）最多的城市。今天那个街区叫怡园历史街区，不大的区域内还有已列入保护名单的全国重点文物保护单位俞樾故居（曲园），以过云楼闻名的江苏省文物保护单位怡园，苏州市文物保护单位听枫园（吴云故居）、颐寿堂（任道镕故居）、鹤园（朱祖谋寓所），苏州市控制保护古建筑潘奕隽故居（躬厚堂）、绣园（沈寿故居）等，除了一街之隔的海红坊里有据说是明末清初著名文学批评家金圣叹的故居外，我怀疑这里在太平天国时期受到过战火的破坏，因此，同治、光绪年间一些战后以军功成为新贵的人得以在这里建造宅第。比如，怡园的旧址是明代吴宽的状元府，听枫园原为宋代词人吴应之红楼阁故址。

这些园子都是中小型园林，作为景点开放，不太能吸引游客，真正开放的也就是怡园和曲园。但作为一种文化之旅，还是值得探寻的。

怡园建园时利用了其他废园的材料，园内多精品湖石

怡园和过云楼

怡园的主人顾文彬，苏州人，出身小商户人家，但他致力读书，于清道光二十一年（1841）考中进士，曾任刑部主事、汉阳知府、浙江宁绍台道员等职。太平天国战乱以后，他在苏州城里买了一处他人之地但已成瓦砾场的地皮，建了一座园子。

顾文彬这座园子，可说是当时画家的集体结晶。主要设计者是顾文彬的三儿子画家顾承（原名廷烈），上海名画家任薰绘出纸上的图样，然后顾文彬和顾承反复讨论（有的书说还有王石芗、顾若波、范云泉、程庭鹭等苏州画家也

参与设计,据樊宁女士考证无有此事),一石一亭一桥,无不精心布置,讨论意见统一后,顾承画了图稿,让其父审定,顾文彬本身也是画家,他看过后再作定夺。

顾家从清同治十三年(1874)开始建造,大约在次年就基本建成了这幅精致的立体图画(园林)。由于战乱之后苏州有许多园林被毁或易主,一些太湖石流向社会,顾家在建园时采购了一些,所以怡园内的太湖石品位较高,有的还是很难得的巨峰。俞樾(1821—1907)《怡园记》说:"顾子山方伯既建春荫义庄,辟其东为园,以颐性养寿,是曰怡园。"怡园面积9亩,6270平方米,不是一座大园子,又是建在光绪年间,那个时代整个中国除个别人外都没有什么钱,顾家建这园子,虽是不惜工本,但看得出还是财力有限,和留园的华奢气质并不一样。当然,也有一个原因是这座园子是画家设计的,比较追求山水清雅。在申报世界文化遗产时,苏州市区选了八座园子,又从同里镇选了一座,但没有选怡园。有人对怡园评价不高,一个原因是认为这座园子吸收了苏州宋、元、明、清其他诸家园林之长,认为"由于博采众长,把各园林风格糅合于一体,有集众锦于一园的特点。但山、池、建筑各比重过于平均,缺少有力对比,因欲求全,罗列较多,未创特色"。

我曾多次去该园,发现此园还是非常耐看,有一种可供反复品味的感觉。起先一看,似乎没有给人什么激动人心的美感,但细细品鉴,事情没有那么简单。美是什么?美是除一切美丽的个别事物之外存在的实体(柏拉图语)。花开花落,美的个体总是来去匆匆，但存在（或者说实体，或者说形式），给了我们个别事物之外的美。从这一点看，怡园之美，正在于它不是个别事物而是综合事物的一种形式。当我拿着相机在园子里走动时，发现入画的镜头特别多。少少许胜多多许，这时常是一种为快捷突出单纯的美而采取的经典手法，而苏州古典园林不屑于用一点突出来标榜美，它的美体现在含蓄的境界，丰富的层次，委婉的叙述，是为满足园主人长年累月欣赏而建的。那种以一点来快速震慑人心在瞬间产生美的简单手法，特别适合急匆匆赶路的旅游者而不是园主人。因此从这一点来看，怡园和苏州其他园林一样，各有其艺术价值——它为欣赏一种复杂的美引入了时间这个概念，或者说，它是四维的美。换句话说，你想真正认识它的美，要花时间的。

当我们在怡园中移步换景，欣赏那一个个似隔又联的单元，欣赏那些素淡清雅的亭、桥、廊、池、轩、榭、厅、舫、假山、匾额、对联（所有对联均由顾文彬集自宋词）等，会有一种既熟悉又别样的感受。熟悉，是因为和苏州所有古典园林一样属同类文化；别样，是因为其每一处景点的设计都很经心。空间虽不大，但都很耐看。园子特意引进了琴文化，坡仙琴室、石听琴室是有特色的景点，这在其他园子并不多见。因此之故，后来吸引了全国许多琴家来怡园相聚举行琴会，如1919年8月25日，由苏州盐公堂大盐商叶希明出资，在苏州举行的"怡园琴会"。此次琴会是由叶希明发帖，邀集北京、上海、浙江、扬州、四川、湖南等地的琴家，在苏州怡园抚琴、听琴、打谱和讨论琴学。（沈彦树《从今虞琴社的创立和早期活动透视中国近代古琴文化的转型》）目前吴门琴社仍然延续这个怡园雅集的传统，琴友每月一次在此雅聚。怡园在近现代中国古琴史上有其相应的地位。

新中国成立后，顾家人在苏州率先将怡园和祠堂捐给了国家。顾文彬故居包括过云楼基本不是顾家后人在居住，房子长期被一家三轮车公司使用，一家地下管线管理机构使用的就是著名的过云楼，还有公司在顾宅内租房办公。

当初顾文彬在宁波为官时受天一阁的启发，决定在苏州修建一幢"小天一阁"用于专门收藏书画的藏画楼，起名叫过云楼，因收藏之富，这幢古建筑在苏州应该是有文化标志性意义的。苏州一些有识之士多次呼吁迁出这些单位，将顾宅修建成过云楼博物馆（或陈列馆），苏州文化界名人如谢孝思、凡一、钱璎、陆文夫、周良、瓦翁、张继馨等二十人1989年时曾联名上书苏州市领导，2011年苏州市政协文史委也曾有过提案。我想，保护好、利用好顾文彬故居和过云楼，是今天应该做的事，也盼望这件善事能尽快实施。有一次在路上，我遇到顾鹤逸之孙子八十多岁的顾笃璜先生，他是昆曲权威，导演了原味版的《长生殿》于2004年2月在台北首演。《北京青年报》同年的一篇通讯说他是"江南最后一个名士"。若此楼能够恢复，我想，那时，过云楼的窗外柔柔地传进来怡园里古树上鸟的啼啭声，听顾老先生谈着《浣纱记》、《眉山秀》、《千忠戮》、《万民安》、《清忠谱》、《长生殿》……那是多么诗意的事情啊。

经过多方努力，过云楼内的占用单位被迁出，修缮工程终于在2013年启动。经两年的修缮和布展，2015年5月18日，过云楼陈列馆正式开放。馆中展示了过云楼所藏的书画名作、古籍善本情况以及顾家数代人收藏、保护、捐赠的义举等事迹，真所谓彩云虽散，佳话长留。

听枫园与吴门画派

怡园后面，有一座园子，叫听枫园。花园部分由苏州国画院在使用，南面住宅部分，特别是著名的两罍轩，由一家教育单位在使用，被人为一分为二的听枫园目前均不对外开放。

听枫园的建造者是清末苏州知府吴云（1811—1883），归安（今浙江湖州）人，一说是安徽歙县人，举人。他在苏州知府任上生不逢时，太平天国进攻苏州，他只好逃走到了上海。那时上海集聚了许多苏州士绅，他就在那儿和一帮人整天想着怎样打回苏州去。战后他虽回到苏州，但官却没有做了，出名的是收藏了青铜器齐侯罍两件，并命名自己的藏书楼为两罍轩。后来他将齐侯罍高价出让，经过一些周折，这两件青铜重器已归上海博物馆收藏。

听枫园是清同治三年（1864）建的，园占地一亩六分，但设计精巧，直角形被分成南北两个部分，中间用建筑相隔，这样就似乎成了两个园子。南面一园呈东西长形，东角堆有山，无水；东北面的园呈方形，有水池，围以曲廊和小假山。两园里分布了听枫山馆、味道斋、两罍轩、平斋、适然亭、待霜亭、墨香阁等，疏朗有致，景色各有特色。据说吴云自称："宅居不广，小有花木之胜。"这倒不是自谦，而是话语中微露得意。园子造好后，"同时代的文人逸士曲园老人俞樾、耦园园主沈秉成、怡园园主顾文彬、网师园园主李鸿裔在其书斋里挥毫命素，吟诗作文"（苏州大学图书馆马杰《苏州园林中的藏书文化意境》），这些人住得不远，时相往来，交流艺术，听枫园那时成了姑苏城里的一处沙龙。虽然清末已是风云四起，但只要有个能藏纳风花雪月供自己享用的园子，人就可以陶醉在自己的小天地里，忘记墙外的世事，专心做一点自己想做的事。吴云殁后，他的老乡、著名词人朱祖谋于宣统二年（1910）起寓居这座已有点荒芜的园子。苏州园林的功能，到底其作用是积极还是消极，对人是有好处或者弊处，那真是见仁见智了。

新中国成立后，听枫园曾为教师进修学校、市第二中学、市评弹研究室、市评弹团等使用。"文化大革命"期间,假山被拆,建筑失修,花木凋零,损坏严重。 1979年,又安置下放回城的十余户居民,更是成了煤炉、洗衣台比邻相拥的地方。1983年,政府出资整修听枫园,迁出居民另作安置,修好后由苏州国画院迁入保管使用。听枫园好像和画家有缘,除吴云外,吴昌硕也曾在这里借住过较长时间,门口的牌子上有说明。如今让苏州的画家在此听枫作画,我想园子真可谓得其所哉。我多次到听枫园与画家聊天,印象最深的是最近一次和苏州国画院院长周矩敏先生的品茗长谈,谈起他正在致力于推进的"新吴门画派"运动。

苏州在唐伯虎之师沈周开派以后,比较公认从此有了吴门画派,从广义来说,虞山画派、娄东画派、明四家(沈周、唐寅、文徵明、仇英)、四王(王时敏、王鉴、王翚、王原祁)都可归入吴门画派。周矩敏说,看一个画派,要看历史传承、看作品成就和画风、看画家群体,这些,苏州从沈周开始一脉相承,从没有断绝。从画风来讲,当然会随着时代进步而变化发展,但不搞花哨的技巧,而是以扎扎实实的笔墨功夫来创作,这是苏州画家的特点。新吴门画派,是在传承的基础上,开创出新的局面。画家们很珍惜目前的创作环境,都在认真创作,佳作迭出。

我坐在听枫园里好久,没有见着一个人,也没有听见什么人说话的声音,园子里好静好静。每幢建筑都是画室,而且基本都有画家在创作,我很想去看他们作画的情景,但又不好意思去打扰他们。以前我也曾来这里看过刘懋善、马伯乐、徐源绍等画家,他们都是手不停笔地和我说话。周先生和我聊天时,他的手也一刻未停。正是这种几代人的认真,才使苏州国画在全国有着让人瞩目的地位。

苏州国画家们的追求和努力,让其他艺术家敏锐地感觉到了。中国艺术研究院研究员、博士生导师王镛说:"'新吴门画派'确实继承了明代中叶吴门画派的传统,确实是沿着传统的这个系统下来的。苏州整个这种文化氛围,都促成了这个画派的一种总体的艺术追求。在当代中国画创作领域中,他们的表现还是比较突出的。"江苏省文联副主席、江苏省国画院院长宋玉麟看了近年来苏州画家的一些作品后赞叹道:"过去吴门画派是江南山水的代表,今天新吴门画派也是江南绘画的代表。所不同的是吴门画派以山水画为主,兼带少部分人物画,而新吴门画派山水、人物、花鸟齐全。他们创作的理念相近,水平较高,其中很多作者在全省乃至全国都有影响。这样的一群画家,生活在一个地域,又聚在一起展览,给人百花齐放的深刻印象。可以说就是一个品牌。"江苏省文联副主席赵绪成更是说得像一首诗:"苏州,那是什么地方?那是江

南的天堂，那山是碧玉的，那水是脂玉的，那树，那花，那草都是玉生的，亚光的，娇艳欲滴的。那黛瓦的墙，那流水的巷，那静幽的园，也是玉砌的。那里也是苏州国画院的书画家们仙居的天堂。在这繁荣多元而又浅烂浮假的绘画时代，苏州国画院的书画家们却特别地淡定，日子过得悠闲安详，每个人都在自己的一亩三分地里辛勤地耕耘。日出而作，日落而息，每年都丰收在望。这在当今之中国，还有什么地方的人能过上这样的生活，能推出这么整齐的画作啊！"

周矩敏画室听枫山馆外，树啊、芭蕉啊、阶沿草啊，在夏日下发出翠玻璃似的光，连几块太湖石也似乎染上了亮生生的绿。我想找那株吴云当初命名园子的枫树，可惜没有找着，我也没好意思问。我想，当初吴云的创作，在这空间里，以一种寂寞的心态治印作画，和今天这十几名（国画院外苏州还有许多国画院，国画家数以百计）画家的创作的热情和追求，不可同日而语，那株枫

曲园虽小但耐品

树在与不在,又何必过分在乎?

听枫园,园不大。但园不在大,关键是要有佳话流传,方有灵气。我认为,听枫园在苏州的文化史上,正在书写着新的一页,留给后人的,也将是一段新佳话。

曲园:无关花落春仍在

怡园后门斜对听枫园,听枫园后门斜对鹤园,鹤园后门又斜对曲园。据说,吴云七十大寿时,比他小十岁的曲园主人俞樾写一副对联前来祝寿,联云:"合千古之寿,寿公永保用,永保享,左鼎右彝,坐两叠轩居然三代上;以十年之长,长我六曰者,七曰老,望衡对宇,隔一条巷有此二闲人。"说"一条巷有此二闲人",倒是真实写照,两人均是官场退下赋闲在家的名流,又是比邻而居。这四所园子中,今天曲园的地位最高,为全国重点文物保护单位。在里面独自发呆,或者约三二知己小坐,也是挺不错的。

曲园是俞樾于清同治十三年(1874)所建。清道光三十年(1850),浙江德清人俞樾在京参加考试,试卷的诗题为"淡烟疏雨落花天",俞樾写的诗首句为"花落春仍在",体现出一种进取的精神,深得阅卷官曾国藩的赏识。俞樾最终在殿试中位列第十九名进士,授翰林院庶吉士,后历任翰林编修、国史馆协修、河南学政,咸丰七年(1857)因所出试题事遭有"直谏"之名的御史曹泽(登庸)弹劾被罢职。太平天国时一度回德清,战后又去了宁波、绍兴、上海、天津等地,后来经李鸿章介绍来到苏州紫阳书院教书,一来之后就喜欢上了苏州,在马医科买地建造宅第,决定以苏州为家了。

俞樾在苏州,可以说是"拼命著书",写了很多著作,《春在堂全集》达五百卷之多。苏州在清代是全国经学重镇,俞樾在苏州,成了苏派经学殿军人物之一。不过,他也很关心小说等其他方面,甚至还写了十六卷专收神怪鬼魅传闻的《右台仙馆笔记》,里面也记录有苏州"仙人跳"等地方轶闻。在曲园的东路,正厅为乐知堂,上有俞樾同科进士李鸿章所书"德清俞太史著书之庐"的匾额,下有一幅他的油画,看他样子很是严肃,但想到他还关心小说《三侠五义》,就觉得他亲切了不少。俞樾的长子绍莱早卒,且无子嗣;次子祖仁身体不太好,但生了个儿子俞陛云。俞樾在苏州除为孙子延师课读外,还花费大量心血,亲自抚养教育孙子成长。他的《曲园课孙草》,就是专门指导孙子读书、作文的一部书,这也表明俞陛云是在苏州长大的。光绪十年(1884),俞陛云十七岁参加府试,考中第一名秀才;次年十八岁参加浙江乡试,考中第二名举人;光绪二十四(1898)戊戌科中进士后参加殿试,此科翁同龢考中状元，俞陛云以一甲三名赐探花及第，授编修，是苏州的一件盛事。俞陛云后来主要在北京居住，但他的儿子俞平伯，却是生在苏州，并且也是从小和俞樾一起生活的，俞樾亲自教授这位曾孙。

春在堂在俞宅的西路，是第三进了，房前有个较大的天井，种有梧桐，根部围以太湖石。"家有梧桐凤凰来"，这也是俞樾对后代子孙所寄托的希望。堂中抱柱联是俞樾的句子："生无补乎时，死无关乎数，辛辛苦苦，著二百五十余卷书，流播四方，是亦足矣；仰不愧于天，俯不怍于人，浩浩荡荡，数半生三十多年事，放怀一笑，吾其归欤？"最末一句，或可看作他已视苏州为家乡了。屏门后窗下有一架德国产立式钢琴，是赛金花的旧物（据说琴弦约在20世纪70年代时被一精神病人抽去），供人想象当年洪钧状元公曾坐在这张琴旁，听赵彩云或叫傅彩云的女子弹钢琴的情景。

从春在堂后墙西偏门出去，就是曲园了。曲园平面为曲尺形，很是窄长，但这样的空间，经过精心设计，同样可以建得小而别致。进园子后，因景点布置均在两边靠墙，所以一眼望去，视线并不感到窒碍，反而能一览无余，有疏朗的感觉。当初俞樾设想是："园中一曲柳千条，但觉扶疏绿荫绕；为惜明月无可坐，故于水面强为桥。平铺石板俨成路，俯倚红栏刚及腰；处置梯桄通小阁，差堪布席宣茶铫。"除了桥实在没法儿建造、石板路没法儿铺之外，工匠基本在这螺蛳壳里做出了道场，让人不得不佩服俞樾和苏州造园工匠的本事了。

靠西墙建的是廊，中间有突出在小水池里的曲水亭，人可以在这里坐一会。由于亭子占了水池的一角，水池呈"凹"形，并有石阶可以让人到水边玩水。因园子空间局限，这样的水池，就显得很有特点，又不使园子成为旱园。对面是一太湖石假山，体形很小，但一样有山路曲折，有山洞幽深，有山顶平台可以望月，山脚下有半亭名"回峰阁"。再往前走，有一小小牡丹花坛，园子往东折去，一排几间平房，分别名"艮宦"、"达斋"，大约为昔日琴室、书房之类，在这里抚琴、看书，环境非常清静。全园较小，但园中布置，主要体现的还是一种家居特色。

当年的探花俞陛云，于1951年病故在北京，他的儿子俞平伯1919年毕业于北京大学，后来就主要在北京生活、工作，回苏州的次数不多。他和在苏州出生或长大的在京文化名人王伯祥、章元善、顾颉刚、叶圣陶一起，并称"苏州五老"或"姑苏五老"。俞平伯（1900—1990）是最后一位逝世的。他本来是中国新文学运动中以诗人身份登上文坛的，1922年就以新诗集《冬夜》名动文坛，此后还出版过诗集《西还》、《忆》，而且他的散文也写得漂亮。但后来让俞平伯出名的却是他关于《红楼梦》的研究。他是胡适的弟子，1923年出版《红楼梦辨》，1952年出版《红楼梦研究》，1954年3月在《新建设》杂志发表《红楼梦简论》。

他对红学有很多贡献，比如发现书中贾宝玉、林黛玉年龄描述不一，一会儿是少年，一会儿又像儿童……可以说他与胡适一起开创了"新红学"。他的主要贡献是确立了曹雪芹是《红楼梦》作者，认为后四十回非属曹雪芹原著而系出自高鹗伪续。

1954年10月，中国发生了关于《红梦楼》研究方法的大批判，这场风波后来对中国的社会科学研究产生了重大影响。本是学术研究，由于政治权势的介入，对《红楼梦》的研究成了俞平伯的梦魇，他受批判，写检查，遭冷落。1954年开始，他将兴趣转向昆曲，故乡博大而优美的戏曲文化让他找到了一方可以略解烦恼的清净土地——或者也可称之为心中的曲园——昆曲之园，助他得以度过那风云翻滚的岁月。从这"曲"字想来，这曲园或真是有点说不清楚的宿命呢！

1986年1月20日，中国社会科学院文学研究所为俞平伯从事学术活动六十五周年举行了庆祝会，算是对他无端受批判的平反，主持会议的是曾在苏州中学读过书的胡绳。但是，他一直到逝世前，仍然没有放下《红楼梦》。

1953年（或说1954年），俞平伯亲自来苏州，将祖宅、家具、图书和木刻书版献给苏州。现在春在堂里还有一些当年的木刻书版放在架子上，数量是不是和当年差不多，就不清楚了，但这些书版无疑是文物，值得珍视。可惜有一段时间，苏州有关方面对这园和宅并不重视，里面造了三层水泥楼房，填了水池，拆了假山，后来还住进了十来户居民，搞得面目全非。1980年5月，俞平伯和顾颉刚、叶圣陶、谢国桢、章元善、易礼容、陈从周七位著名专家学者联名致函国家文物局局长任质斌，呼吁修复曲园。国家文物局和苏州市政府对此信十分重视，及时做出修复曲园的决定。1986年，曲园的主要厅堂修复开放，花园部分于1990年年底也竣工开放了。是不是全部恢复了旧观，因没有作进一步了解，目前我也说不清楚。

我来到曲园里，人很少，有退休人员在外面的茶室里聚会，时不时传来欢声笑语。后面的园子里，还是很清静。《红梨记·潜窥》中素娘曾唱道："园亭芳草多，不见王孙过。"俞家在这里已无后人，但最让我感慨的是在这里看不到关于俞平伯先生的任何介绍。他可以说是德清籍人，但他在德清几乎没有生活过，其实他正是在这里长大的，俞家故宅也在这里，因此他同时也是苏州人。苏州理应将他好好介绍，这不仅是对一段历史的敬重、对一位名人的敬意，也是对子孙后代的一种责任。

一曲昆曲，似乎飘来："春事阑珊，心情慵懒，寂寞雨收云散……"（《焚香记·饯别》）难道曲园已经春事阑珊，"花落春仍在"的故事雨收云散了吗？

山塘古韵

虎　丘　情有千千结

山　塘　不尽山塘河水静自流

虎 丘
情有千千结

虎丘，是苏州的标志性景点，不知有多少商标、图案、照片、绘画，是以虎丘那座光秃秃的宝塔为主景的。虎丘代表的不仅是一个风景区，更代表了苏州。从某种意义上来说，虎丘塔是苏州古城的一个标志性符号。

阖闾墓深藏水底

说来奇怪，虽然普遍用虎丘塔来代表姑苏城，其实虎丘并不在苏州古城里，而是在苏州城的西北。虎丘确是一个丘而已，高仅34米多，而苏州人却往往会情不自禁地称之为"虎丘山"。有的外地人看苏州人"虎丘山、虎丘山"地叫，就忍不住笑："这也算山？咱那里山上滚下个石头也比它大啊！"但它在古人的笔下，就是非同一般的高大：

> 吴郡西北有虎丘山者，含真藏古，体虚穷元，隐嶙陵堆之中，望形不出常阜，至于岩崿，绝于华峰。（晋·顾恺之《虎丘序略》）
>
> 曲洞潺湲，修篁荫映。路若绝而复通，石将颓而更缀。抑巨丽之名山，信大吴胜壤。（南朝陈·顾野王《虎丘山序》）

这两位先生对虎丘的评价，苏州人还是相当珍视的。"含真藏古"、"大吴胜壤"今天被分别制成匾，挂在虎丘的头山门和二山门内。虎丘山，也就十来层楼房高，在今天真的不算什么，但古人说得像深山老林似的。这两人的话未免有些溢美，但苏州人心目中认为虎丘就是苏州的第一名胜。

在所有关于虎丘的古籍中，都有关于吴王阖闾葬于此地的记载，综合《吴

剑池，虎丘的重要景点之一，历史记载吴王阖闾就葬在剑池底

越春秋》、《吴地记》、《吴郡图经续记》各书，大致是这样的：本来这小丘叫海涌山，吴王夫差将父王阖闾葬在这山里，当时动用了来自五个郡的十万人来做这个吴王陵工程。墓穴广六十步，水深一丈五尺，铜椁三重，水银灌体，金银为坑，用扁诸、鱼肠等吴国名剑各三千柄作陪葬品。落葬以后三天，吴王陵中有一股金精之气升腾出来，像个白虎形状，因此山就改叫"虎丘"了。所谓金精之气，可能是水银蒸汽吧？总之，这场葬礼极尽奢华，体现了吴国的国力，给人留下了很深的印象。

苏州人为什么和阖闾有特别的感情呢？

《史记》说，"公子光者，王诸樊之子也。"他的吴语名字叫阖闾，又叫光，史称公子光，其父亲诸樊是吴王寿梦的长子，阖闾通过宫廷流血政变，杀死吴王僚，登上吴国宝座。成为新一代吴王后，阖闾就和楚国来的伍子胥商量，吴国如何实现"强国霸王"。伍子胥说："凡欲安君治民，兴霸成王，从近制远者，必先立城郭，设守备，实仓廪，治兵库。斯则其术也。"阖闾对"先立城郭"的建议，很为赞同，就将建新城的事交给伍子胥去办了。

但吴王阖闾提出建新城的两个原则，一是"因地制宜"，二是要"有天气之数"。这"天"可作为大自然来理解，让城市通乎天气之数，追求天、人相利的理念。《吴越春秋·阖闾内传》里说：

> 子胥乃使相土尝水，象天法地，造筑大城。（城）周回四十七里，陆门八，以象天八风；水门八，以法地八聪。筑小城，周十里，陵门三。

在吴王阖闾的决策和支持下，在伍子胥的主持下，江南（当时应叫江东）

大地上崛起了一座壮丽伟大的城池，从而影响了中国的历史。史书记载得很明白，建此城在公元前514年，时为周敬王六年，鲁昭公二十八年。

这座城市当时叫阖闾大城，先是为吴都，后成为吴郡郡治，再后来成为苏州府城。一直到1912年前，在约两千四百年的历史中，一直是中国的一座大型城市、一个区域中心。可以说，阖闾是苏州城的总规划师，伍子胥是苏州城的总工程师。从某种意义上讲，阖闾又是"苏州城之父"，这是苏州人民不应该忘记的。

阖闾下葬后不久墓穴就遭到破坏和发掘。《元和郡县志》中记载："秦皇凿山以求珍异，莫知所在；孙权穿之亦无所得，其凿处遂成深涧。"秦始皇和吴大帝孙权之所以在阖闾陵中都没有发掘到什么东西，这是因为早在以前，阖闾陵就已被越国人（八成是勾践干的）发掘过。《汉书·楚元王传》记载，当时有个叫刘向的大学者，在向汉成帝的奏疏中说起历史往事："逮至阖闾违制厚葬，十有余年，越人发之。"可见阖闾陵墓建好后仅十多年，就遭到了政治性破坏。

2008年6月，虎丘山风景管理处抽干剑池水，进行换水，我也下到剑池底察看。剑池呈南北向，崖壁如斧劈成，很是峻峭，走下去，下面光线幽暗，好在带了功率很强的手电筒。黑浊的水没过脚背，崖壁上刻着古人的诗和题词，据说其中有唐伯虎的，但看不清楚。在池的北面，上面空间渐窄，下面仅容一人，有石板五六块如横板，迎面作了砌断。石板不厚，宽、高均约一米许，从上面两块石板的隙缝中可以看出里面均是泥（同时也看出了像是石板而不是石块）。脚踩在剑池底部感觉较为平整，像是人工铺垫过。我从水里摸出一块残砖，这是块小青砖，但比现在的砖宽、薄，不像是新中国成立后生产的，估计是前代如民国、清、明时的。俗话说秦砖汉瓦，春秋时肯定不会有砖。我根据自己的观察，估计那些石板是为了挡住北面山坡泥滑向剑池而砌的，不是陵墓之门。经过越王、秦皇、吴大帝三次均为最高决策者所做的破坏，阖闾陵墓不会有多少残迹在这里，仅凭这几块石板是很难作出判断的。当然，这一点也不影响苏州人对虎丘的感情。

不管是当时的夫差还是后来的盗墓者开挖出来水池，这潭水就被叫作剑池，成为虎丘风景区的标志之一了。在剑池南面的石壁上，有"风壑云泉"四字，相传为米芾所书。池南的围墙上并排有两块上刻正楷红字"虎丘"、"剑池"的青石碑。站在剑池边看，这里的石壁非常险峻，因为太阳光线被挡，陡然有"池暗生寒气"之感。

到苏州不到虎丘是人生一大憾事，但到了虎丘不在剑池边站一会儿，发一会儿思古之幽情，也算是白来虎丘了。

东方斜塔虎丘塔

苏州人引为骄傲的古迹，还是虎丘塔。虎丘塔本名叫云岩寺塔，是一座纯用砖砌的塔，共用砖一百三十万块，虽然已无塔刹，但还是高达47.4米。传统说法是现存的虎丘塔建于后周显德六年至北宋建隆二年（959—961），但也有专家考证后认为此塔建造时间是在公元900年到976年之间，反正它就这样斜着身子屹立千年而不倒，确是奇迹。

著名的东方斜塔——虎丘云岩寺塔

1953年，虎丘塔差一点倒塌。那时虎丘风景区里还有佛寺，一天晚上，塔发出很响的声音，还有砖块掉下，僧人立即将这一信息报告给了政府。苏州请了著名古建专家刘敦桢教授等前来调查，发现塔顶层已穿，可见天光，风、雨可直接进入塔内。塔身也有了裂缝，而且倾斜还在继续。结论是塔已病得不轻，需要立即抢修。庆幸的是虎丘塔竟然硬撑着身子拖了两年，没有趴下成一堆碎砖。修塔工程从1955年启动，1956年完成（好像还有扫尾工作持续到次年）。当时的修塔，今天想来还是受限于技术水平和装备条件，但也是尽了最大的努力了。塔外面每层用钢筋扎三道箍，再外涂水泥，这修补的痕迹今天还可以清楚地看到。塔里每层拉上十字交叉的钢筋，还对塔裂缝的缝隙里喷水泥砂浆，用这些办法暂时保住了宝塔。

这次抢修，在塔的二、三、四层的楼层窖穴中发现了一批五代至北宋初年的文物，其中有越窑青瓷莲花碗、楠木经箱、刺绣经帙、檀龛宝相和石函、经卷、经袱、钱币和铜镜等，为研究虎丘塔和五代、宋初的苏州历史，提供了大量珍贵的实物资料。

最惊人的是，1957年苏州市文管会在整修虎丘塔第三层时，发现塔里装有一石函及铁函，在外部包裹的丝织品上，有用墨笔题写的两行字："×××恩朗舍此袱卫（这个"卫"疑是"壹"字）枚，裹迦叶如来真身舍利宝塔。"同时，在

山塘古韵 **107**

石函四周还发现有铜佛四尊、檀香木雕佛像三尊、铜镜三面、越窑青瓷莲花碗一只。经专家鉴定，这些文物均是五代末期北宋初年之物。特别是越窑青瓷莲花碗，碗身和承托都由大瓣莲花图案组成，釉色滋润，造型精美，犹如出水芙蓉，为青瓷中的极品，现已被评定为国家一级文物。

7月25日，苏州市文管会将舍利圣物移交给苏州市佛教界，苏州市佛教界将舍利迎请至西园戒幢律寺供奉，供世人瞻仰，两天内瞻仰的人数在两万以上。7月27日早晨六点，在钟鼓声中，由二百位佛教弟子护送，在乐队、香花幡盖的前引下，从西园寺恭送虎丘塔，从大门至塔下，都有数以千计的佛教信徒恭迎和顶礼，在盛大而隆重的宗教仪式中，舍利仍旧奉置塔内珍藏。《中阿含经》说："我闻世尊迦叶佛时始愿佛道，行梵行。"《杂譬喻经》、《法句譬喻经》、《佛说无量清净平等觉经》均提道："昔迦叶佛时"、"前世迦叶佛时"，可见迦叶佛在许多佛经中认为是释迦牟尼佛的前世之师，是过去佛，或者说是释迦牟尼佛的前辈，因此在佛教中地位很高。苏州发现迦叶佛舍利这一盛事，知道的人不多。其实，迦叶佛舍利在汉地佛寺很少有供奉的，因此是极为珍贵的圣物。但是当时苏州市相城区觉林讲寺的宏觉法师撰文说，他在看明代传灯法师编撰的《天台山方外志》中，有了新的发现。此书中收有《宋天台般若新寺砖塔记》，根据此文，虎丘塔中收藏的并非宗门故老所传的迦叶佛舍利，而是如来佛的真身舍利，是从天台山传来的。

我在《大正大藏经》第五十三册的《法苑珠林》第四十卷中，看到这样的记载："隋文帝立佛舍利塔（二十八州起塔五十三州感瑞），（有）雍州仙游寺……苏州虎丘山寺。"看来，虎丘塔中的佛舍利，是从隋朝时开始有的，而且流传有序。至于为何在建隆二年（962）时说是伽叶佛舍利，我想这样重大的事，绝对是当时大德高僧作过认真严密的调查后认定的，不然不会让人随便这样写的（至今西园寺普仁方丈主编的书中还是认为是迦叶佛舍利）。2012年4月，我将有关佛舍利资料交虎丘山风景区领导供他们参考，此时已在负责山塘街普福禅寺（即《红楼梦》中葫芦庙原型）的宏觉法师在电话中再次肯定塔中所藏的是释迦牟尼佛的真身舍利。

因是佛门中如此重大事件，我等凡夫俗子无置喙之处，但苏州拥有佛舍利圣物这一信息，还是值得重视的。不管是迦叶古佛还是如来佛的舍利，都是无上圣物、苏州之宝。值此盛世，理当重现人世间，隆重供奉，让人生欢喜心、清凉心、慈悲心、菩提心，以助建和谐社会，岂不善哉！

再说虎丘塔经这样抢修后，虽然一时不用担心会崩裂或倒塌，但这样一来，也增加了宝塔的自重，导致倾斜还在继续。从1981年起至1986年，苏州市文保部门又组织力量对虎丘塔进行了第二次大修。工程结束后不久，我和修塔办主任凤光莹先生有过关于此次修塔过程和体会的长谈，由于凤先生已过世多年，当时的笔记一时没有找到。这里凭记忆将当时凤先生的介绍，作一大概的回忆，权作谈资，或有不准确的地方，祈勿罪我。

1978年在国家文物局指导下，苏州市文物部门决定对云岩寺塔实施加固地基、补做基础、修缮塔体、复建塔座的工程。工程从1981年12月开始，竣工于1986年8月。当时古人建造虎丘塔，这样大的工程，居然并没有做什么地基，只是很简单地挖了浅沟，砌了几层砖就往上建了。而且塔是建在山顶的西北坡上的，下面有许多石块，经过千余年的风霜雪雨，石块间有许多空隙或者说很大的空洞。

这塔是由几个砖墩构成的，也就是先造了塔墩，宝塔就像是几根柱子组成那样，然后每层造砖木的"平座"，也即塔层。中间为塔心室，然后是一圈围廊，最外就是塔的外壁了。塔从平面来看，呈八角形，共七层。一层层缩小，慢慢往上收，但不知为何，塔的第六层比第五层会高出20厘米，一时无法解释原因。塔有砖砌出来的藻井和斗拱，还有彩绘，非常精美。

当时古人造此塔时砌砖，用的是黄泥浆。千年以后，这些黄泥已无黏性，而在受风受雨较多的宝塔西北面，许多塔砖已经酥了。掏出来后，看上去还是个砖形，但轻轻一碰就酥碎了。

最有意思的是，在塔造到大约三层时，工匠们就已发现塔在倾斜，到了七八层时，可以清楚地看到工匠们已对宝塔纠偏。后来在明崇祯年间，又做过大修，在宝塔的第七层，将塔层略向东南"扳"过来一点。这样从塔的东面向西看，可以清楚地看到塔呈香蕉形。

假如从塔的顶部中心点即塔尖一根直线到塔的底层，倾斜已达2.34米，塔身倾斜度为2.48度。塔的斜度，让人又骄傲又担心。

所以这次抢修，就针对虎丘塔的根本性问题，首先以加固塔基和基础为主。先是在塔底外围2—2.8米处，用静力打桩机共打了四十四个深坑，直至岩石层；再在坑里构筑混凝土壳体基础，就好像围绕塔的基底打了一排像围墙一样的水泥桩；在塔底灌进水泥作底，托住了宝塔，就像宝塔"蹾"在一只反扣过来的碗的"碗底砣"上；再换掉了塔体上一小部分徒有其外表而实际上已酥碎如粉的砖。总之，抢修人员用多种办法从根本上消除塔体沉降和倾斜的威胁。

记得当时凤先生强调说，抢修虎丘塔只能说是让它延年益寿，不能说永远不倒。而从二十多年的观测来看，塔体稳定，倾斜和沉降的变化都降到了极小的范围，虎丘塔延年益寿有望。

现在，虎丘塔被誉为中国最斜的古塔、中国第一斜塔，人们来到虎丘，都会到塔下走走，那种苍古的感觉特别好。

东吴佛光第一峰

其实虎丘在成了吴国王陵以后，一直寂寂无名，后因佛教的进入，才兴旺了虎丘山。东晋时，贵族子弟王珣被任命为豫章太守，但他不愿去上任，就和其弟王珉来到吴郡，在虎丘分别建造别墅。王珣的祖父是王导，岳父是谢安，身份极为显贵，他不去上班，朝廷也没办法，只得改任命他为辅国将军、吴郡内史，可以让他在苏州工作了。他到了苏州，工作很有积极性，《晋书》说他"在郡为士庶所悦"，吴郡老百姓因感念他，将他弹琴的地方称为王珣琴台，就是今天云岩寺塔的塔基。作为新苏州人的王珣，后又将自己在虎丘的住宅拿出来，舍宅为寺，当时叫虎丘寺。他这样做，不仅使虎丘从此开始成为佛教圣地，也有利于促进苏州佛教的发展。但他舍宅的时间不应该是《吴郡图经续记》和《虎阜志》所说的晋咸和二年（327），那时他还没有出生。

大约在王珣逝世后二三十年，苏州发生了一件中国佛教史上的大事，这事就发生在虎丘。据《卍新纂续藏经》第七十八册《东林十八高贤传》："法师道生，魏氏，钜鹿人。幼从竺法汰出家，披对经诰，一览能诵……（他认为）一阐提人，虽复断善，犹有佛性。于是诸师皆为愧服。（但也因此）师被摈，南还入虎丘山。聚石为徒，讲《涅槃经》。至阐提处，则说有佛性。且曰：'如我所说契佛心否？'群石皆为点头。旬日学众云集。"东晋高僧竺道生主张佛性人人"本有"，可以顿悟，提出一阐提（佛教用来称呼不具信心，断了成佛善根的人）也可成佛。结果他遭到别人的攻击，被赶出建康（今南京）的僧团。

竺道生来到吴郡的虎丘，讲经说法，阐述他的佛学思想。但是刚来时没有人来听。于是他就搬来石块权作听众，自己对着石头进行关于《涅槃经》的讲经说法。传说对着石头，他仍然说即使像阐提这样断了善念的人还是有佛性的，并问："我所说的符合佛陀的基本理念吗？"那些石头都纷纷点头表示赞同。这样就出现了"生公说法，顽石点头"的成语。后来，大本《涅槃经》在凉州译出，他的学说得到证实，虎丘作为佛家道场名声大振。竺道生见自己的学说在苏州扎下了根，自己也在苏州博得了名声，于是就到庐山去了。

今天，虎丘主要景点之一的千人石，是所有的游人必到之处。我母亲说当年建吴王墓时，为保守墓中秘密，工程结束后，将千余工匠杀死在这块石头上，这石头被鲜血浸透，因而变得有点暗红色。据苏州市地理学会的人分析，其实这石头是一亿五千万年时火山造出的杰作，因含矿物质比如铁质，受氧化后显得有点红而已。再说，当时造吴王陵墓是十万人，何止千人啊，这只是一种传说罢了。千人石的奇异之处是在一大片石头平台上，可坐千人，还有周边的白莲池（池中放了一块石头，上刻"点头"二字以纪念生公说法事）、剑池等，这么一点点的地方地貌变化如此丰富而奇特，让人称奇。另一说法是生公在此说过法，过了十来天后，来听法的人真的很多，这块石头上坐了不止千人。现在石壁上有唐李阳冰所书"生公讲台"（据说"讲"字为后人所补）、明苏州知府胡缵宗所题 "千人坐"，两块石刻点明了这里的一段历史。

东晋以后虎丘的佛教一直很兴盛，唐代苏州籍诗人张籍《题虎邱》诗云："望月登楼海气昏，剑池无底锁云根。老僧只恐山移去，日暮先教锁寺门。"可见唐时虎丘佛寺成了"寺包山"，虎丘山几乎成了佛院的私产了。

到了宋代，虎丘的佛寺里出了一位佛学大师绍隆禅师（1077—1136），作为一代临济宗高僧，绍隆禅师在受学湖南石门夹山寺的圆悟克勤禅师后，被圆悟誉为"瞌睡虎"。绍隆在虎丘云岩禅寺期间，将临济宗推向极盛，形成禅宗中的一派，即虎丘派，并远传日本。据说 "今天日本禅宗四十多个流派中，有三十六个流派均源于虎丘派"。我对此没有研究，引此言在此，是希望苏州市佛教界对虎丘派能多做研究，禅使法脉延续。

再说绍隆禅师圆寂后，僧徒将其建塔于虎丘之东山庙，塔前竖立一石牌坊，题额为："临济正传第十二世隆禅师塔"，俗称"隆祖塔院"。隆祖塔院屡遭毁坏，20世纪80年代初，虎丘风景区管理处新建万景山庄盆景园于景区内的东山庙、隆祖塔院遗址一带，园子依山而建，景色甚美，荟萃苏派树桩盆景和水石盆景数千盆，其中精品甚多，真是气象万千。但是，绍隆禅师的墓也就再也无踪可寻了。

2008年6月，我看到门口在河边新立不久的一座石坊。我曾向虎丘风景管理处提供清代清廉贤能的苏州知府陈鹏年所写的《虎丘诗》手迹出版物及此诗成为惊动康熙皇帝的大案等材料，作为这一历史事件的纪念，建议虎丘风景区内可以考虑立诗碑。后来园方没有立诗碑，但在此坊的石柱上刻了陈鹏年《虎丘诗》中的两句诗为坊联："春风再扫生公石，落照仍衔短簿祠。"这样，也算是为虎丘增添了一处历史文化景点了。我很高兴地和同事一起在石坊前留了个影。万景山庄是当年祭祀王珣的祠庙短簿祠所在地，对联用在这里十分贴切。但作为虎丘重要文化资源的绍隆塔院故址，也应该用什么方式来提示一下才好。

我想，或许以后会有其他办法来给游人说明。明末清初临济宗僧、吴江松陵人箬庵通问禅师有一首《礼虎丘隆祖塔》诗，诗曰："古今云岩气象雄，千门烟火列朝春。谁知当年瞌睡虎，占断东吴第一峰。"此诗反映了那时的苏州，已因绍隆禅师创下的佛学，虎丘成了"东吴第一峰"，今天如能采取措施不让绍隆禅师事迹湮灭，相信会提高虎丘的历史地位。

山 塘
不尽山塘河水静自流

溟蒙春水风流歇

  大约是1998年，当时苏州的主要领导梁保华先生给了我一份关于观前街地区的调查材料，我知道这是将要对该地区进行综合整治改造的信号，于是就写了一篇《苏州观前街和南京夫子庙的对话》文章，刊在苏州一小报上。苏州电视台朋友看到了，要深化这篇文章的内容，做一档节目，让我去做一次嘉宾，我不好拒绝，但也不过是去简单说说而已。

  谁知过了没几天，在乌鹊桥路和南阳路口的人行道上，遇到陆文夫先生，他对我说，"苏州的标志性街是山塘街，而不是观前街。《大九连环》歌里唱'上有天堂，下有苏杭。杭州有西湖，苏州有山塘'。首先应该保护山塘街。"陆是我尊敬的前辈，当年我因组织调动弃医改文，他还特地到我苏州市委大院内的记者站新办公室来看望我，给我的新领导敬香烟，帮我做人，让我一直感激在心。他这话是一种婉转的批评，也是一种亲切的指导。

  我知道山塘街是在那个疯狂的年代，但印象和陆说的完全不同。1970年时，邻居中有个青年叫周永成，有一次我到他家里去，他拿出一本黑皮硬面抄笔记簿，里面全是他手抄的文章，其中有一篇，是这样的：

    如果说苏州像一位古典美人，绚丽斑斓的靓装，这儿就像衣裙上那条淡绿色的素腰带；如果说苏州城像一幅精雕细刻的工艺画卷，这儿就像一幅写意的山水小品。

    它是一条河，但既不是江南原野上常见的那种"野渡无人舟自横"的小港小汊，也不同于城里那种"人家尽枕河"的水巷。它兼有二者的特色，却又分明有自己的个性。水上，也有莲荷荇藻，也有来往的舟楫。浮光耀金，碧波粼粼，两岸却又鳞次栉比地排列着商店人家，一样地后门依水，后门临街。

　　它是一条街，但是喧嚣的市声和熙熙攘攘的人流，丝毫没有损害它的自然美，走在石子路上，一样地能领略远山近水，闻到泥土的芬芳。街面不算宽，却也并不显得过分拥挤，人们可以从容地来去，偶尔还可能遇到，谁家养的一只小白猪慢吞吞地横踱过街心。

　　这就是苏州阊门外的七里山塘……啊，这一船的色泽多么耀眼，岸上的人不由得驻足喝彩了。"嗨，多好的橘子呀！"原来是满满一船洞庭采来的早红，像摇来一船红玛瑙，一船石榴花。押船的两位姑娘，水青色的衣衫，辫梢上系着两只花蝴蝶结，姑娘并没有注意岸上人……

　　这是作家袁鹰于1962年深秋写的一篇散文。"一只小白猪慢吞吞地横踱过街心"怎么会让这位外地作家，产生"在山塘道上漫步，几乎使人沉醉"的感受，使我实在无法理解，但山塘街从此进入了我的心。

　　1974年秋，我从医院本部临时调至普济分院工作。医院就在山塘街上的普济桥西，门对山塘河，隔壁是一位由昆曲演员发起、苏州士绅支持，始建于清康熙四十九年（1710）原名普济堂的社会福利院，是我国较早由社会举办具有福利性质的养老院。那时就有人考虑到养老问题，这真是山塘街上值得一书的光荣，意义超过建祠堂之类。我日日在这里来去，看山塘河里挂机船开过，卷起的一层层水浪，拍打冲刷着两岸；虎丘塔苍老的身影，就在河对岸不远处，就这样在山塘街上留下了春夏秋冬的脚步。感觉这时的山塘街，景色里全无袁鹰散文所描写的那种诗意。大致说来，山塘街以半塘为界，分为东、西两段。山塘街东段，以市肆胜，而半塘以西，青山桥、绿水桥一带，河面开阔，颇有乡村气息。冯梦龙在《警世通言》第三卷《王安石三难苏学士》中，王安石以苏州山塘为题出了一对，让苏东坡对下联："苏州金阊门外，至于虎丘，这一带路，叫作山塘，约有七里之遥，其半路名为半塘……求子瞻对之。对云：'七里山塘，行到半塘三里半。'"苏东坡才高八斗、学富五车，竟然"思想多时，不能成对，只得谢罪而出"。

　　古时的山塘街是苏州一个四方货物集散的批发中心。苏州那时有多条骨干水路汇聚，一是大运河，南从杭州、嘉兴两府到苏州，北和常州、镇江、扬州、淮安诸府相连；一是从太仓一带至常熟，走长江水路的船可以折进内河直达苏州阊门山塘街，所以一些古代的画上有许多跑长路的海船或江船，带来了闽、广、浙、徽、川等省的物产，在这里集散。因为有了阊门和山塘，苏州

"山海所产之珍奇，外国所通之货贝，四方往来，千万里之商贾，骈肩辐辏"（沈寓《治苏》，《清经世文编》卷二十三）、"上自帝京，远连交广，以及海外诸洋，梯航毕至"（《明清苏州工商业碑刻集》）的城市。苏州既是重要的商品生产中心，特别是丝绸和棉布（包括周边地区），又是全国商品特别是江南各地商品的集散地，"凡四方难得之货，靡所不有……天下财货莫不盛于苏州"（郑若曾《枫桥险要说》）。作为苏州货物主要集散地的山塘街，就有陕西会馆（又称全秦会馆）、冈州会馆（冈州即广东新会）、潮州会馆、岭南会馆、东莞会馆、宝安会馆、东齐会馆（东齐即山东东部）、全晋会馆、镇江会所等，附近还有江西会馆、泉州会馆、汀州会馆、高宝（高邮、宝应）会馆、关东会馆、毗陵会馆等。每个会馆，都集聚着那个地方旅苏的一群商人，他们携带来的商品流、资金流、信息流和消费能量，都相当巨大，对苏州及周边甚至全国市场的供应、物价均有很大的影响。山塘街兴盛的经验证明了一个道理，就是越是大流通、越是大集散，一个地区就越是兴旺。苏州今天已是制造业的重要地区，但能不能成为长三角地区的次中心城市，就看国际、国内贸易能不能做大，国内外货物、资金能在苏州有多大程度的集散。

明清时期外地商人和本地商人、士绅的活跃，促进了山塘街的繁荣。《桐桥倚棹录》记录了山塘街上斟酌桥畔的三山馆，又叫白堤老店；还有一家利用引善桥旁接驾楼遗址所建的山景园，有林亭之胜；在塔影桥畔有一叫李家馆的酒楼（后改名聚景园），三家店成为三足鼎立的山塘街"酒楼三雄"。这三家店都做满汉全席，有八盆四菜、四大八小、五菜、四荤八拆，以及五簋、六菜、八菜、十大碗之别。粗粗算来，菜有一百四十七款，点心约三十种，其中有苏州特色的参糟鱼、蜜炙火腿、黄焖鸭、鱼翅蟹粉、高丽肉、炒虾仁、炒虾腰、拆炖、出骨甲鱼、生爆甲鱼、炖江鲥、胡葱鸭八宝饭、拉糕、烧卖等苏帮菜点，可以看作是苏派满汉全席的珍贵资料，但也可看出山塘街上当时的消费水平。怪不得清代诗人赵翼在诗中要咏道："承平光景风流地，灯火山塘旧酒楼。"

山塘街证明了，苏州人明清时期在消费、时尚上也是引领全国的前卫城市，所谓"苏州样"就是这个意思。大凡新的社会形态出现，必须有全民的狂欢，来为这一社会发展进程增添动力。当时的苏州，充满了享乐

月照山塘河

的气氛，画店公开挂出春宫画作为商品，妓院成为街上的一景，挣钱、做买卖、享乐，喝花酒、看戏、出会、烧香拜佛拜神仙结合在一起，精英一面追求名和利，一面和市民一起陶醉在各种物欲和肉欲里。这种社会风气和追求，将山塘街催变成了一条红灯区街，一条酒吧茶楼街，一条悠闲娱乐街，一条货物大进大出、金钱如潮水奔涌的商业街，一条高雅与低俗文化共存共繁荣的街，各种风流轶事、偎香逐臭、悲欢离合之事，也在这条街上演绎着，让山塘街同时也焕发出纸醉金迷的气息。这条销金的河里，仅游船就有好多种，有沙飞船，重檐宽身，艄舱有灶，可设两三桌酒席；有灯船，专用于夜游，陈设华丽；有摇双橹的快船；有自备歌姬的逆水船；有卖水果的小划子；也有从浒墅税关的船模仿而来的快艇"关快"船；还有表演昆腔、十番锣鼓的船，表演杂耍、戏法之类的船。这欢乐背后，也不免有些让人唏嘘的往事，为山塘街增添了传奇故事。

对于市民来讲，山塘街是举城狂欢之地之一，过年时的打春狂欢，是在娄门外，而在清明、秋七月望（农历十五或十六）、冬十月朔（初一），山塘街上有三次出会，又以清明那一次出会为最盛。苏州人很善良，认为有许多鬼魂没有子孙后代祭祀，既让人很可怜，也有可能为害百姓。因此，苏州府和苏州城里的吴县、元和、长洲三县的主官们顺应民意，一起来虎丘二山门里的厉坛进行祭祀，用官府的仪仗，先将城隍神像抬出来，抬到厉坛同祭。厉坛是个方形坛，用石块堆起，纵横各三丈，高四尺，大概无祀鬼魂平时无家可归就住在这石堆里？这个习俗今天已经失传。借这祭祀厉坛，苏州要搞"出会"。那可是一件大事，早有好事之人在策划、收钱、采办、组织，到时，只见一队一队的人，有的装扮成犯罪分子，有的用铁丝穿过胳膊，下面吊着香炉、铜锣，有的装扮成各种戏文中的角色，有的挑着鲜花担，有的吹奏丝竹细乐，长长的队伍慢慢行来，两边市民指指点点。苏州有许多社，也就是各乡的土地神，这时也被各村、镇抬到山塘街上出会来了，这样就更加热闹了，古人有诗云："百社赛神过山塘"，"会称三节首清明，虎阜游人逐队行"……我在普济分院工作时，老员工经常要讲起"虎丘出会"的盛况，那种津津乐道的口吻，其实是对一种文化状态的神往。苏州民俗博物馆刚开馆时，在节俗馆里，用小型木雕展出的形式，再现"山塘出会"的场景，来看的市民参观者，对此总是引起共鸣。现在虎丘山风景区管理处每年秋天也要搞"虎丘庙会"，虽然只是一种旅游助兴节目，但也可以看作是对"山塘出会"的一种回忆和惆怅。

2002年6月18日，苏州启动了"山塘历史文化保护区保护性修复工程"，一期工程从渡僧桥至新民桥。该工程首先是将所有的居民迁走。原住民，本身是当地文化传承的载体，迁走他们，从文化上来说，是星散云飞了。但是，贝聿铭先生有一次在胡厢使巷中家桥北堍，眺望巷中景色，他想了想还是说出了心里话：这样好的地方，应该要让有钱有文化有修养的人来住，如果是底层的人来住，很快会糟蹋坏的。我当时正在他身后，听到后很感意外。现在看来，没有一处古建筑让这些人住过后，或者让单位借用不是被搞得不像样子，有的甚至是尸骨无存，如政府收回来后总是要再花大价钱重修。比如山塘街杨安浜明礼部尚书兼翰林学士吴一鹏故居，有三路五进，气派非凡，主厅玉涵堂面阔16米，进深14米，更是苏州极少见到的厅堂杰构。这一建筑群原先做了苏州茶叶厂的车间，我曾认识的一位周姑娘在这里做过窨茶工；电影《红粉》曾在里面拍摄过场景，虽经过剧组美工的修饰，细看电影画面上那破败的气息还是扑面而来。这座厅在经过五百个人施工，才得以基本恢复原状，如今已成山塘街上的代表性古建筑了。事实上，苏州的这些遍体鳞伤的宝贝收回来后，要想"修旧如旧"，工程量浩大而又工艺复杂。贝先生讲的是有道理的。

现在确实是重视保护山塘街了。讲起山塘街，不能忘记苏州的老市长白居易。前些年，因工作需要，要一处地方接待来人，我向苏州市城投公司借了山塘街渡僧桥西堍的一处新建庭院。这处地方根据规划用途和建设初衷要纪念白居易，我起了名叫白居易纪念苑，不叫"祠"是为了少一些祭祀的意思而突出纪念性质。当年白居易在苏州任刺史，看到去虎丘全是水路，于是修建了一条堤，以方便行人去虎丘。老百姓对此很是感激，将这条堤叫作白堤或白公堤。他先是在杭州做刺史，杭州人为纪念他，还专门将一条堤叫作白堤，至今仍然是一个著名的景点。但苏州的白堤大约从明代开始，变成了商业街，因虎丘山前的塘，这堤就被称之为山塘，有了商业以后就叫作山塘街。到清代末年，白堤名就渐渐无人知晓了。

我对这借来的庭院自费进行装修，请一级美术师、连环画名家顾曾平创作了一幅人物众多的白居易修山塘图，另一面我选了白居易的《登阊门四望》诗，由苏州漆画大家李小康制作成磨漆画屏。正面为彩画，后面的诗用的是石绿银朱，取意古青铜器的铜锈之色。屏架请一直为苏州市刺绣研究所制作绣品架的师傅制作，他笑说从未做过这么大的架子，据说也是当时苏州最大的漆画屏了。这画屏完成后放在中堂，颇受人注目。我从宋代苏州府衙（平江军府署）建筑名中选了"生云轩"、"坐啸斋"，请平江书画院院长江洛一、市人大代表杨同兴两位书法家分别书写，制成银杏木匾额挂在两厢；书法家郦方写门匾，我特地做成朱红漆底、字贴真金；又拟了一副对联，请苏州市书法家协会主席华人德先生赐墨宝，做成白底黑字的洒煤粒抱柱联：

五龙汇金阊，千年仍唱江南好；一堤连虎丘，百姓还思白傅贤。

两壁墙上还布置了《白居易与苏州》展板，一切准备好后对外免费开放，平时工作上来了人就在这里接待。不久,我因工作变化不再需要接待,就将这白居易纪念苑交还原主了。

如今,山塘街上的御碑亭可以小憩,通贵桥上可以眺望风景,河里坐船可以直至虎丘,从齐门天齐庙移建来的古戏台,常有演出,戏台旁有一家古旧书店可以淘书,沿河有露天茶座可以品茗,茶楼里可以听一会苏州评弹,委婉软糯的唱腔只有苏州话才能唱得如此回肠荡气,还有那卖各色工艺品、小吃,特色的小店……整治改造后的山塘,姑苏水巷风貌又如画卷般展示在人们面前,虽非原味,但也是差可宽慰了。

唱彻茉莉香满园

普济分院里常出现两位美丽的女孩子,是我同事夏医生的一对女儿,一个叫燕儿,一个叫莺儿,一对姐妹花。燕儿在跟一位叫王馥梅的人学画仕女,莺儿还在读书。燕儿性格文静,拿了我的涂鸦去裱了再给我,也不多说话。莺儿活泼,从春到夏,几乎天天带一大捧茉莉花、白兰花来送给大家。因为她是医生的女儿,当地人挑了担子到六七里外的茶厂去卖,走山塘街路过她家门口时,许多人会抓一把花给她,她就天天来医院里送给大家,成了山塘茶花女。燕儿的后面,有时会跟着一个漂亮的小姑娘,大家对这女孩子"嘉玲、嘉玲"地叫,她喜欢在山塘街上玩,玩累了就睡在姐妹花的床上。原来她是燕儿老师的女儿。莺儿是我喜欢的女孩,她给我的茶花多是白兰花,这是一种窨茉莉花香茶前先打底的一种茶花。我问,"你喜欢什么花呢?"她说:"茉莉花。"过了大约两三年,"文化大革命"结束了,《光明日报》报道北京首次演唱苏州民歌《茉莉花》,一时传遍大江南北。因为这首苏州民歌,我想到了莺儿姑娘,希望《茉莉花》和莺儿有些什么关系。

冯梦龙(1573—1620)收编在山歌集《挂枝儿》中的一首有词无曲谱的《茉莉花》是这样写的:

> 闷来时,到园中寻花儿戴。猛抬头,见茉莉花在两边排。将手儿采一朵花儿来戴。花儿采到手,花心还未开。早知道你无心也,花,我也毕竟不来采。

这首歌的歌词,固然和今天的《茉莉花》很多歌词不一样,但有一个关键之处,就是"园中",而这"园中"满园专种茉莉花,不是一个茉莉花园的场景吗?

莺儿告诉我,她的很多同学家里就是种茉莉花的(苏州往往将茉莉花、白兰花、玳玳花统称茶花,其实这"三花"以外还有珠兰花,此外虎丘山塘有一地名叫玫瑰地,后来叫茶花村)。而查资料,苏州在明代时已大规模种植茶花,清代时种茶花大盛并早在康熙年间时就已行销关外,一直到20世纪80年代,在虎丘周边方圆数里,许多人都是以种茶花为主业,年产茶花8万多千克,那些茶花种在盆里,冬天时进入花房过冬。普济分院有的职工家里也有花房,还送了我一盆茉莉花。他们说,种茶花很辛苦,盆要从花房里冬搬进春搬出来,年年要翻盆,土要用稻田土,浇肥兑多少水,是在什么时候,都有讲究。哦,种茶花是很复杂的技术活呢!

到了清乾隆年间,大约二十八年至三十九年间(1763—1774),苏州出版了一部以昆曲为主的戏曲剧本集《时兴雅调缀白裘新集初编》,简称《缀白裘》。

《茉莉花》收在《缀白裘》第六集第一卷,其中"花鼓"这一折,有【花鼓曲】,歌词如下:

好一朵鲜花,好一朵鲜花,有朝的一日落在我家。你若是不开放,对着鲜花儿骂。你若是不开放,对着鲜花儿骂。

【又】好一朵茉莉花,好一朵茉莉花,满园的花开赛不过了他。本待要采一朵戴,又恐怕看花的骂。本待要采一朵戴,又恐怕看花的骂。

这两段的前一段,有着今天民歌《茉莉花》重唱的原形,后一段的最后一句,今天已被吸收进了《茉莉花》中,事实上,这十五段曲子,都可以用今天的《茉莉花》曲调来唱。

苏州昆剧院原副院长尹建民老师给我分析说,这部折子戏,不是昆曲,而是乱弹,就是当年一些地方小戏进入昆曲系统的结果。而且,这种演出一般以大庭广众为主,取悦底层观众,不适合厅堂演出。

清乾隆五十年吴县人顾公燮《消夏闲记》载:明太祖"徙江南富民十四万以实之,私归者有重罪。……相传濠州富民欲回乡省墓无策,男女扮作乞人,潜归祭扫,冬去春回,迄今沿以为例"。这些人本就是苏州原住民,他们唱的所谓花鼓调,有可能是安徽一带的小调,也有可能是安徽小调与苏州原有地方曲子的合流作品。在苏州也有演唱扬州花鼓的,叫"扬花",这是花鼓在流传过程中的地方性分支。《盛世滋生图》所示苏城外狮子山南皇恩亭前上演的,专家研究认为就是时剧《打花鼓》。所以,在苏州的昆曲舞台上,演出《凤阳歌》和《花鼓曲》,也是可以理解的。

就是在苏州这样的演出中心,《茉莉花》的前身也就是《花鼓曲》,被苏州人记录下来并出版了。

早在《挂枝儿》里的唱词，就唱了"园中"，今天的歌词更是有"满园花开雪也白不过它"之句，因此我坚持认为，如果一个地方没有大面积种茉莉花的，没有茉莉花园的，没有姑娘佩戴白兰花、茉莉花的习俗，很难诞生一首"满园花开雪也白不过它"的民歌。过了若干年，我遇见莺儿，她说咽喉痛，我就给她写了几味中药。两天后，她打来电话，说她父亲将方子看了，认为药方拟得对的，但用量要作点调整。讲起姐姐燕儿，她在电话中笑说："姐姐的结婚照片，都是嘉玲在香港冲印的。"我问："那个喜欢到山塘街来玩、睡在你们家的嘉玲，后来到香港去成了名演员了？""是啊，她每次来苏州都会叫燕儿去聚聚的呀。"

现在，虎丘周边茶花消失已有二十来年了，但时光没有冲走我心中的茉莉花情结，有机会常会和有关人士谈起茶花是一种文化遗产，近闻金阊区在虎丘地区综合改造工程中，不仅规划了恢复花神庙景点，还要恢复茶花的种植，这里又要茶花飘香了，真是让人欣慰的事情！

六人墓园土亦香

如今山塘河不再是航行要道，轮船已经不见了，换了游船在开来开去，仍然是将一层层细浪推向岸边，岸上依然杨柳垂水。

但千万不要以为山塘的景色只是温柔秀丽，山塘街的历史告诉世人，苏州人的骨头是硬的。燕儿、莺儿家东隔壁的五人墓，里面是两个坟包，一个大坟埋了五个断头人，一个坟里埋了一位姓葛名成的人。我多次进去过，毕竟是墓园，里面人比较少，树荫满地，可以小坐一会儿。苏州话是一种优美的方言，声调丰富，外人听来细声慢语，其实在大是大非面前，苏州人从来是不含糊的。

据清康熙时吴县人孙佩编《苏州织造局志》卷十一《杂记》记载，明万历二十九年（1601），太监孙隆在任苏州织造时，他让手下"分列水陆要冲，乘轩张盖，凡遇商贩，公然攫取，民不堪命。又机户牙行，广派税额，相率改业，佣工无所趁食"。徐元、顾云、钱大、陆满等两千多苏州丝织工人，推举昆山人织工葛成为首，分成六队，每队由一人领队，开展反抗斗争。六月初三，葛成在玄妙观"手执蕉叶扇"，指挥工人反抗暴政。工人们从葑门进城（织造署在葑门内），焚毁税官居室，打死税官黄建节、徐怡春等，吓得税监孙隆翻墙逃入民宅，逃窜杭州。工人们又将为虎作伥的由太监委派的头目汤辛、徐成等打死。这支织工反暴队伍组织性强，纪律严明，不取民物，不及无辜一人。在苏州知府和推官的劝说下，织工正准备复工时，一姓邹的兵备按察

义风千古五人墓

使从太仓提兵来苏州城抓人。当布告发出时,葛成挺身而出承担责任,"欣然就狱,受绑笞无悔",要求不要牵连其他无辜市民,因而被关押十三年,至万历四十一年始出狱。出狱后,苏州人对他非常敬重,将他的事迹编成了昆曲《万民安》演出。《曲海总目提要》介绍说此剧"明季苏州人作,不知谁笔。演葛成击杀黄建节事,谓因此而苏民得安,故曰《万民安》也"。这也显示出当时昆曲有紧贴时事的特点,不全是"痴闺女、俊书生"之类。

后来苏州又发生了另一起市民暴动。当时政治黑暗,苏杭织造、太监李实诬奏苏州的周顺昌,李实的背后就是大恶人大太监魏忠贤。周顺昌就是在葛成出狱的那一年中的进士,他疾恶如仇,性格尤其刚烈,敢于当面斥责太监派来抓正直人士的爪牙,因此为魏忠贤所嫉恨。当周顺昌被京师来的东厂缇骑抓捕时,苏州市民的怒火爆发了,太仓人张溥(1602—1641)在《五人墓碑记》中记录了当时的事件:

予犹记周公之被逮,在丁卯三月之望(天启七年[1627]农历三月十五日)。吾社(指当时进步社团复社)之行为士先者,为之声义,敛赀财以送其行,哭声震动天地。缇骑按剑而前,问"谁为哀者?"众不能堪,扶而仆之。是时以大中丞抚吴者为魏之私人,周公之逮所由使也;吴之民方痛心焉,于是乘其厉声以呵,则噪而相逐,中丞匿于溷藩以免。既而以吴民之乱请于朝,按诛五人,曰颜佩韦、杨念如、马杰、沈扬、周文元,即今之傫然在墓者也。然五人之当刑也,意气扬扬,呼中丞之名而詈之,谈笑以死。断头置城上,颜色不少变。有贤士大夫发五十金买五人之脰而函之,卒与尸合。故今之墓中,全乎为五人也。

这篇文章收在高中语文课本中,上过高中的人都知道这件事。

我个人认为，对此事的分析还可以深入一点。在全国都有太监（背后是皇家势力）横行的情况下，为何苏州出现了反抗太监的斗争？从当时看来，一是苏州的经济已经出现了资本主义萌芽，新型生产关系培育出了新人，这就是市民阶层，他们必然有着自己的价值观和性格，而且其一出现就显示出较强的战斗性和组织性；二是当时知识分子中已经开始出现社团，苏州因为经济基础的新变化而成为青年知识分子社团的大本营，像苏州复社这样的社团，从某种意义上说是政党的萌芽也无不可。这深刻反映出当时苏州经济和社会、观念的演变，走在了全国前列。如果不是白山黑水间生产力和文化都相对落后的满族挥兵入关，苏州的市民社会会不会继续发育，今后中国的演变会向何处去，会不会走上法国1789年的革命之路，还真值得深入研究。这五位市民代表，勇敢地迎着封建统治者的屠刀走上刑场，他们蔑视那些人格低下的人，面对死亡，脸色无变，意气扬扬，这是时代新人的风采，也是苏州人的骄傲。

这五人牺牲那年，葛成出狱了，他虽没有参与这场斗争，但慨然将家安在五人墓旁，义务为他们守墓。崇祯三年（1630）葛成逝世，苏州人也就将他葬在五人之旁，墓碑由当时皇帝的日讲官、某种意义上的帝师、苏州状元文震孟所书："有吴葛贤之墓"，称之为贤而不书名，以示敬意也。

太仆寺卿吴默、状元文震孟、翰林姚希孟三位苏州人出面将在城头示众的首级花五十两银子赎回，将五义士全尸而葬，并在墓园门口、山塘河畔立了石坊。坊上由苏州籍进士、复社领袖人物之一杨廷枢题额"义风千古"，复社领袖、太仓进士张溥写碑记，李玉、朱素臣、毕魏和叶雉斐等苏州最重要的剧作家共同创作了《清忠谱》，首次在舞台上展示了市民暴动的壮烈景象。围绕五人进行总结、宣传的，俱为苏州一时名流。我之所以特地列出这些人，是认为当时苏州的知识分子或者说士绅阶层中比较进步的力量，已和市民阶层中的精英，在精神上趋向一致，正在结合成一股清新的力量。所以张溥说："（阉党）矫诏纷出，钩党之捕遍于天下，卒以吾（苏）郡之发愤一击，不敢复有株治；大阉亦逡巡畏义，非常之谋，难于猝发，待圣人（指刚登基不久的崇祯皇帝）之出而投缳道路（指恶势力代表魏忠贤被崇祯皇帝放逐，畏罪自缢于流放途中），不可谓非五人之力也。"他将阉党等恶势力的瓦解，首先归因于苏州市民的"发愤一击"，归功于墓中这五位长眠的断颈市民；其次也讲到了知识分子。

今天来到墓园，这里新作了改造，环境更符合旅游的要求，少了一点过去墓园的清寒，多了一份更符合今天心理的端庄和漂亮。五人墓是一个方形大丘，围砌以花岗石块；旁边有一单穴墓，为葛成的墓，苏州人不仅给他改名叫葛贤，还赠他以荣誉军衔，尊称他为葛将军。这样，山塘街上这绮丽风光里，就有了一种风骨，显示出苏州性格中的另一面。

古祠风雨起惊雷

莺儿家的西边有一处建筑，即山塘街800号，为古建筑张国维祠，近年来修复一新，门楣上面挂了牌子：中国南社纪念馆。在南社成立一百周年的那一天对外开放。

一天下午，我悄悄地走了进去。如今里外已焕然一新。金阊区已对张国维祠进行了全面修复，建筑分为东、西两路，共有三进。东路主要为修缮的原古建筑，此次修复增设门厅，按原形制恢复毁于1966年的上有"泽被东南"题额的四立柱三重檐石坊；还新建了仿古建筑大厅、楼厅，西路拆除民居后增设展示厅和一个精致的仿古小花园等，总建筑面积近千平方米。平时游人不多，坐在花园里的亭子里，正可发呆。据负责这项工程的金阊区政协主席平龙根介绍，张国维祠堂新中国成立后被香料厂使用，到2008年启动修复工程时，可用"满目疮痍"来形容。整个修复工程需动迁十七户居民，移建一座配电房，搬迁一个企业仓库，投入资金一千余万元。但在市、区主要领导的大力支持下，迅速落实动迁、规划、修建等事宜。到2009年10月，中国南社纪念馆修建布馆工作全面完成，还收集到了陈去病用的躺椅、柳亚子夫妇穿过的大衣等实物等，散落已久的乾隆十年（1745）《张公祠碑记》碑重归原祠，立于西花园碑廊。

张国维是浙江东阳人，明崇祯年间任江南十府巡抚时驻苏州。他在苏州期间，大兴水利工程，许多农民因此得益。同时他经常单骑单舸进行实地调查，于崇祯十二年（1639）将他调查和收集的关于苏、松、常、镇四府的水利材料，整理成我国历史上水利著作字数最多的《吴中水利全书》，全书共计七十万字、有五十三幅图。为感激张国维对苏州建设的贡献，苏州父老在张国维活着时就在山塘街为他建了生祠，其实官员能这样脚踏实地地为民生实事搞调查、出经得起历史检验的真价实货的成果，在今天仍有启发意义和榜样作用。后来清兵入关，张国维在东阳家乡组织武装抗清失败，投水殉国，年五十二岁。苏州的张国维祠更是成了以反抗、忠义、爱民为主题的一处建筑。

谁也没有想到，后来在张国维祠堂里发生了一件大事情。

1909年，这是风雨如晦、鸡鸣不已时代的一个年份。11月13日，冬雨潇潇，苏州吴江的柳亚子、陈去病及其他地方的南方文人十七人，选择山塘街上有强烈政治意义的张国维祠堂举行首次雅集。经过商量，成立了南社，这是中国近代史上的一件有意义、有影响的大事。南社后来还成立了广东分社、长沙分社、浙江的支社越社等，有社员一千一百八十人，入社的有黄兴、王大觉、王钝根、于右任、马君武、马叙伦、包天笑、叶楚伧、成舍我、陈布雷、朱少屏、吴梅、欧阳予倩、李叔同、李根源、邵力子、邵飘萍、林白水、沈尹默、陈其美、周瘦鹃、范烟桥、胡朴安、黄宾虹、吴虞、苏曼殊、沈钧儒、宋教仁等，绝大多数是名流。苏州包括吴江、常熟、昆山等县参加南社的知识分子较多。

到了20世纪初，在经历了农民起义、对外抗争、洋务运动、变法维新、实业救国等各种血与火、建议与上书、抗争与实干等一系列办法后，中国越发风雨飘摇，各种矛盾愈加纠结，社会对清政权已经失去信任和兴趣，求变心理强烈。南方特别是苏州、上海等地的一些知识分子，开始结社，自觉不自觉地充当新时代的吹鼓手，进行革命舆论宣传。南社骨干之一的陈巢南（即陈去病）撰《越社叙》：

利用张国维祠堂建成的中国南社纪念馆

　　大江之南，迄乎南海，有南之社挺焉。其为社也，上不系于皇之朝，下不托乎民之野……其社之人也，抑又天子不得而臣，诸侯不得而友……

这段话反映了那批知识分子已经和王权作了切割，但又脱离民众。他们人员虽然复杂，但毕竟代表了一种新思潮，由于其中约一半人在新闻界任职，总的说来绝大多数是文化人，他们用自己的笔到处写文章，对宣传思想解放、反对清政府、鼓吹革命或社会变革，起到了舆论动员的作用。有的人更在其后的人生旅途中，做出了历史不会忘记的事。张国维祠在此后大约不到二十年就倒塌了，后来建筑有所演变，此次得以重光，正值辛亥革命一百周年，更因南社是中国近代史上最为重要的文学社团。苏州重修张国维祠并辟为纪念场所，是一件值得肯定的好事。同时，也可证明，苏州人在历史重大关头时的骨头是硬的，早在1909年，他们就在思想上和清王朝分道扬镳了。

其实，山塘街是一条忠孝节义之路，据一部嘉庆年间修成的《虎阜志》所载，山塘街以及尽头的虎丘山上，就建有忠烈祠、孝子祠、节妇祠、义士祠、清（好）官祠等各类祠堂有五十八处之多，而撰于乾嘉年间的《桐桥倚棹录》中记录的各种祠堂竟有一百处之多！有的还一祠祀多人；还有德崇宇宙坊、泽被东南坊、属勤斯称坊、旌表节孝坊、旌表节孝贞女总碑亭等五十座。这些人，或在重大事变时，忠于职守，殉职于岗位，符合"死勤事，有功德"的祭祀标准；或勤于工作，为苏州人民做出重大奉献；或尽力抚育遗孤的；或以孝行闻名乡里的。这些人都以自己的操行，给苏州人民树立了榜样。古代有"乡先生殁，而可祭于社"的规矩，苏州人将礼敬他们的场所建在当时最重要的街上，是对他们的表彰和怀念，或是一种民不能忘的报恩性质的纪念。山塘街上至今还有许多牌坊，中国还有什么街巷能有这么多的祠堂和牌坊呢？

走在山塘街上，河路并行，风光醉人，但时不时会遇到一幢老式房子，或一座石牌坊，可能跟着家长一起逛街或坐在船上的孩子会问："这是什么房子？"家长就会讲起一个曾在苏州生活、工作过的人，一段苏州的往事就会在人们的口中复活，于是，关于苏州历史文化和苏州人的价值观的教育，就这样开始了……

金粉半塘待重光

半塘作为山塘街的一个重要节点，在明代时即已出名。由于半个多世纪来没有很好规划，又有铁路、公路穿过，导致十分冷落。我近日重访半塘，感觉甚至比我刚认识燕儿、莺儿时还要衰败。有老人出来和我攀谈，指点过去这里是什么庙，那里是什么店，再过去是什么茶楼有评弹可听……看着眼前的景象，心里挺不好受，唯一可宽慰的是据说这里的修复有关方面已在考虑之中，真要好好祝祷早日实施。

确实，半塘有名桥、名刹、名店，也有好风景，还有好女孩，有名人，有奇闻轶事，不是一般的街巷。

日前，一位武当山道家朋友特地给我送来他俗家安徽滁州的特产"董糖"。这位朋友可能不知，这董糖，本就是苏州特产，就是从半塘经一位美丽女孩子带到苏北去演变而成的。

这个女子叫董小宛。清人余怀撰《板桥杂记》，其中记载说：

> 董白，字小宛，一字青莲，天姿巧慧，容貌娟妍，……慕吴门山水，徙居半塘，小筑河滨，竹篱茅舍，经其户者则时闻咏诗声或鼓琴声，皆曰："此中有人。"……后卒为辟疆侧室，事辟疆九年，年二十七，以劳瘁死。

董小宛姑娘从小被卖到堂子（妓院）里，那时的堂子对重点女孩子要进行严格的文化、技能、形象等方面的综合教育，以培养出一个外表美、心灵美、才艺全面的优秀女孩。当然，这女孩子是一件商品，因此就需打造成优质商品，然后推向市场。像这小宛姑娘，会书法、会刺绣，昆曲这么高雅复杂的艺术，居然掌握得很精湛，还烧得一手好菜，茶道也是十分精通，性格又娴静。这样的女孩，老鸨要卖好价钱，到哪里推向市场呢？苏州山塘街。

于是，董小宛以喜欢苏州景色为由，搬到半塘，搞了个清雅的居所，在里面弹弹古琴，让路人都可听见，优美的琴声常常吸引着行人驻足。终于，她被如皋才子冒辟疆收归囊中，成为小妾。我去过如皋水绘园，一个和苏州园林差不多的园子，董小宛在这里服侍冒辟疆九年，因劳累而死，年仅二十七岁。虽然冒才子文笔了得，为她立传兼自吹一下自己的魅力，但我是不相信他的诸如（董小宛）"日食粗粝一餐，常跪立我前，温慰曲说，以求我之开颜。我病失常性，时发暴怒，诟诼之至，而姬色不稍忤"之类的说法的。虽冒辟疆将他的暴怒归之于生病，但他又不是精神失常，之所以这样对待董小宛，说穿了只是欺负她是一烟花女子背后没有势力罢了。冒辟疆对她肆意凌辱虐待，加上吃得不好，导致体质差，小宛终于被折磨而死。面对山塘街的眼前景色，我却想，如她还在半塘，做做"三陪女"，享受苏州的繁华，以苏州的氛围，也不至于这么早就香消玉殒吧？太仓大才子吴梅村经常到半塘寻芳，他为董小宛作的诗记录了她在半塘的风韵，其中之一是：

珍珠无价玉无瑕，小字贪看问妾家；
寻到白堤呼出见，月明残雪映梅花。

不过她因此而被人记起，是因为她在苏州日久，学会了制作苏州茶食"麻酥糖"。她将这一手艺带回如皋后，又作了改良，后来人们就叫"董糖"，现在已成了中国名点了。

讲到吴梅村，不得不讲到半塘的另一位美女。她叫卞赛，又叫卞赛赛，《桃花扇》里穿道服的卞玉京就是她。戏中她出场时一身道服，唱道："何处瑶天笙弄，听云鹤缥缈，玉环丁冬。花月姻缘半生空……"虽是戏曲，但写照颇为传神，她的爱情确实是个"半生空"的悲剧。

那年，她和妹妹一起来到半塘，当然也是待价而沽。姐妹俩都是漂亮如天人，又都会绘画、抚琴，才艺出众。卞赛在苏州期间，和吴梅村好上了，这位崇祯四年（1631）会试第一、殿试第二的榜眼先生，因为有皇帝赐婚，不敢娶卞赛，其间两人既分又合，望眼欲穿希望能嫁入吴榜眼家的卞赛被吴大才子的半吊子爱情折磨得死去活来。

崇祯十六年（1643年，明王朝已风雨飘摇，次年即灭亡了），吴梅村进了卞赛的房间，见到了年方十八岁的女孩。卞赛的房间布置得很有特色，房间洁净、充满书香气。女孩容貌美丽，特别是一双眼睛清澈而明亮，聪明而且性格活泼。吴才三十出头，风华正茂，他的到来，让卞姑娘喜出望外。她悄悄地向吴梅村表达了她的爱慕之情，要与他订终身。可能吴梅村当时只是寻花问柳之游，见这个小姑娘来真的，一时不作回答。等酒喝多了时，卞赛又一次问：

"你对我没有一点意思吗？"吴梅村就装傻，以不懂她的暗示而搪塞过去。卞见他这样无诚意，"长叹凝睇，后亦竟弗复言"。卞对吴是真心的，也是大胆的，她年纪虽小，但也不想失去这个机会，然而落花有意，流水无情，吴梅村这一去，几年没见面。

这个时候，国家发生了很大的变化，崇祯皇帝自杀，南明王朝在南京成立，清兵南下，时局变幻如白云苍狗。因苏州时有反抗清兵之举，局势不如南京太平，卞赛就回到了南京秦淮河边。吴梅村先是回到太仓家里，后应召在南京的弘光小朝廷任少詹事之职，这一段时间，吴、卞两人又有了交往，在苏州的乌鹊桥头、横塘河畔、秦淮河绣房里、樱桃花下，卞赛赛一次次用身体和真情留住吴梅村，吴梅村的笔下，写下了卞的真情，今天读来还是让人感动于这位姑娘的一片痴情，如《西江月·春思》：

娇眼斜回帐底，酥胸紧贴灯前。匆匆归去五更天，小胆怯谁瞧见。
臂枕余香犹腻，口脂微印方鲜。云踪雨迹故依然，掉下一床花片。

从此词可以看出，卞赛向吴梅村献出的是处女之身，作为一个烟花女子，在这样坎坷的人生中，清白之身也许是她唯一的珍贵之物了。但是后来两人分离重合，吴梅村仍然赶他的匆匆行程，卞赛甚至灰心得入了佛门。十年后再见吴梅村时，卞赛这时已在半塘和一位医生结为名义上的夫妻，见吴梅村来了，她先以方外人之礼相见，但后来心一热还是为吴梅村再解罗裙，"十年重见云英。依然绰约掌中轻。灯前才一笑，偷解砑罗裙"（吴梅村《临江仙·逢旧》）。但吴梅村还是抱定不娶卞赛的主意，春风数日后又离开了。此一去未再回来。卞赛所住的半塘，有一所佛寺，元代时有个僧人刺血写下《华严经》，她也为那位医生刺血书《法华经》，这心头之痛全在这血写的字里头了。不久，卞赛抑郁而死，年才三十五六岁。董小宛或者卞赛赛，天生丽质，又有文化素养，对婚姻有所追求，但在那个时代一个妓女能有什么地位，她俩其实都是因为缺少真感情的滋润，年纪轻轻就死了。我很希望有一天政府修复半塘时，给这两位美丽姑娘，竖一塑像，告诉游人，她们曾经在这儿住过。更要让人思考，当一个社会有了被侮辱、被损害的人群后，我们怎样来关心这一群体？这是当今社会需要思考的一个问题。

大致说来，半塘以东，以繁华胜。半塘那个地方还有个冶坊浜，因花船云集，又叫野芳浜。今天只有半截断桥，一半沉浸在水里。今天的山塘街除新民桥以东，是搬迁居民后的修复改造外，更多的地方还是原生态，金粉早已褪去，市井风情依旧，众多的历史文化资源还有待挖掘。

上津波影

留　园　　曾经风月醉楼台

西园寺　历尽劫波瑰宝在

寒山寺　　不仅仅是因为钟声

留 园
曾经风月醉楼台

苏州人崇祖，城乡建了好多祠堂。民国肇始，一时万象更新，社会发生许多变化，改祠堂为学堂，就是那个时候很流行的事。

苏州阊门外有一园林，擅一时之胜，它就是清末既有钱又有势、赫赫有名的盛康、盛宣怀父子在光绪年间重新修缮过的留园。留园有祠堂，这和狮子林、怡园等私家园林是一样的。

"十八岁时我爷爷考上孙中山先生在苏州办的蒙藏垦殖学校，依靠上海的亲戚交了不多的学费和食宿杂费，来到苏州读书。这是他在履历上唯一可以体

有"吴下名园之冠"美誉的留园

面地填写的学校。"这是张纪在其《我所知道的张恨水》中说的一段话。

这所苏州蒙藏垦殖学校，就设在留园的祠堂里，还是孙中山先生在苏州创办的。而校长陈其美，是上海辛亥革命的领袖人物之一。张恨水因这学校与农业相近，就前去投考并被录取了。民国初年张恨水曾在此读书的这件往事今天鲜为人知了，孙中山曾在苏州创办民族学校这件事也可说早已被历史尘封。张恨水也正是在这里，尝试写其小说的，虽最终未能刊出，但兴趣一直未减。

这留园，前身是明嘉靖年间太仆寺卿徐泰时的东园，他当时罢官回苏，一下子造了西园（今西园寺）和东园（今留园）两座园子。据《明神宗实录》卷二一八记载，万历十七年（1589）十二月，江西道御史荆州俊上章弹劾主管工部营缮司事的太仆寺少卿徐泰时，"受贿匿口，阻挠木税"，神宗批"泰时回籍听勘"。就是罢官回家等候进一步处理意见。正是这一宽松的处理，使苏州增加了两处名胜。和苏州其他园林一样，也是主人有代谢往来，园子有衰败兴盛。清朝初期，阊门外东园一带一度废为踹布坊集中区，20世纪80年代在留园后面还发现有大量青石制作的踹石（俗称元宝石）。到了清嘉庆年间，曾官至广西右江道的吴县（今苏州）人刘恕，回到家乡，购得已经破败得几成荒地的东园地块，重新整修并加以扩建，取"竹色清寒，波光澄碧"之意，将园名为寒碧山庄，又称刘园。

刘恕，字行之，号蓉峰，举人。他非常爱奇石，不惜重金，托人寻觅太湖石，一时园中有了十二座石峰。他分别命名为奎宿峰、玉女峰、箬帽峰、青芝峰、累黍峰、一云峰、印月峰、猕猴峰、鸡冠峰、拂袖峰、仙掌峰、干霄峰（此石为斧劈石，其余为太湖石），在苏州诸多园林中形成自己园子的特点。据他所写的诗前小序："辛酉菊秋，浃旬霪雨，殊苦寥寂。石工忽来告曰：近觅得旧湖石一、新湖石一，皆灵秀，已载至河干矣。余欣然冒雨往观，如其所欲而易得之。位置于曲溪挹月亭之前。亭前向有一石，亦灵秀，遂合此而为三矣。杂植花木，参差掩映，可以娱目，或亦寥寂中遣兴一法也。诗以纪之。"可见他托人觅太湖石峰，只要东西好，可以先运来，然后讲价钱，看得中意，就按人家所说的价钱付款。这次他一下子得到了后来命名为青芝峰、印月峰、鸡冠峰的三块美石，欣喜之余，故作诗志之，也让后人了解了他购石的情况。

刘本身是书画家，平时注意收集法帖，再摹刻上石，以至留园的墙上嵌有大量书条石，园中洋溢着浓浓的书卷气，成为该园的另一特点，可称之为江南的袖珍书法碑林，这对后来其他园林好用书条石布置园子也起了引领作用。现在留园走廊墙上有三百七十七方书条石，法帖大都集自南派著名帖学诸家，涉及从晋代的钟、王，至唐、宋、元、明、清共一百多位书家珍品，以吴江董汉策在明嘉靖至万历年间所刻的王羲之、王献之父子的"二王法帖"最为有名

（现二王帖连同释文缺十一石）。还有宋名贤十家书二卷等，苏轼、米芾、董其昌等人的字帖，宋高宗书付岳飞的手札，都有珍贵的艺术价值和历史研究价值。这些书条石，绝大多数是刘恕收集并刻了上墙的，如果细看，可以看到有的书条石上镌有"吴门刘恕之印"、"行之刘恕印鉴"、"蓉峰"、"花步小筑"、"寒碧庄"等印鉴闲章，这是刘恕留给我们的文化财富。

在作为太平天国东南重要基地的约四年时间里，苏州城乡战乱不断，阊门外是重灾区，昔日繁华化作瓦砾场，许多园宅寺观毁于兵燹。但奇怪的是，寒碧山庄却基本没受损坏，在大片废墟中岿然独存，让人百思不得其解。但是，园子也疏于养护，异常荒败，俞樾（1821—1907）说此园已"芜秽不治，无修葺之者，兔葵、燕麦摇荡于春风中"。

在这样的情况下，常州人盛康（字旭人，盛宣怀之父）买下了此园。他在写于光绪十八年正月的《留园义庄记》中说："同治六年丁卯，余自武昌奉讳回籍……迨十有二年癸酉，复于苏州阊门外花步街购得刘氏寒碧山庄，易名曰留园。"而光绪二年冬十月俞樾写的《留园记》："至光绪二年，为毗陵盛旭人方伯所得，乃始修之，平之，攘之，剔之，嘉树荣而佳卉苗，奇石显而清流通，凉台燠馆，风亭月榭，高高下下，迤逦相属。春秋佳日，方伯与宾客觞咏其中，而都人士女亦或挢裳连袂而往游焉。于是出阊门者，又无不曰刘园刘园云。"这里出现了园主人自己所说的同治十二年购园，而俞樾应主人之请撰写的是光绪二年购得，这里的差异，还需园史专家进一步研究。

盛康是一个有钱有势的官绅，他接手寒碧山庄后，即大兴土木，过了十来年又向东、北、西三面扩建，才有了今天所看到的规模，终成"吴下名园"。这时正是清末，园主人又富有，因此用料精、用工巨，园子造得处处透出富贵气，成为江南园林在那个时代的最上乘作品。不说其他，仅一座五峰仙馆，面阔五间、进深九架，体量为苏州古典园林厅堂之最，且梁、柱均用楠木，还有雕花窗棂、桌椅案几，匾额楹联，室内陈设，均极考究，奢华二字自不待言！

盛康对此园很是自豪，为园取新的名字时，颇作考虑，进门后穿堂（有个滑稽的说法叫獬豸厅）上悬挂有吴云所书"留园"匾，上有跋文："苏州富庶甲天下，金阊门外尤称繁盛。庚申变起，环数十里高台广厦尽为煨烬，惟刘氏一园岿然独存，天若留此名胜之地，为中兴润气也。顾十数年来，水石依然，而亭榭倾圮。吾友盛旭人方伯僦寓吴门，慨园之将废也，出资购得之，缮修加筑，焕然一新，比昔盛时更增雄丽，卓然遂为吴下名园之冠。工既竣，方伯谓园久以刘氏著称，今拟仍其音而易其义，仿随园之例，即以留园名，属为书额，因并纪其缘起。"盛康也说："人曰刘园，吾则曰留园，不易其音而易其字，即以其故名而为吾之新名。昔袁子才得隋氏之园，而名之曰随园，今吾得刘氏之园而名之曰留园。斯二者将毋同。"

俞樾在为园主人写的《留园记》中说："吾知留园之名常留于天地间矣。"取名留园的真正意思，还是希望这一美轮美奂的园子，能够长留天地间，因用留字为园名。

盛氏对留园的影响是大的，时代影响、园主人的文化修养和银子的多寡，是决定一座园林档次的根本因素。留园的建造，在苏州园林史上有着划

留园奇石冠云峰

时代的意义。太平天国给苏州造成了非常大的负面影响，战后百废待兴，已进入黄昏的苏州造园历史在同光年间还是出现了一个小高潮，但以中小型园子为主。这时候财大气粗的盛氏来苏州修复了一所大园子留园，正是这黄昏中一片绚烂的晚霞，从苏州城建历史来看，留园在这个时候出现，真是幸事。

留园的造园艺术，在苏州古典园林中有其自己的特点，已见许多学者的分析研究成果。我个人认为，还有这样几点可以强调：

首先是较其他园林书卷气更强，除了书法条石数量之多冠诸园外，那些建筑的名字、楹联的内容，无不臻上乘境界。像佳晴喜雨快雪之亭、还读我书斋、林泉耆硕之馆、汲古得绠处、清风池馆、花步小筑、曲溪楼、明瑟楼、自在处、亦不二、又一村、活泼泼地、五峰仙馆……这些景点名字，无不从典故中来，又和苏州其他园林无有雷同，显得极为风雅。游客徜徉其中，不仅赏景，而且不知不觉中和园主人一起重温起中国博大精深的文化来了。而书卷气的另一方面，体现在各处的楹联上，如五峰仙馆挂的苏州状元陆润庠的楹联，确是佳作："读书取正，读易取变，读骚取幽，读庄取达，读汉文取坚，最有味卷中岁月；与菊同野，与梅同疏，与莲同洁，与兰同芳，与海棠同韵，定自称花里神仙。"这里的书、易、骚、庄、汉文，分别指《尚书》、《易经》、《离骚》、《庄子》、《汉书》（或泛指汉代文章，经学中的苏州吴派提倡学习汉代的文章），总之是中国传统学术中的典籍，那些花，分别暗喻文化人的人品，一副对联，其中蕴含如此深广的人生哲学，可证状元并不是浪得虚名之人。而诸如此类的好楹联，在留园并不少。书卷气浓郁的另一个特点是诸多当时名流或题名、或撰文、或书联，如题留园匾名的吴云既是书画家，也是前苏州知府，又是听枫园主人。又如董其昌为明代松江著名书法家，他在留园的墨宝是明瑟楼的砖匾"饱云"；钱大昕也是乾嘉时的著名学者，曾长期在苏州从事教育和研究，他的书法被用于题名园中的"花步小筑"；五峰仙馆是园中主

厅，主人请苏州名家吴大澂题写，需要说明的是，吴在很多苏州市民心目中只是一个文人印象，其实他是参加过甲午战争陆地之战的地方大员，虽然失败，但毕竟是国家危急时率部勇敢参战。吴对开发东北有贡献，与沙俄谈判时争回部分领土权益。至今东北地区对他还是极为尊崇，珲春市将市政府前的广场命名为大澂广场。他是一位值得后人纪念的苏州人。

其次，留园可谓江南园林建筑艺术的集大成之园，有许多精到的做法，艺术价值极高。一、如主厅五峰仙馆体量大、用料精、陈设豪华；园中长廊（又叫游廊）曲折逶迤，长达600多米；墙上开有花（漏）窗约三百，个个精美绝伦，独步江南园林，许多木窗也是精雕细刻，这些都显示出园主的一种霸气，要么不建，要建就不惜工本，直到获得最佳效果。二、园子的空间布局之精妙，达到无以复加的程度。全园分四大部分，通过厅堂、走廊、粉墙、洞门等建筑与假山、水池、花木等，组合成数十个大小不等的庭园。虽然留园的建筑数量在苏州诸园中居冠，面积又只有拙政园的一半，但留园确实达到了移步换景的效果，并不显得局促。而中园疏朗又紧凑，有人说这里"一池碧水微泛涟漪。古树参天，萝藤盈翠，径曲桥深，花石玲珑，亭台轩廊掩映其间"，评价十分确切。西园简朴自然，有人说，"以池藻山林为主，几乎没什么建筑，景物少有修饰雕凿，颇具自然野趣"，说得也很有道理。东园又很精美，如林泉耆硕之馆的木窗裙板与夹堂板等，都刻有渔樵耕读、琴棋书画、古装戏文人物、花篮及暗八仙等人物图案。每个庭院都很耐看。三、每个空间都有点睛之笔。如东部花园这么大的空间里，除建筑外还特意留出一个空间，安置一太湖石峰，名冠云峰，是名闻遐迩的太湖名石。周边景物都围绕此石布置。原来，留园有一北宋"花石纲"遗物瑞云峰，清乾隆四十四年春，被移入苏州织造署内去了。盛康恢复留园时，花了很多年时间，才觅到一块明代疏浚河道时打捞到的巨型太湖石峰，也为北宋遗物。此石虽无瑞云峰玲珑多姿，却也孤高挺拔，高达6.5米，是苏州最高的太湖石峰。园主人十分高兴，因名冠云峰，有超过原石之意。据说，此峰呈"鹰斗龟"形态，雄鹰在顶，飞翔上扬，灵龟在下，气定神闲，一动一静，意味深长，十分有趣。园主得到此石后，又觅两巨峰，西名岫云峰，东名瑞云峰（以纪念旧物之意），分置冠云峰左右。形成一主两副、左右对称、突出中间的布局。冠云峰前又掘地为池，名叫"浣云沼"，这种手法俗称"照镜子"，让人可以观赏此峰在水中衬着蓝天白云的倩影。

留园虽是晚出之园，但以其变化丰富、气质华贵、建筑精美、各具特点又很统一的风格，成为苏州古典园林中的经典，成为中国四大名园之一。它被列为世界文化遗产、全国重点文物保护单位，实在是实至名归，是到苏州不可不看的景点。

西园寺
历尽劫波瑰宝在

外国导演留下宝贵镜头

　　1972年5月,一个名叫米开朗琪罗·安东尼奥尼的意大利电影导演,受中国政府邀请,在北京、林县(今林州市)、苏州、南京和上海跑了一圈,用二十二天时间,拍成了一部叫《中国》的纪录片。

　　安东尼奥尼到苏州来取景,这在那个比较闭塞的年份,算得上是一件新鲜事。但后来却引起一场轩然大波,全中国媒体都严厉批判这部并没有在中国放映的电影。这样,很多苏州人就好奇地纷纷议论起来了。我一位当时在二机部所属企业工作的同学悄悄地告诉我说,这部电影里拍了苏州西园寺。他拍西园寺五百罗汉时,突然插入画外音,是样板戏《智取威虎山》中座山雕在匪窝里的一声喊:"带溜子啰——"虽然没有看到这片子,但从此对这段片子留了心。前些日子,终于在网上看到这段片子的视频。

　　片子里,在苏州西园寺罗汉堂内,人很少,只有两个人,一老者一女性,出现佛像画面的同时,确实传出这一声吆喝,还有疾如星火的京剧锣鼓声,片子里解释这段画面说:

> 　　要进入一个佛教寺庙很不容易,它们要不是关着门,就是不让进。它们还常常失去了宗教功能,沦为厂房。所以我们很难了解,是否宗教感情真的消失了。而在这个国家中,上百年来,历史和思想是由佛教和孔子的想法和教诲来左右的,并且政教不分。今天,苏州的西园寺被当成历史的博物馆,作为让人好奇的东西给保留下来。

我不知道他在苏州的短暂时间里，怎么会知道苏州有许多古代传下来的寺观在革命的名义下沦为了厂房，是苏州的陪同告诉他的？我想，他用土匪的叫喊声和又疾又猛的锣鼓声作为背景衬托，可能是用暗喻的方式，并加上委婉中带担心的语言，说明在"文化大革命"中，正有一股带匪气的破坏力量在粗暴地对待中国的传统文化。这是这位电影工作者眼光犀利独到之处，意思里有批判"文化大革命"之意。

其实，那时西园寺是关闭的，并不对外开放，寺院方丈明开大和尚还蓄着发，之所以特别安排让这位外国导演进寺中拍摄，可能还是想向外国证明中国的寺院在"文化大革命"中还是受到保护的吧！直到1973年5月，明开大和尚方才落发重还僧团，并和安上法师在西园寺接待了日中友好宗教者恳谈会访华团。西园寺真正作为宗教场所、旅游景点对外开放，则要到1980年。

满寺瑰宝躲过浩劫

正如安东尼奥尼所暗示的，在"文化大革命"浩劫到来之际，苏州（他或许还暗指中国）许多历史悠久的寺观遭到了冲击，有的甚至被荡平，如西山岛上一座寺庙被拆除，其中珍藏的古版《大藏经》也被弄到其他城市去了。朋友郁先生对苏州市宗教界极为熟悉，他说："著名的律宗道场西园戒幢律寺藏经八万余册，其中仅清刻《龙藏》就有四部，一部完整，三部略有残缺。全藏七百二十函、一千六百六十九部，每函十卷（册），乾隆时删除七十三册，现每部连同目录则为七千一百七十三卷（册）。该寺存有这么多的《龙藏》，是省内寺庙中唯一的，有一部为本寺住持广慧老和尚于清宣统三年（1911）晋京恭请而来的。十年'文化大革命'期间，在周恩来总理和迟浩田将军的保护下，该寺所藏的八百余尊古佛像和六万余册经籍才得以幸存。其中，元代高僧善继血书的八十一卷《大方广佛华严经》，字径17毫米见方，字体端正，笔画圆润，颇见功力。自明代宋濂至清代康有为，先后有四百余位名家为其题跋，为所有藏经之中的珍品。"

现在在天王殿西侧一处平房（现作素斋馆对游客开放）南面的天井里，可以看到一座方形的花岗石龛，高约2米许，元代血经就藏在里面的楠木橱里。当年半塘寿圣寺的善继和尚发下宏愿，历时一年七个月，刺舌血写成此经。因时代久远，今天血字已隐隐透出碧色，真乃人间无价之宝。日本侵占苏州，将收藏此血经的半塘龙寿山房的当家和尚通性抓去，逼其交出血经。通性受刑两个多月，始终未吐露一字，直至遍体鳞伤，奄奄一息才放出。其实血经被通性和尚藏在一有死人的暂厝寺中的棺材里。经通性用生命保护，血经才没有被日本人抢去。至于血经是如何逃过太平天国那场战乱的，就不太清楚了，总之逃过了日寇侵华战争，又躲过"文化大革命"动乱，得以保存至今，是多么不容易啊。说句题外话，倒是龙寿山房今天已无迹可寻了。

2012年4月春雨潇潇的一天，西园寺普仁方丈为这本书稿中涉及西园寺的历史专门接待了我，他提供了他主编的有关出版物，内有许多寺内档案，嘱我参考。1966年那场狂暴的运动中，苏州掀起了破坏文物风，而在这年8月砸庙风尚未刮起之前就已听到风声的明开方丈，已将寺内最好的三十六件文物托雪相法师交予苏州市文管会保存了。1966年10月至次年1月，在那个最疯狂的日子里，明开方丈将西园寺封闭。但不久，西园寺受到当时所谓"苏州红卫兵总部"的冲击，也有人翻墙进来，或是想看罗汉，或是想破坏，还有外地来的红卫兵还住进了西园寺；寺内也有多位僧人"造反"，还联系外地的造反派，鼓动他们来砸罗汉堂，又希望附近的药厂来占用寺院好让他们成为工人，这些图谋都受到明开大和尚的制止；社会上的"造反小将"还勒令寺院交出法器及公私财物，用两部小板车运了十来天，但当要求运经书时，明开方丈借口没有卡车拖延不办；明开方丈和安上法师多次被揪斗还"吃生活"。在这样困难的情况下，明开方丈于1966年10月开始，将寺门封闭，带领僧众昼夜守护。到了次年1月，苏州出现了另一个红卫兵组织，明开方丈从那个组织的"司令部"里一个叫王旭华的人那里弄来一张保护西园戒幢律寺的通告，大意是"西园寺是文物保护单位，现在暂停开放，寺内各种造像等文物，是国家文化遗产，希广大红卫兵和革命群众，共同协助，保护这文化古迹"。这张通告在那个疯狂的日子里，对保护西园寺起到了十分重要的作用。但天津来的红卫兵恼羞成怒，将明开方丈的头往墙上撞，直到撞得昏了过去。在1967年2月至9月的半年多时间里，当地驻军确实曾进驻寺院，门前设岗，对寺院起到了有力的保护作用。

到了1968年，苏州两派造反派发生激烈武斗，阊门外吊桥西塊的闹市区被放火燃烧，大片房屋被毁，子弹飞到了西园寺里，形势十分紧张。这时，苏州西北郊长青公社的武装民兵，携带机枪等武器，驻防西园寺，大门上张贴了保护寺院的告示，门口加派武装人员站岗，若无他们所发的出入证者一律不准进入西园寺。一个佩带手枪的指挥员模样的人还对明开方丈说："我们是来保护这一地区的安全，不是来搞掉这些东西的，你们放心，有我们保护着！"这样，满园藏有珍贵文物的西园寺又度过了一个非常时期。

明开方丈等已在此前被遣送农场劳动，当这些武装民兵撤走后，一些寺内建筑如法堂、藏经楼、客堂、斋堂、禅堂、延寿堂、爱道堂，就被第三制药厂、吊装队、华东勘探队、建机厂、园林招待所等单位甚至个人占用。他们一来，寺内的经书、家具及其他物品等遭了殃。有一次明开方丈回寺看到有人将

《龙藏》等古本经书点火生炉子,有人用来糊窗子、贴墙壁、写大字报、垫床脚。明开方丈心疼不已,就冒着风险去找勘探队领导交涉,制止了这种野蛮的破坏行为。到了1970年7月,根据有关部门的要求,明开方丈等人将寺院中珍贵的文物移交给苏州的图书馆、博物馆、文物商店(取走一小部分,大部分还是封存寺内。取走的一部分在1980年归还寺院)。也是在这个月,明开方丈作为苏州园林工人开始在西园寺里整理经籍文物。这时,暴烈而荒唐的毁我中华文化之风终于有所退潮。西园戒幢律寺成为苏州市唯一未受严重破坏的宗教场所,寺里的经书文物、殿堂佛像终于大部分被完好地保存了下来。

转眼到了1980年,政府落实宗教政策,西园寺重新开放,对全寺进行了维修。1986年,又对西园寺的五百罗汉重新装金,共用去黄金五千余克。我记得当时这批黄金还是中国人民银行特批拨出的。那些进占西园寺的单位和人在这样的大形势下,又在明开方丈的一再要求和政府的支持下,陆续拎包走人。

我在20世纪80年代末见到明开大和尚时,他身体已很衰弱,因遭造反派殴打而失聪到了连自己说话声音也听不见的地步,交谈不方便。正是天气偏冷的季节,他穿着朴素的僧袍,没有说什么话,也没有什么表情,在僧舍不太明亮的光线下,就像一尊雕像,其形象让我终生难忘。那些破坏文物的人,或者"文化大革命"中的一些冲击寺院的事,明开大和尚都记在他的《劫后回忆录》里。今天读来,真有看惊涛骇浪撼山而来、往事难忘的感觉。

1982年,香港宝莲寺住持圣一法师,率领一个一百零二人组成的"香港宝莲寺迎请大藏经代表团"到北京,迎请到了一部珍贵的清代大藏经《龙藏》。中国佛教协会赠送给宝莲寺永远供奉的这套《龙藏》,正是苏州西园寺历尽劫波后保存下来的一部清刻《龙藏》。这一盛事,让苏港两地佛教界结下了一段法缘。

站在桥上的老和尚

西园寺,是苏州人的俗称,它的本名是戒幢律寺。这"幢"字,许多人读作dong,发音如"动"字;其实应该读chuang,上声,和"床"字差不多。

为什么明明是很正规的寺名戒幢律寺,一般人都叫作西园寺呢?有时寺方为要突出寺的本名,也只好尊重约定俗成的叫法,两者合二为一叫作西园戒幢律寺。

这要从寺的历史说起了。此寺在苏州的佛寺中,建造年代较晚,是元代至元年间(1264—1294)创建的,当时叫归元寺。它和其他的汉代、南梁、唐代、宋代创建的佛寺相比,是年轻的小弟弟了,但规模至本世纪初,一直是苏州佛寺中的老大。

明嘉靖末年,那个叫徐时泰的太仆寺卿,居然一下子造了东、西两座园林，真是财大气粗。东园即今天的留园，另一座西园，占的是当初的归元寺地皮。西园和明正德（1506—1521）年间的拙政园一样，都是从佛寺占地建园，这可能与正德、嘉靖年间道教得势、佛教受压，佛寺衰落有比较大的关系。徐泰时故世后，其子徐溶舍园为寺，取名复古归元寺。明崇祯八年（1635），延请报国禅寺茂林律师任住持，改名戒幢律寺。现在的西园寺住持，大概是从茂林大和尚为首任算起的。

西园寺，建在阊门外上津河北岸，这里是1980年前京杭大运河的一段，而且是江南最重要的粮食集散地枫桥到苏州最繁华的阊门之间的一段运河，是苏州与外界沟通的主干道，沿古运河两岸也是苏州繁华的商业区，因此西园寺也是苏州城外首屈一指的大寺庙。清乾嘉以来，戒幢律寺香火极盛，与杭州的灵隐寺、净慈寺等一起成为江南名刹。

但清咸丰十年（1860）的那场浩劫使阊门外大部分地区烧毁，化作瓦砾场。一代宏寺，也因此灰飞烟灭。

据我的朋友，曾任苏州市宗教局副局长、地方志办公室主任的徐刚毅先生介绍：

> 光绪二十二年（1896），道台盛旭人（盛宣怀之父）召集吴郡士绅，商议恢复西园古迹，众人以为此责非广慧莫属，乃公推他出来主持重修寺院。广慧俗姓吴，名圆海，生于1853年，原籍安徽怀宁县，世居江苏丹阳县，父以经商为业，有三子，广慧乃最幼者。……十七岁时得胡雪岩资助到达普陀，剃度于紫竹林净守老和尚……十九岁应居士沈某之请卓锡来吴，结茅于上津桥西留园马路，创建紫竹禅林。广慧严持戒律，如在普陀山时，历二十余年不懈，吴地宗风为之一振。却说广慧受吴中士绅推举重建西园寺庙，初始颇觉为难。这时，普陀净公游苏，闻之，勉励他道："古德旧基待尔中兴，遇此机缘不可错过。"于是，广慧乃决意自承艰巨。时年他四十三岁，托钵四方募集资金，致力兴建，心力体力两相劳瘁。初创客堂、云水堂、大寮以安僧侣生活，继而又修斋堂、禅堂、并东西两厅讲戒律。五十岁时晋京恭请《龙藏》一部，回来后又陆续建成金刚殿、观音殿、如意寮、方丈室、库房和放生池。至此，全寺规模灿然大备，焕然一新，遂称吴门之首刹。

据说，广慧禅师黎明即起巡视全寺，数十年如一日。修大殿时常亲身负畚助工，他精于工程计算，与匠人计工，无有差错。光绪二十九年（1903），他入京请得《龙藏》，宣统二年（1910）兴修大雄宝殿，1923年罗汉堂建成，又过了三年，天王殿、观音殿等建成。民国十九年（1930）9月，广慧面带笑容安然圆寂，春秋七十七岁。可以说他为中兴西园寺，竭尽了心血。

据安上法师（1959年任西园寺监院，1994年出任方丈）生前介绍，在西园寺大雄宝殿三世佛背后，"有一组泥塑的大型海岛壁塑，上有鳌鱼观音、护法诸天、十八罗汉、天女散花、龙女等大小五十几尊像，在海岛西面的仙桥上，有位有胡须的、手持拄杖的老头。他不是罗汉，就是这个庙的广慧和尚。他认为自己功德很大，为留个纪念，叫匠人塑了自己的像放上海岛。按教规来讲，和尚不能和罗汉同列，他独出心裁地塑在桥上，如有人指责的话，他可说我不是没有过桥吗，慈航普渡不是有我一份吗？好作辩解"。安上说话很是风趣。

但我听苏州的长者是这样讲的，广慧对自己能否进入罗汉行列，是很谦虚的，他只是站在桥上，并没有和那些神仙、菩萨站在一起。如果大家肯定他的功德，多多祝愿，那他可能走过桥去。听了以后，我每次去，总忍不住要多看他一眼，用一瓣心香，祝祷大和尚，因为没有他在那个艰难动荡年代"筚路蓝缕，以启山林"，也就没有今天的西园寺。

苏州古刹此为首

西园寺从清代一直到民国，工程始终没有停，终于恢复了一代大寺的风范，让人不能不佩服广慧禅师规划时的魄力和推进这一工程的毅力。广慧考虑到苏州是一座园林城市，西园寺前身又是园林，百姓喜欢称之为西园，他索性除恢复佛教寺庙的建筑群外，还建了个园林。所以今天的寺院是由宗教的庙宇和园林两部分组成，显得庄严而秀美，这一风格受到苏州百姓的喜欢，如今寺中树木葱郁，更透出一种清寂的气息。

西园寺恢复时，起点比较高，建筑体量高大，无论佛殿还是佛像，可能都是当时苏州最大的；用的工匠也都是高手，花工多、做工细，留下了许多不可多得的艺术珍品，代表了当时江南地区佛寺建设的最高水平。

比如罗汉堂里的千手观音，一直是苏州老市民津津乐道的圣像。这座金身立像四面观音用四根香樟木整料雕成，高达3米，加上石台、金刚座、莲座，通高约4米，再加上展开来的手，显得非常高大。这座观音是四面像，每面四排共二十四排手，每排雕刻三十七、四十一、四十三只不等的手；还有每面的八只大手，分别作手印或持法器，总加起来正好一千只手；手上刻有眼睛，故号千手千眼观音。当时社会动乱不断，材料缺乏，能有这样的追求，可见广慧主持此重建工程的考虑，是一心想做出精品来。

可能是广慧原先所在的紫竹林是浙江普陀山主要的观音寺院，他在西园寺设立了四处不同风格的观音。除了千手千眼观音立像外，还在大雄宝殿东侧建了观音殿；大雄宝殿内建了观音主题的壁塑组像，这壁塑也是苏州少见的气势雄伟的民国泥塑精品；在罗汉堂中的四大名山彩塑中也有观音坐像。

西园寺大雄宝殿

寺院朝南面河，建了一座牌坊。广慧对这牌坊也很下功夫，现在看到的山门，四柱三门，不仅用花岗石作柱，而且还用了夹榫等做法，相当坚固。中间门上还是重檐宫殿式明楼，上有"敕赐西园戒幢律寺"横额。当时是宣统元年，小皇帝才三岁，怎么会写出如此端庄的好字？原来，这是时任邮部尚书盛宣怀的手笔。近年寺方又在门前建了两座石拱桥，东名福德桥，西名智慧桥，不仅方便出入，而且双虹凌波，更添形胜。

大雄宝殿内两壁，一般是安排十六或十八罗汉，而西园寺因为有专门的罗汉堂，大殿里再安排十六或十八罗汉，就有些重复了。于是广慧安排了二十尊诸天。这些诸天菩萨像，大都作古代汉地服饰，或穿铠甲，或穿古袍，或手持金刚圈，或六只手各持法器，或怒目，或慈祥，再加上正中供奉的主佛像是三世佛，中为释迦牟尼佛，东为药师佛，西是阿弥陀佛（即无量寿佛）。这些安排，都显得西园寺和其他寺庙不同，总是吸引了信徒或游客在大殿里反复端详。

但最吸引人的，也是西园寺标志性的佛教建筑，是罗汉堂。罗汉堂按九宫格设计，有四个蟹眼天井，起到采光、通风的作用。整幢建筑是一层平房，平面呈"田"字形，共有三进四十八间、三十六条通道，行走其中，路路可通，无一阻碍。西园寺的罗汉堂是佛院中最生动、最耐看的殿堂，五百尊罗汉，俱为坐像，全都呈"典"字形，伸腿的比盘腿的略高些，比真人略大，全部金身，姿态、表情无一雷同，造型生动。有意思的是，这五百罗汉除第九十五尊面容略显清癯外，其他都面庞丰满，有富贵之气。当时究竟是什么原因这样造像，还值得研究。走在罗汉堂里，上面有天窗，有自然光透进，氛围壮观而庄重。这些罗汉，从佛祖讲经的"灵山一会"组塑开始，排列是按单、双号相对的，即东面是单号罗汉，西面的就是双号，从里向外，到后堂中心结束。现在有些人在内随意行走，当心有所感时就突然站住，再抬头看面前的是什么罗汉，什么表情，或喜或愁，以卜自己所想的事的吉凶，叫"数罗汉"。当然在佛经上是没有这种说法的，这样说只为以助游兴而已。

在当时，要塑这么一堂罗汉，可真不容易。曾任国民党中央宣传部长、江苏省政府主席等职的吴江人叶楚伧写有《金昌三月记》一卷，其书第五条云：

> 西园为某氏七姨舍资所建，中供五百罗汉，鸠五年之工而成，住持僧与七姨常顶礼其间。广池一泓，虹桥六曲，繁英密采，虽不如留园，而清旷胜之。出留园西行百步即至。衣香鬓影，时与曲廊洞房相点缀，金昌风景也。

从这一记录看，"某氏七姨"出资建的是西园和五百罗汉堂，但事实上西园寺恢复工程浩大，耗资极巨，在当时的社会经济条件下，绝对是一项大工程，除"某氏七姨"资助外，还有许多其他没有留下姓名的善男信女们也慨然出资相助，建起了这一苏州园林中别有特色的佛寺园林和堪称艺术珍品的五百罗汉堂，使西园寺从此享誉国内。广慧大和尚等殚精竭虑，经三十多年努力才基本完工，该寺成为苏州当时最大的寺院之一。罗汉堂建成时，广慧大师已七十岁了，为建罗汉堂，就耗时十三年！

到了罗汉堂，许多人还喜欢去看其中的济公和疯僧。这两个宋代和尚都是杭州的僧人，却在苏州享受香火，老苏州人有"烧香不断杭州路"之说，这也表明了苏州和杭州在历史文化、民间心理上的密切关系。那光脚有发、左右腋下各夹一根吹火筒和一柄扫帚的是疯僧，他的"疯僧扫秦"事迹见于《说岳全传》。现西园寺将疯僧塑成癞痢头、倒眉毛、斗鸡眼、招风耳、塌鼻梁、歪嘴巴、高低肩、鸡胸、反剪手、跛脚十种残疾的"十不全"形象，但他虽形貌丑陋，却是敢于揭露南宋权臣秦桧陷害忠良、卖国投荣的行径。那一手持破芭蕉扇、而另一袖里藏掖着一只狗腿、穿鞋戴帽的是济公，是江南一带著名的扶危济困的活佛。他被塑成半边愁容、半边笑容，正面看是又喜又忧、啼笑皆非的表情，就像我们的人生，颇有禅意。这两尊像夸张而又写实，精美绝伦，非常生动。据民间传说，这两尊像是师徒各塑一尊，后来师傅看徒弟塑得更为生动，就在腰带上下了绝活工夫，让人看了叹为观止。至于哪尊是师傅、哪尊是徒弟塑的，看腰带就知道了（安上法师认为是师兄塑疯僧，腰带为胜；师弟塑济公，面部表情独具一格。又一说，这对师兄弟分别叫鲍子云、吴晓芳）。

普仁和尚在1998年接任方丈以后，除在道风建设、文物保护上下更大力气，还开创了新中国成立以来寺院建设最辉煌的时期。迁走了煤球厂、煤气变压站、仓库、居民楼等，陆续改造了寺院的前花园，恢复了山门殿、钟楼、鼓楼、照壁，还建造了面积达1.5万平方米的三宝楼，再现了门临古运河（上塘河）的传统南北轴线布局，并且让这一姑苏名刹更加优美庄严，享受四方僧俗的敬重。

寒山寺
不仅仅是因为钟声

"当——当——",每年的最后一天临近零点时,洪亮悠扬的钟声,就在姑苏城外的寒山寺响了起来。这一听钟声迎新年活动,是苏州市旅游部门听从日本友人建议,从1979年开始举办的。至2016年年底已成功举办至第三十八届,成为中国最早、目前也是影响最大的寺庙听钟声迎新年民俗活动。

我因报道工作需要从20世纪80年代中期起参加寒山寺听钟声迎新年活动,至新世纪后已约二十次了。每次在寒冷的深夜,看到寒山寺方丈身穿大红镶金袈裟登上钟楼撞响那口古钟,钟声洒向芸芸众生,寺院里无分贵贱贤愚,咸俯首合掌,虔诚地在钟声中许下对新的一年的祝愿,我就觉得新年老人正带着希望喜气洋洋地伴随着钟声向人们走来。

但是,我的思绪却往往不由自主要回到以前。20世纪70年代,我在一家市属医院临床工作时,有一次夜班结束后来到枫桥古镇。记得小时候父亲带我来时,还是坐着马车来的,我曾在寺内陪父亲喝过茶。现在再来是坐六路公交车来的(那时苏州市区公交大约只有七条线路),但见历史上曾名震天下的枫桥镇上,市面萧条,店里人懒洋洋地撑肘在柜台上看着街上,更无著名的"枫镇大面"可吃。所谓枫桥大街,窄得只能供两辆自行车交会。再去看寒山寺,只见大门紧闭,里面寂然无声,门前亦少行人。寺门前运河水混浊,是因为附近有一造纸厂的缘故。许多房子的墙壁上,一团团地贴着圆形的泥巴。原来这"泥巴"是居民在河里捞了纸浆,滤掉水,贴墙上晒干以作燃料,这就是那时寒山寺周边环境的一道风景。

"文化大革命"结束的次年即1977年,我从医院调到市卫生局工作,当时正在开展"揭批查",才知道"文化大革命"中苏州市卫生系统发生了一件冤案,一些干部和医务人员被造反派以莫须有的罪名抓走,就关在寒山寺里。后来苏州评弹团还就此案创作了一部中篇评弹，叫《白衣血冤》。2011年8月，寒山寺方丈秋爽大和尚告诉我说，曾在淘寺中一口井时，淘出了无名者的遗骨，而他是什么人，已无法知道了。那时寺中的佛像被转移到西园寺，方丈室上有"五峰古方丈"五字的一块匾，是寺里性空大和尚（后任寒山寺方丈）下放昆山当农民时，将匾上有字的一面朝下当作睡觉用的铺板才保护下来的。谁也没有想到过，一代名刹，到了晚上竟会传出非刑拷打声和惨叫声。1978年5月1日，寒山寺作为佛寺重新对外开放，寺院的发展从此揭开了新的篇章。

那时的寒山寺，很是寒酸；而现在的寒山寺，已是苏州著名的大寺，这三十多年来的发展实在是给力，在我的眼里，确实有霄壤之别的感觉。

寒山三度过苏州

据寺志记载，寒山寺始建于南北朝时期的南梁天监年间（502—519），至今已有一千五百多年了。唐代诗人杜牧有"南朝四百八十寺，多少楼台烟雨中"的诗句。也就是说，到了唐代，许多南朝时所建的寺院，已经不见了，他写《怀吴中冯秀才》诗，也是只写枫桥而不提佛寺。不过，枫桥的这座佛寺，寺名可以多次更改，寺院也迭有兴废，却仍能延续至今，香火旺盛，还是值得庆幸的。

传统的说法是，唐贞观年间（一说隋末）有个诗僧，是浙江天台山的和尚，名叫寒山，据说他曾来过这座寺庙，后来庙就改名叫寒山寺了。

寒山和尚是个性格独特的诗人，他的诗在唐代另开一派，王安石等许多人都喜欢模仿这种平白如话又富含人生哲理的诗。他的诗在美国等西方国家，至今仍有很大影响。但在寒山留下的诗中，并没有他在苏州寺庙里生活的作品，因此许多人认为，寒山和尚其实没有到过苏州。

浙江天台国清寺除了寒山以外，还有一个叫拾得的和尚，因为他是寺里丰干老和尚捡到的孤儿，所以名为拾得（也有说是在天台寺）。拾得是个在国清寺伙房里做活的行者，而寒山好像不在庙里，是个没有编制的野和尚，生活贫困，衣食不周，所以帽子都是用树皮做的，于是拾得就将庙里和尚吃剩的"余残菜滓于竹筒内"给寒山吃，两人因此结下了深厚的友谊。两人的特点是，外人看来有点疯疯癫癫，不修边幅，"状如贫子，形貌枯瘁"，也受到庙里有正式编制的和尚们的打骂欺负。现在看来，这两个和尚好像是清规戒律森严的佛界中的另类。事实上，两人说的话中很有些禅意，如著名的"寒拾问答"，就被人广为称引：

寒山问拾得：世间谤我、欺我、辱我、笑我、戏我、贱我、恶我、骗我,如何处治他?拾得云:只要忍他、让他、由他、避他、耐他、敬他,不要理他。再过几年,你却看他。

对弱势人群来讲,这样的处世哲学是很有启发的。

寒山被人所知,和一个叫闾丘胤的官员有关系。闾丘胤到台州任刺史,天台国清寺和尚丰干告诉他,寒山是文殊菩萨,拾得是普贤菩萨,虽然状如贫子,貌似癫狂,但来头都不小。也有可能是丰干知道寒山的真实身份,以此吓唬这位官员:原来辖区里还有两位大菩萨。闾丘胤获悉丰干和尚透露的这一秘密后,对这两人大感兴趣,于是到任才三天就到国清寺去拜访寒山、拾得。在伙房里见到两人后,这位官员倒头就拜。据说,寒山、拾得正聊得起劲,见官员做出这样的举动,知道瞒不住身份,呵呵一笑,说"丰干饶舌",两人便携手出寺,来到一块山岩前,寒山是"入穴而去,其穴自合,莫可追之。其拾得,迹沉无所"(唐台州刺史闾丘胤撰《寒山子诗集序》)。在寒山待过的石壁、竹木等上面,发现了寒山写的许多诗,约有三百多首(寒山自称写诗六百首),就编纂成《寒山子诗集》,流传至今;另在土地堂墙壁上发现拾得所写的偈语(也可说是禅诗)五十多首。通过这些神奇的传说,大致可以看出:寒山和拾得在天台国清寺僧人中属非主流,但丰干和尚很尊重他俩,这是一;当地行政官员闾丘胤去拜访以后,两人从此失踪,可以列入失踪者名单,这是二;寒山明显很害怕官府,是躲着官方人士的,这是三;寒山、拾得没有在苏州终老,最后的结局是不知所终,这是四(闾丘胤收集寒山的诗,这是传统说法。后来有人说是道士徐府灵或和尚道翘收集的,又说寒山活了一百零五岁,死在寒石山,又说死的日子是唐大和四年(930)九月十七日,这些新说因为证据不清或者没有确凿历史依据,本文不作探讨,就留给学者们去研究吧,本人才疏学浅,就按传统的说法简要介绍)。

问题是:寒山有没有到过苏州?

有人说没有。

但苏州有位叫吴琴的人从寒山的诗中,发现了寒山至少三次经过苏州的证据(《苏州文物》1991年第1期)。在第四十九首诗中,寒山谈到了他曾回到故乡:

一向寒山坐,淹留三十年。
昨来访亲友,大半入黄泉。
渐觉如残烛,长流如逝川。
今朝对孤灯,不觉双泪悬。

其他还有不少反映他是北方人,并且年轻时出身显赫:

骝马珊瑚鞭，驱驰洛阳道。
　　自矜美少年，不信有衰老（诗四十七）
　　洛阳多女儿，春日逞华丽。（诗六十）
　　浩浩黄河水，东流长不息。（诗六十四）
　　寻思少年日，游猎向平陵。
　　国使职非愿，神仙未足称。
　　联翩骑白马，喝兔放苍鹰。（诗一○一）
　　昨夜梦回家，见妇机中织。（诗一三四）

　　平陵在咸阳，是汉昭帝之陵。从这些诗来看，寒山可能是洛阳人，姓董（如诗一三七"董郎年少时，出入帝京里"。但也有的说是姓杨，也说是咸阳人，这里不作深考），年纪轻轻就去京城当了官，约了一群官员王孙出了长安到咸阳那个地方去打猎。他还娶妻成了家，后来因为某一原因，他丢下家流落到天台国清寺，做了一个没入牒的野和尚，不过还是很想念妻子的。在江南三十年后，他又回了一趟故乡，这时，亲友大半已不在人世了。后来他又再到天台，这样算来，他先来天台，再回北方（姑且认为是回到洛阳或长安），然后又回到天台，因为这一行程要通过大运河，这样寒山经过苏州至少是三次。而且寒山是个云游和尚，到了苏州枫桥这大运河上的重镇，船要停一下，也顺理成章，船上的其他人也可能上岸来啊，因此他上岸来的可能性极大："孤月夜长明，圆月常来照。虎丘兼虎溪，不用相呼召。世间有王傅，莫把同周邵。我自遁寒岩，快活长歌笑。"（诗三○三）这是说他到了苏州，苏州有名的佛教重地虎丘的寺院曾经请他去，但他还是谢绝了虎丘的好意，要回到天台去隐居。可能苏州太热闹，人又杂，虽然在天台他受尽欺负，生活质量很差，但那里冷清，他可以遁世，这也证明他有可能是因避祸来到江南的。至少，他确曾到过苏州，寄居在其他寺院里。

　　而且，寒山明显很害怕官府，他不肯正式剃度，是为了隐瞒真实姓名和身份，平时又以疯癫示人，但从诗来看，他根本不是疯子而是一位修养很高的哲人。寒山写诗，或是和拾得交流，或是自娱，不是后来刺史下令寻找他时才发现，国清寺里无人知道他在写诗。台州刺史闾丘胤说他"入穴而去，其穴自合"，好像很神奇，剥去神话的外衣，就可知寒山其实早就做好了逃走的准备，有意外情况时，钻进地道（或者山的缝隙），推下石块，他逃走了。他逃到哪儿去了呢？我认为有可能逃到了苏州。一、苏州佛教界曾经对他表示过欢迎他、邀请他来苏州；二、唐时枫桥这座寺院正式名叫妙利普明禅院，但又有人叫寒山寺，看似矛盾，其实正是因为寒山来了以后，先是被叫作寒山待的或待过的寺，后来就缩略成了寒山寺了。不过，寒山到了苏州不再写诗了。他想真正的隐居，然而在苏州民间，还是有他在枫桥寺院住下和拾得来看望他的传说，——这应该不是苏州人空穴来风，没有来由地对一位没有任何地位的野和尚情有独钟，好像说不通。

寒山、拾得像，民间认为是喜神和合二圣

寒拾在苏化为仙

据说寒山在枫桥的妙利普明塔院时，拾得曾来寻访寒山。那时，寒山住在自己搭建的草屋里。这样说来，这两位和尚都和苏州有些关系了。

到寒山寺，可以看到很多有关寒山的文物，如在大雄宝殿如来佛后壁，一般寺庙供奉观音，而寒山寺在这面墙上则是一方寒山拾得像碑，为"扬州八怪"之一的画家罗聘所画的寒山、拾得。有意思的是，罗聘在此画上记录了《寒山、拾得二圣降乩诗》：

呵、呵、呵！我若欢颜少烦恼，世间烦恼变欢颜。为人烦恼终无济，大道还生欢喜间。国能欢喜君臣合，欢喜庭中父子联。手足多欢荆树茂，夫妻能喜琴瑟贤。主宾在此堪无喜，上下情欢分愈严。呵、呵、呵！考寒山、拾得为普贤、文殊化身。今称和合二圣，为寒山、拾得变相也。

从这段文字中，至少可以看出，寒山和拾得这二位穷和尚，已被后人公认是两位菩萨的化身，并且是和合二圣。据说，和合在宋代叫"万回哥哥"，也是蓬头笑面的样子。由于和合用于婚姻较多，于是有人觉得单单一神不妥，在清雍正十一年，由皇上下旨，封寒山、拾得为和合二仙。他们不是正式出家的僧人，所以他们的形象也不纯作僧人样子，头上还有点短头发，民间让他们一位手擎荷花谐音和，另一位手捧盒子谐音合，表示他们为和合二仙（圣）。寒山、拾得或者说和合二仙，形象都是满面春风，笑容可掬，身体健康，没有胡子，很年轻又很讨人喜欢的样子。作为喜神，确实是非他们莫属。罗聘的这幅画，所塑造的寒山、拾得形象和宣传他们是和合二仙的观点，深入人心。南侧的墙上，有一块石碑，刻的是曾任内阁中书的郑文焯（光绪举人，铁岭人，隶汉军正黄旗，1856—1918，在苏州生活四十多年）在光绪六年（1880）乘船游览寒山寺时，指画的寒山像，也可一观。

在大雄宝殿后有一幢建筑，楼上为藏经楼，楼下为寒拾殿，供奉的就是寒山、拾得金身立像。二人都是袒胸露肚，赤着双足，相视而笑，一位手里拿着一枝含苞未放的荷花，一个手捧净瓶（而不是盒子），既可寓意"和平"，瓶和荷茎也可看作婚姻男女两性的隐喻。这两尊佛像塑于清末民初，由于他俩身上寄托着人们的美好意愿，参拜的人很多，据说日本游人更是喜欢。这两尊佛像"文化大革命"中差一点被毁，幸被搬到苏州西园戒幢律寺，放在罗汉堂里，才得以保全。1986年按原形制重建寒拾殿，二圣像又被请回，现在仍然受到人们的喜爱。

寒山有没有到过苏州，寒山寺是不是因为这个写诗的和尚来挂过单而改名，寒山和拾得是不是和合二圣（道家的仙，到了佛教就要改名为圣），这些谜案怎样解读，其实都不重要，只要来到这里的人们认同他们，并且从他们纯真无邪的笑容中，得到美好的祝愿，能像他们那样纯真地笑着离开，那就可以了，大可不必较真。而和合二圣（仙）是苏州文化中的瑰宝，在今天社会，仍然需要弘扬。

今天，寒山寺更加重视寒山文化，建了寒山诗廊，让人观赏，对传播寒山文化，对化戾气为平和、化贪婪为达观或能有所裨益吧。

说不尽诗碑和钟声

一讲到寒山寺，人们无不将兴趣聚焦到张继的诗，又引申到诗碑；由张继的诗，引申到钟声，再引申到钟，"霜钟"简直成了寒山寺的标志。

先说张继的诗《枫桥夜泊》。这首诗可能中学以上文化水平的中国人，都能背出来：

> 月落乌啼霜满天，江枫渔火对愁眠。
> 姑苏城外寒山寺，夜半钟声到客船。

有一部书叫唐人选唐诗的《中兴间气集》，选了"自至德元年首，终于大历末年，作者数千，选者二十六人"。该书选了三首张继的诗，其中之一叫《夜泊松江》，就是这首现在作《枫桥夜泊》的诗。那么唐人选唐诗应该很权威了，是不是寺院"夜半钟声"是松江之畔的事？但其实也极有可能是刻错了。一、松江离姑苏城很远；二、"松"和"枫"，半字之别，两字极易搞错；三、没有其他书坚持此书的说法"夜半钟声"是在松江。

那时的寒山寺，应该指的是深秋苏州一座山上的佛刹，也可能指的是枫桥住着寒山"和尚"的寺院，就看读者怎么理解了。

也许因为喜欢此诗的人多了，理解也就不一样了。

先说这个"乌啼"，有人说是

寒山寺外的钟楼和巨大诗碑

乌鸦叫，但又觉得半夜里乌鸦叫什么呢？有人说是指乌啼桥，但那里并没有什么乌啼桥，这是臆测。寒山寺的和尚是这样解释的，这"乌"，就是水老乌也即鱼鹰。这一说法我觉得颇有道理，这样解释就跟下面一句的"渔火"联系起来了。"江枫"，有人说是指江村桥和枫桥，说是张诗人船正到江村桥和枫桥之间。其实，这时的诗人，船还未必到了枫桥呢，看到很开阔的水面，岸边有枫树，也是很正常的。但是，说诗中"愁眠"是指愁眠山也就是今天所说的狮子山，这只是乡间冬烘先生的又一臆解，苏州并无愁眠山的说法。

但人们实在喜爱这首诗，历来书写者很多，原来寺中的碑廊显然太小了，放了俞樾所书的张继诗、岳飞手迹等碑后，再放不下新的碑了。前些年，寒山寺将寺后缺少生源的一所小学的用地并进来了，建造了塔院等，仿唐宝塔建得华美富丽，四周是碑廊，全是名人所书的墨宝，如李大钊、陈云、启功等多人书写张继诗墨迹的碑刻。此外，无论是元代还是明代、清代，人们写寒山寺的诗无不提到钟声。

寒山寺的"夜半钟声"确实是古代苏州的习俗，但是唐以后好像长久不响了，以至到了宋代有人开始怀疑。后来经人论证，在唐代苏州寺院确实半夜敲钟，叫"定夜钟"。但后来这习俗还是消失了。不过，这并不影响寒山寺的钟声继续有名，人们还是都愿意在诗里或文章里提到。然而这口唐钟却不见踪影了。太平天国时，寒山寺化为灰烬，寸椽未留，寺是在光绪年间的后期由江苏巡抚程德全修复的。限于当时财力，寺庙的规制不大。有意思的是，寒山寺有特色的大门、大殿、寒拾殿都是朝西，向着运河方向，可能是为了方便运河里南来北往的人进寺上香吧？现在钟楼里的这口古钟只是清光绪三十二年（1906）所铸，上面还有道教的八卦图像。原来的钟有人说是被日本人抢去了，就连有的日本人也这样认为，有个日本山田和尚，在日本也到处找寒山寺古钟的下落，但始终不得。日本民间友好人士就集资募铸仿唐式青铜乳头钟一口，于1906年赠送寒山寺，上面还是伊藤博文写的钟铭。康有为1920年4月来寒山寺，看到挂着这口日本钟，恨恨地写诗说："钟声已渡海云东，冷尽寒山古寺风。勿使丰干又饶舌，化人再到不空空。"

其实，这唐钟早就没有了，明代唐伯虎（1470—1523）就写有姑苏寒山寺化钟疏，最后还写了一首诗：

姑苏城外古禅房，拟铸铜钟告四方。
试看脱胎成器后，一声敲下满天霜。

但是在苏州地方古籍《百城烟水》中，却记载说在"明嘉靖间，僧本寂铸钟建楼。钟遇倭变，销为炮"。

明嘉靖年间（1522—1566），也就是说唐伯虎写化钟疏募集资金由寒山寺的本寂和尚铸了一口钟（这也是寒山寺正式有记录的第一口钟），但不久就因地方上要防御倭寇，将钟熔铸成炮了。后来说流落到日本去的钟，也有可能是在这之后的钟。

2007年3月18日，寒山寺租用寺院南面江枫洲（枫桥）景区的土地，启动建设"大钟大碑园"。次年，大钟铸成，从武汉运来苏州。钟重一百零八吨，当时是"华夏第一钟"，外形设计为唐代风格，钟高8.5米，钟底裙边直径5.188米，钟面铭文是七万余字的《大乘妙法莲花经》。为悬挂这么大的钟，专门建造了三层楼台的八角钟楼，仅红木就用掉了近1600立方米。楼建在三层汉白玉栏杆的台基上，这幢建筑用材高档，用工考究，非常气派。在钟楼南面，竖立了巨型诗碑，碑由碑帽、碑身和碑座三部分组成，总高为16.9米，重约四百吨，碑身正面镌刻着清代俞樾所书《枫桥夜泊》诗，是寺中俞樾所书碑的放大，背面则刻乾隆御笔的《般若波罗蜜多心经》。

我当时听了寒山寺方丈秋爽大和尚私下告诉我这一信息后，非常振奋，就多次去工地。见建设钟楼时，锯下是的血红色木屑，感觉寺院不惜工本，做的是一件为苏州增添宝物的事。而当大碑竖起，在蓝天下显得格外雄伟，到了钟楼，又见到大钟，觉得苏州又增加了一处景点。这时有游人撞响了大钟，钟声长时间的鸣响，让人听得心潮激荡。在钟声中，我想，据说日本人抢去了明代的一口钟，虽然日本民间人士从日中友好考虑，主动赔来了一口（其实从没有敲过），在那个时代也属不易。过了一百零二年，今天我们在新世纪已经铸了一口更大更精美的钟——这不预示着时代真的变了吗？

寒山寺钟声的变迁，这也是中华民族伟大复兴大潮中一个小小的故事吧。

城南风情

沧浪亭　最是那一湾难忘的水

盘门三景　千年古城唯此遗珍

文　庙　天下有学苏州始

巡抚衙门　首举洁白的革命旗

胥　门　门迎清清太湖水

沧浪亭
最是那一湾难忘的水

1823年，时在道光三年，林则徐出任江苏按察使，到苏州来就职。他来到沧浪亭，面对眼前景色，心头忽然涌上一个念头：我到苏州这样的地方来为官一任，多么希望能在苏州历史上留下印记啊。于是，他口占一诗："鱼鸟亲官坊，林峦送使轩。剧怜风月地，欲换雪泥痕。"

他来苏州，果然没有鸟过无痕。今天在沧浪亭里的五百名贤祠里，有林则徐石刻画像，上有赞语："公来民乐，公去民思。于汤不作，惟公嗣之。"这十六字的意思是，两江总督于化龙、江苏巡抚汤斌是在江苏有政绩的清朝官吏，他们未竟的事业，（曾任巡抚、总督职的）林则徐很好地继承了。据说，这是林则徐以戴罪之身发配新疆时，苏州人出于公义，在舆论上支持他，为他立的碑。他和祠中所供奉的其他人不一样，他是活在世上就被立碑的人。之所以苏州人对他评价高，是因为他在苏州做了许多有益于民的事，如他通过在苏州阊门一带的调查，得知鸦片为害之烈，积极倡导禁烟、戒烟，取得成效。就是在这一点上，他为道光皇帝所赏识，被派至广东去查禁鸦片。另外，他还在苏州大兴水利，民得其利，这也是苏州人肯定他的原因。

讲起沧浪亭中这五百名贤祠，说来话长。沧浪亭作为一所园林，怎么会有供奉祭祀苏州前贤的祠堂呢？

最早，这里是吴越国一位亲王的亲戚叫孙承祐的花园，改朝换代到了宋朝，园子也被雨打风吹去了。北宋庆历四年（1044），苏舜钦因支持范仲淹改革，遭守旧派忌恨，被抓住用衙门里的废纸卖钱后公款吃喝这不大不小的事加以弹劾而丢官。此前，苏舜钦曾来过苏州，这位四川人对苏州有非常好的印象，但又感叹只是匆匆过旅，写下了《过苏州》一诗："东出盘门刮眼明，萧萧疏雨更阴晴。绿杨白鹭俱自得，近水远山皆有情。万物盛衰天意在，一身羁苦俗人轻。无穷好景无缘住，旅棹区区暮亦行。"（盘门在城西，城门朝西，故叫东出）此次罢官放归，他在《水调歌头》一词中写道："潇洒太湖岸，淡伫洞庭山。鱼龙隐处，烟雾深锁渺弥间"，这表明他选择定居在苏州了。

他来到苏州城南，见到孙氏废园，用四万钱买下了这块地，进行了一番整修，并取《孟子·离娄上》里的一个典故为园名："有孺子歌曰：'沧浪之水清兮，可以濯我缨；沧浪之水浊兮，可以濯我足。'孔子曰：'小子听之，清斯濯缨，浊斯濯足，自取之也。'"苏舜钦被苏州人誉为三贤人之一，但这还是没能抚慰他的心，买此园后四年就病故了，年仅四十一岁。后来园主变动频繁，到了南宋时，为退休名将韩世忠所得。在绍定二年（1229）刻成的《平江图》上，那个地方标为"韩园"也标了"沧浪亭"，现在沧浪亭里的"翠玲珑"、"清香馆"、"瑶华世界"，就是那时韩园里景点的名字。

到了元代，沧浪亭成为佛寺，叫"大云庵"，现在沧浪亭东还有一座桥叫"大云桥"。元末明初的苏州大诗人高启《姑苏杂咏·沧浪亭》诗中有这样的注："在郡学东，积水数十亩，苏子美得之，构亭于上，其名始著。"并在诗中说："沧浪水虽在，不似昔日清。"这里不去探究诗中的深意，但可见那时沧浪亭阔大的水面还一如既往。转眼到了明嘉靖年间，沧浪亭已荒残湮没，庙里的文瑛和尚为续文脉，在园中残存的土石相间的山上重建了沧浪亭，自称"沧浪僧"，并请当时著名文人归有光写了一篇记以述其事。

到了清代，沧浪亭又是山坍亭无，荒烟蔓草，人迹罕至，一片破败景象了。康熙三十一年（1692），宋荦来苏州出任江苏巡抚，向僧人买地七十亩，开始重建沧浪亭。他恢复了沧浪亭，建了三间屋，取名"观鱼处"，翻修旧屋为苏子美建了苏公祠……虽工程量不大，建筑也不多，但这一工程的意义是沧浪亭不再是僧家地盘了。

康熙五十八年（1720），康熙皇帝南巡来苏州，对江苏巡抚吴存礼的工作比较满意，给他写了一副对联和一首七绝诗。吴存礼想，这御制诗该如何处置呢？他想到了沧浪亭，就将诗、联摹刻上石，靠西墙建碑亭朝东迎阳展示。诗曰："曾记临吴十二年，文风人杰并堪传。予怀常念穷黎困，勉而勤箴官吏贤。"对联曰："膏雨足时农户喜；县花明处长官清。"皇帝一赞苏州文风人杰，二说自己关心老百姓的事。吴存礼将诗刻石上墙公开展示，起到了既树立自己也树立皇帝形象的宣传作用。现在碑、亭仍在原处。沧浪亭经过"或扩之，或增之"，园中增加了不少景点。道光六年（1826），梁章钜来苏州任江苏布政使，就和江苏巡抚陶澍、苏州陈知府等商量，打算修整一下沧浪亭，其中一项重要工作是将苏公祠改建为纪念苏州先贤的名贤祠，陶澍等都表示赞成，准备了材料后，工程进展很快，只用了六个月，就于次年建成了。

但也有另外一些说法，清道光七年（1827），江苏巡抚陶澍于苏州藏书家顾沅辟疆小筑内见到其所藏吴中名贤画像三百余幅，起了建祠将这些画像公之于世的念头；也有人说是顾沅主动向陶澍建议修建名贤祠的；而梁章钜又说是他主动向陶巡抚建议的。总之，陶澍答应了。此事的缘起，今天成了历史疑案，将由园林史专家进一步研究来搞清了。此事定下来后，苏州地方人士又广为搜集，又得图像二百多幅。陶、梁于是命孔继尧临绘，沈石钰勾摹刻石，将这些石像刻石一一嵌在梁章钜重修的祠里。五百名贤祠里画像收录的人物始自春秋，止于清代，有苏州本地人，但约一半为外地人，他们来过苏州，为苏州的经济社会发展和文化事业做出过贡献。人物之多，跨越年代之长，绘制之精，镌刻之工，在清代石刻群像中实属罕见。后来，又补充了林则徐等少数画像，到现在一共有五百九十四幅画像，一人一像，上面是四句四言的赞词，也就是评价。

五百名贤祠建成后，陶澍等官员还前去祭祀，仪式很是隆重。但是到了咸丰庚申年（1860），这一纪念苏州将近两千五百年来先贤的场所也被毁了。同治十二年，合肥人张树声来苏州任江苏巡抚，开始重建此祠。他说在此之前，巡抚恩锡已经开始筹备修复，经他"访遗补佚，至十年之久，始谋厥成"。张树声的孙子后来到苏州九如巷办教育，他的四个女儿即元和、允和、兆和、充和在苏州长大，个个擅长诗词曲画，和苏州成千上万的女孩子一样，被苏州传统文化，熏陶成经典的苏州淑女。叶圣陶曾说过："九如巷张家的四个才女，谁娶了她们都会幸福一辈子。"沧浪亭离九如巷不远，不过五六百米路，想来四姐妹该会常去曾祖父重建的这所亭子吧？

今天的沧浪亭，基本是张树声留下的手笔。他在《重修沧浪亭记》中比较自得地说："大抵今所建者，惟亭在山巅，仍宋中丞之制，余则以意为之，不特非子美旧观矣。然丘壑景物，土木之盛，金谓视昔年逊焉。"他认为，除了一座沧浪亭建在山上还是当年宋荦巡抚的安排外，其他都是按我规划设计的意思建的，大家都认为过去的沧浪亭已比不上今天的沧浪亭。在清代几位官员的关心下，沧浪亭几次废而复起，并且改造成为一处具有官方色彩的、纪念内容较多的园林，这和苏州园林大多为私家园林的性质有所不同。

沧浪亭全园设计精彩之处颇多，今天已列入世界文化遗产名录。园虽以水名，其实只有一勺水似的水潭，面积很小，是个以旱地为主的园林。但建园人将园子北面巧妙地设计成半敞开式，面临园外之水，游人站在沧浪亭街，隔水望园，对岸是黄石假山状的河驳岸，驳岸上建临于水上的一翼方亭，还有漏窗长廊（全园共有一百零八扇漏窗）、古树斜水及其他几幢靠水建筑，长廊里露出沧浪亭子的翘角和园子里的树，沧浪亭园子的景色和园外的河道互为借景，融为一体，这样的手法在苏州园林中是独一无二的。

沧浪亭是从北面门进去的，先是经过一座三孔花岗石板平梁桥，入园门后迎面是一座山冈，遮住了园中的景色。游人要从山冈边上（一般是右手的长廊）继续前行，不出几步，廊变为一亭，就是御碑亭。这样处理，颇见匠心：皇帝的手迹没有放在最主要的地方以免影响全园景点的安排，

宋代园林沧浪亭大门甚有特色，需经石桥而入

又是在进园处就能看到，处于第一景的位置。而乾隆的御笔则安排在园的东墙上，也是同样建半亭保护，和康熙皇帝御笔在园中隔山形成对景。

由于是官方园林性质，园内建造了高敞的明道堂，作为主建筑，是官员相聚、文人交流的场所。"明道"二字也是取自苏舜钦《沧浪亭记》中"观听无邪，则道以明"句，这是当年园子创始人的文化信息在今天园子里的投影。明道堂背后就是如屏山峦，山坡上的绿色映进窗来。在明道堂西南，有一石屋，上有道光皇帝御书额"印心石屋"，这字是清道光十五年（1835）十二月，皇帝赐给两江总督陶澍的御笔。在这石屋门口一黄石上，还刻有林则徐"圆灵证盟"四字的石头。此句引自南朝宋文学家谢庄《月赋》中的句子。据有的资料说，林则徐充军于道光二十一年（1841）七月十四日开始踏上戍途，乘船走大运河经过苏州。到了苏州，苏州父老宴请他，他写下此四字作答，以抒发心中愤懑。"圆灵"，天也；"盟"，盟约，应该是指丧权辱国的《南京条约》。"圆灵证盟"，似乎可以解释为老天（老天也可代指历史）会来验证《南京条约》（是不是正确）。

当时苏州士绅将他的题词和道光皇帝的题词放在一起，是含蓄地记下他们对当时重大时事的态度。

张树声在石屋上建看山楼，寓意游人看了道光皇帝和林则徐题词后还宜更上层楼放眼远望，其中或也有深意焉。楼西是一精致的轩屋"翠玲珑"，看山楼和翠玲珑周边都种了青竹，翠玲珑指竹，取的是苏舜钦"日光穿竹翠玲珑"句。在晚清风雨飘摇的末世，用竹名屋，当然是别有深意。如今，竹已是沧浪亭的传统植物，有很多品种，或高或矮，供人赏鉴。

园北的沧浪之水，原先此时间混浊不堪，近年经过整治，有所改观。登上园子最南的看山楼，只见新式楼房突兀在眼前。只有那园中的竹子，无论晨昏还是晴雨，借风摇曳着叶子，沙沙作响，似乎是在将历史往事轻轻诉说。

城南风情 153

盘门三景
千年古城唯此遗珍

瑞光塔,盘门景区主景之一

　　小时候,父母担心我长不大,就寄名给盘门外一户苏北来的朱姓人家,他们是新中国成立后摇着网船来苏州的。这人家非常善良,他们孩子多,生活很困难,但还是每年要接我去吃年夜饭,或者让我去住两天。每次去,都要从一座很破的宝塔底下经过,他们说这是瑞光塔。那时,塔周边有一大片农田,种的是菜。但后来有人告诉我说,在新中国成立初,这里还种一种质量优良的苏地特产中药材龙头薄荷。

　　这瑞光塔,只有塔顶还保存完好,看得出是楼阁式宝塔,下面各层的檐都掉光了,所以有人形容苏州城东南的双塔是两位妙龄少女,而瑞光塔是一位饱经风霜的戴笠老衲。也不知是谁起的头,不单独将瑞光塔作为景点,而是将吴门桥、城墙、盘门合称为"盘门三景"。

姑苏第一大石桥

　　我已故寄父当年曾带我去看盘门外的一座桥,叫吴门桥,他让我看的不是桥的高大之类的外观,而是让我看桥顶栏杆上的弹痕。他说"文化大革命"时,一向文雅的苏州人听了蛊惑也激昂地动刀动枪起来了,谁都说自己最忠于某某人，刀矛还不够，还用上了枪和自制的土炮。武斗时，这桥上设了岗亭，用沙包筑垒起工事。他让我看看清楚桥栏上这几个子弹打的弹痕，要求我以后长大了不要轻易受人鼓动去做没有意义的事，"不管人家说得多么好听，像这种武斗就一点意思也没有"。后来我又几次去吴门桥，可能是岁月的冲刷，今天已看不清那弹痕了。

我站在吴门桥上，桥真的是高啊，桥下河水滚滚东去。这里是护城河，20世纪80年代前一直是大运河的一段，因此我站在桥上，可以看见船队逶迤来去。那时还有帆船，是苏州附近乡下的船，张着帆，到了吴门桥洞，继续鼓帆前行，这就显出吴门桥高的好处来了。我查了一下资料，吴门桥全长66米多，拱券（即桥洞）净跨16米，宽5米，高约10米，是江苏省最大的一座单孔石桥。吴门桥始建于宋元丰年间，现在的石桥为清同治十一年（1872）重建。我曾看到一幅题为《苏州城外桥景》的彩色雕版画，画的正是吴门桥，在没有相机的年代，这种写实性的绘画，还是能传达许多历史信息的。此画是英国画师威廉·亚历山大于1792年至1794年随马戛尔尼出使中国期间草绘，1797年10月成画、1805年出版的一幅作品，他画的还是明代正统年间（1436—1449）由苏州知府况钟主持重修过的吴门桥。桥的规模和今天差不多，也是特大特高的单孔桥，只是桥顶上还有三间木坊门。

吴门桥也是进出姑苏城很重要的通道，新中国成立后，不知何年桥上还用水泥砌了两条自行车道，让行人推着自行车过桥，不过对桥是增加了重量了。

吴门桥往东不远处，有一件事值得一说。留美硕士、中国第一位女子大学校长杨荫榆，因反对学生上街游行、加强学校管理，在1925年5月9日开除刘和珍、许广平等六名学生，而鲁迅、钱玄同等左派老师他们自己并不上街，但支持学生上街，要求受到教育部支持的杨校长辞职。因杨为反抗封建婚姻终身未嫁，鲁迅就写了《寡妇主义》文章攻击她："在寡妇或拟寡妇所办的学校里，正当的青年是不能生活的……"后来杨迫于压力，只好去职。她离开北京，回到兄长所在的苏州，她曾在景海女子中学（校舍在今苏州大学内）读过书，苏州是她熟悉的城市，她回苏后，在苏州女师、东吴大学等校任教。1937年，侵华日军占领苏州，在苏州烧杀抢奸，无恶不作。住在盘门那一带的杨荫榆，有一次看见日本兵在欺负中国女子，她在留美前曾留学过日本，会日语，就上前去制止，结果被兽兵踢下护城河里，还向她连开数枪，将她打死。而据她的侄女杨绛回忆说，她是看到日军到处欺凌妇女，去找日本军官反映，让他制止这种恶行，她还让抢苏州市民东西的日本兵将物品退出来。这样就结恨于侵华日军了。有一次两个日本兵将她骗出来，走到桥顶上（或说是吴门桥，但那一带桥梁挺多，不能肯定到底是哪一座），被一日军开枪打伤，抛在河里，可杨荫榆还在游泳，日本兵见她不死，朝她又开数枪，将她打死在河里。她的死，是相当壮烈的。苏州应该在盘门那一带河边择地竖一石碑，上书"教师杨荫榆女士遇难处"，以让世人记住这位女性。

水陆城门天下无

吴门桥面过去就是盘门。盘门是苏州古城古老的八大城门之一。唐代《吴地记》记载说："盘门，古作蟠门，尝刻木作蟠龙，镇此以厌越。又云水陆相半，沿洄屈曲，故名盘门。"

唐末所建的只是土城墙。大概过了四十年，苏州这一带成了吴越国。吴越王钱镠下令苏州城墙包砌砖石，后来到了元代，将天下城墙包括苏州城墙全部拆光。元末天下大乱，朝廷下令恢复城墙，苏州在元至正十一年（1351）筑城，四个月即成，盘门是当时的六城门之一。过了五年，张士诚入据苏州称王，给盘门加建了瓮城，今天看到的盘门基本上就是那个时候的产物，距离今天将近六百五十年了，虽也是古城门，但说盘门是吴越国城门就有点牵强了。

今天的盘门为青砖所砌，下面是花岗石和青石，有的地方甚至全用花岗石砌成，显然后来又做过维修。青色的城墙，显得沉静庄严，除了单孔大门外，雉堞、城门洞、城楼、垛口、射孔、炮洞、闸口、绞关石、马道等古代的城门设施都很完整地保留着，是古代城防军事设施很好的标本。城墙从东而来，到了盘门那里折了一下，往南，然后再西去。这往南折了一折，就有了一个朝东的面，在靠近城墙那个直角处，开有一个城门，就是盘门，门券较小，这是为了容易封堵。据介绍，将城门开在靠城墙一侧，是为了敌方攻城时，除正面外，还可以从侧面给予攻城的敌人以打击。进入瓮城，里面又一城门，比较高大，纵深13米，宽约4米。到了这里，才感觉苏州城墙的气势雄伟。两门各开在一个平面方形的两个对角，延长了进入瓮城的路程。据说这样的设计，全都是从军事防御上考虑的。从马道上去，就是城楼，又叫将军楼，古称"点将台"。原先的城楼在民国时期的一场大风中吹塌了，现在的为传统木结构的二重檐歇山顶式的建筑，面阔三间，设以回廊。城楼大体是1986年根据民国时期的照片重修的，但比过去的更加高大富丽，现为全国文物保护单位和世界文化遗产。

但是，最让盘门出名或者说最有价值的是盘门的水城门。苏州是水城，水路是重要交通线，除胥门外，每个城门都有旱、水两个城门，在1958年的"大跃进"高潮中，苏州市政府下令拆除城墙，将苏州的城门除了盘门和一个民国时期建的金门保留外，其余的全都拆了。这样，有古水陆城门的就只有盘门了。也许，全国也只有苏州有了。这水城门一样有瓮城，船进第一道门，将第一水城门下闸，成为一个四处封闭的空间，然后官吏可以从一通道下来，对船检查。如来船无问题，开第二道水城门放行，放行后再关门，然后再开第一道门，极为严密安全。可贵的是，水陆盘门，至今保存完好，也是苏州的标志性建筑之一。1996年10月9日，中国与新加坡联合发行《城市风光》一套两种邮票，新加坡取城市景色，中国取苏州盘门作为邮票图案，一古代一现代组合在方寸之间，相映成趣。苏州有一次签订中外企业合资协议，签约场所就选在盘门城楼里举行，我还在那里认识了一位苏州女孩，她站在城墙上，施一点淡妆，穿着旗袍，风姿绰约，风吹过，织锦缎旗袍的前摆掀起一角，她轻轻地叫了我一声，我回头一看，瞬间呆住。我忽然明白，有风的城墙，荷开的湖畔，月下的园林，雪后的塔院，细雨的小巷，在这样环境里的苏州姑娘，展现出的是一种无与伦比的江南之美。

水陆盘门，是中国城市建设史上的瑰宝

何人解得此塔谜

站在城墙上，城墙内的瑞光塔，高高地矗立着。以前这里是一片田畴，现在已经成为一个景区了。到了新世纪，苏州决定以瑞光塔为中心，建设一个景区。我也有幸在市委常委扩大会议上旁听了建设这一地块为景区的决策过程。可惜的是，因为以前的决策，这块地的北面出让给一家合资饭店时让它们占了红线，导致从新市路上看瑞光塔的视线受到影响。

这个景区面积近百亩，是古城内最大的景区，里面有丽景楼、四瑞堂、钟楼、鼓楼、听禅台、双亭廊桥、涛隐翠野轩、伍相祠、放生池、水帘洞、一池三山等。在建设中还发现了唐井和夹石（《吴门表隐》卷三记载为唐时物，可能为宋初的旗杆石）两古物，建设者充分挖掘了这一带的历史资源，景观设计得很好，因古代历史和传说而造景，建成开放后获得一致好评。

不过，最有看头的还是瑞光塔。有塔必有寺，建此塔之前这座叫普济禅院的佛寺却是因一个外国僧人而建的。据《吴县志》记载：三国时在大约相当于今天咸海之东乌兹别克斯坦共和国那一带，有个康居国（后来叫康国，唐时内附）。东吴赤乌四年（241），该国叫性康的一个僧人，来到吴郡，孙权为他建了这一佛院。康居国虽然后来神秘失踪，甚至连一个国王的名字也没有留下来，但其佛学很是发达，华严宗的实际创始人法藏就是康居国僧人。性康和尚

城南风情　157

来后，孙权很是高兴，让他在孙吴政权的发祥地吴郡安顿（可能孙权母亲吴夫人信佛），并为他建造了一座佛院，"名普济禅院，十年，（孙）权建舍利塔十三级于寺中，以报母恩"。

《吴县志》说三国孙权为性康和尚建舍利塔一事，只是说法之一，我能查到的最早记录是唐代有佛刹。后来有了新的惊喜。1978年4月，两个苏州少年调皮，到塔上去摸鸟蛋，在第三层塔心的砖龛（又叫天宫）内发现了一批五代和北宋初期的珍贵文物。其中一座"真珠舍利宝幢"最为精美，幢高1.22米，用三万多颗珍珠编成，集玉石雕刻、金银工艺、木雕、描金、漆雕、穿珠等艺术于一身，展现的是《华严经》中无上庄严的华藏世界海，苏州博物馆将其列为三大馆藏国宝级文物之一。经幢中间是一只用来供奉舍利子的浅清色葫芦形瓷瓶，内有九颗佛舍利！在瑞光塔发现的舍利，也证明了《吴县志》的记载有一定的可信性。

盘门景区进门后的左侧可见一巨大的青石石碑，高达4米，宽约2米，碑上刻的是朱元璋的御制赞词，由苏州状元文震孟书："大智力人，性定心方。稳首陵穹，脊骨纯钢。瞑目而逝，馀灰塔藏。信有之乎，灵明长存，午夜放光。"洪武皇帝发迹前做过和尚，他对佛教是尊重的，他亲自撰文说这里有"馀灰"即舍利，不会是随便说说的，他应该让大臣作过调查，核实了舍利来历后才提笔写赞词的，这也许证明《吴县志》所说因舍利建塔，是有根据的。当然，塔系宋代时所修，是一座七级八面砖木结构楼阁式宝塔。可能之前曾有过宝塔，但没有保留到宋代，宋塔传承了以前的宝塔包括前塔中的法物，也是可能的。

今天，盘门景区不再是佛寺，宝塔经过修葺后，从原来高42.44米的塔残，加上塔刹成为今天高53.6米，雄伟壮丽。原先已埋在土里的塔底台基石也露了出来，上刻有古朴的石刻花纹，和玄妙观三清殿前露台上的石刻风格相仿，应该是宋代原物，很是宝贵。目前舍利没有在塔内供奉，而是珍藏在苏州博物馆了。

南宋诗人范成大的《晚入盘门》诗，记载了当时盘门一带的热闹，"人语潮喧晚吹凉，万家灯火转河塘。两行碧柳笼官渡，一簇红楼压女墙。何处采菱闻渡曲，谁家拜月认飘香。轻舟骏弓慵穿市，困倚蒲团入醉乡。"曾创作《剪灯余话》的明代人李昌祺也写诗说"阊门过去是盘门，半掩珠帘画楼里"，可见盘门到明代时还是繁华的。明末时，清兵因苏州市民反抗，对苏州南半城进行屠城，导致这一带从此冷清少人，寺院无踪，城内阡陌纵横，农田连片，荒冢点点颇像农村，苏州人有"冷水盘门"之说。一直到上世纪末还是这样，盘门景区建造起来后，这里才有了改观，市气、人气开始有所集聚。

今天的盘门三景，是更美丽了，而了解了盘门三景的历史，又怎能不说还是今天的时代好呢？

文 庙
天下有学苏州始

苏州文庙大成殿,是规格极高的庑殿顶

往事没有如烟

公元1034年八月,四十五岁的范仲淹以天章阁待制之衔到苏州来任知州。

范仲淹虽系外地出生、外地长大,但他的父亲是苏州人,因此他这次来苏州是回到家乡来工作。他在苏州期间,做了治水、恤孤等一些有益于民的事,但其中最让人津津乐道的,是在苏州办官学。

走在人民路三元坊至新市路这一段路上,老远就能看到一带红墙,墙里露出筒瓦屋顶的翘角,这道风景在苏州也可谓独领风骚。苏州人习惯将这一建筑群叫作文庙,里面的主要建筑居然是中国传统建筑中最高等级的重檐庑殿顶,规格这么高,甚至超过了曲阜孔庙的重檐歇山顶。这苏州文庙就是由范仲淹始创的。

范仲淹来到苏州,想为家乡子弟办一个学习的地方,培养品学俱优的人才。现存建筑群称之为庙,似乎并不能反映范仲淹真正的目的,而建一座大殿供奉孔夫子,那只是一种形式,范仲淹并不是想搞成一个宗教场所,他想办的是一所学校,正式的名称是苏州郡(府)学。

据苏州府学创办五十多年后的负责人朱长文在其写的《学校记》中介绍,当时在苏州城东南,有个夫子庙,规模很小,"所处隘陋",因此,范仲淹决定择址重新建设一所新的学校。

经过筹备,宋景祐二年(1035),位于城南的学校开始建设。苏州有个传说,说是范家在苏州城里南部有一块地是吉地,以后会多出人才。范仲淹认为,这块地有这样好的风水,与其让范家一家出人才,还不如让全苏州多出人才。范仲淹决定捐出这块地,奏准仁宗皇帝批准后建造一府之学校,简称府学。以前

苏州文庙的棂星门

士子读书是在苏州城东南的夫子庙（大概是今天苏州第十中学一带），地方小、设施差不说，而且是庙为主体，学子借其房屋读书而已。而新的府学，首先正名为学校而不是庙，功能便彻底改变了。当然，作为儒学，学校里设有大成殿供奉孔子，但"广殿在左，公堂在右；前有泮池，旁有斋堂"，还建了校试厅、庖厨、澡堂等，为学子建成了一处设施齐全的专门学习场所了，后来还建了不仅收藏儒家著作而且收藏诸子百家的六经阁等。其次，苏州府学的出现，是目前已知最早的官办学校，在全国也是第一家地方办的学校。更主要的，苏州府学也是教育质量一直抓得很紧的地方，状元、知名学者前来讲学的代不乏人，苏州后来城乡文风大盛，人才辈出，状元、进士之多，居全国第一，和府学的文风及所起的作用是有必然联系的。

有一天，仁宗皇帝开天章阁，召辅臣八人问以治国要略，范仲淹建议国家最要紧的是办学校。皇帝觉得这主意不错，于是下诏天下各州县都要建学校。晚清思想家、苏州榜眼冯桂芬高度评价说："天下各县有学，自吴学始，迤逦至宋末二百年而学遍天下，吴学实得其先。"

苏州府学后来也遭过兵灾等，但历代先贤都重视进行建设，增垣扩建三十多次，明清时期规模最大，占地逾一百五十亩。现在因种种原因，面积比以前小得多了。一直到上世纪70年代末，还为单位占用，直到1982年开始收回进行比较全面的维修，堆积很高的垃圾就运走了不少。1985年作为碑刻博物馆开放，现为免费参观景点。经过"文化大革命"洗劫后，苏州对文庙进行了收

苏州文庙碑廊

回、恢复、修建、拆除占地民房、环境整治，文物收集和陈列等工作，时间跨度长、工作量极大。

现在的苏州文庙，是从戟门进去的，虽然后来以修市民广场、庙前花园的形式在戟门前造了宫墙、牌楼、泮池等，但那不是旧物，规制也小，只能说是改善了环境。从原物戟门来看，面阔五间，青石阶正中一方团龙浮雕，显示出府学的地位和气势。门外竖着雍正、乾隆时颁赐苏州竖立的平定西藏、青海告成太庙碑、平定准噶尔告成太庙碑等四块反映国家重要事件的石碑，都是皇帝亲书的御碑，是重要的国家文物，极有历史价值，今天竖在酸雨为多的露天，似有点不妥。当时皇帝将朝廷统一国家、维护社会稳定的努力特地告知苏州知识分子，也可看出对苏州的重视。进门两边壁上分别是明万历时的范仲淹造像巨碑及司马光手书"公生明，思无邪"六个大字的石碑，这是南宋淳祐元年（1241）的石刻，十分珍贵。

进戟门后，是一个很大的庭院，道两边古树苍劲原先建在最南面的棂星门，因地已被占用，移到了这里，让人想起《西游记》里孙悟空将旗杆竖在庙后的情节。虽然有点不伦不类，但1978年将当时工厂拆除棂星门后没有遗弃的的原构件抢救移建过来，还是值得欣慰的。

大成殿里忆往事

大成殿是如今文庙的主体建筑，面宽七间，进深六间，约约600平方米，五十根殿柱为金丝楠木柱，这样的用料在全国实属罕见。南宋建炎二年（1129）金兀术攻陷苏州，进行残暴的屠城，全城基本烧成废墟，府学也未能幸免。南宋绍兴十一年（1141），朝廷和金签署了丧权辱国的《绍兴和议》。苏州抓住这一和平机遇，重建府学，现在的大成殿就是建于此年的。明朝中期况钟来苏州任知府，重修大成殿时，尽可能利用原建筑的材料，延续原建筑的风格，因此大成殿的梁架结构、斗拱、鸱尾，很有可能为宋代建筑的风格。现在看到的大成殿，重檐宏宇，崇台列阶，古朴庄重，气宇轩昂，其殿堂的建筑规模在苏州仅次于玄妙观三清殿，也是现在保存最完整的古建筑之一。

　　清末科举废除，苏州府学失去了学校的功能，日渐荒废，苏州人一般就称之为文庙了。不过，在大成殿后的崇圣祠再往北，为我国著名的优秀学校苏州中学，学校所在主要还是当年的府学用地。这所学校学风严谨，人才辈出，让人可以欣慰地说，府学的办学之脉，千余年来延续了下来。

　　走进大成殿，是有关孔子、儒学文化的陈列，当中是一幅当代苏州著名画家周矩敏创作的彩色漆画孔子像，为近年来苏州工艺美术中不可多得的珍品。墙壁上嵌有数百方清代石刻，有《论语》、《大学》等四部儒家经典著作，孔子和孟子的圣迹图，七十二弟子像等，加上其他礼器陈列，庄重的殿堂里散发出浓浓的传统儒学气息。当然，经过战争和动乱，苏州文庙中原有的文物至今已基本散失，但当时苏州大成殿的器物陈设有一件事值得一说。

　　清乾隆四十年（1775）春，朝廷向台湾派出了一位叫蒋元枢的官员，担任台湾知府。蒋元枢是苏州府常熟县恬庄镇河阳人（现此地归张家港市凤凰镇），出身名门，祖父、父亲均为大学士。连横《台湾通史》卷十六记载台湾府治："（乾隆）四十年，知府蒋元枢修之。"这说明，蒋元枢一到台湾，当年就对台湾府治今天的台南市进行了修治，建好政府办事机构，是有效行使主权和行政管理权的象征。同时，蒋元枢还兼提督学政，即兼管台湾教育的主官。他带头捐出自己的俸禄，重修台湾府学和县学。当时的府学、县学都要奉祀孔子，需要礼器、乐器，他看到台南孔庙里原先用的礼器比较简陋，居然是用铅锡所铸，且和国家统一的学宫所用礼器形制不一。他决定自己掏钱为台南府学（文庙）添置。费用自己出倒也罢了，但这些礼器、乐器从哪儿获得呢？他想到了苏州府学，他曾在那儿读书、考试过，对府学十分熟悉。于是他就到苏州，专门挑选工艺精湛、制作认真的工匠，设立专门工场，按国家统一标准进行浇铸，用铜达5吨，制成后再海运至台湾。台南孔庙里的乐器，也是在苏州定制的。

　　苏州是当时中国工艺制造水平最高的城市之一，蒋熟悉苏州，也相信苏州工匠的工艺，所以就在苏州完成台湾的这一文化设施建设所需的器物的制作了。他在台湾府孔庙建成后所撰写的碑文中，解释了为什么一定要到苏州去定制礼器的原因，目的还是为了在台湾推行国家意识、重视台湾的教育和人才培养："复远求吴市，制造彝器，一石一物，必择于古。……且夫学校者，王政之本也。古昔郅隆，上无私师，下无私学，故道德一而教化行，人才之盛，有自来矣。"（蒋元枢《重修台湾府孔子庙学碑记》）这项工作，有举国"车同轨"的寓意，是苏州和台湾交流史上一段值得珍视的佳话，而苏州府学在这项文化和教育交流中，起到了范本的作用。

正气两石让人钦

苏州府学西路的庭院，主要建筑是明伦堂，前面是七星池，这里也是知识分子交流信息的主要场所。苏州明清时又是省会，这里发生的事也往往和省里甚至全国的重要政事有关，所以苏州评弹中会有"大闹明伦堂"之类的故事。

现在明伦堂前有几块石头，值得介绍。一是无头石像，它是文天祥石像的身躯。文天祥曾在南宋末年短暂担任过苏州地方行政长官，后被元军抓获押送回北京途经苏州时，还写下了沉痛的诗句。苏州人一直钦佩他的忠贞气节，为他建有文山寺，也在旧学前建有文天祥祠。这尊石像原来就是在文天祥祠里让苏州人民供奉和致敬的塑像，在享受了几百年的香火和敬意后，"文化大革命"浩劫中居然有人将这一石像的头敲掉了，旧学前的文天祥祠也已在城市发展中荡然无存，幸好有心人将这石像身躯保存了下来，竖在府学里，作为无声的教材见证了那段荒唐的历史。

另一块是"廉石"。"廉石"高2.45米，厚约60厘米，宽不足2米，外形很拙、朴实无华，是极为普通的花岗石，可以说没有任何美学价值可言。石上刻有楷书"廉石"二字。

汉代末年，天下大乱，孙策、孙权在吴郡（治所在今苏州古城）建立政权，苏州世家大族陆家的陆绩，是个研究易学的学者，被孙权派往郁林郡（治所在今广西玉林市贵港）任太守，死时三十二岁。《三国志》卷五十七《陆瑁传》中有这样的记载："瑁从父（陆）绩早亡，二男一女，皆数岁以还，瑁迎摄养，至长乃别。"这是说陆绩是在郁林郡病故的，三个未成年孩子是过了几年才回家乡吴郡的，由陆绩的侄子陆瑁收养至成年，他们在历史书上都有名有姓。因为陆绩死时没有积蓄，运柩回吴时，船上人以石压船，带回来了这块石头。我认为陆绩为开发当地鞠躬尽瘁，死在任上，子女坐船回家乡的钱也没有，只有萧然一棺回吴，这体现了陆绩的清廉，事迹也是很感人的。一般说来，《三国志》的权威性毋庸置疑。

但八百年后编撰的《新唐书·陆龟蒙传》记载:"陆氏在姑苏,其门有巨石。远祖绩尝事吴,为郁林太守。罢归无装,舟轻不可越海,取石为重。人称其廉,号'郁林石'。世保其居云。"这是认为陆绩是在生前返回吴郡的,因无积蓄,船载太轻,过海会有危险,乃以石作为压重物。传记末特别介绍了"郁林石",并强调陆龟蒙一直住在当年陆绩房屋的地方,这块"廉石"成为陆家的传家宝。《新唐书》是北宋大学者宋祁、欧阳修所修,这样说当有所本,现在一般接受《新唐书》的说法。

在明代,苏州这块"郁林石"受到重视。明孝宗弘治九年(1496),监察御史樊祉驻节苏州,在陆绩临顿里故居,看到这块与陆绩有关的压船"郁林石",已大半埋在土中。樊祉觉得此石很有教育意义,和苏州知府商量了以后,由吴县、长洲县负责将此石移至观前街西的察院场前,石上还镌刻"廉石"二字,以昭示观者,并建了一个亭子以覆护此石。这样在姑苏城中心出现了一个特殊的景点,"观者哄然,足迹不绝",苏州人自觉地去观瞻接受教育。樊祉还请苏州状元吴宽撰写了一篇《廉石记》,以状元的影响力,扩大了"廉石"的知名度和美誉度。这就是"廉石"之名的来历。

康熙四十八年(1709),亦十分仰慕陆绩清廉的苏州知府陈鹏年,又将"廉石"移至苏州府学内。"廉石"放在闹市中心是为了教育社会,放在府学里是为了教育将来的官员,这也是我国唯一一块纯粹以廉洁为主题的纪念物。

府学被废后,"廉石"开始受到冷落,提起的人不多了。碑刻博物馆刚开馆时,我陪人去参观,一位讲解员悄悄地问我,要不要介绍"廉石"?我很奇怪,为什么问这个问题?她解释说,"有时有干部来参观,给介绍了'廉石',有的人还会不高兴呢,应该说,"廉石"是苏州一件珍贵的文物。所以要问一下。""廉石"真正受到重视也是这几年中,苏州有关部门将"廉石"作为廉洁文化的标志,进行宣传,"廉石"也为越来越多的人所知道。

岁月沧桑说古碑

苏州目前遗存于世的古碑实在太多了,文庙作为碑刻博物馆,收藏有苏州地区最多的碑刻,其中有许多著名的碑刻,比如四大宋碑等,更是闻名遐迩。四大宋碑均为南宋刻石,1961年国务院将其列为全国重点文物保护单位。其中的《天文图》、《帝王绍运图》、《地理图》,其作者是南宋黄裳。《平江图》是在南宋苏州知府李寿鹏主持下完成的。南宋绍熙元年(1190),乾道五年四川籍进士黄裳作《太极图》、《三才本性图》、《皇帝王伯学术图》、《九流学术图》、《天文图》、《地理图》、《帝王绍运图》、《百官图》八图,进献给南宋光宗皇帝。其中的三图,淳祐七年（1247）由浙西路提刑（当时的苏州行政长官）王致远（1193—1257）所刻（虽署他名，但也许不是他亲自作刻工）。这年七月一日，他就辞官回温州永嘉老家了，给苏州留下这三块宝贝（北宋另有一黄裳，为元丰五年即1182年状元，南平人，《宋史》无传，有《演山集》传世，有人会误为同一人）。

《天文图》以北极为中心，标示了一千一百四十三颗星，还有斜交的黄道和赤道、二十八宿，是当时水平最高的东方天文图，在中国科技史、天文学史上有重要地位。《地理图》是在北方半个中国已沦陷的情况下，以大一统的形式，展示了祖国的大好河山，是一份对当代人和后代人进行爱国主义教育的教材。《帝王绍运图》，曾有人批判说是反映了封建帝王世系，因此评价不高或简略少谈。其实，此碑所绘、所刻，有着深刻的历史背景。那时民族矛盾异常尖锐，南宋面临强大的异族入侵，特别是王致远刻碑时蒙古大军已横扫北方和西面广大地区，有锐不可当之势（事实上三十年后，蒙古军就攻陷了南宋都城临安即今天的杭州；再过三年，刚满八岁的小皇帝由大臣背着跳海，南宋政权彻底灭亡），此碑将北方少数民族政权、地方割据政权作为非正统分列左右以补正史之不足，其教育后人毋忘根本之意十分明显。

当然最值得介绍的是《平江图》，此碑高2.84米，长1.46米，宽30厘米，一般认为，是在南宋绍定二年（1229）由郡守李寿鹏所绘，吕梴、张允成、张允迪刻（或说此图作于1230年，时李已去任）。这张城市地图反映的是，经历建炎三年（1129）金兵毁城后，苏州人民经过百年筚路蓝缕重建家园后的新城，因宋代苏州称平江，故将城市地图称作平江图。但也不排除部分反映的是北宋时苏州城的情况，因为一个城市的复建，不可能和过去的历史信息、文脉完全割裂。它是目前世界上最古老的石刻城市平面图，真实地记录了当时苏州的城市结构和建筑设施。

碑载苏州城内有桥梁三百五十九座，城外有护城河环绕，城内河道纵横交错，其中城内南北向主干河道有六条，东西向河道十四条，最宝贵的是记录了苏州河道和道路水陆双棋盘格局的江南水城的城市风貌。另绘有古塔十二座，跨街牌楼六十五座，寺观庙宇八十多处等名胜古迹和各类官署。此碑是研究中国古代城市规划的珍贵实物史料，也是今天保护苏州古城的重要参照依据。

苏州文庙内还有《人帖》、《过云楼集帖》、《丛帖》存萃、明清经济类碑刻、各类书法题字、记载建筑由来的碑刻等，内容极为丰富，也是学者研究学习获取资料的宝库。从书法角度来看，如果入此宝山，必可满载而归。

巡抚衙门
首举洁白的革命旗

江苏巡抚衙门的大门（明清两代苏州是江苏省省会）

2011年秋阳灿烂时，我来到位于苏州城内三元坊书院巷的江苏巡抚衙门旧址，这里已是苏州卫生职业技术学院，学生们正在进行军训，响起一阵阵女生喊口令的操练声。

轩昂庄重的江苏巡抚衙门始建于明永乐十九年（1421），现为江苏省文物保护单位，校方刚对这一建筑群做了维修，看来保护得很好。

明清两代四百八十余年里，共计二百一十五位巡抚在这里处理政务。明宣德五年（1430）置应天巡抚，驻苏州府，管辖南直隶江南诸府及江北安庆一府，但不常驻，万历后始常驻苏州。清康熙六年（1667）建江苏省，乾隆二十五年（1760）设江苏巡抚，专辖苏州、松江、常州、镇江四府和太仓直隶州。辛亥革命后，江苏省新政府搬至南京，苏州不再是省会。

现在的大厅规制并不大。原来，清同治五年（1866）重建江苏巡抚衙门，中路原先是七进，现存有四进。前面仪门、轿厅两进还是当初的原物，第三进大厅是在20世纪70年代末或80年代初拆掉的，相当令人惋惜。后来修复时将后厅移作大厅，所以看起来要小一点。现在大厅里有一个常设的展览，介绍曾驻在这里清廉勤政的巡抚。驻苏州的巡抚，大多廉洁能干，其中有许多在历史上比较著名，如明代的海瑞，清代的张伯行、汤斌、裕谦、李沅星、林则徐、丁汝昌等。第四进是一楼房，名"来鹤楼"，也是过去的旧物。

1911年11月5日，就在这江苏巡抚衙门里，发生了一件载入中国史册的大事：江苏巡抚程德全作为清朝的重要地方大员，宣布独立，加入辛亥革命的大潮中来。

1911年10月10日晚，武昌起义，消息传出，全国革命起义风起云涌，革命党人也不断地到苏州来活动。驻苏新军第九镇第三十三组成协下辖三个标，即史称的苏军，基本已经成为革命力量，其中三十五标归省督练公所指挥。江苏巡抚程德全当时还兼江苏督练公所督办，吴茂节为参议官，而吴是积极要求起义的。程在省督练公所倾向革命的新军军官和当地士绅的支持下，决定宣布独立，但他认为苏州无险可守，一贯持重的他还要等一下。在起义前，程已告知上海方面的革命党人江苏即将择机起义的决定。11月3日，上海起义，这时苏州起义的条件成熟了。

据当时参与辛亥革命的吴和士、孙筹成等回忆（文载苏州市政协1990年《苏州文史资料》1—5合辑），4日上午操练时，四十五标标统刘之洁就已经将武昌起义的消息告诉了全体官兵，并预先通告"程抚预备今夜召集全城官吏和士绅开一会议，商讨办法，不日即可正式起义，全标官兵闻之莫不兴奋"，下午又开了动员会。深夜十一点，起义的军官和士绅来到巡抚衙门，他们手臂上都扎着起义的标识白布。程德全当即同意起义，并且召开了会议，向所有的官员宣布这一决定，个别不愿意参加革命的可以离开，像时任江苏布政使左宗棠的儿子左孝同，还有苏州知府何刚德都反对起义，就让他们离开了，没有杀他们。会议上成立了江苏都督府，公推程德全为江苏都督，江苏巡抚署就改为都督府。这天都督府内整夜都在为苏州新的一天做准备，发布命令通知各店各户，第二天全城一律门悬白旗。程德全亲自拟定了"兴汉安民"的口号，用红字书在白旗上，在九声炮声中，革命的白旗高悬在都督府大门口和旗杆上，门口还挂上了"中华民国军政府江苏都督府"的巨型木牌。可见后来孙中山在南京正式成立中华民国政府前，苏州就已打出"中华民国"这个旗号了。第二天一早，不仅苏州城里大街小巷挂满取代清王朝龙旗的白旗，有的旗上还写上新汉、大汉、光复等字样。全城通衢贴有安民六言告示，人们纷纷驻足观看："照得民军起义，同胞万众一心，……共和政体成立，大家共享太平。"这张布告不仅宣布了今后将实行共和政体，还提出了"满汉视同一体"，这比单纯提出"驱除鞑虏"，要进步得多了。11月5日，杭州也在这一天光复。

苏州当时是省会，因此程德全等成立的不是苏州的新权力机构，而是江苏省新的政府，他即以江苏都督的身份，通告全省所属府县，限令到即反正。这一通告对江苏全境脱离清政府控制，起到了积极作用。

江苏是中国重要财赋重镇，程又是以清政府第一个起义的地方大员，其影响非同一般，对辛亥革命在全国成功，有着积极的意义。同时也和沪、杭合力形成了一股强大的革命力量。但是也有人写文章说，因为苏城光复兵不血刃，为表示革命要有破坏，程就命人用竹竿挑去了巡抚衙门大堂上的几片檐瓦，以示革命，语颇揶揄。事实上在起义前和起义过程中，一方面光复是苏州社会的普遍要求，得到了苏州商绅等各界的拥护；另一方面在光复的过程中，安民，是程德全根本的思想，他不想激烈的革命让苏州人民的经济和生活受到扰动或破坏，确保在革命过程中社会稳定和经济不受影响，这其实也符合苏州人民的要求和利益。起义后程德全即以苏军总司令的身份和沪军、浙军会合，一起去攻打清政府在南方的老巢南京，"并且亲率军队前往南京城外督战"。程德全一足跛，又是年过五旬之人，亲赴前线，出发前还发表了誓师宣言，此宣言刊登在辛亥十月初二日（11月22日）上海《申报》上，将苏军西征目标公告天下："肃清江南、再战而覆清都……民国义师……今为发轫之初"，他一是宣告西征的是"民国义师"，二是宣告革命的目标是打下北京彻底推翻清王朝，其军队性质和革命目标非常明确，洵属难能可贵。

11月24日，起义联军会攻南京之役拉开序幕。当时苏军担负攻占南京雨花台到通济门及洪武门左右各要地，并攻入通济门的任务，苏军从苏州出发时，"有当地学生及非学生而志愿从军的一部分青年，亦随军同行"。在苏军借到大炮后，先从尧化门开炮四发，然后"苏军便冲锋到城墙下，架起云梯，扒上城头，进城开门，全军就此进了尧化门"。另一支从雨花台攻进城内，居民也挂了白旗相迎苏军。其他的起义军也先后攻进了南京。

12月2日，苏浙沪联军克复南京，张勋、张人骏等清政权顽固分子狼狈逃出江苏，清王朝在南京的政权机关因顽抗革命被时代大潮冲走了，从苏州搬过去的省革命机关开始在南京运作。南京的光复，标志着辛亥革命进入了一个新的阶段，这也为今后孙中山成立中华民国政府提供了革命的首都。

前些年，学院教师和学生集资在学院门内东侧建了一个南丁格尔提灯巡视病房的铜像，作为白衣天使的楷模，学院每年组织新生在她的像下宣誓，这里花木簇拥，也可以说是一景了吧。西部现在作了花园，是个仿苏州古典园林，也有厅、廊、亭、池诸景，廊壁上嵌有十几方过去一些为政清明的江苏巡抚画像石碑，也显示了这个小型园林的特点。因南宋时魏了翁在此办书院，魏号鹤山，故又叫鹤山书院，所以现在的花园就叫鹤山花园。

胥 门
门迎清清太湖水

胥门，是苏州又一个让人说不尽历史沧桑的古城门，但是长期以来，人们不知胥门在哪里。

2002年5月24日，苏州沿15.3公里长的护城河两侧建设环古城风光带工程启动。其中"姑胥拥翠"就是以胥门为中心进行建设的一个景区，大量利用古城墙搭建的简陋房屋被拆除，露出了古城墙，同时也发现有人利用古胥门搭建了房屋，拆除掉这些房屋，胥门古城门露出了真容："古胥门还在！""古胥门完好无损！"这一消息让人激动，同时也让人对这样重要的文物竟长期不见天日没人过问而叹息。

现存的胥门是元代重建的，但看城墙脚有青石、有花岗石，可知明清两代都有修缮。1975年在正对古胥门的吉庆街居委会，我作为医院派出的专职医务人员，和市公安局、胥江街道办事处一起创办了苏州早期的精神病工疗站。因要走访病人，走遍了这一带的街巷，也听他们介绍这里的掌故风情。当地人都这样说，胥门的得名，是因为春秋时期伍子胥被吴王害死，他要求将眼睛挖出来挂在城门洞里，看越军杀进城来。人们思念这位忠臣，故而将这座城门叫作胥门。但是在唐代的苏州地方志书《吴地记》里说："胥门，本伍子胥宅，因名。"不过，明末清初昆山的大学者顾炎武在阅读《左传》时，发现吴国有个将军叫胥门巢，也就是说，伍子胥未死之前就有了以胥门为姓的吴国贵族了。现在的胥门已经成为免费开放的景点。走过民国十二年（1923）建的石拱桥来远桥，就可以穿过胥门城门洞，走到护城河边。据介绍，现存门洞由三道砖砌拱券组成，第二道与第一、三道垂直相交砌筑，结构与盘门陆门内门相同。拱门高4.65米，宽3.3米，纵深11.45米，地面的石板上还有车辙印。城门洞左、右残存垣长约65米，残高7.2米，砖石尚较完整。苏州原有八城门，但现在只有胥

古胥门外的伍子胥石雕像

门与盘门同为苏州幸存的古城门,可惜的是为防西面太湖来水冲击城市,胥门的水城门好像在宋代以前就被废掉了。

胥门外有瓮城残垣,从残垣看得出瓮城的门开在南北两侧。但是奇怪的是,胥门和苏州其他城门不同,城门外没有桥,护城河横亘面前,波浪悠然南去。在城门外往北约四五十步处,有一座大桥叫万年桥。从军事学来讲,敌军即使杀过万年桥,也要在城墙下往南跑一段路才能到城门洞。当然,这是一段危险万分的路。

万年桥是一座名桥。据说,明代时权相严嵩看中了坚固美观的苏州万年桥,要求拆到他江西的老家分宜县的袁水去。桥是在1558年被拆走的,构件编号装船运到分宜,再重新按编号建起来。苏州胥门外因此无桥将近二百年!到清乾隆五年(1740),苏州知府汪德馨主持修建了新万年桥,民国时改为可通汽车的三孔平桥,但桥墩还是旧桥墩,直至新世纪,又改为以景观为主要功能的大型三孔拱桥。桥面宽10米,长百米,气势雄壮,桥面上还有一百只石狮子。这里河面开阔,市民都喜欢来到桥上看风景。因为桥名好,有的青年人取其万年之意,还喜欢到这里来拍婚纱照。

胥门城外现在建了一个面积达1.5万平方米的伍子胥纪念园，竖有一些石柱、石墙，上面刻着古人咏伍子胥的诗。临河是个水码头，在这里可坐游船作环护城河水上游。北面竖着一尊花岗岩石雕伍子胥像，石像后面是反映建造阖闾大城情景的浮雕墙；另一面墙刻有"相土尝水，象天法地"八个大字。

阖闾成为吴王后，对原有的吴国贵族集团并不是很信任，从边境召回从楚国投奔来并参与策划这场政变的伍子胥，和伍子胥商量军国大事。据最新发现的《清华简·系年》，是任命伍为太宰，而不是《史记》所说的"行人"。

阖闾登基后将建设新的吴都城这件事交由伍子胥来负责。周敬王六年也即公元前514年，是苏州建城的日子。伍子胥建城，城址选择得当，出海方便，境内河流湖泊众多，既能获得充沛的淡水水源，又不易受到水淹。这座苏州城的前身，气势雄伟，是当时中国最大的城市之一。据苏州市规划局前局长徐民苏先生生前告诉我，苏州古城从平面上来说，伍子胥规划的是龟形。我因此联想到在楚国文化中，龟是代表吉祥的神物，和大地气息相通，得水则活，其寿千年。作为城市，规划时其中必有寄托。我在他的指导下细看苏州古城地图，发现苏州古城四角还有水道作四足，有首有尾，果然像龟，说来真是神奇。

我站在胥门，看护城河对面有一大河，自西而东，与胥门外的护城河呈丁字形相通。这条河就是胥江。据说是一条人工运河，因是伍子胥主持开挖，故叫作胥江。这条河的作用，是沟通太湖和护城河，然后将清清的太湖水引入苏州城里。苏州在建城前必然是水网地区，所以在城里开挖了许多河道，构成了全国唯一的水城。这城中的河道网不仅是交通网络，也为城里提供水源，更有一重大作用，就是即使城毁了，以后居民也可以通过识别河道确保找到原址重建故宅。顾颉刚先生说苏州城千年未迁址，这在全国也是唯一的例子。我想，河道所起作用很是关键。

伍子胥虽是楚人，但苏州人对他还是充满了感情，认为他是建造苏州古城的总规划师或总工程师。在胥江的西端靠近太湖边，胥江口形成了一个胥口镇，那里有规模甚大的胥王庙，是当地的名胜。苏州的端午节吃粽子和划龙舟，纪念的是伍子胥而不是后来的屈原。在胥门内有伍子胥庙，今天庙已不存，但伍子胥弄的名称还在。

胥门的南面，有一面积达4万平方米的百花洲公园，里面有一些可供休憩、观景的仿古建筑，有纪念清代贤巡抚汤斌的"民不能忘"坊，景色优美。走过万年桥，桥西是苏州规划展示馆，免费对市民开放。

在规划展示馆前面，门临胥江的是顾宅，苏州《沧浪区志》这样介绍："小型古典园林真如小筑原为顾姓住宅内一小型古典园林，地处胥门泰让桥弄（由斯弄），现由22号后门出入，面积约500平方米。据现存王政（憩棠）书

'真如小筑'题额及碑记知,为清嘉庆二十五年(1820)沈琢堂所建,后为做苏绣生意、开设货庄致富的顾某连同住宅购下。现为民居。真如小筑俗称顾家花园,厅堂建筑、假山鱼池、凉亭曲桥、花果树木等,凡园林之构无不毕具,人称'仿留园'。尤以大黄杨树两棵,及楠木厅前走廊悉用彩色瓷砖铺砌,是为其他园林所罕见……"现在经过整修,顾宅成为一座完整的带花园的江南宅第,其中楠木楼厅工艺精美,建筑细部也有特色。

从花园东门出来,门前是苏州最古的运河胥江,这里景色开朗,护城河、万年桥、古胥门、百花洲公园依次展开,一派水城风光。从这里过泰让桥往西数步,是已修好的古建筑嘉应会馆,常有画展,免费开放。胥江对面过去叫皇亭街,三块乾隆御碑矗立河边,并建有亭子,可供休憩。泰让桥南堍过去有鸿生火柴厂的旧址(控制性保护古建筑),这幢漂亮的洋楼表明了苏州也有中国最早、并且装备和技术水平较高的民族工业。

苏州在1912年前是江苏省会,苏州城里驻有许多衙门,官员往来很长时间里是坐船到苏州的。官船就到胥门靠岸,胥门外还有一个接官厅,先休息一下,然后进城,或上船离苏,这样就形成了胥门繁华的市面,有"金阊门、银胥门"之说。一直到2002年前,胥门内外还是苏州城的一个商业副中心,有影院、菜场、书店、药店、饭店、布店、点心店、南货店、照相馆、百货商店等,车船辐辏,很是热闹。但在环古城风光建设中,这里被大量拆迁,居民和商业建筑面积减少,万年桥变成了高高的不通车的拱桥,景色是美了,但"银胥门"的商气、人气也消散了,变成了一个景点较多、休闲为主的冷清之地。

葑门内外

网师园　坐在道家思想的船上

织造署　红楼斜阳照往事

南　园　鸟语花香里的秘辛

望星桥东　谛听历史的脚步声

定慧寺巷　双塔古寺映清流

洋　关　运河在这里拐了个弯

葑门横街　市井声声最动人

网师园
坐在道家思想的船上

正是人间四月天，网师园殿春簃庭院里的紫藤花开得正盛，花朵在阳光下闪耀着一种紫晶般的光泽，华丽丽地炫人眼睛。身后，一位导游正在介绍："各位朋友，网师园的游览到这里就算结束了。也许有朋友说了，网师园不大嘛！但是，俗话说得好，宁吃仙桃一口，不要烂梨半筐。假如有哪位朋友一心想玩大的园子，苏州有很多，有的有5平方公里，有的有10平方公里，请带了盒饭进去，不然玩到低血糖人昏脱勒半路上，园子还没有走完。打打棚，现在请大家往回走……"

这导游说得大家笑了起来，游客七嘴八舌地附和："格种野豁豁的生态园有啥白相头！""阿拉特地从上海来白相苏州湿地公园呀，侬当阿拉是阿曲死了。"

导游又说："大家蛮有眼光格嘛，阿拉上海的大教授陈从周说过，'苏州网师园，我誉为是苏州园林之小园极则，在全国的园林中，亦居上选，是以少胜多的典范'。'极则'就是到顶了，'以少胜多'就是一粒黄豆大的钻石比一只馒头大的银元宝更加值铜钿。大家看过网师园，这辈子就算不白活了……"

一群游客高高兴兴地出园去了，一面往外走，一面还在东张西望看园中景色，生怕有什么地方刚才没看仔细。网师园确实不大，占地约10亩，仅为拙政园的六分之一，但是当年苏州向联合国教科文组织申请世界文化遗产时，推荐的四座古典园林分别是拙政园、留园、网师园和环秀山庄。不管是外地导游还是本地市民，讲到网师园，除了觉得面积小一点外，就没有认为不好的地方。陈从周甚至赞叹"苏州诸园，此园构思最佳……园以有'境界'为上，此园差堪似之"（《园林谈丛·苏州网师园》）。

网师园虽小，但从苏州传统建筑的艺术来分析，含金量确实高。

网师园的一大特点是住宅和花园的最佳结合。从晋代苏州民间的开山园林辟疆园起，到沧浪亭在宋《平江图》上标为"韩园"，到网师园也一度因主人叫瞿远村（1741—1808）被称作"瞿园"，苏州园林普遍"以园代宅"，无意中突出了花园的地位，但也几乎剥离了园和宅的关系。所谓苏州园林，其实园是住宅的一部分，明清言情小说里"小姐私订终身后花园"的地方，是整个住宅建筑群的从属部分。苏州真正的大户人家，一般不以花园为名而是以堂为号的，比如留余堂潘家或丁家、桂荫堂洪家、显志堂冯家、颐寿堂任家或尤家、怀厚堂王家、仁本堂徐家、彩衣堂翁家……看苏州建筑艺术，先要从整个住宅群来看，园和宅是血肉关系，不能重视了花园而疏忽了住宅部分。网师园的住宅，位于建筑的东部，格局规整，层次清晰，功能分明；而西部的花园和住宅部分比例也很协调，既分为两部分，但多条功能细分的通道又将花园和住宅有机结合成不可分开的一体。

住宅第一进为墙门间，对开黑漆大门，高门槛，抱鼓石分列大门左右，额枋上有阀阅三只，正门东侧设便门，供下人出入，这是苏州有做官背景的大户人家一种低调又气派的大门。跨进门槛，两边是附房，过去一般分别是门房和账房间，也有安排裁缝长年在内为全家制衣的。然后是轿厅，女眷的轿子要抬到第二进的轿厅歇下，女宾在此下轿，这样可以避免街上人和墙门间里的下人或其他闲杂人看到后评头品足。网师园的墙门间和轿厅相连，有点特别，这样的好处是可以避免走水路，同时相连的过道两边靠窗下，设有红漆长凳，供一般来人先坐着，让门房人进去通报，然后再通知是主人出来迎接还是同意客人自己进去。《红楼梦》（甲戌本）第六回中："只见几个挺胸叠肚指手画脚的人，坐在大凳上，说东谈西呢。"网师园的这两条大板长凳，就是《红楼梦》里说的"大凳"，但主人是不坐的。

再进去，是大厅。苏州古代大宅一般第三进是花厅，第四进为大厅，第五进为楼厅，但网师园第三进就是大厅，第四进为楼厅，之所以少了花厅，是为了腾出后面的空间建一座风雅的五峰书屋。楼厅用来接待女宾，男宾一般不到这里，如女宾有小解之类需要可以上楼，比较隐秘。大厅叫万卷堂，按照清代学者钱大昕所撰《网师园记》，这里的堂名应该是"有堂曰梅花铁石山房"，这里在宋代时为吏部侍郎史正志的万卷堂，现仍用宋时堂号，可能是新中国成立后整修此园时为了体现园子的悠久历史吧。万卷堂是比较典型的过去苏州大户人家的主厅，厅当中白漆屏门，屏门上高挂万卷堂堂匾，白底黑字，醒目而端庄。有的人家堂匾用黄底黑字、朱底黑字，也是可以的，但不能用朱底金字或蓝底金字，匾上也不能有花饰围边，这是苏州民宅用堂匾的规矩。屏门上挂中堂画一幅，以山水、松鹤或远祖事迹类题材为宜，两边配一副书在纸上的对联，东、西墙壁上挂些字画，仕女之类的画就不合适了。屏门前放一张硬木的条形桌，叫天然几，上面放些古玩、插屏钟、观赏石、帽筒之类。天然几两边各是一只花盆架，上放绿叶盆景。万卷堂作为大厅，是黑漆柱子，下面是无雕刻花纹的素面础石，这都合乎苏州人家的规矩，就是简单中显示殷实，朴实中体现身价，采用画龙雕凤、朱漆描金、乌木錾银字联牌的，比较少。梁头棹木有木雕"官翅"装饰的，俗称"纱帽厅"，一般是家里有人在京中做大官才有，总的说来在苏州住宅十中无一。坐在厅里，可以看见对面的门楼，这种门楼是给厅里客人坐定下来观赏的，叫对景门楼。网师园的这座乾隆年间建的门楼，是苏州一宝，其雕刻之精美，可能在苏州城里也是数一数二的。男宾要进园，就从大厅西边门进入，并不再往后走楼厅进园。在轿厅也有边门，那是身价达不到进入大厅的客人入园的通道。建筑安排了供身价不同者分别使用的功能，等级森严、男女不混，体现了过去封建社会的秩序。

大厅后的一进楼厅叫撷秀楼，以精致为特色。楼厅有西侧门可入园，但如果有男宾在园内，女眷自可从东便门进入另一个后园，这里也是一个小庭院，一样有假山、花木等，是一方精致、幽雅的天地。

网师园前面的巷子原先叫王思巷，在瞿远村之前三十多年，乾隆时曾任光禄寺少卿的长洲人宋宗元购得此地建宅园，这是在宋代人史正志以后，再次在这块土地上建园，他取巷名的谐音，园名就叫"网师"。网师者，以渔父为师之谓也，并不表示他想做个打鱼人。《庄子》里写了孔子请教渔父的几段对话，其中讲了渔父以圣人的身份对孔子讲了许多为人之道，如"谨修而身，谨守其真"，"真者，精诚之至也"，"故圣人法天贵真，不拘于俗"等。宋宗元以网师为园名，体现了一种修身守真的人生态度。再看园中的一些建筑取名，如云窟、集虚斋、梯云室、月到风来亭、五峰书屋（济南五峰山为道教名山）、云岗等，无不体现了园主对道家隐居养生的追求。

既以网师为园名，建园自然要体现水的元素，网师园以水池为中心，进行了独具匠心的设计。池叫彩霞池，面积约半亩。彩霞池至少有三大特点：首先，此池全用黄石砌成，沿池布置钓矶、假山、花木和亭榭，池岸西北、东南两隅，各有水湾一处，曲折深奥，有源源不尽之感。南面的黄石假山名叫"云岗"，体量不大，但黄石质地坚厚敦实，颜色深沉，所叠假山嶙峋多骨，和灵巧多姿的太湖石假山相比另有一种风格。

其次是彩霞池的平面形状是龟形，主池为龟身，比较丰满。池的东北面为龟尾，东南面为龟首，龟是中国古代传统文化中的长寿神物。而在龟首头颈上，建有三尺小桥"锁"住此龟，此桥又叫"引静桥"，苏州人俗称"三步

网师园里最小的石拱桥引静桥

桥"。龟形池和引静桥，既反映了园主人的道家人生哲学，也是道家气功的特点，反映出网师园在苏州诸多古典园林中体现出的另一种文化内涵。

围绕彩霞池，还布置有射鸭廊、濯缨阁、月到风来亭、看松读画轩、竹外一枝轩、临水曲桥等，每个景点都不相同，又构成和谐的整体。往西的庭院殿春簃，占地仅一亩，却有轩、书房、冷泉亭、芍药圃、假山等，环境清幽。1978年，美国纽约大都会艺术博物馆相关人员来苏州参观了古典园林后，十分赞叹，要求在大都会博物馆内也建一代表中国建筑艺术的建筑。上海同济大学陈从周教授建议仿建殿春簃，得到同意，并取名叫"明轩"，由苏州先在东园里按陈从周设计的图纸建实物。明轩建好后，美国方面来看了以后十分满意，由苏州另觅建材运到纽约，并由苏州工匠施工，在大都会博物馆内又建成了一个明轩。明轩是陈从周基本按殿春簃设计的，建成后，得到各方好评，同时也展示了中国特别是苏州文化的风采。

织造署
红楼斜阳照往事

如果我要介绍苏州第十中学，可能许多苏州以外的读者会感到陌生，如果我说这里曾经有个人，可能是《红楼梦》的第一作者，必定会有人感到奇怪：这是怎么回事？

苏州第十中学现在的大门是朝北开的，其实正门在南面，朝南面河，黑漆大门，一对石狮子，八字墙，完全是古代衙门的模样。确实，这正是清代苏州织造署的大门。如果和王翚的康熙《南巡图》对照，除没有了当年东、西栅门和沿河房子外，大门没有大的变化。诗人柳袁照2002年任第十中学校长后，致力于挖掘整理学校的历史文化，其中一件事是在进大门后的第二进照门的后壁，刻了一幅清代时苏州织造署全图，从此图上可见当时苏州织造署的盛况。

苏州向来以织造精美的绸缎著名，元代至正年间皇家即在苏州设立了织造局。明洪武元年（1368），朱元璋下旨继续设立织造局，由地方官负责催促苏州工匠给朝廷织造丝绸。永乐时改由太监负责，太监来任此职后，给苏州带来了无穷祸害，苏州人民也和皇家太监作了斗争。

清顺治三年（1646）开始，朝廷又在苏州设立织造署，主官就叫苏州织造。到了康熙皇帝时，派任此职的都是亲信，并直接向皇帝负责，其职能除了负责组织苏州一流机匠为皇家织造各种绸缎外，另一项主要工作是担任皇帝在江南的耳目，专门向皇帝呈送密折，报告苏州等地的民情等，让皇帝从另一渠道掌握江南的情况。

康熙时苏州织造叫李煦，康熙皇帝六次南巡，四次到苏州都是由他负责接待的，以至造成了苏州织造署巨大的财务亏空。《红楼梦》中写贾家大女儿元春的判词是"虎兔相逢大梦归"。康熙六十一年（1722）是壬寅年也即虎年，康熙帝在这一年驾崩；雍正元年（1723），这一年是癸卯年，兔年。虎年、兔年之际，书中的贾家"大梦"破碎。正是在雍正元年的正月初十，上谕内务府查抄苏州织造李煦在京的家产，当天内务府就奏请逮捕李煦之子及管事家人等，并称"近年李煦疾病缠身，糊涂，凡事不能亲办，皆交其子、家人等办理，方谎用、亏空如许钱粮"。《红楼梦》第一回中借癞僧诗偈说"好防佳节元宵后，便是烟消火灭时"。这一旨意再传达到苏州，大概需要五天左右才能执行，时间上推算正是元宵佳节。

苏州人李果是李煦的幕僚，他在李煦死在关外后，不畏皇威，为他写了一篇《前光禄大夫户部右侍郎管理苏州织造李公行状》，将李煦冤案内幕曲折地披露了出来，其中写道："己卯春圣祖行省方之典，奉皇太后南巡，癸未圣祖临阅河工，乙酉、丁亥两年巡幸如前，凡四遇，翠华南幸，车舆服御、行宫帐殿、大官尚食，应织造供顿，公竭诚致慎。"李果说的"凡四遇"，是指李煦在苏州接待康熙南巡一共四次。当然，曹寅在江宁也是接驾四次，在《红楼梦》（甲戌本）第十六回，借赵嬷嬷之口说："……还有如今现在的甄家（朱旁批：甄家正是大关键大节目，勿作泛泛口头语看），嗳哟哟，好势派！独他家接驾四次。若不是我们亲眼看见，告诉谁，谁也不相信的。别讲银子成了土泥，凭是世上所有的，没有不是堆山塞海的。'罪过可惜'四个字，竟顾不得了。"

李果的《行状》还介绍说，李煦的夫人姓韩，是个汉人，早于他逝世。他还有两个儿子，一叫李鼎，一叫李鼐，《红楼梦》中史湘云有两个哥哥，一名鼎、一名鼐，大概作者也是对李家的某种暗示吧。

按照《红楼梦》原著的创作计划，主人公贾宝玉家最终是"落了片白茫茫大地真干净"，而现实生活中，除李煦流放关外外，全家二百二十七人全被雍正皇帝发卖或送官员家为奴。李家在皇帝的迫害下，正是"落了片白茫茫大地真干净"。而曹雪芹在北京还是有房子，并娶妻成家有了孩子，没有落到片瓦无存、家里一人不剩的"白茫茫"地步。

《红楼梦》的一大特点是书中有许多昆曲，曲词警醒，造诣很高。据清代苏州人的笔记，李煦之子李鼎在苏州时，很喜欢昆曲，自己还粉墨登场演出。在康熙五十四年（1716）十二月初一日的御前会议上，户部尚书赵申乔等奏，江宁与苏州两处织造俱有巨额亏空。打这报告时，江宁织造之子曹雪芹才一岁。后在康熙帝的安排下，苏州织造李煦为南京织造曹家弥补亏空。到雍正元年（1723）一开年，李煦就被抄家，这年曹雪芹才八岁。曹家遇到这样的经济压力和政治形势，以后曹雪芹的成长过程中不可能大量接触昆曲（当时昆曲以家班演出形式为多，要有相当财力）。雍正五年（1727）十二月二十四日曹雪芹十三岁时，雍正皇帝命江南总督范时绎查抄曹家。曹雪芹十三岁时在南京抄家后被发配至北京，生活贫苦，怎么有可能积累这么丰富的昆曲知识？清人

苏州织造署大门

　　裕瑞（1771—1838）在《枣窗闲笔》中记说："闻其所谓'宝玉'者，当系指其叔辈其人，非自己写照也。"这记载的是清代北京文人圈中的一个传闻，可见那时人们也并不全相信《红楼梦》中的事和曹雪芹有关。而有的专家研究发现，裕瑞的舅舅和曹雪芹认识，这个"闻"，还是有一定来历的。李煦的长子李鼎，生于康熙三十三年（1694），从曹家和李家的关系来看，李鼎确实是曹雪芹的叔叔辈。

　　现在走在苏州十中的校园里，树绿花香，书声琅琅，那场惊心动魄的宫廷和官场斗争已过去了将近三百年，校园里已无处寻觅大观园（大观园可能是苏州诸多园林精华集成的虚拟之园吧）的痕迹。不管怎样说，《红楼梦》中有许多关于苏州的信息，而我认为，这些信息的来源，主要和苏州十中前身的织造署有关。研究《红楼梦》创作和苏州织造以及李煦、李鼎父子的关系，必将为红学研究开辟一个崭新的天地。

　　清乾隆四十四年（1779），为迎接皇帝明年的第五次南巡，苏州织造署开始装修设在署内的行宫。为了点缀行宫前的庭院，织造太监命将一峰原在阊门外徐家东园（今留园）内的太湖石瑞云峰搬移到织造署西行宫内。今天苏州十中的西花园，北部有一水池，池中即竖着这块宝贝石头。经过改造装修，苏州织造署的李家痕迹基本消失。但京城已有了《红楼梦》抄本，人们抄了作为商品出售。到乾隆五十六年（1791年），苏州举人程伟元和商鹗编辑刻印的一百二十四《红楼梦》（即程甲本）问世。人事有代谢，往来成古今。苏州织造李煦家的故事，成了小说的素材之一，而如今的苏州十中校园里已是春水无痕。

瑞云峰被誉为"妍巧甲于江南"，大大小小的涡洞相套，褶皱相叠，玲珑多姿，仿佛一块凝固的云。峰上小下小，中间丰厚，略呈菱形，峰高5.12米，宽3.25米，厚1.3米，这样的体量在太湖石中属于比较大型的奇珍了。

瑞云峰不仅石形符合太湖石"漏、皱、瘦、透"的美学标准，而且经历奇特。苏州太湖里本来有两块奇石，一叫大谢姑，一叫小谢姑，宋徽宗时苏州人朱勔主持"花石纲"，采了大谢姑送至汴梁，放置在御花苑艮岳内，宋徽宗很喜欢，还封石为"昭功神运石"、"盘固侯"。小谢姑未及启运，留在了苏州太湖边（一说沉到水里了）。到了明代，有一位官至国子监祭酒的苏州人陈霁，将此石运到自己家里，谁知半途船沉没了，打捞了半天，只打捞出瑞云峰，却将底座石丢失了。后来陈家家道中落，瑞云峰被卖给了湖州人董份。董份的曾孙就是《西游补》作者、在苏州灵岩山出家当和尚的董说，这董家实在和苏州有着很多的关系。董份购得此石后，想运回湖州，半途也是船沉没，瑞云峰又落入水中。董份不惜代价地打捞，结果只捞出了底座石，却在一里外的湖底找到瑞云峰。后来董份的女儿嫁给太仆寺少卿徐泰时，董听说女婿喜欢石头，家里又有东园、西园两座花园，就将瑞云峰连底座石一起送到苏州来给女婿了——这真是一份厚礼啊。

太平天国运动中，苏州织造署毁于兵燹，原址仅瑞云峰和康熙和乾隆两位皇帝的专用御井尚存。战乱平定，曾国藩等重建了织造署，还为光绪皇帝大婚织造了许多精美的绸缎，后来织造署慢慢走向了消亡。清光绪三十二年（1906），王谢长达（谢女士夫家姓王）创立振华女中于此，章太炎、蔡元培、李根源、胡适、陶行知、叶楚伧、竺可桢等担任校董（一所中学的校董竟如此牛，在今天简直匪夷所思）。从此，苏州织造署旧址成了培养人才的摇篮，并发展成苏州乃至江苏的名校。"文化大革命"中，苏州十中的红卫兵用火烧加水浇的方法，让织造署门口的那对花岗岩石狮残缺了腿，但好在没有去破坏瑞云峰，瑞云峰至今完好，实属庆幸。从此，瑞云峰在校园里，一直有孩子的书声滋养，真可谓得其所哉。

南　园
鸟语花香里的秘辛

在人们的印象中，苏州就是小桥流水如后花园般的城市，悠闲、恬静，甚至有些平淡，苏州人费穆导演的《小城之春》里的苏州，就是这样的韵味。其实苏州也未必一直超然在桃花源里，国家的许多重大事情或重要人物，和苏州有着关系。

比如十全街上的南园宾馆（另一东门开在带城桥路），曾接待过美国前总统卡特先生、美国前国务卿基辛格博士、英国保守党领袖撒切尔夫人、日本前首相海布俊树、新加坡资政李光耀和总统王鼎昌及比利时、荷兰、芬兰、冰岛、哥伦比亚、智利、新西兰、坦桑尼亚、科特迪瓦、马来西亚、越南、缅甸、印度、尼泊尔、韩国等国家的元首、总理、议长等重要贵宾。曾在这里下榻的党和国家领导人有江泽民、李鹏、朱镕基、李瑞环、李岚清、胡锦涛等，还有朱德、刘少奇、周恩来、陈云、陈毅、邓小平、叶剑英、胡耀邦、赵紫阳、华国锋、万里、杨尚昆等老一辈领导人，所以人们就说南园是"国宾馆"。

南园，其实是苏州一个古老的名字，五代吴越国时，吴越国广陵王钱元璙及其子指挥使钱文奉在苏州建了南园，前后经营达三十年，园内厅堂亭榭极多，集园林之胜，有"胜甲吴中"之称。当时的南园占地极大，应该在今人民路以西的古城西南隅。后来南园被历史长河冲刷得无影无踪，但许多人喜欢将今十全街往南这一带区域叫南园，新中国成立后还有以种菜为主业的南园大队，一直到20世纪80年代初叶，十全街南还有大片农田。

但就是这样荒凉的地方，也开始被人所留意。

这还得从蒋介石说起。在他还未和宋美龄结婚时，蒋其实已和浙江纸商之女陈凤结婚，陈凤即后来改名的陈洁如。而且，喜寻花问柳的蒋介石也曾纳苏州女子阿巧（大名姚冶诚）为侧室。

南园内的善庆禅院

　　转眼到了1927年，蒋介石为了自己的政治前途，决定和宋美龄结婚并改信基督教。对于姚阿巧，蒋介石是托给吴忠信照料的。吴忠信是安徽人，同盟会员，蒋留学日本的同学，也是辛亥革命中的重要人物，民国后长期追随孙中山，担任要职。大约在1922年后到苏州，在凤凰街孔副司巷买了宅园（今为某机关办公场所）。蒋将姚阿巧介绍给吴后，吴先让姚住在自己的府上，然后寻觅土地，在蔡贞坊7号那个地方，买到了地，开始建房，据说工匠是从宁波请来的，花了两万银圆。这蔡贞坊7号门对小河，再往南是一片农田，宅西是一建于清同治八年（1689）的小型佛寺善庆禅院，这个地段少有杂人，环境幽静，地址比较理想。

　　园中的主建筑，今天叫丽夕阁，这是一幢三开间三层的青砖洋房，楼上为住房，楼下为会客场所，三楼作储藏室。蒋纬国也一起住了进来，后来在东吴大学附中和东吴大学读书。姚阿巧住进来后，由蒋提供生活费用，并安排有管家。这样姚就开始了没有丈夫也不能再组家庭的人生，和外界接触也被加以限制，或者说这其实是某种形式的"软禁"。好在姚冶诚是一个不太识字的女人，也没有什么大的欲望，在新宅园里打打麻将、念念佛，打发余生。丽夕阁后来外观略有改动，但主要风貌依旧。蔡贞坊7号的原大门，却还在原址，门脸很小，并且略有些向西侧，从东面走过来不至门前绝对看不到门，可能是出于一种军事目的的设计。

　　1952年，苏州市人民政府将姚氏住的宅园和何亚农的宅园（何的妻子是苏州名门之女、创办振华女学的王谢长达的三女儿王季山，所生的二女儿何泽慧是中科院院士，二女婿是物理学家、中科院院士钱三强，两人曾住在何园里的观木楼中）等，拆除围墙，合为一个占地约200亩的大院子，作为苏州招待重要客人的招待所。大门改为北面走十全街了,南面的门不再用于出入。

姚冶诚1937年去重庆,据说蒋也曾去看望过她。抗战胜利后姚回到苏州,继续住在南园。1949年局势变化,蒋不愿她留在大陆,将她接走,后她一直住在台湾直至1966年逝世。蒋纬国在台湾一直很怀念南园的这段生活经历,据苏州大学张梦白教授生前告诉我说,蒋纬国没有拿到东吴大学毕业证书,心中总觉少了什么,到了晚年说起此事,还为没有拿到毕业证书而不能释怀。

南园宾馆成立后,第一个接待的重要领导人是陈毅元帅,后来陈云等也很喜欢这里。"文化大革命"中,国家各种矛盾空前尖锐,党内斗争也很激烈,政治生活、社会秩序很不正常,作为党中央"第二把手"的林彪,也住进了南园,这样就可回避参加许多重要的决策。在他入住期间,他对丽夕阁(此名为1960年苏州文人所起)的地下进行改造,主要是以防战争一旦打响,住在里面的人可以迅速安全转移。

林彪入住后,警卫工作更加严格,整个南园只为林彪使用服务,南园也就更加神秘了。林彪和毛泽东的矛盾不断加深,终于闹到不可调和的地步而出走,最后摔死在蒙古,这是中国当代历史上一个绕不过去的事件。而后来又揭露出来,林彪在苏州期间,和其亲信策划武力解决和毛矛盾的方式,这一设想虽未付诸实施,但有详细的记录,名叫《"571"工程纪要》,起草于1971年3月下旬。据其亲信受审时解释,"571"是武装起义的意思。这一材料当时作过传达,下发的还是影印件,所以不是保密文件,今天可以轻易查到,并无忌讳。其中反映出林和毛的矛盾主要在关于当时国家治理,如"文化大革命"的一些做法等方面的政治见解上,已经到了水火不相容的地步。更多的资料说这份"纪要"是在上海写成、在北京的空军学院发现的。但也有比较权威的说法,苏州和《"571"工程纪要》的起草有一定的关联。今天,南园宾馆将丽夕阁的地下设施对外开放,并在车库的入口处,停放一辆当年林彪乘坐的专车之一红旗牌轿车,车库门上面写有"《'571'工程纪要》遗址"字样,但不是官方的认定。

这遗址我也曾进去过,我的感觉这其实是一个逃生通道,大约有三四个出口,里面有一个很小的休息室,生活设施也很简单。今天客人到南园宾馆里来,更多的是休息、品尝美味佳肴、会亲聚友,鸟语花香,香车美女,灯光迷离,觥筹交错,谁还记得当年那场惊心动魄的斗争呢?如果没有那场史无前例的"文化大革命",还会不会催生出《"571"工程纪要》这样的秘密文件呢?

我的老师宣树铮先生曾经说过:"历史就像一座山,越靠近越看不清楚。"是啊,到了南园,劝君更进一杯酒,历史的问题就交给历史学家去解答吧!

望星桥东
谛听历史的脚步声

在东京国际法庭上的风采

1995年，那年正值抗日战争胜利五十周年之际，好像是一个春天，一位苏州大学的朋友告诉我，国际大法官倪征燠先生回母校来了，要给学弟学妹们作一场关于东京审判战争罪犯的报告。

我听了十分激动，倪老是当年设在东京的远东国际军事法庭起诉日本战犯的检察官，是在国际法律战场上参与那场正义与邪恶较量的当事人和见证人。他能来家乡亲口讲述那段往事，实在是难得的机会，我一定要去见见这位中国法律界骄傲的大法官的风采。

倪老演讲时，会场里座无虚席，许多人还站着，气氛极为热烈。

倪老先生1906年生于吴江黎里镇，1928年毕业于东吴大学（苏州大学前身）法律系，他这次来苏州演讲已是九十高龄。但他思路清晰，往事记忆清楚，对师生娓娓道来，让人听得热血沸腾，刻骨铭心。1948年11月12日，远东国际军事法庭庄严宣判，东条英机、松井石根、板垣征四郎、土肥原贤二等七名战犯被判处极刑。而这七人中有三人是由倪征燠直接负责公诉的。他们在法庭上极不老实，日方又在战时大量销毁原始资料，但由于倪征燠等中方检察官在极为困难的情况下，仍然准备了充分而确凿的材料，揭露了他们的罪行，让这些当年将中国拖入深重灾难、让中国人民蒙受巨大生命和财产损失的犯反人类罪的恶人，得到了应有的惩处。

苏州大学的孙宁华老师告诉我，由于东京审判采用的是英美法程序，中国赴远东法庭的法官、检察官、顾问、翻译等几乎都来自苏州大学前身东吴大学法学院。他们是：向哲浚（检察官）、倪征燠（首席顾问）、桂裕（检察官顾

东吴大学当年的主楼林堂,又叫钟楼

问)、鄂森(检察官顾问)、裘邵恒(首任检察官秘书)、高文彬(翻译、检察官秘书)、方福枢(法官秘书)、杨寿林(法官秘书)、刘继盛(翻译)、郑鲁达(翻译)等。另据浙江媒体报道:"审判结束后不久,桂裕去台湾大学任教,是海商法的权威教授,又是著名的保险法专家。曾在1958年参加联合国第一次海商法会议。著有《海商法》、《海商法新论》、《保险法》、《保险法论》、《司法制度之检讨及改进》等。台湾的大法官有三分之二以上是桂裕的学生,陈水扁、马英九、张俊雄、焦仁和、施启扬、谢长廷等台湾政界人物和著名作家李敖,都出自其门下。"(浙江省政协《联谊报》2005年9月3日)

现在有文章介绍东吴大学法学院所教的学生精通英美法,但因为新中国成立初实行"一边倒"的国策,主要借鉴苏联法律来建立新中国的法律体系,因此新中国成立后较长一段时间里对以前东吴大学毕业的法律人才不予重视。其实东吴大学培养的法学人才并不局限于英美法。孙宁华老师又说:"1926年,东吴法科开始开设一年期的研究院课程,成为国内首个开设法学研究生教育的大学。由于主要目的是培养学生通晓英美法、罗马法以及希伯来法体系,东吴大学的师生在以英美法为审判程序的东京审判中贡献卓著,中国赴远东法庭的法官、检察官、顾问、翻译等几乎都来自东吴法科,东吴大学法学院也因此青史留名。从20世纪30年代到90年代,国际法院一共有过六位中国籍法官,从顾维钧开始,一直到1997年的联合国前南国际刑事法庭法官李浩培,都是东吴法学院的教授或毕业生。"

一枝祖根两枝花

我在苏州大学了解这段历史时,在当年的东吴大学校门前不禁驻足长久。东吴大学的校门是中大两小三个拱券门。中间门洞两边镌刻着一副黑字对联,是孙中山的手迹:"养天地正气;法古今完人。"据苏州大学一位领导告诉我,这本来是孙中山写给蒋介石的。

那对联又怎么到这儿来了呢?

原来,东吴大学是美国基督教会监理会(1939年后和美以美会合并改名为卫理公会)来到中国兴办教育和传教事业的产物。

1900年,孙乐文以1896年在苏州宫巷所办中西书院为基础,在苏州博习书院旧址(还加上由本地人买后相赠的土地和捐了建围墙的钱)在这个地块上扩建为大学。1900年12月制定校董会章程,推林乐知(Young J. Allen,万国公报创办人)为董事长、孙乐文(David L. Anderson)为校长,20世纪初中国第一所民办大学东吴大学就这样在苏州古城东南一个名叫天赐庄的地方诞生了,这也是中国第一所非官方办的学校。到了1927年,中国国内的形势发生了很大变化,东吴大学毕业生杨永清以中国人身份当选东吴大学首任中国籍校长,为表祝贺,蒋介石乃以孙中山的这副手书对联相赠。杨获得后,就以孙的题词作为东吴大学的校训。这一手迹放在东吴大学设在上海的法学院里,1952年6月经华东军政委员会批准,该院和原圣约翰大学、复旦大学、南京大学等九所院校的法律系、政治系和社会系合并组建成立华东政法学院,这一珍贵手迹仍留在上海而没有回归校本部。

东吴大学是一所规模较小的大学,只有文、理、法三个学院,但校园清静,校风正,学习严,毕业的都是为人正派、才华横溢的优秀才俊,因此蒋介石慕名让其子蒋纬国也就读于此校,但是,最终也没有拿到毕业证书。我的姻亲长辈1946年入学东吴大学生物系,原本1949年7月就毕业了,因是中共地下党员,5月奉命参加接收刚解放的苏州,其实全部学业完成、也已拿到全部学分,但就因差这两个月,没有拿到毕业证书,可见这所学校管理之严。他只好笑着说,"我们学校生物系全用英语教学","我们生物系当年曾解剖了中国第一只大熊猫"……对没拿到毕业证书和学位证书还是服气的,因为这是学校的规矩。

1952年,全国高校院系调整,中国的十四所外国教会办的大学或撤并或调整,东吴大学也在法学院划出去后,以苏州部分(文、理学院)和苏南文化教育学院、江南大学数理系合并,成为苏南师范学院,同年又定名为江苏师范学院,在原东吴大学校址办学。到这时,东吴大学在大陆完成了历史使命,翻开了新的一页。它为国家培养了许多在现代和当代历史上都留下名字的优秀毕业生,它的历史将永远不会磨灭。

在当年东吴大学校门往西走不远处,有一座小平桥,叫望星桥。桥两边景色秀美,但桥本身很不起眼。有人告诉我说,有一批东吴大学的毕业生和赴台湾的东吴大学教职员工，倡议在台湾也建一所东吴大学，并在1951年成立了董事会。先是在台北设立了东吴补习学校，后在师生的努力下，于1954年被核准为大学，这是台湾第一所民办的综合性大学。在台湾东吴大学外双校区校门口的至善路上，也有一座桥，桥名也叫望星桥，这是去台的苏州东吴人特意起的，至今还将东吴大学的校标矗立在桥头，学校内并因此桥而衍生出望星广场、星桥美术社，表示不忘学校祖根之情。此外，台湾的东吴大学，还是用原来的校徽，甚至校徽上还是苏州的英文"SOOSHOW"，学校的英文名也是"Sooshow University"，意即苏州大学。苏州大学的校徽仍用当年东吴大学的校徽，不过将"东吴"改为"苏州"而已。苏州大学和台湾东吴大学，就如一个根上的两枝花，盛开在海峡两岸。今天，台湾的东吴大学和苏州大学，还保持着合作交流关系。

美丽端庄的校园

我对苏州大学是比较熟悉的。早在20世纪80年代初，我还在苏州市卫生局工作时，电影艺术家于蓝女士来苏州要寻找外景地，就曾陪她去考察过校园。当时她带的是北影厂的美工刘谊，他们进入校园后，对眼前看到的景象十分震惊，说没有想到苏州会有这么美的校园。刘谊更是当场画起了速写。

这次，我让孙宁华老师陪同看了一下东吴大学校园旧址，感受和当年更是不一样了。东吴老校园已经被列为江苏省文物保护单位，校园的建筑围绕着一片大草坪，坐北朝南为主楼，东、西各布置了一些教学楼，这些建筑从总体上说是西式建筑，掩映在树木中，整个校园空间里有一种肃穆、宁静、清澈、理性的气息。

孙老师边走边介绍说：东吴大学校园在总体格局和景观营造上秉承西方式的井然有序和平铺直叙的手法，如轴线对称、道路齐整和规整宽阔的草坪，大致上保持着西方人的审美情趣。但局部又会点缀小块迂回曲折、意境深远的中式园林，如1929年学校运动场东隅堆土垒石建造的"石岩花园"和仁寿亭（今名沁心亭），亭台水榭，曲岸假山一应俱全，明显借鉴苏州园林的造景方法，尺寸不大却为校园增添几许灵动之气。

习惯上被称作钟楼的建筑早年又名"林堂"，是学校最古老的教学主楼，由英国设计师设计。钟楼以红砖勾勒框架和窗楣，青砖填充墙面，而柱式、线脚和花饰则为石制。高高耸立的钟塔在外廊和两边壁柱的衬托下显得端庄而优雅，青红砖墙与石材条带组合而成的色彩基调沉着而明快。建筑上层的钟塔位于校区的中轴线上，顶部有报时大钟。钟楼在建筑形式上无论在当时还是历经百十年后的今天，都是整个学校的标志性建筑。钟楼落成后，成为当时苏州地区规模最大的西式建筑，首任校长孙乐文（David L. Anderson）为此十分自豪，他自豪地在回忆录中写道："我怀疑在中国是否还有另外一幢这样漂亮的大学建筑，恐怕没有比这更合适我们工作的大楼了。"

建于清宣统元年的孙堂

在林堂西面爬满青藤的叫精正楼，又名"孙堂"，是为纪念首任校长孙乐文而命名。其外观呈现欧洲中世纪寨堡古朴厚重而内敛的特色。主立面采取哥特式复兴构图，轮廓整齐庄重，比例均衡和谐，入口处理成高大突出的尖券门廊。尤其值得称道的是，中国工匠以高超的砖工技巧充分表现出西方传统建筑中复杂的线脚和装饰，风格纯正，工艺精湛，具有很高的艺术和技术水平，是近代西式风格建筑中难得的精品。

"葛堂"位于钟楼东面，于1922年奠基修建，是一幢为纪念葛赉恩（J.W.Cline）校长的父亲而命名的理科大楼。"葛堂"外观方正朴实，以竖向线条做三段式处理，以哥特式扶壁和尖拱门洞装饰突出强调正中的入口大门。"葛堂"同样以红砖砌筑，造型简洁。

1934年、1935年分别建成的学生宿舍"维格堂"、"子实堂"（林堂、孙堂、葛堂、维格堂、子实堂统称"东吴五堂"），这些建筑各具风格，但又都是和其他建筑和谐统一的欧美风格。北部还有一排六座与当时校门平行的小楼，造型美观，据说是美国西部住宅式样，陆续建成于光绪三十三（1907）年至1919年，将近一百年了，还很完好，这在其他地方已很少见。东吴大学的各式建筑从1903年至1935年，分十次陆续建成，1936年还建成了健身房。如果不是日本加紧侵华战争，东吴大学肯定还会继续建设下去。今天所能看到的这些建筑虽然每一幢都不同，但用材都以红砖叠砌为主的砖木混合结构，装饰上都有罗马式古典石柱和圈廊组合在一起，整个校园显得整齐而又富变化，疏朗而又气势磅礴，突出了教会学校建筑的异国风采，具有明显的时代特征。东吴大学无论建筑还是办学，是当时苏州古城内一道独特的风景线，也是苏州走向现代化进程中的一个重要成果，其留下的精神和文化，值得研究、总结和发扬。

在苏州城的东南部，清末民初其实形成了一个苏州对外开放的集中区域，对苏州当时的社会进步、现代化演变过程，起到了很大的推动作用。除了洋建筑的海关（苏州人叫洋关）在葑门外的灭渡桥外，教育和医疗建筑集中的那个地区名叫天赐庄。天赐庄这一带外来建筑群和苏州原有城市风貌和谐相处，留下了一个值得今人珍惜的成功范本。

江苏首家现代医院

清光绪二十三年（1897），上海的《点石斋画报》六集利三，以《宝镜新奇》为题，介绍了刚传入我国的X光机："苏垣天赐庄博习医院西医生柏乐文，闻美国新出一种宝镜，可以照人脏腑，因不惜千金购运至苏。其镜长尺许，形式长圆，一经鉴照，无论何人，心腹肾肠昭然若揭。苏人少见多怪，趋而往观者甚众。该医生自得此镜，视人疾病即知患之所在，以药投之，无不沉疴立起。以名医而又得宝镜，从此肺肝如见，药石百灵，借彼光明同登，其造福于三吴士庶者非浅。"报道者又发议论说："西医精益求精，绝不师心自用，如此宜其技之进而益上也。"正是媒体这种坚持推荐先进和批判落后的立场，启发了民智，推动了社会进步。

这里讲的"苏垣"就是苏州，柏乐文（Park William Hector，1857—1927）为美国监理公会传教医师。1882年5月20日，美国监理公会派遣两位刚从美国医学院毕业的医疗传教士——柏乐文和其姐夫蓝华德（Walter Russell Lambuth）从纽约出发，取道英国，于12月2日在上海登陆，12月17日到达苏州。在苏州葑门内购地七亩，创办医院。1883年4月8日，医院破土动工；11月8日，医院正式开业，名博习医院（Soochow Hospital）。整个筹建过程很快，据医院人士说这是当时全国第九所综合性西医医院，也是江苏省第一所现代医院。

博习医院刚建之初，门诊部和病房还都是粉墙黛瓦的江南民居式平房。1888年，柏乐文又创办了医学班培养学生，苏州培养现代医生的历史可能要从这时算起。到了1922年，柏乐文又耗资二十万银圆，拆除旧平房，在原址建起了新的两层门诊大楼和三层（局部四层）的病房大楼。可以说在当时，博习医院已跻身全国最先进的医院之列。

现在，在离东吴大学原校门咫尺距离的地方，还可以看到当年的博习医院门诊楼。楼房外形看上去敦实而大气，细看那清水砌的灰砖墙，那一块块砖上还有小字，什么官府、官名、监工、工匠名都有。原来，这是一批城墙砖，是官砖。那官砖怎么会用到这房子上的呢？一个可能是，拆了城墙上的砖；还有一个可能是这砖产自苏城北郊的陆墓御窑。这里的窑既烧制民用砖，也烧制官方安排的任务砖，比如城墙砖、京城里皇宫用的御用砖。因清政权被推翻，这些砖烧好了堆放在陆墓，没有运出，被柏乐文等买去了（苏州市政协文史委就认为博习医院的"门诊大楼用北京皇宫所用之陆墓御窑金砖砌成，堪称奇特珍贵"）。总之，无论是它的历史，还是所用之砖，都使这座建筑具有文物意义，因而已被列为苏州市文物保护单位。

摩挲着这青砖，仿佛触摸到了历史。当年多少苏州及周边的百姓来这里求医，他们在这里不仅获得了健康，还知道了中医之外还有一种来自国外的西医，其诊治疾病的方法和中国的传统医术完全不一样，讲究实证和逻辑推理，摒弃自说自话的中式思维"师心自用"；有一个叫西方的地方，那里人的本事比中国人先进，他们乐于接受新事物。不用开眼看世界，在苏州一个有点偏僻的地方就可直接体验到西方科学的先进，那时看病简直是上科普课。

博习医院于1951年被苏南人民行署卫生处接管，1954年6月更名为苏州市第一人民医院。1957年9月、1959年9月先后更名为苏州医学院附属医院和苏州医学院附属第一医院。2000年4月，苏州医学院和苏州大学合并，医院遂更名为苏州大学附属第一医院。地点已西迁二百来米，并且有了非常大的发展，但这家综合性三甲医院至今仍然是苏州市医疗界的龙头老大，担负着苏州各医院门诊、住院和手术治疗数最多的任务，被人评价是"为苏州城乡市民的医疗需求'托底'"。现在这家医院正在火车站北的平江新城建造三千张病床的新医院，医院的发展正翻开新的一页。

顺便说一下博习医院旁的一座灰砖建筑、庄重华美的大教堂——圣约翰教堂。这座教堂初建于1881年，1915年在美国密苏里圣路易斯的圣约翰教堂帮助下重建。堂名圣约翰，是为了纪念美国卫理公会的创始人约翰·卫斯理。西侧还有建于1890年的牧师楼一幢。据说，与这座教堂建筑风格一致、面积大小一样的教堂，另外还有两座，一座在美国圣路易斯，一座在日本神户。苏州约翰堂的首任华人牧师为李仲覃博士，他就是诺贝尔奖获得者李政道的祖父。有一次我去教堂拍照片，教堂里的工作人员热情接待，还告诉我说，教堂楼梯的墙上有道友纪念李先生的碑。李政道因祖父在这里工作过，家里多位长辈又在博习书院读书、任教，所以他也在东吴大学附中读书，前些年还曾来故地重游。现约翰堂也被列为苏州市文物保护单位。

东吴大学、博习医院，它们是在欧风美雨向东吹送的时代，集中地出现在千年古城苏州。它们的出现并不是偶然的，而是代表着先进文化进入苏州，代表着一个新时代的开始，也扮演了苏州在历史大潮中开放进步的里程碑角色，其对苏州人观念的启蒙、开放和更新，起着润物细无声的作用。

定慧寺巷
双塔古寺映清流

秀丽的双塔

据说,我祖母未出阁前家住定慧寺巷。我也曾在定慧寺巷的双塔园里租过一间办公用房,因此对这条小巷和双塔就多了几分感情了解。

定慧寺巷不长也不宽,前面的小巷里有周瘦鹃故宅,三十多年前周瘦老的太太有失眠症,因朋友的介绍,带我去送过帮助睡眠的药,因而得以访问爱莲堂;巷子的东头,是吴王桥,名声显赫,我却不清楚桥名的来历;桥南不远处有现代作家程小青故宅,正对着寿星古桥;定慧寺巷还有定慧寺、双塔和历史上的贡院,因为巷子里和周边的这些历史遗存,小巷才特别有可读性。

定慧寺巷里的双塔实在是美:美在体量不大,最是体现出细巧秀雅的苏州风格;美在双塔对峙而立;美在藏在小巷里的,走进巷子里才会看到它露出半截秀丽的身子和高高的塔刹,给小巷增添了无限风情。我在巷里租用一间平房的那段时间,空闲时就会在园子里漫步,朝霞映塔,暮霭裹塔,细雨洗塔,白雪妆塔,烈日晒塔,星光照塔……我都细细地观赏过。走进塔内,除楼板外,全用砖砌成,每层塔的塔门错位而开,其中有建筑力学上的奥妙。再细看底层塔檐,有着凹窝,可能以前是有塔檐的,而且底檐非常宽大。今天的双塔,已不是建造初的原样了,但这样更有沧桑感,也更苗条秀美。

双塔园有两进,前一进有许多青石柱础,可见当时佛殿的规模,再过一道门进去就是双塔了。双塔的北面,有当年大雄宝殿的遗址,满地青石的门槛、柱础和残柱,石柱上面雕满了阳纹的缠枝莲等花纹。大雄宝殿后原来的佛寺建筑早已不见踪影,上世纪末造了民房。西面还有一院落,辟有茶室等(均系移建的古建筑），供市民休闲。

这两座塔始建于宋太平兴国七年（982），屡经战火，能保留到今天，已逾千年，弥足珍贵。我当时租的房子门口就有一块宋碑《吴郡寿宁万岁禅院之记》，碑文上讲，双塔就在寿宁万岁禅院内。据碑上文字记载，这块碑竖于淳熙丙午冬十月，这一年是南宋孝宗淳熙十三年（1186）。这两座塔东叫舍利塔，西名功德塔，因为两座塔形制一样，苏州人就叫作双塔。

苏州城内宋塔比较多，这在全国也是独有的现象，但双塔在宋塔中又比较特殊，虽然佛寺已毁，但宝塔保存完好，成为苏州著名的景点。现在有的旅游材料介绍说，这两座塔叫姑嫂塔，还编了一个姑嫂争胜而造塔的故事，那就作为旅游助兴的故事新编，姑妄听之吧。

《吴郡寿宁万岁禅院之记》的字非常好，值得书法史学者研究。碑文记载，南宋孝宗淳熙十三年（1186）冬十月既望，平江府决定将寿宁万岁禅院交给妙思和尚主管，大家去参拜王君祠，看到了王君的遗像。这座佛寺原是苏州人盛楚所建，叫般若院，吴越王亲自改名为罗汉院。到了宋太宗雍熙年间（984—987），中州（今河南省）的百姓王文罕、王文安、王文胜兄弟三人重建殿宇及砖塔两座。宋太宗对这件事很赞赏，给罗汉院赐御书四十八卷，寺里的遇兴和尚请皇帝重新起个名。至道年间（995—997）朝廷送来了宋太宗亲笔题写的"寿宁万岁禅院"匾额。建炎四年（1130），金兵南下，寺院遭火灾，佛殿都烧毁了，就两座宝塔还在。宋高宗绍兴（1131—1161）后，"追还旧观，巨殿层塔，修廊峻宇，焕若自在天宫"。从宋碑《吴郡寿宁万岁禅院之记》里的记载来看，双塔根本不是什么姑嫂所造，而是河南人王姓三兄弟（据说有王百万之称）所建。他们是从中原来到南方的富户（其中有一位还官任司判），到了新的城市，认同了新的家园，于是建佛院、佛塔以祈福，这三位新苏州人为苏州的历史文化作出了贡献，苏州人也给他们建祠，让三兄弟享受香火供奉。

后来佛寺多次兴废，最近的一次毁于清咸丰十年（1860）。据英国人呤唎《太平天国革命亲历记》记载，守苏州城的太平军纳王等八位将领刺杀了慕王谭绍光后投降清朝的李鸿章、程学启。1863年12月，清军将太平军三万余人分期、分批，每批约百人，人人脱去太平军服，只剩单衫、短裤，押送定慧寺巷双塔寺杀戮。呤唎说"庭院约半英亩左右，地上浸透了人类鲜血，抛满尸体的河道水带红色"，"亲眼见到河道里弃满被斩首的太平军的尸身，清朝官吏不得不雇用船夫把尸体推向城外大河里去，疏通河道"。

双塔寺院在太平天国失败后就一直荒芜着。新中国成立后，政府对宝塔进行古建筑调查和维修，对地面也进行了整理，移建了许多古建筑来，如景德路中医院（杨宅）的四面厅、大柳枝巷邓氏祠堂的花篮厅、砂皮巷赵氏祠堂的门厅、大新桥巷袁宅的门楼、桃花坞大街某看守所使用的古建筑的大厅等，丰富了双塔寺院的内涵，终成今天的规模。

现在的双塔寺院门口，有一对花岗岩石狮子，形制比较古朴。而这对石狮子还真是古物，因它们是苏州贡院门口的原物。

贡院举行的"县考"，苏州城厢长洲、吴县、元和三县的读书人参加，主试官是知县，考生年龄小的仅八九岁，只要你认为有本事就不妨去报名参加。时间在农历十月中间，三县考生约有两千来人，基本是二十取一。十一月中举行的"府考"，除长洲、吴县、元和外，还有常熟、昭文（后并入常熟）、吴江、震泽（后并入吴江）、昆山、新阳（后并入昆山），共苏州府的九个县。次年二三月间，再举行"院试"。考试时期，一些考生会在附近租房子，附近人家出租的这些房子叫"考寓"，提供床榻、炉灶、家具，然而租金要贵一些，而且是"三考一订"。考时，一些书铺、文具店会在定慧寺巷设临时的经营门面，一些馄饨担等也来了，当地的小饭馆这几天生意也好起来了，叫作"考市"。据说，有的人家也偷偷地相人，看到有才华、又长得好的书生，就托人提亲，有的还真成全了一对对佳偶。到上世纪末街巷改造，贡院残余的建筑也拆了，改建了住宅，只留下了这对石狮子——想来让人深感惋惜。

从双塔寺院藏碑的碑文还可以看出，当时在定慧寺巷内一东一西，建了两个佛院，其中东面的佛院有两座宝塔，就是今天的双塔园。到清末时，东面的佛寺塔存寺毁；而与贡院西面相隔一二百步的佛寺，无塔寺存，叫定慧寺，今天仍是一雅净而宁静的佛寺，也是一处旅游景点。

黄墙外是一条狭小的弄堂叫苏公弄，这巷名是为了纪念苏东坡来过这里而取的。当年苏东坡来定慧寺，和寺里和尚相识。哲宗元祐八年（1093），苏东坡再度被贬至广东的惠州。留居在宜兴的长子苏迈，和苏东坡音讯阻隔，父子相互都十分牵挂。但谁也没有想到，在苏东坡失意落难之际，苏州定慧禅院守钦禅师派遣净人卓契顺前往惠州传书探望。卓契顺带着苏迈的家书、钦师所作的《拟寒山十颂》等，一路跋涉数千里，于哲宗绍圣三年（1096）到达惠州，送上家信和苏州士人的诗文，得书便走，并不要回报。苏东坡大为意外和感动，在他的笔记小品集《东坡志林》中写下"苏台定慧院净人卓契顺，不远数千里，陟岭渡海，候无恙于东坡"。苏东坡吟罢苏州来诗，作《次韵定慧钦长老见寄八首并序》相唱和，并在诗《序》中写道："苏州定慧长老守钦，使其徒卓契顺来惠州，问予安否？且寄《拟寒山十颂》，……吾甚嘉之，为和八首。"苏东坡想通过他的诗和文，将这一件事通过他的作品传给后人。

苏公弄告诉世人，重情重义的苏州人，写下了交友、为人之道的一段佳话。

洋 关
运河在这里拐了个弯

洋关：无声的历史证人

2010年的一天，《苏州海关档案资料集成》主要编辑之一的陆允昌先生来找我，要我为这本书写序言。一是陆先生年已八十，是我尊重的前辈；二是这部书勾起了我许多想法，所以我就答应下来了。

看着他给我带来的几十万字资料，一段许多人所不知道的苏州史料，浮在我眼前。为了寻找现场感，我还特地来到苏州最早的海关——洋关，作实地考察。

老苏州人所说的洋关，正式名称是"苏州关税务司署"，是建在苏州城东南护城河南岸的几栋红砖墙红屋顶的英式小洋楼。这一河段一直至上世纪90代前，还是运输繁忙的大运河，后来国家实施了大运河改道工程，这段河成了景观河，苏州洋关是大运河上的重要历史遗存。现在这里加建了一幢1.2万平方米的现代风格的五层楼房，成为苏州市青少年活动中心，因设计精心，体量适中，和老洋房还算协调。"苏州关税务司署"旧址作为苏州市青年联合会、苏州市青年商会会所，为全市青年委员、青商会员提供交流、活动的场所。青少年活动中心作为青少年休闲、娱乐、学习的地方，设有苏州市"12355"青少年服务台、苏州市志愿者行动指导中心、阳光家庭顾问、少先队队室等，安排的内容很丰富。苏州美术学院也在这里成立了"童画无忌"工作室，"创意森林"主要培养青少年口才、创意、故事演讲、文学创作能力，还引入了英语、古筝、舞蹈、跆拳道等课外培训项目。孩子们的声音从里面传出来，而楼房南面的场院却很宁静。我坐在场地边上，端详这四幢洋房，在蓝天下，这一建筑群显得非常漂亮。

当年苏州的海关，俗叫洋关

甲午战争中国战败后，清光绪二十一年（1895年）4月17日，日本逼迫中国签订了让中国人永远刻骨铭心的不平等条约《马关条约》。根据条约，省城苏州府被立为通商口岸，日本并将在苏州设租界。为应对这一局势，清政府决定在苏州设立海关。并于次年成立苏州关税务司署。苏州关税务司署管辖区域为嘉兴以北，丹阳以南（东），昆山以西。设税务司总领其事，分内外两班办理报关、纳税及查禁走私业务，其职能相当于旧海关。首任"税务司"为英国人。

苏州关税务司署办公楼是1897年开始动工建设的，地块由江苏巡抚赵舒翘率元和县县令实地踏勘后插标而定，由江苏省藩台（即布政使司）衙门拨给，建造资金也由该衙门拨付。当时这块地比较低洼，农民种了荸荠，还有义冢、水塘。建造的有洋药关栈（洋药其实就是鸦片，苏州关税务司署发现运入苏锡的大量鸦片未向该署报关，如1907年共运入苏州鸦片一千二百九十三担，无锡作为一个县达二千五百三十三担，1910年苏州是五百九十八担，无锡是九百八十担）、验货厂（厂是大棚的意思）、码头、大公事房、税务司公馆、帮办公寓、总巡捕房等，用银四万一千多两。1896年，苏州关税务司署正式成立，由英籍总税务司的赫德"委派四品衔、双龙三等宝星副主税务司阵孟关光为苏州关署理税务司"。当时赫德是在中国海关主持工作，虽为外籍人士却是中国政府任命的正式官员，所以无论从土地的主权、建造司署用房的土地和资金来源、委派的官员来看，洋关不洋，是中国的机构，行使的是中国的主权。

我与苏州海关的薛晓星副关长聊起洋关，他认为，对英国人赫德主持中国海关，其实很值得总结，不宜全盘否定。赫德为苏州关税务司署制定了谨严的海关条例，有的规定今天还有借鉴作用。有一次苏州关税务司署内部有职员调换岗位，移交时，甚至六枚回形别针也列出来交代得清清楚楚。

洋关对苏州通商口岸的正面作用，值得研究。但我比较感兴趣的是洋关的一些内部报告，对了解当时苏州的经济社会情况很有研究价值，这对纠正一些流传较久也较广的说法，不无意义。洋关的设立，见证了作为当时经济重镇的苏州，正在艰难中走向现代化。从苏州洋关史料可知，苏州的工业、商业的起步，虽然走得辛苦，但走得早走得实，是我们后人应该珍惜的辉煌一页。清末至民国初年，中国的近现代工商业蓬勃发展，这是一股发展中国经济、拯救国家危亡的大潮，苏州也是其中的重要城市之一。

蓝天下，白云悠悠，洋关的建筑优雅而漂亮，细看这建筑群，仿佛能让人读懂一段历史。

从觅渡桥到宝带桥

洋关旁的京杭大运河上，飞跨着两座桥，一座是2002年动工、2003年6月建成通车的新觅渡桥，全长337.4米，二十一孔，总宽36米，主桥净跨28米，高8米，两侧还设有专用人行道和观景台，以方便人们上下桥、观景和散步。桥面呈弯弧形，仿佛一个微笑的嘴，桥上悬挂古色古香的宫灯，入夜时灯光璀璨，洒满运河，波光荡漾，美不胜收。

位于桥南北侧约60米处，有一座苍古的石拱桥，就是江苏省文物保护单位灭渡桥。说苍古，是桥大多为青石，杂以少量的花岗岩，细看还有武康石，显得斑驳陆离，从用材不一，可见历代都有大修。而据记载，此桥始建于元大德二年（1298），费时四年方始建成。当时这里是往来要津，人们过河多靠摆渡。有一天，一叫释敬修的昆山僧人来此要求摆渡，和尚是可以吃八方的人，其时身边正好没有钱。见摆渡人对过往行人敲诈，对自己也很不逊，心有不平，立志要在此造桥。后来他果然募化到一笔钱，建成此桥，后人就将在这里觅渡，谐音改叫为灭渡桥。灭渡桥一头作八字形，让人分左右上下。券板宽窄不一，多为紫褐色的武康石凿制，当为元代遗物。桥柱和桥面上的压沿石，也多为武康石。2011年，苏州市区对首批三十五座桥梁完成了全面"体检"。"体检报告"显示，已有七百余岁"高龄"的老觅渡桥得分超过九十分，状态等级为"A"级"完好"，可见当时建桥的质量。

在建设环古城风光带时，这里定为"觅渡揽月"节点。建了一个面积较大的游园，有很大的观水平台，还有亭子、水榭、曲廊、花坛等，和一般的古典园林景色有过之无不及。人们在此凭栏观水，这里也是五河相汇之处，对岸是赤门城楼和城墙，眼前颇有烟波浩茫之感。为了体现觅渡和灭渡这一典故，还放了几尊青铜雕像。一是呼渡的年轻女冠，纤手举起作招渡呼渡状；一是左手持桨的老翁，右手放耳朵上作聆听状（其实苏州摆渡不用桨而用橹）。还有一尊是和尚坐在地上化缘，面前一钵、一纸化缘告白状。几尊雕塑松散放置，又有呼应之感，很好地揭示了这个地方的历史掌故。

走上觅渡桥顶，桥下大运河水悠然南去。我想起了一件往事，据清人《丹午笔记》"平定姑苏始末"条记载，清兵露刃南下，明军溃走，苏州的老百姓听说有清兵的一个贝勒八王爷乘船经过觅渡桥，就在桥上将桥栏石推下，砸死或淹死了这位贝勒爷，战乱之际，许多事情失载，此事没有记载在正史里。其实，如能在桥堍树块碑，上书"苏州百姓毙清八王爷处"，可以增加景区的历史厚实度。

觅渡桥景区还有一景，就是觅渡水文站房，这个水位监测点外形建得如同米色的石塔，三层，六角形，每层还挑出外檐，顶端竖有葫芦状塔刹。站房石阶下临水的驳岸边，一根测量水位的搪瓷水尺浸在水里，可以看到水位标高。水文站房里安装的是一套现代遥测设备。据资料介绍，这个水文站从1919年开始测水位，已积累三十本共数万组水文资料，完好地保存在省水文资源勘测局苏州分局内。在第三次全国文物普查中，觅渡桥水文站作为苏州近代水文观测最早的水位监测点，被列为一处重要的"新发现文物点"。因为，它和觅渡桥一样，见证了苏州建筑文化和水运文化的历史。

从觅渡桥沿大运河往南3公里，就到了全国十大名桥之一的宝带桥。作为环古城河风光带三期工程，就是沿这运河的西岸冬青路，建设26.5万平方米的绿化带，将这一原先多为工厂厂房的古运河区域，改建为运河风貌区，部分作为城市住宅用地，沿岸则为市民休闲娱乐的开放式公园。这条以运河为主题的带状市民公园规划建八处景点，分别为柳迷津渡、诗韵水岸、冬青遗珠、层台清晓、平桥跃步、河浦问茶、曲垣秋意、运河人家；还会有有游船码头、樱花林、草坪、榉树广场、树阵广场、民俗广场、文化展墙、景观展墙、清水平台、儿童沙坑、工业雕塑、曲艺茶吧、篮球场等。原先这里是运河出入苏州城的南咽喉，水运十分繁忙，如今不闻船声突突，只有宁静的运河水在泛着波光。

风光带的南端,就是著名的宝带桥。宝带桥始建于唐元和十一年至十四年(816—819),是苏州刺史王仲舒所建。那个时候,正是唐宪宗时代,史称"元和中兴"。宗室、御史中丞李夷简弹劾京兆尹杨凭,杨被贬临贺尉。王仲舒和杨很要好,他在朝中公开说是李夷简罗织杨凭罪名,为杨喊冤叫屈。结果王仲舒被外放为硖州刺史,后来又调到苏州任刺史。他在苏州期间,做了些好事,或者可以说是一位相当不错的地方官。

《新唐书》说王仲舒到了苏州后推进了一项全城大改革,就是"变屋瓦,绝火灾"。今天苏州人总说自己住的房子"粉墙黛瓦",这民房大规模用青瓦覆顶并成为习惯,还是从这位"王市长"行政命令下推行开来的。王仲舒的另一项工作是建沟通苏州府城南面的陆路。虽有大运河从苏州通往杭州,但苏州南面全是湖荡,纤夫无路难行。王仲舒提出"堤松江为路",就是筑堤为路,从松江(今叫吴淞江了)直至府城。大约就是在这项工程中,修建了宝带桥。据说,当时工程款不足,王仲舒捐出了自己的一条宝带。经过四年努力,长桥建成,大家以宝带名之,既是桥形如宝带,也是对王仲舒表达一种敬意。苏州父老除了命名桥名外,对他的工作也是自觉支持,"赋调尝与民为期,不扰自办",他年初和百姓约定日子要缴纳的钱粮,到时老百姓全都不用他操心就给办妥了。

宝带桥建成后,苏州和南部的交通大为改善,对南部地区的开发建设极为有利,过了不久,即后梁开平三年(909),在苏州南部设吴江县,县治松陵。从建宝带桥到设吴江县,不到百年。

宝带桥在澹台湖(太湖岔港)与运河相通的贯通口上,这一段河苏州也叫玳玳河,这里水面开阔,建桥有利于水流畅通。现在为全国重点文物保护单位。桥连上南北两头的砌驳引桥全长317米,全桥共有五十三个孔,其中有三孔较大,为的是可以通过较大的船。历代对宝带桥多有大修,清同治二年(1863),淮军的洋枪队头目英国人戈登着轮船从南面兜击太平军,遇到宝带桥阻碍,悍然下令拆去第九孔,谁知桥为连拱法所建,致使北端二十六个孔也全部崩塌。抗日战争初期,日军又炸毁南端六孔,以便汽艇出入。新中国成立后,人民政府于1956年修复了宝带桥。1982年江苏省政府又拨款维修,桥的面貌焕然一新。

宝带桥不仅是重要的历史文物,有珍贵的古建筑科学研究价值,而且无论春夏秋冬,都如长虹静卧在湖里,坐拥千顷粼粼碧浪,也是风月无边的好景点。

葑门横街
市井声声最动人

大约在1970年,我到居委会去领粮油票。那个时代,城市居民每个月要领一个月全家的粮票、油票和豆制品票,结果被我在路上莫名其妙地弄丢了。这真是晴天霹雳,一家人一个月吃什么呢?

我母亲也很着急,第二天一早带了我去葑门外一条叫横街的地方。苏州的娄门、阊门、盘门、齐门等地都有横街,近年来将葑门外的叫作葑门横街,以示区别。

这葑门横街并不长,从西向东不到700米,街也很窄,约5米宽,有的地段还不到5米。街两边的房子,以平房为主,南面的房子后是一条河,当地人叫葑门塘。母亲就领了我到河边去,虽是"文化大革命"期间,一片萧条的样子,但是河里还停了些木船。这些船大都是生产大队里让摇出来办事情的,农民三三两两地或坐或蹲在船上。母亲走到河边,轻声问:"阿有米要枭脱?"农民警觉地问:"你要籴米?"我当时不懂,只觉得是问"你阿有米要跳脱",一个反问"你要踢米"。经母亲解释,才知这农民说的还是方言古词。这些今天已从苏州话里消失了。当我母亲诚恳地表示要籴米也即买米时,一农民从舱里提出一只米袋来,里面是二十来斤籼米,每斤两角两分,后来我们还买到一点粳米,一斤要两角五六分的样子。就这样,我们在葑门横街解决了一个月全家的口粮问题。这米,当时叫"黑市米"。虽然名字很难听,却使我对葑门横街有了感情。而且,在这河里的船上,还可以偷偷地买到鱼、鸡蛋,也有慈姑、荸荠、水芹菜之类。母亲告诉我说,农民加入了合作社(后来发展为人民公社),每个人每年分点口粮后,粮食全交公粮给了国家,自己从嘴里省一点下来,偷偷摸摸地枭了,换一点钱,买点盐、鞋面布、肥皂、手电筒、碗筷匙什么的。我才知道一点被誉作"向阳花"的社员农民原来是这样的生活状况,也知道这条街即使在那么严酷的年代，城乡物品交换仍然没有断绝。

过了不多久，我跟一位叫陆伯伯的邻居去买了个扳罾，想捉鱼来改善生活。但网下在水里，老打不到鱼。经请教，原来这渔网没有经过染色，鱼看得出是网，就不游过来了。那如何给渔网染色呢？说是在葑门横街，有卖一种树皮，煮了水可以染渔网的。于是我和陆伯伯又到了横街，果然找到了这家店，在一只笆斗里看到了这树根皮，名字已经忘记了，就买了一点回去。这一次，我得以将横街细细打量，也在一茶室里坐了下来，买了一分钱开水，吃了一只大饼填饥。这样，和人攀谈了起来。

原来，葑门往东，是苏州的东乡，大致在今天东环路（原苏嘉铁路路基）以东，就全是农田了。苏州城东面的乡下，地势低洼，有的地方还可以种水稻，但更多的地方只能种荸荠、慈姑、茭白、藕、菱、水芹菜、芡实（苏州人叫鸡头肉，近十多年来普遍改叫鸡头米了），加上莼菜，叫水八仙（或叫水八鲜）。好像莼菜主要在东山镇一带有种植，已被列入国家重点保护农业野生植物自然保护名录，东山在太湖内荡种植莼菜最多时约有2000多亩，目前仅剩500亩左右，2012年东山镇决定增加至800亩。苏州城葑门外东乡地区种植的主要是水七仙，据说种植这水七仙的田有8000多亩。农民也在自留地里种些青菜、丝瓜、扁豆、酥瓜、田鸡爪之类，或者捉到了鱼虾鳖，就拿到这横街来卖，顺便买些家里生活或种田需要的什物带回去。这样，葑门横街其实也就是一条城乡物资交流的商业街，许多商品考虑水乡农民的需要，在城里是很少见的，所以，我和陆伯伯能在这里买到染渔网的染料。

农民带到葑门横街来的东西主要是这个地区独特的出产，除了水七仙、蔬菜和米外，还有一些鱼。那时蔬菜都送在城里的国营菜场卖，而农民自己捉的鱼虾等，规定也要交给大队（或生产队），也送菜场出售，然后队里给农民记上工分到年底再结账。而像一些杂鱼比如鲫鱼、黑鱼、鳜鱼、甲鱼（鳖）、黄鳝、昂刺鱼（现叫黄颡鱼）、塘鳢鱼、蟹之类，正是嘴巴极刁的苏州人最心爱之食材，在那样的体制下，农民捉到了这些鱼腥虾蟹怎么舍得交生产队送到城里的菜场卖？如果市民到横街来，就有可能买到。因为交易品种独特，葑门横街就成了苏州一条相当有特色的商业街。

苏州的水八仙，真是值得一说。苏州的茭白品种较多，有小蜡台、中蜡台、吴江茭、中秋、两头早、大头青种，有跨年两熟的优良品种，有一年一熟供伏缺的火茭，其中以中蜡台、吴江茭为最佳。还有一种是野茭，苏州人也叫茭儿菜，茎没有发育，主要吃嫩心和极嫩的茭叶，这是一种比较稀少且名贵的茭白，现已多年不见。茭白容易保存，可放几天，可汤可炒，可煮可爆，是苏州菜谱中常见的蔬菜。2009年11月，美国总统奥巴马访华，中国国家元首胡锦涛设国宴宴请，其中有一道菜就用了茭白，可见茭白也是可以上最高规格宴席的蔬菜。

苏州的水芹菜，也很有特色，可拌可炒，有一股独特的清香，吃了爽口清心。虽然水芹菜在许多省区有种植，但苏州人对水芹菜赋予了文化含义，认为水芹菜上青下白，有一清二白之意，还有"芹"与"勤"谐音，过年时特别是除夕夜的全家团圆饭，必有此菜，是对全家特别是年轻人勤俭持家、勤劳生活的劝勉。

苏州的莲藕以葑门外种植为多，当地有一个黄天荡，苏州人叫大荡，大荡藕既可当水果生吃，老熟后又能做糯米塞藕，苏州人叫焐熟藕，颜色紫红，酥糯甜香，是苏州的特色小吃。滩簧和申曲时期各班社经常演出、现已成沪剧保留剧目的《卖红菱》，剧中的青年农民薛金春以卖红菱和斜塘藕去看望心上人范凤英，薛唱："三十二钿一斤斜塘藕，十六钿称一斤嫩红菱。"斜塘乡在苏州葑门外，戏中出现斜塘藕和嫩红菱，可见此戏是苏州背景，也可知这一带的藕和红菱是多么有名。以前苏州农历六月廿四为荷花的生日，市民要举城出动，到横街东面的大湖黄天荡去赏荷花，这一习俗因战乱和社会变化，在清末民国初年消失了。上世纪80年代，日本还来葑门外引种藕种。现黄天荡因城区发展，除科技园外还留有一角小湾外，已经基本消失了。我有时会思念那些引种到日本去的斜塘藕，在异国他乡生长得还好吗？

菱在苏州有多种，夏天以水红菱出名，色如玛瑙，一般当作水果生吃，生脆多汁，微甜清香，又有消暑的作用。深秋以有刺的沙角菱为主，皮青肉白，虽个头不大，但煮熟后有栗子的风味。乌菱更是肉质醇厚，香味悠长，除蒸熟了吃外，还可以烧红烧肉，别有风味，非常可口。

荸荠，可以削了皮后生吃，是苏州妇女最喜爱的"水果"，吃在嘴里不仅脆嫩生津，还有清火降压、消除口臭的功能。也有的人煮熟了当休闲小吃，吃的就是这份水乡风味。过年时，许多苏州人家的年夜饭是放了荸荠一起烧的，每人的碗里，米饭下面要放一两只荸荠，这时的荸荠象征元宝，吃饭叫"掘元宝"，寓意来年招财进宝，家业兴旺。

慈姑，苏州的品种非常出名，叫苏州黄，个头大，肉厚粉糯，切片用于炒菜，荤素皆宜，用于红烧肉或鸡块，也是一道好菜。苏州人还喜欢将慈姑切片，油炸后，叫炸慈姑片，可作冷盘，又可作小吃、吃粥菜。即使什么作料也不放就用清水煮熟吃，吃口微甜而粉糯，也很有回味。慈姑还有一定的药用价值，对于消肿块、止咳化痰有食疗作用。

芡实又叫鸡头米，以娄门、葑门外的群力村所产最为著名。苏州鸡头米以吃鲜品为主，粒粒如珍珠，芡实中的糖分尚未转化为淀粉，清香微甜，用糖水煮后吃，是宴席上的高档点心。现在有的菜馆用鸡头米炒水红菱肉，是一道苏州特色浓郁的素菜。芡实是一味中药，食用芡实有益身体。我曾向群力村一位负责鸡头米生产、销售的人请教过，为何这里的鸡头米特别受欢迎，一百多年来已经成了福建莆田人坐月子必吃的滋补品了？他说，芡实开花受了精后，花就会合上，低下头回到水里，一直在水里生长发育成所谓的"鸡头"，又叫蔀。群力村这一带的人，从小就会坐着木盆到塘里去摸"鸡头"里面的鸡头肉熟了没有。就是手伸到水下，这时的"鸡头"有刺，不大好摸，要会摸的才不会刺着手。摸到"鸡头"后，捏碎一粒里面的籽，就晓得鸡头肉长得怎么样了。要长得正好就是糖分还没有完全转化为淀粉，这时采下剥出的鸡头肉最好吃了，粒粒像珍珠，看上去像煞有一点点透明、吃在嘴里又像煞有一点点淡淡的甜味，舌尖上还像煞有一点点清香，咬起来似乎有点弹性，这种感觉才是伲这里的鸡头肉！捏"鸡头"这门功夫，其他地方是不会的。而且，只有这里的水土，种的鸡头米才好吃，换到其他地方就不行了。

现在到横街，从秋到初冬，都有妇女在当街剥鸡头，经常是来不及剥，买的人耐心地站在一旁等。清代沈朝初咏唱南荡鸡头米的《忆江南》："苏州好，蔀水种鸡头。莹润每疑珠十斛，柔香偏爱乳盈瓯，细剥小庭幽。"看来蔀门这一带产的鸡头米，在古时候就比较有名了。

在横街，听茶馆店里的人讲，以前（指新中国成立前）有近二百家店，杂货店、农具店、渔具店、中药店、剃头店、铁器店、竹器店、酱园店、石灰店、南货店、绸布店、糕团店、面条馄饨店、糖果店、腌腊店、大饼店、榨油坊、种子店、丝线店、修钟表店、猪行、孵坊、绳店、米店、茶馆（兼书场）、混堂、诊所、拔牙摊、修鞋摊、修伞摊、桐油店……档次不高，但能满足"大荡里人"（斜塘、娄蔀、车坊、胜浦等东乡农民）的基本需求，生意都不错。经过挖掘考证，据说蔀门横街上曾有过协和菜馆、椿沁园茶馆、同益生国药铺、合顺山地货行、天丰桐油行、永盛丝线号、丁氏诊所、天兴馆饭店、凤仙园、殷记铜锡器店、戴记咸鱼店有名号的店铺一百九十一家。这些店大多店面较小，资本并不雄厚，市面做得也不太大。这些店服务的不是大户人家，也不求闻达于诸侯，主要还是服务东乡一带的农民，地域性强，特色不多，在苏州商界名声也不显赫，它也就少被打扰，继续原生态地存在着。即使在"文化大革命"中，百业均无生气，但在横街的药店里，因学校停课无事可干在自学中医的我，还是买到了城里药店经常断货的万应宝珍膏，这是一种通过贴在穴位上可以治疗从冷哮咳嗽、跌打损伤到月经不调、小肠疝气等多种病症的外用膏药，这种和农民"零距离"地方的药店才会备有这类药效广泛适应农村所需的药。

如今这一条街被沧浪区作为有历史文化价值的老街保留了下来，区里从2003年后分三期对横街进行了"抢救性改造"，从而留下了这条百年老街，真让人额手称庆。讲起来，老街保护有多种方式，一种所谓改造，就是"选"几位专家来一番考证，也无公示，就定出哪些房屋可列为文物、哪些建筑可控制性保护，其他的也就让房产商来一拆了之，然后重新设计、建造所谓的明清建筑。一条老街上的建筑，真正被保护下来的，十不及一二。而苏州城区的三个区，竟不约而同地采用全面保护、个别调整的方式，对平江路、山塘街、葑门横街这三条老街进行整治保护。时间越久，大家才越感觉到这些街是多么的美。虽然也有人说，当年赛金花就是在这里长大到十二岁，被卖到阊门花船上唱小曲后才离开的，但总的说起来，葑门横街的历史文化价值比另两条老街要单薄一些，但经过分析，其意义并不单薄。因为，苏州作为一座古城，人民在其中生活，古城是一个系统，并不仅仅是几幢建筑。国务院早在上世纪80年代就要求苏州全面保护古城风貌，而不是仅仅保护几座园林、寺庙、几幢官宦人家的大宅。文物保护部门是只管单体建筑而不管城市风貌的。像葑门横街，作为城乡交流、物资交换、血脉相通的一条老街，和平江路并不一样，在今天的苏州也只是这么一条了，它有着稀缺性。仅凭它是水八仙的集散地，对水城苏州来讲，独特再加稀缺，它就很珍贵、很有历史文化意义、很有保护价值了，当然也就很具有观赏价值了。为什么本地市民或外地人喜欢到这条老街上走一走，因为，在这条街上感受的是苏州那个时代的市井风情，是比较原汁原味的那个时代老百姓生活的市井风情街。

今天，走在葑门横街上，不要去寻找什么名胜古迹，对赛金花出道前曾经住过的房，对巷中曾经出过一位什么著书的老爷，对那座红板桥上曾经发生过什么卿卿我我的故事，可知也可不知，大可不必当真。但走过那些店或摊时不妨略为驻足一下，对那些杀鱼的、包馄饨的、蒸青团子的、炸巧果的、剥鸡头肉的、称猪头肉的、削荸荠的，不妨多留意看一下；那做生意谈斤说两的声音、话家常的声音、叫卖的声音、有人喊"让一让"的声音，这些都是市井声，是高楼林立、绿树成荫的街区所没有的。此时不妨脚步放慢一些，将横街当一管紫竹箫，就像在品曲子那样在横街上徐行——

此时，千秋月在葑门塘的水中行，而百年市井风情定然如醇酒在心中让人微醺。

烟雨城东

金鸡湖 「东湖」风光最旖旎

甪直 古镇风情言难尽

金鸡湖
"东湖"风光最旖旎

一颗龙珠熠熠生辉

2012年8月初,我站在苏州古城东的金鸡湖边,湖风拂面而来,空气特别清爽。正是骤雨初歇之际,天空蓝得通透耀眼,云还没有散去,一团团的好似城堡,阳光从云层里透出,投射到湖面上,景色瑰丽奇幻,难以言状。

我这样站在金鸡湖边,眺望湖面,有二十来年的经历了。大约在20世纪90年代初,朋友杨同异在金鸡湖边搞旅游担任老总时,我曾来过这里。那时,这一带周边数十或上百平方公里全是低洼地,一望无际的是水稻和慈姑、荸荠、莲藕、红菱、茭白、芡实等水生作物,金鸡湖更是毫无景色可言。那次,天气时阴时雨,满湖浊水望不到边,风大浪急,那浪打到湖岸溅上来的水花有两三米高、十多米远。唯有一景让人难忘,就是燕子多,疾风细雨中匆忙掠过。我那朋友搞了几千吨黄沙铺在湖边,弄几个帐篷让人过夜,算是在搞旅游了。另

中国最大的城市湖泊公园金鸡湖气象万千

李公堤风光旖旎

一朋友在金鸡湖西的一个村里任书记，在制作骨灰盒，私下里悄悄告诉我说这玩意利润惊人，很是满足的样子。当时的金鸡湖在苏州不仅没有名气，而且也没有什么历史记载。它位于苏州湖东，是苏州城里污水的下泄通道，虽然湖里养着鱼，但水质很差。

1994年2月26日，中国和新加坡在北京钓鱼台国宾馆签署协议，决定双方合作兴办一个国际合作项目。这个项目就是苏州工业园区，选址在古城以东金鸡湖边，分期滚动发展。当时我也跟随苏州的代表团去北京采访，等李光耀先生来到门厅时，还让他对苏州这个项目说了几句。钓鱼台国宾馆里还是春寒料峭，园内河道结着冰。回到苏州，感觉就不一样了，苏州到处在议论这个中新合作的国家级项目，很是热闹。我走出相门，柳芽初绽，春雷乍响，感觉很是振奋人心。我当时就怀着这振奋的心情写了一篇散文《步出东门行》，发在苏

烟雨城东　207

州的媒体上。历史上什么时候有过中央专门关心苏州的战略性发展并采取了这样有力的举措？我感觉得到一个历史性的机遇正向苏州走来。古人规划苏州古城时设计了一个龟形。龟龙相通，我的感觉是苏州借这次机遇龟要化成龙了。《易经·乾卦·象》曰："飞龙在天，大人造也。"中央和省委省政府的支持，就是"大人造也"，苏州迎来了这一难得机遇，就要"飞龙在天"了。

今天，在金鸡湖边散步，一路走来，美丽风光如超长镜头，在眼前慢慢拉过，有时心情会变成一张白纸，不知应该想些什么才好。

1999年1月底的一件事，我还一直记得，在苏州工业园区国际大厦举行了一场金鸡湖景观规划成果报告会。在上年初，园区管委会委托国际著名跨国公司易道公司编制金鸡湖景观总体规划，当年9月通过审定。1999年初经国家计委批准立项，总投资11亿元人民币，以建成中国目前最大的城市湖泊公园。这次报告会上，当时的市长陈德铭在和美国易道公司高级领导人员会谈时，要求将金鸡湖地区作为体现苏州水乡城市特色的亮点之一，要高起点、高标准，使之成为苏州建设21世纪新天堂的示范区。他考虑的是新世纪的苏州要有一个可以起示范作用的城市亮点。也就是在这次会上，我才知道金鸡湖面积7.4平方公里，比杭州西湖还要大。但我想，杭州西湖历史人文积淀丰厚，而且有山有水，湖中有岛、有堤，景色之美，天下无两，苏州要建"东湖"，恐怕难度不小。

那家美国公司的规划将金鸡湖整个景观分为八个区，依次为湖滨大道、城市广场、水巷邻里、望湖角、金姬墩、文化水廊、玲珑湾、波心岛。

经过一段时间的建设，园区规划在建设过程中也不断调整，丰富了当初的设计。比如，利用金鸡湖清出的淤泥，在湖中堆出了两个岛，分别为玲珑岛和桃花岛，而不用当初的波心岛名称了。李公堤，如今已名闻遐迩，文化水廊成了一个集合概念，新出现的月光码头成了年轻人的最爱，等等。应该说，在建设中，苏州市政府不断地听取各种好的建议，不断地完善金鸡湖的景观建设。现在的金鸡湖，已经成为苏州的新客厅，许多苏州人更乐意将外地甚至海外的朋友介绍到金鸡湖去观光。苏州市委、市政府决定围绕金鸡湖打造苏州的CBD（中央商务区）后没几年工夫，这愿景实现得已颇为可观。我听一些人士说，像苏州这样环一个湖建设城市CBD，全世界都不多见。金鸡湖的周边配置着用全国各地乃至世界各地汇聚来的资本建造的高级别城市资源，并且还在不断增加和丰富中。这一新板块的崛起，让苏州在城市格局上发生了重大变化，也让苏州在城市形态、城市景观上脱离了古城区，占据了一个新高地。

假如将今天的苏州比作一条龙的话，那金鸡湖就是龙颌下的一颗明珠。

不唱古调唱今曲

工业园区，顾名思义，是工业集聚地。但聪明的苏州决策者们，利用这一开放平台和国家级项目落户苏州的难得机遇，试图将园区打造成新城区、新的城市中心。至少，金鸡湖不再是污水通道，而是一个公园，一个旅游的新景区。这些旅游新项目和苏州古城里的名胜古迹、古典园林完全不一样，带给人们的是一种崭新的体验，让人领略到现代物质和文化的风采。

金鸡湖这么大、这么美的风光一时半天地让人看不够，但在湖边，无论是湖中还是岸上、湖东还是湖西、白天还是黑夜，都能看到一个巨大的圆轮，那就是园区的摩天轮。摩天轮主题公园位于金鸡湖东，占地4万平方米，里面有蓝屋顶的欧式城堡、小溪、海盗船、吊桥、双层旋转木马和悬挂式过山车等。那些蓝色的城堡屋顶像巨大的蓝宝石在放光，远远地望去，摩天轮主题公园绝对是金鸡湖夜晚的一景，有的人将它称之为"金鸡湖之眼"。

园内还有两处玩的地方特别受孩子们欢迎，一是全部由植物组成的迷宫叫"绿野仙踪"，许多孩子最喜欢在里面玩了，还有一处是4D动感电影院，椅子可作六方位转动，再配以音响、云雾、水滴、气味、颤动、缠腿等，画面上是在水底、太空、森林、魔域中穿行，加上这些效果，营造出刺激的效果。

利用植物造景，好像是园区的一个传统。金鸡湖东有一处红枫林，五百株国内罕见的特大红枫，一千三百六十株普通红枫和一千一百株其他树种；而在湖西北岸，则是香樟园，香樟是苏州的市树，这里数以千计的香樟树是从其他地方移栽来的，其中约有数百株大香樟树，集中在这里，更是难得。园内地形起伏，绿草如茵，有四条林荫小道和许多供人休息的木椅，香樟树林里常年有一股清香，空气清新，沁人心脾，非常受人喜爱。

湖中有两个岛：玲珑岛和桃花岛。两岛的植被大约达到百分之八十。桃花岛面积150亩，金庸先生为该岛题了名，现在镌刻在一块大太湖石上。岛上修了路，建有凉亭、假山、草坪等，另一个特点是树很多，有柳、梨、枇杷、杨梅、石榴等，最多的是桃树，大约占一半多。一些想找心上人的小伙子，在桃花盛开的季节，就会到岛上去赏桃花，希望这一年能交上桃花运，找到称心如意的另一半。

岛上的主建筑叫紫氲阁，高40米，七层，通体青黑色，有人是有一点日本建筑的风格，其实是参照了苏州博物馆新馆及南昌滕王阁、杭州城隍阁、采石矶三处台阁造型设计的。这座融合传统与现代、木结构和钢结构相结合的几何形楼阁，在岸上远远地就能看到。上岛后登阁远眺，湖中景色尽在一望。

另一个岛叫玲珑岛，在湖的北面，要小许多。园区有关人士告诉我说，这

夜晚李公堤，分外迷人

个岛要尽可能保持原生态，尽量控制上岛人数。我上岛时发现岛上其实有人在管理树木和花草，环岛路也修得很好，原来并不是一个杂草丛生的荒岛。我和岛上一位外地来的绿化保养人聊天，岛上树林里不断传来鸟的鸣啭。他养了几只鸡，他说，鸟常飞来抢吃鸡食。正说着，一群鸟飞来啄食盆里的鸡食，那人也笑了："你看，鸟的品种也很多呢。"听口气并不反感，反而是很满意的样子。园区有关人士说，这个岛，就是想让它成为鸟的天堂，所以种了不少浆果植物，作鸟的食物。如今这个岛不对外开放，一般不让人上岛。

文化水廊位于金鸡湖东岸，北起科文中心，南至金鸡墩，曲折蜿蜒的水岸线全长3.38公里，为环湖最大的景区。其实是一条硬化的湖岸，有的地方布置了富有现代气息的遮阳棚和雕塑。最值得一提的是文化水廊的音乐喷泉工程，由雕塑走廊音乐喷泉组和文化水廊西音乐喷泉组两部分组成。千变万化的水形再加上音乐、灯光、喷雾等，在夜晚，组成了浩大壮观又流光溢彩、绚丽无比的场景。这里一度成为市民傍晚休闲娱乐的好地方，只是因多种因素，音乐喷泉于2014年夏停止开放了。

旁边是月光码头，这是一条欧式风格的水巷，街内有小河，但因是欧式风格，这水巷风貌又不同于苏州古城里的河道。在街区西面，又是傍金鸡湖的临湖小巷，可边散步边观赏金鸡湖。这里概括地说是："一条景观主轴"，连接科文中心广场、湖边景观步道、中心景观带和博览中心中央广场；"两条特色街巷"，在基地的一南一北分别设计了"水巷"与"景观步行街"；还有"三个空间段落"，将游人分别引向由动到静的三个空间，从而体验不同的感受。许多人无论阳光灿烂还是晨曦晚霞，都喜欢来月光码头漫步、小酌、品茗或远眺湖景，都不禁会悠然物我两忘，感觉好得不得了。月光码头顾名思义，是为了让人们夜晚在湖畔休闲而建造的一个特色区域，夜晚当然是非常美好的时

夜色中的苏州文化艺术中心晶莹璀璨

光,但这里夜晚流淌的是和山塘月色、平江雨夜完全不同的诗意,意境就如有一首歌唱的,"四处静悄悄,只有树叶在沙沙响。夜色多么好,令人心神往,多么幽静的晚上。小河静静流微微泛波浪,河面泛起银色月光,依稀听得到,有人轻声唱。在这宁静的晚上,我的心上人坐在我身旁……"

芭蕾与昆曲对话

在月光码头北端,有一幢银色建筑,在湖水和阳光或月光相映下,很吸引人。细看这建筑体量虽大,但很精致,和环境很和谐地相处,感觉并不突兀,这就是苏州文化艺术中心。它集大剧院、电影城、演艺厅、商业中心、艺术大堂、绿化等于一身,是苏州第一座大型、多功能、高档的文化娱乐基础设施。人们一讲起苏州的由世界顶尖设计师设计的建筑,就会举贝聿铭设计的苏州博物馆新馆为例,其实,文化艺术中心的设计者也是赫赫有名,他就是世界级建筑大师保罗·安德鲁(Paul Andreu)。安德鲁1938年出生于法国波尔多市附近的冈戴昂(Canderan),1999年他领导的巴黎机场公司与清华大学合作,经多轮角逐,在北京国家大剧院设计的国际竞赛中一举夺标。他担纲设计的这座建筑,一度引起了很大的争议。可能是他在北京的设计风波,导致苏州让他来设计这一项目,保持了低调,基本不见宣传。其实,埋头做事、低调做人,一向是苏州精英团队的风格。苏州对这位大师的设计保持低调,一方面保证了项目的顺利开展,但这也使得苏州文化艺术中心的知名度,似乎不如贝聿铭设计苏博新馆那么响亮,许多人甚至不知道苏州金鸡湖畔还有这么一幢国际建筑大师的作品。安德鲁为苏州设计这个项目的理念,最核心的就是将"一颗珍珠、一段墙和一个园林"这三个苏州的传统元素,体现在文化艺术中心建筑美学的立意上。

烟雨城东

金鸡湖畔夜色浓

"一颗珍珠",指的是文化艺术中心的核心建筑"珍珠岩"。这是一个外形宛如珍珠的半圆形建筑,外墙为双层玻璃幕墙,玻璃幕墙采用点式彩釉玻璃。白天利用自然光的反射,会形成丰富的色彩效果;夜间,利用双层玻璃幕墙间高光乳白色的照明,整个建筑呈现出洁白纯净的视觉效果。当然,里面的装修也是极尽华美,仿佛宫殿。

"一个园林",是在"珍珠岩"与主体建筑之间,有一片融合了现代和传统设计理念的苏州园林,包括赏花园、石趣园、听竹园、屋顶花园四个部分。这也表明苏州文化比如园林,在国际建筑大师的心目中,也是值得尊重和借鉴的。

"一段墙壁",墙有两层,在二百七十度的马蹄形主建筑的外墙,采用六边形双层铝合金挂板为基本单元,看似杂乱的金属图案实际上是无数个六边形框架重复、延续、衔接起来的,通过这种连续的几何叠加,体现出空间感和延展性,更像是蚕丝放大了的效果;里面大面积的玻璃幕墙确保从建筑内任何一个角度都能看见金鸡湖湖面,能通过玻璃窗欣赏到内侧的园林美景,也有许多人说这是"苏州鸟巢",和北京的"鸟巢"南北相映成趣。

苏州文化艺术中心有许多影院、可用餐的演艺厅、四维动感影院、流动展馆等,仅简单说一下一个可容纳一千二百人,可供大型歌剧、舞剧(含芭蕾舞)演出,具有优良的观演条件,亦为演出提供齐全功能的大剧院。白先勇先生排演的昆曲《玉簪记》,首演就选在这里。彩排那天,正下着雨,我去看他,他在一小会客厅里和我讲起昆曲之美,讲起他致力于将昆曲推向世界所做的许多事,也讲起了这座剧院,他也没有想到苏州还有这么美好的剧院,称赞有加。在演员化妆室看《玉簪记》旦角陈妙常扮演者沈丰英(亦是昆曲青春版《牡丹亭》里杜丽娘扮演者)卸妆时,聊起了昆曲演出的一些事,我忽然想起了苏州古典园林狮子林里的"卅六鸳鸯馆"。那其实是一个水上昆曲舞台，房子四角有四个耳房，是演员休息化妆的地方，大约不足4平方米，而现在的化妆室是多么宽敞明亮，比整个卅六鸳鸯馆还要大，两者真是不可同日可语。但更为精彩的是2007年6月成立了苏州科文芭蕾舞剧院，这是苏州工业园区、苏州文化艺术中心精心打造的专业芭蕾舞团，是中国第六个、也是江苏省唯一的专业芭蕾舞团。可以想象，在这样的艺术殿堂里，有一支芭蕾舞团常年在排练、演出，这是一道多么美丽的金鸡湖风景啊！

当然，不仅昆曲和芭蕾在这里共用一个舞台，许多传统艺术和现代艺术，都将自己的精彩带到了这里，既有越剧、沪剧甚至市民音乐会，也有话剧、音乐演奏、现代舞、儿童剧……来一次这里，接受一点艺术的熏陶，人就必然会高雅几分，而这里飞溅出的五彩缤纷的艺术火花，也照亮了金鸡湖。

湖因书香更有品

环金鸡湖文化项目很多，园区自己投资的文化艺术中心只是其中之一。通过招商引进，现在园区至少在建三处比较有震撼性的文化项目。

2009年5月24日，苏州凤凰国际书城举行开工典礼，这个项目由凤凰出版传媒集团投资12亿元兴建，位于苏州工业园区CBD中央区。书城占地面积约1.6公顷，总建筑面积约20.5万平方米，由五层裙楼、东西两栋塔楼和三层地下室组成。其中，面积约5万平方米的裙楼为国际书城。书城整体建筑规划由美国杰斯勒公司设计，建筑造型呈流线型，外形舒展流畅，气势恢宏。投资方在开业时向媒体表示，未来将努力把苏州凤凰国际书城打造成大型文化综合体及文化MALL，将以"文化核心，时尚阅读，品质追求，引领生活"为理念，成为都市文化生活中心的领跑者和体验式购书中心的示范者，以及读书人博览群书的首选之地和理想的精神家园。他说这个话是有底气的，因为，这个项目也是亚洲最大的书城。当然，我还希望凤凰书城除了卖书之外，还能成为图书出版发行的中心、创作的基地和作者与出版商进行写作业务洽谈、稿件交易的市场。苏州历史上曾经是中国出版业的重镇，在计划经济体制下，苏州这座传统文化城市的出版业一度成为空白，凤凰书城的到来，必然会增强苏州这座城市的书香味，说不定是苏州出版业春天到来的一只报喜鸟。当然，也只是想想而已。

讲到书香味，就不能不提到台湾的诚品书店。诚品书店在台湾已有五十多家书店，它在台湾继续发展的空间有限，而它的经营又是如此有特色，大陆地区将它请出台湾给本地镶上一颗璀璨的文化之钻，同时也是给它更大的发展空间，岂不是两全之美的事？据说，诚品已是台湾的文化景点，这家书店二十四小时营业，里面咖啡香伴着书香飘溢，还有演讲、座谈、表演、展览等和阅读有关的活动，还有餐厅、画廊、花店、珠宝等，读者可以在里面消磨一整天时间。

苏州诚品整体规划上以复合式文化商业综合体为其运营模式，在近5万平方米的空间里，不但有完善的商场、诚品书店、美食餐厅和咖啡厅，也打造了画廊、多功能视听展演厅、实验剧场、艺文空间等，未来也将引进各项文化活动，举办讲座甚至戏剧演出；并与苏州艺术家、文化工作者建立联系，成为城市文化的新地标。台湾诚品书店董事长吴清友诚恳地说："苏州将成为诚品的新故乡，我最近常来苏州，但感觉已经和以前不同，以前我是来做客的，现在我已经有回家的感觉。"他希望，苏州人如果不在家就是在诚品书店，如果不在诚品书店，就是在去往诚品书店的路上。

接着，2011年6月28日，苏州广电总台现代传媒广场又在金鸡湖东举行开工典礼，这个文化项目计划总投资38亿元，是苏州国有单位投资额度最大的文化产业项目。建设方苏州广电总台聘请世界顶级的日本日建设计公司担纲总设计。虽然这个项目和书香无关，但我隐约有一种感觉，苏州建造这个电视传播项目，不仅仅是一个文化项目硬件方面的投入，更是苏州电视拍摄和传播新事业的一种追求，是苏州电视事业方面有更大发展的一种战略性投入，它和苏州不断增长的经济、不断发展的社会事业，特别是和不断提升的城市地位，是相匹配的。

以后金鸡湖吹来的风里，带点文化味，真好。

李公堤的前世今生

有一次，有外地网友在一家知名网站上发帖，还配了许多照片，表示"李公堤的夜晚最美"，随即有网友跟帖说，"不，李公堤的早晨最美"，接着有人说李公堤的晚霞美，又有人争辩说李公堤的晨曦美……李公堤在金鸡湖西南，是一条长1.4公里的堤（现为2.2公里），我在现实中也遇到过类似李公堤早晨和傍晚孰美的不同看法。

我的一位朋友李巨川，他的爷爷就是著名法国文学翻译家李青崖，书香传家。他到国家图书馆去搜集到了主持李公堤工程的清末元和县县令李超琼的资料，让世人知道了这位原先默默无闻的清末苏州的一位县官（元和县在民国时期撤销，并入吴县。李公堤所在地当时属元和县管辖）。据他说："金鸡湖是娄江和吴淞江之间通航的主要通道之一，水面浩瀚，无风三尺浪，常发生翻船事故。光绪十六年（1890），元和县令李超琼用以工代赈的方式，组织民工将太平天国战争在苏州城里城外留下的砖屑瓦砾，运至湖中，筑起长堤。堤宽约8

米,全长约2公里。堤成,纤夫得以依堤背纤,大小船只在湖里航行就不再受风浪威胁,百姓均称便利。六七十年后,随着以柴油为动力的货轮的普及,李公堤失去了实用功能,逐渐荒芜,部分堤段已经坍塌。"

李公堤始建于光绪十六年(1890)七月,建成于光绪十八年(1892)六月。农历六月三十日,李超琼亲自前往验收堤工。李公堤旁边的另一大湖黄天荡里荷花盛开,那里是苏州著名的赏荷胜地,苏州人认为六月廿四是荷花生日,那一天一定要去黄天荡观荷,这天也就成了盛大的节日。李超琼在荷花节过了六天后,"出葑门登舟……至金鸡湖验收堤工……移舟至黄天荡,停桡于白莲深处,香风浸骨,爽快莫名",他在船里还喝起了酒,并填了浣溪沙词四阕、临江仙词一阕,看来心情相当好。"酉刻始移舟至堤下,登勘一过,待返棹而归,则日已衔山矣。亥初乃得登岸回署"(据李超琼日记,其孙李宙先生保存)。酉为下午五点至七点,夏天酉时天还很亮,因为这项工程是他亲自抓的,质量方面他很放心,所以验收也只是一个形式而已。那天他轻舟简从,验收也是到了傍晚才去。亥是晚九点至十一点,亥初回署,应该是九点刚过不久吧。元和县署今天为苏州市第一中学,新中国成立时县署大堂尚在,后改作学校时被拆除,改建为礼堂,尚有一些县衙的其他建筑尚存。2011年4月,李超琼的孙子来苏州祭祖,带来了四十多封李超琼的家书,才知道当初修堤只有一万多两银子,许多工程款是李县令募捐来的。需要补充一句的是,工程总指挥之一的潘祖谦是状元潘世恩之孙,潘万成酱园的店东,民国元年(1912)苏州商团公会会长;另一总指挥张履谦,是捐助款项最多者,也是补园(今拙政园西部花园)主人。李公堤工程上马时,李超琼已患肝病,常扶病到工地现场视察施工情况。当时运碎砖瓦的船就有一百六十条之多,可见工程之浩大。堤修好后,堤两旁种了茭白和芦苇、桃树、李树等,其中杨柳就有数千株,形成了一条绿荫长堤。

经学大师俞樾在湖堤完工当天,挥汗写下《李公堤记》以记叙此事,希望人们记住李超琼这样为民办实事的人,并亲笔题碑"李公隄"三字。现在,在李公堤的西端有一重檐的六角亭子,里面竖有一青石大碑,那是一百多年前的碑。上面"李公隄"三个雄浑大字,就是俞樾题写的(俞樾为寒山寺所写的张继诗碑,为苏州的一大名胜)。"隄"是"堤"的异体字。有朋友私下告诉我说,此碑原应该有两碑,其中一碑已遗失,一碑在20世纪大约90年代找出来时还是完好的,但当时碑仆地断了。现碑已接好,并加了玻璃,做了严格保护。在碑亭的对面,建有李超琼纪念广场,有一些李超琼的诗碑,还有他的半身像,正望着李公堤。

后来,苏州工业园区决定建设金鸡湖商圈时,确定李公堤通过加宽、建

烟雨城东

实，要建成为一处金鸡湖风景与历史及现代商业元素巧妙融合在一起的水岸风情商业街，一个既现代又典雅、既精致又风尚的景区。堤上不仅有双车道的路，而且路两边还错落有致地建造了苏州传统民居风格、色彩素雅的小体量建筑，并配以古典园林风格的花园，角角落落都种上了桃、柳、红枫、蜡梅、银杏、白皮松，堤两边还有小河或池塘，种着芦苇、菖蒲、睡莲等，再由凌云桥、七彩桥、腾龙桥、朝凤桥、如意桥、望荷桥六座大小拱桥串联各岛，南面的内湖水面小一些，而金鸡湖水面辽阔，因此李公堤尽显江南水乡的风韵。

李公堤还有一处景点很吸引人，那就是湖心亭。一条长堤伸向湖中，堤的尽头是一座体量硕大的重檐六角亭，亭内屋顶上有一镏金的龙头，须飞鬣张，神态生动。站在亭内，远眺四周视野全无障碍，湖光潋滟，绝佳景色尽入望中。

2006年9月，金鸡湖西南岸的李公堤二期"水巷邻里"竣工，这里主要是休闲、酒吧、娱乐、动感特区，引进了一些外地的知名餐馆企业，是一处小资情调兼消费小贵的地方，照样受到欢迎。

李公堤三期的主题是"亲水风尚STREET MALL"，基本上是一个伸入金鸡湖里的半岛，一条欧陆风情的商业步行街将项目所有的业态串联起来，形成一个时尚购物步行街区、休闲娱乐区、主题餐饮岛等多功能商业街组合区。

2009年12月，李公堤被授予苏州市区首个"中国特色商业街"。2014年9月，四期文化创意街区开街，从2005年开工的李公堤项目经十年建设全部完工，总面积达32万平方米，成为一处商业和文化混搭的大景区。

"你去李公堤了吗？……你不去李公堤就等于没来过苏州！"苏州老百姓现在经常对外地的亲朋好友这样说。

富贵气汇新商圈

还是在大约十年前，园区管理层有位先生信心满满地对我说："以后，人们到苏州来，不是先到观前街，而是先到金鸡湖这边来！"我一愣，心想，有这么夸张吗？观前街是苏州百年商业老街，店铺林立，闻名全国，凭金鸡湖这么野的地方，能叫板观前街？

但是，许多人，特别是年轻人，今天出门消费确实是首选金鸡湖。他们讲起观前街，说，那呀，是一条"黄眼皮"街。我起先不明白，后来听他们解释，才知道所谓"黄眼皮"者，是指黄金、眼镜、皮鞋这三类店太多了。

今天到金鸡湖去消费，一般人首先选择到圆融时代广场。按照一般材料介绍，圆融时代广场位于金鸡湖东岸，是"苏州有史以来规模最大、业态最全的集购物、餐饮、休闲、娱乐、商务、文化、旅游等诸多功能于一体的大规模、综合性、现代化、高品质的商业综合体及一站式消费的复合性商业地产项目"。话说得有点弯弯绕绕，但也确实是这样的定位。这个广场其实是一片街区，由许多幢大型楼宇和街道、河道、桥梁、地铁出入口、停车场等组成，总建筑面积约51万平方米，可分为商务办公区、圆融天幕街区、生活休闲区、滨河餐饮区和顶尖商场区五大功能区。规划及建筑设计是美国HOK国际（亚洲太平洋）有限公司，景观设计是美国SWA景观设计事务所，加上外资商家较多，因此，这里给人的感觉是洋气扑面，这让我想起当初上海滩兴起时也被人说成是"洋场"。

圆融时代广场最引人注目的是一条气势恢宏的天幕，这天幕长约500米，宽32米，高约21米，规模超过了美国著名的拉斯维加斯天幕。这天幕采用LED技术，用炫幻的色彩和震撼人心的音响，构成一道巨型的空中光影艺术奇观。天幕每晚定时开启，许多游客会忍不住停下脚步观赏，沉浸在独特美妙的艺术享受中，甚至一些就餐的人也会跑出店来观看。天幕旁边是一条河，三座风格各异的桥连接两岸，人们或在河边的特色餐馆品尝美味，或在河边散步、小憩。夜色中，五彩灯影和天上星星在河里流淌，荡漾的水波中让人分不清楚哪是星星哪是灯。

金鸡湖的未来更加璀璨，92层、高450米的九龙仓——国际金融中心已经开建，世界上最大的门形建筑——东方之门已高高矗立。有"疯狂的城市综合体"之称的苏州中心广场，将由十幢高层或超高层建筑构成，其中有两幢分别高达500米和450米，30万平方米的"未来之翼"商场彩色自由曲面屋顶，犹如凤凰展翅，这个世界级的购物中心将带来新的商业概念，让苏州增添都市的基因。苏州中南中心高达598米，是目前国内在建的第三高楼，现在正日夜赶工中。可以想见，苏州城东的这块环湖区，必将是以后苏州最耀眼的所在。

甪 直
古镇风情言难尽

甪直古镇风光

新闻之父王韬纪念馆

半堂罗汉稀世奇珍

  苏州人初识甪直，往往是从一块萝卜干开始的。那时苏州的南酱店里，卖一种紫红偏黑颜色的萝卜干，叫"甪直萝卜"，是用整支萝卜发酵式酱制的，价格也许是酱菜中最贵的一种。苏州俗话说，"甪直萝卜肉价钱"，一直到今天，甪直萝卜的售价还是比鲜猪肉贵得多。

  甪直萝卜买回后，切成片吃，如将萝卜干片拉扯，这萝卜片又绵又韧，可以拉扯到差不多银圆大。然后对着光看，萝卜干片这时有点透明，仿佛琥珀片，这才是真的甪直萝卜！这也确实是鉴别真假甪直萝卜的一种经典方法。

  因这萝卜干让人们记住了一个叫甪直的地方。甪直在苏州城的东南方向，出葑门大约三四十里远，一路坐船，全是水路。后来看到《小小得月楼》电影，讲的是几个年轻人围绕如何挖掘恢复一只古代名菜"甫里鸭"的故事。这甫里，就是甪直的古名。"甫"是"刚刚、才"的意思，据说这个地方出现了一个村落，要取名时，发现村子方圆正好达到一里，就叫了甫里。

  "甪"字是个稀用字，好像只用于这个镇，为何会有这样的名字？当地人的解释有多种，有的说"甪"字是三横三竖，上加一撇，三横三竖是六条河流，字头那一撇是吴淞江，好像蛮形象的。明初曾在苏州一带主持过治水工程的官员夏元吉曾有《过六直浦》诗，诗云："浦名六直因谁得，缘有龟蒙故宅基。"可见那时是叫六直浦，据说到明末清初才改为甪直。

现在到甪直镇去，在古镇的入口处有一尊连座高6米的花岗石雕成的瑞兽，仿佛麒麟，不过它不是麒麟，头上只有一个角，座子上镌有"角端"二字。说甪端是一种瑞兽，能带来祥瑞，镇即因此而名。在《宋书》卷二十九《符瑞下》里有这样的记载："角端者，日行万八千里，又晓四夷之语，明君圣主在位，明达方外幽远之事，则奉书而至。"我想，可能是当地人就借这个史书上的瑞兽角端，改"六直"为"甪直"，不过"角"改成"甪"而已。当地人喜欢跟外来的旅游者介绍说，甪端这个祥瑞之兽日行万里，到了这里后，喜欢这里风俗淳朴、水明土肥，就留下来值守这方水土不走了，故这地方叫甪直。许多游人来古镇，往往先和"甪端"合个影，毕竟，在中国只有这个镇才有这个瑞兽。

这个镇居于水乡泽国之中，四周河流环绕，有"五湖之厅"和"六泽之冲"的称号。这"五湖"指的是澄湖、万千湖、金鸡湖、独墅湖和阳澄湖，"六泽"则是吴淞江、清水港、南塘港、界浦港、东塘港和大直港。

甪直作为古镇，名胜古迹和典故很多，但最有名的，还是那半堂罗汉。

1918年8月初，顾颉刚先生的元配吴征兰女士病逝。顾的同学兼好友王伯祥和叶圣陶那时正在甪直的吴县县立第五高等小学校（简称吴县五高，沈伯安创办）任教，他们邀请顾颉刚到甪直去。一方面，王伯祥正考虑为他介绍其学生殷履安（后在1919年5月21日顾与甪直望族的殷履安姑娘正式完婚），一方面是邀请他去看一处古迹，这就是始建于南梁天监二年（503）的保圣寺。

当时保圣寺还是完整的，十八尊罗汉一尊不缺，如来佛像和两旁的伽叶和阿难也是完好的。还有一副对联："梵宫敕建梁朝，推甫里禅林第一；罗汉溯源惠子，为江南佛像无双"，点明了此寺的历史和雕塑的价值。顾颉刚学养深厚，到寺一见就觉得"这寺的罗汉和别寺的罗汉两样"，"这寺的罗汉是着色的"，"是各有各的精神"，"我看了这一千年前的古美术作品，使我不能忘记"。他根据《甫里志》的记载，认为"这罗汉像是唐朝杨惠之塑的"，"幸而在僻地的保圣寺还存得几尊真迹，是何等可贵的事"。那时他看见大殿已有小部分坍塌，但十八尊罗汉还是全的。过了四年也就是1922年，他再到甪直，看到大殿已塌了一部分，也压坏了一些罗汉，还遗存的罗汉"顶上已无屋面，风吹雨打，受了不少折磨"，他非常心痛，于1923年发表了《记杨惠之塑罗汉像——为一千年前的美术品呼救》一文。

顾颉刚将陈万里拍摄的保圣寺罗汉照片，寄给北京大学校长蔡元培和在北大创办研究所国学门并任主任的沈兼士。蔡元培先生和周峻君这年将在苏州举行婚礼，胡适写信给蔡，建议他以修缮保圣寺作为新婚纪念，蔡就捐了一百银圆，但仅这些钱是不够的。蔡元培就请江苏省教学会和上海美术专科学校（校长刘海粟）会同甪直乡教学会会长沈伯安（也即沈柏寒，万盛恒米行最大股东），请他们保护，但没有进一步受到重视。因为沈先生从日本早稻田大学学习教育学回来后，他的注意力在教育事业上。沈兼士请苏常道尹蔡师愚保护，蔡托吴县知县派人前往调查，官方只答应用栅栏保护。显然，蔡和吴县知县是在敷衍。后来沈伯安到北京，顾颉刚和他谈起此事，他说拆佛像工程简单，但这些佛像是塑在房子架子上的，没有好的拆手会拆坏塑像，要从日本去觅好的拆手。就在这讨论、呼吁的过程中，保圣寺的塑像受到了更大的损坏。顾颉刚除了在报刊上不断发文呼吁和介绍杨惠之塑像的艺术价值外（他在《五记杨惠之塑像》一文中，一方面呼吁保护，一方面认为不一定是杨惠之的作品），一时也束手无策。1927年，日本美术史学者大村西崖看到顾颉刚的文章后，来到甪直考察，出版了图文并茂的《吴郡奇迹：塑壁残影》，介绍保圣寺的塑像，扩大了这一艺术瑰宝的影响。此时沈伯安已将脱落的部分罗汉塑像拆下，寄放在甫里先生祠（即陆龟蒙祠）中。

1929年，叶恭绰（1927年出任北京大学国学馆馆长）发起成立唐塑保存会，蔡元培作为北大校长大力支持，教育部长蒋麟君、副部长马叙伦等也很支持，还吸收了张继、陈去病、钮永建、叶楚伧、关炯之、陈剑修、金家凤、陈万里、张仲仁等当时政界、社会名流十九人一起策划此事，值得后人研究的是，沈伯安不在其中。教育部拨款一万银圆，江苏省政府拨三千银圆，但并不够。后来叶恭绰等委员又筹募资金一万余银圆，使这一工程得以顺利进行（工程结束时还亏欠一千余银圆）。

1929年春，保护工程正式启动。决定不再恢复寺院，而是建一保圣寺古物馆。至1932年11月12日，古物馆建成举行开馆典礼，由蔡元培夫人剪彩开门作为开门礼，蔡元培致开幕词。

现在的保圣寺山门是按乾隆年间的原貌重修起来的。走进二山门，单檐歇山式屋顶的天王殿气宇轩昂，殿内可看到有明代建筑特点的昂嘴斗拱结构。据古建筑专家陈从周1955年考证，此殿是明崇祯年间在宋代殿基上重建的。虽太平天国时有所受损，但并不大，同治时有所修缮，基本还是保留了明末时的原貌和原构件。特别是柱础为覆盆式石础，刻有"压地隐出神童牡丹花"图案，为北宋大中祥符年间的遗物，十分珍贵。

在原来的大雄宝殿基础上所建的古物馆，由建筑专家范文照设计，中西合璧风格，九尊罗汉塑像由雕塑家江小鹣、滑田友等安放在如今位置。1961年，保圣寺罗汉塑像被列为首批全国重点文物保护单位。我认为，这一建筑因为涉及当时许多名人，本身也应该是文物，值得珍视而不宜改动。此外，院内有两件重要文物，一是南宋绍兴十五年（1145）的尊胜陀罗尼经咒青石经幢，二是铸于明末清初的大铁钟，都很珍贵。

保圣寺塑壁罗汉像虽只剩下了半堂，而且有的还有残缺，但古代雕塑艺术瑰宝的魅力，仍然让人震撼。

古镇有个米的故事

中学教材里，曾收有叶圣陶先生的短篇小说《多收了三五斗》，几乎每个上过中学的人都知道这篇著名的经典作品。

> 万盛米行的河埠头，横七竖八停泊着乡村里出来的敞口船。船里装载的是新米，把船身压得很低。……河埠上去是仅容两三个人并排走的街道。万盛米行就在街道的那一边。朝晨的太阳光从破了的明瓦天棚斜射下来，光柱子落在柜台外面晃动着的几顶旧毡帽上。

小说开头，作者用"河埠头"、"敞口船"、"仅容两三个人并排走的街道"、"米行""明瓦天棚"等元素，很简练地就写出了江南一个镇上的风情。唯一让我微有诧异的是，旧毡帽是浙江绍兴男人所戴的帽子，叶圣陶教书的甪直，男人好像并不戴这种帽子啊。可能这样写，也是一种借鉴手法吧。

1917年早春，苏州人叶圣陶来到甪直做教师，他除了正常的文化课外，还开办了"生生农场"，与学生一起种植瓜豆蔬菜（他写的中国第一部长篇白话小说，就是以生生农场为原型的）。后又出资，并发起师生合股，创办了利群书店和百览室，建造了礼堂、戏台、音乐室等，这些新式教学，有利于培养学生全面发展，在当时都是新鲜事。同时，他也不忘手中的笔，进行文学创作。早在1921年，他与周作人、郑振铎、沈雁冰、郭绍虞、朱希祖、瞿世瑛、蒋百里、孙伏园、耿济之、王统照、许地山等十二人发起，成立文学研究会，是我国现代文学史上早期一位现实主义作家。他的笔端充满了对普通百姓的关怀，表达了进步作家自觉的社会责任感。

叶圣陶这篇小说中的米行原型，是镇上最大的万盛恒米行，由沈、范两家富商合伙经营。据顾振家先生介绍："万盛恒米行采用股份制形式筹资创办，每股一千银圆，共二十一股，总计集资两万一千银圆……万盛恒米行有南行、西行之分。南行在甪直镇南市牌楼桥南，即后来的粮管所南库。西行就在如今的南直酱品厂的西隔壁。这两处河面宽阔，米行前河埠平整宽敞，适合用作码头运输场所。"万盛恒米行最大的股东就是沈伯安（柏寒），沈是同盟会员，热心教育，是镇上的名绅，因甪直镇是苏州最早自己有发电厂的镇，万盛恒用电力轧米，业务量较大，当地人不叫店名而叫"轧米厂"。

现在镇上南市河东岸有一个旅游景点万盛米行，三开间门面，墙上还有一个大大的墨写楷体"米"字，也有河埠头、过街棚，景色虽幽，门前的河面也不开阔。这里原来是殷家祠堂，后来作过一家袜厂，现在古镇搞旅游开发，于1998年筹资改造作了"万盛米行"。当地人也认为这样窄的河道，不适宜作米行，不过，万盛米行毕竟是虚构的，如果仅作为旅游景点看待而不是米行原址，也算可以吧。

叶圣陶的这篇小说是将米行作为反面形象来塑造的，他为什么要这样写？我专门向新中国成立前在吴江县芦墟镇上米行学过生意的前辈了解过，米行确实有许多生财门道，有的手法是精明，有的则是奸商所为了，比如大斛进、小斛出；斛口刮米的板，卖米时用凸出的板刮，收进米时又用凹进的板刮，斛口米一凹一凸差别就大了；霉米洗一洗加上陈米，蒸了卖叫"黄双米"，很是涨锅；地上铺直楞木条，米漏下去扫不出来，到了晚上米行伙计能扫出好几斤米……作为店东个人可以是当地开明士绅，但主持店务的人在开店经营时使用些赚钱手法并不意外。"万盛米行"这个景点里，对过去米行的经营未作介绍，穿过院子来到店铺后的"耒耜堂"，堂内陈列着江南水乡传统稻作农具和加工谷米的器具，成为一处体现江南水乡风情的"农具博物馆"。

甪直镇在万盛米行后面作这样的安排，应该说也是一种很好的考虑。一方面反映米行的背后，是农民辛勤的劳作和完备的稻作文化；另一方面，苏州晚唐诗人陆龟蒙，除写了许多诗外，还著有《耒耜经》，虽仅六百来字，也只记载了四种农具，但却是中国最早的一部农具专著，也是第一篇谈论江南水田农业生产的专文。而且陆龟蒙墓和他当年的斗鸭池至今还保留在保圣寺内，成为古镇的著名一景。

需要说明一下的是，叶圣陶和甪直结下了不解之缘，他于1988年逝世后，骨灰就安葬在甪直，就在他当年教学的地方不远处；甪直镇也为他修建了专门的纪念馆，在院子中部一间很像方亭的四面厅建筑，这是当年"五高"的博览室，也就是阅览室。现在四面厅当中的桌上放着一只花篮，花篮前安放着叶老的遗容面模，供人们瞻仰。在看了万盛米行后，请务必来瞻仰一下这位真诚的现代文学先辈。

古宅走出新闻之父

甪直古镇有许多可游玩的地方，比如在香港发展的著名演员、甪直人萧芳芳的纪念馆；占地150多亩，总投资2.3亿元的古典式园林江南文化园；还有一位叫冯斌的老师买了镇上的房子办了一家全国独一无二的作文博物馆；二十四孝院的张林园……这些都可一看，估计一天时间游玩用直还不一定够。

位于用直中市下塘街6号的王韬纪念馆不应该错过。这是一座具有清代建筑风格的住宅，占地800平方米，坐东朝西，门对一条小河，环境清幽。1998年，镇上对王韬（1828—1897）去上海前的故居（但门口的文物保护碑上写的是"沈氏旧宅"）进行修缮、布置，办成纪念馆，分作王韬生平事迹陈列室、王韬故居和韬园三个部分。宅中为鸳鸯厅，上悬匾额"蘅花馆"，大厅里安放有王韬半身铜像，厅柱上的对联据说为王韬自撰：短衣匹马随李广，纸阁芦帘对孟光。

其实这副对联原先在上海墨海书院内王韬的宿舍里。王韬二十五岁时考取秀才，后来参加乡试未中举。父亲王昌桂在上海教书和帮忙翻译《圣经》，有"活词典"之誉。王韬到上海看望父亲，结识了英国传教士麦都思。后来他父亲突然生病逝世，为生计考虑，他就携妻挈女来到上海投奔这位传教士。而这位传教士又正在主持中国近代第一个印刷所——墨海书院，主要是印刷《圣经》，因《圣经》需要重新翻译，几位外国传教士决定聘请王韬也参加进来。王韬的文字功力相当了得，他参与翻译润色的《圣经》，文字简洁典雅，麦都思评价王韬的翻译相当出色："我们遇到一位学识渊博又尽职的中国人，让他在自己语言的基础之上深读而熟悉《圣经》原本，他就能够创造出一种新的翻译。在它面前，我们所有的最好的翻译都必须让步。"这一译本被大量印刷使用。据说王韬参与的主要是《新约》部分，当时叫《救世主耶稣新遗诏书》。王韬参与了19世纪最重要的翻译工程，为中外的文化交往作出了贡献。

纪念馆后面是一个小花园，名为"韬园"，里面有池塘、半亭、曲廊、湖石等，精致秀雅。在此之前，我去看过，这里原是一个后院，没有这么讲究，但也许园子本就应该这样有点随便、有点破败、有点疏朗、有点自然的。因为古人很少用自己的名字作园名，"韬园"这一园名大概也是后人起的。

《圣经》翻译工作完成后，王韬接受洗礼成了基督徒，开始撰写一些教会宣传材料。这时，太平天国攻下苏州，并且来到了用直。据说，王韬回老家探望老母时，认识了太平天国地方长官刘肇均（刘绍庆），已接受新思想的王韬于1862年2月4日化名黄畹写了一件上书，通过刘向忠王李秀成提出一些建议，但李秀成并未采纳。此事作为一个侧面可知太平天国对知识分子的轻视，这也是其必然失败的原因之一。

1862年3月7日，清军攻破李秀成王家寺七堡垒的军营，王韬的上书被清军缴获，里面的建议让朝廷吓了一跳，下旨要捕获此人。王韬只好开始逃亡，由上海到了香港，从事将中国典籍翻译成英文的工作，也第一个翻译了《马赛曲》。他还游历了欧洲，大开了眼界。王韬在伦敦参观了首届世博会的"水晶宫"并作了记载，他也是在牛津大学用中文演讲的中国第一人。凤凰卫视2010

年1月8日《走进世博会》节目，说他是"中国睁眼看世博第一人"。还说，"1897年，王韬的生命走向了尽头，在他死前的三年，他约见了一个从广东出发向李鸿章上书的南方青年，此人正是孙中山，王韬帮他修改了上书，并给在李鸿章幕中供职的一位朋友写了一封举荐信，王韬已然垂垂老矣，可是他在这个年轻人的身上，看到了新的力量"。

那是1894年，弃医从政的青年孙中山来到上海，在《盛世危言》作者郑观应寓所中，不是约见而是邂逅了他仰慕已久的王韬。此时王韬是前辈，孙中山是二十八岁的后生，王韬欣然为孙中山的上书润色，既是孙对王的信任，也是王对孙的欣赏和扶掖。

不过修改一封上书对王韬来说是并不是最主要的，他人生中最重要的一件事可能要数1874年2月4日在香港创办了《循环日报》。中国过去没有报纸，只有达官贵人看的邸报，上面全是些大臣的奏折、皇帝的谕旨之类，谈不上现代意义的新闻纸。1815年在马六甲出现了世界上第一张中文报纸叫《察世俗每月统计传》，不过它不是在中国出版的，又是月报，并以服务传教为主要功能。而麦都思恰恰做过这张报纸的编辑，他的经历必然和王韬交流过，并且可能启发了王韬的办报冲动。《循环日报》是中国历史上第一份由中国人自己创办、出资和经营的报纸，王韬亲自任主编。他对外宣称："本局倡设《循环日报》，所有资本及局内一切事务皆由我华人操权，非别处新闻报馆可比。"林语堂因此称王韬为"中国新闻报纸之父"。他十年间发表八百余篇政论，强调"天下何以治？得民心而已。天下何以乱？失民心而已。民心之得失，在为上者使之耳"。他又鼓吹中国必须变法，兴办铁路、造船、纺织等工业以自强，并呼吁国家要"专设海军，然后内可以防奸，外可以御侮"。

他晚年回到古镇，1897年秋病逝于上海，归葬在甪直，但今天我没有找到他的墓，也不知还在不在。只有这座不大、也不能反映他全部身世和思想的纪念馆，多少让人们记起，甪直镇曾经走出过一位多么了不起的书生。

甪直是一座水乡风情醇厚的江南古镇，走在镇里，一条条巷，一座座桥，一间间传统民居，本身就如一幅淡墨洇润的中国画，其中双桥就有五处之多。和其他古镇不同的是，这镇上还有一道特别美丽的风景，就是甪直女性的服饰，被人称为"苏州的少数民族"。有人说："到甪直，最吸引人的是撑船的船娘。她站在船头，摇着橹从桥下袅袅而过，就是这样俏丽迷人，让人惊艳。"这种梳髻髻头，扎包头巾，穿拼接衫、拼裆裤、束短褊裙、着绣花鞋，设计巧妙、裁剪合身、颜色搭配独特而得当，装扮出来水灵灵、俏丽丽、细嫩嫩，有点清秀有点天然，有点娇羞有点风流的江南水乡美女，除了苏州，天下也无，即使是为了看她们，也应该到甪直去啊！

天灵遗踪

灵 岩　吴宫遗址唱梵呗

木 渎　托体山阿让人思

天平山　枫红如丹说忧乐

灵 岩
吴宫遗址唱梵呗

　　阳春三月，我站在苏州西南郊的灵岩山脚下，春风温柔地拂着我的脸颊，心里百感交集。

　　灵岩山是离苏州古城比较近的一座山，仅约10公里。"文化大革命"前，苏州可游览的山，只有灵岩山和天平山，灵岩山几乎是苏州学校组织小学高年级或初中生春游、秋游的必选之地。因此，苏州城区的市民，对灵岩山都有一种亲近感。

　　老师为什么要让学生来这里呢？这可是一个宗教场所啊！不过，老师并没有让学生到天王殿、大雄宝殿之类的地方去春游，却要带学生到山上的一个花园，会告诉学生说，这里本来是吴王的一座宫殿，叫馆娃宫。我也就是这样受到了吴国历史的启蒙。长大后，在南宋范成大《吴郡志》卷十五中看到这样的记载："灵岩山，即古石鼓山，又名砚石山……《越绝书》云，吴人于砚石山作馆娃宫，刘逵注《吴都赋》引扬雄《方言》云，吴有馆娃宫，吴人呼美女为娃……今吴县有馆娃乡。"两千五百多年前在山上建造馆娃宫时，吴国正处于强盛的顶峰，打败了南面的越国，越王勾践夫妇被迫到吴国来做些打扫之类的杂活。老苏州人一般相信，他们就住在灵岩山半山腰的一个山洞里，据说西施曾去这个洞里看过故国的君王。没有人因为勾践住过而将这个洞叫作越王洞、勾践洞，倒是后人觉得西施虽是小女孩，却有情有义，吴人敬重她，叫这洞为西施洞。如今在上山路上小憩，远眺那洞，山坡上青松翠竹，植被茂盛，从树荫中看到的是一个有门楼的建筑，不过那里已经被佛家人改为观音洞了。西施洞的说法，见诸宋《吴郡志》。1943年，有人说是在洞里看见观音显影，就在石壁上用粉墨勾勒出了观音像，然后照此镌刻，又在洞外加建了围墙和门，成为一个庭院。

我个人的想法是，作为一个流传至少千年的历史文化胜迹，还是保留西施洞为好，观音菩萨可以另建更加恢宏的佛殿来供奉。

许多人认为吴王夫差误国，他不听大臣伍子胥的忠告，放虎归山，最终让勾践复国成功，并反过来灭了吴国。其实历史有许多误读。就说这灵岩山上的馆娃宫，是吴王夫差专为越国美女西施而建的，但人们好像也说不上夫差是个荒淫的君王。在春秋时期，君主娶的妻子，应该是贵族，而西施，不过是一个山里的浣纱女。勾践为了将她送到吴国，让她在大路边住了一段时间，是让她可以见识到更多的人，还对她进行了礼仪方面的强化训练。夫差从吴越本是习俗相近、居处相邻的两族从此不再争战的大局考虑，娶了越国两个身份低贱的女孩子（另一个叫郑旦，到吴国不久就死了，据传葬在苏州太湖边的渔洋山）。那时的君王婚姻，都是政治婚姻，夫差娶西施，也是这样考虑的，希望从此吴越两国互相关照，比如越国灾荒缺粮，夫差就决定全面救济借粮给越国。而且夫差对西施用情也很专一，西施来自山里，喜欢穿木屐，夫差很尊重她的生活习惯，不仅让她在宫中继续穿，还在馆娃宫造了一段木板架空的走廊，让伺候她的宫女也都从越俗穿上老婆家乡的木屐。西施和宫女走路时发出的响声，夫差当作一种美妙的音乐来听，此廊也就叫作"响屧廊"。今天山脊上只有一片空地或者叫作遗址，人们到了这里无不指指点点，讲述一番当年的历史，徒生感慨。越灭吴后，越王勾践将西施沉水杀害，这与她在吴国的境遇完全不同，让后人不忍言说。编一个让越国大臣范蠡爱上她，携带她去创业成为一个亿万富翁的故事，一可粉饰越王勾践的形象，二可慰藉人心。吴国虽灭，但吴国这块土地上的后人，一直对这位不幸的女孩十分同情，从无责怪之词。人们今天来到灵岩山，看她弹琴的琴台，看她在水中玩月影、赏四色莲的玩月池、玩花池和对井照影梳妆的吴王井，想象的还是她在吴国的幸福日子里的那些美好轶事。

吴亡后，灵岩山长时间成为荒山，大约在晋时，朝廷三公之一的侍中、司空陆玩，在山上造了别馆。这陆玩的祖父是陆逊的弟弟，出身于吴郡显赫的陆家。后来他又将自己在灵岩山的园宅捐出来作了佛寺，将私人物产变为公共场所，这对灵岩山功能的演变起了继夫差后的又一关键作用。事实上捐宅为寺，在苏州始于孙策、孙权的母亲吴夫人，在六朝时捐宅为寺的佛寺大多成为今天的名胜古迹。灵岩山的佛寺高僧辈出，一直是苏州佛教的重要场所，也是苏州重要的旅游景区。

灵岩山寺院强调这里是智积菩萨道场，这是因为在《妙法莲华经》中有"智积菩萨问文殊师利"的记载，其他《佛说维摩诘经》、《佛说华手经》、《大哀经》等许多佛经中也有这位菩萨或佛陀亲自为他讲经的记载。而另据南宋时平江府（今苏州市）昆山人龚明之所撰《中吴纪闻》卷一："灵岩寺，乃智积开山之地。智积当东晋末，自西土来此，创立伽蓝。泗州僧伽，持钵江南，至常之无锡，闻智积在苏，即回曰：'彼处已有人矣。'由此名遂显。"这是说东晋时有一位也叫智积的僧人，他从西土来到灵岩山后，创立寺院，可能陆玩是将别馆捐给了这位智积吧。从此，灵岩山从吴王园林、高官私宅所在的山，变成了因佛寺而出名的圣地。

灵岩山的空气里，飘有一股香火味，时不时可见虔诚的香客在山道上行走，怪不得上海电影制片厂1959年拍摄电影《乔老爷上轿》，其中香客进香这场戏，要选这山道作外景。许多苏州人来到灵岩山，都会对"文化大革命"前山上的素斋面印象最深最好，后来我的古代文学老师雷应行先生在山上的佛学院兼职为学僧教课，给我介绍了佛学中关于吃素的基本知识。后因工作关系，陪领导来到山上的寺院，方丈明学大和尚亲自请我们吃了一顿素席，观看唐寅等人的书画手迹，菜点大多已忘记，但有幸得以亲睹高僧的风采，恍如给心中安了一面做人的镜子。

今天的灵岩寺，殿宇庄严，有今天这样的规模和场面，实在不易。寺院历史上多次被毁，最近两次，一次是明代，后来在和尚弘储的主持下，作了恢复。弘储是一位积极反清的佛门中人，也是一代大师，这是值得纪念的一个人。另一次是咸丰十年（1860年），这一年，太平天国东进苏州建立苏福省，灵岩寺毁于这年。但后有僧人在此坚持，虽只有屋十来间，不过佛教一脉也因此不致断绝。到了清宣统二年也即1910年，山下木渎镇的士绅请来了浙江普陀山三圣堂的真达和尚，开始重光灵岩寺，历尽艰辛地募资建设，终于恢复旧观。一代大师印光法师（弘一法师始终心悦诚服地对印光法师躬行弟子之礼）在此驻锡，创立净土宗寺院及相关制度，并在寺内圆寂，使灵岩寺名声大振，成为全国重点寺院。今天，灵岩寺中也是多有佛学深厚的释家大师，因此，在佛教界一直享有很高的地位。

这几年，山上陆续修复了一些建筑，如修好了多宝佛塔，建成了智积殿，山下环境也作了整治，面貌大变，景色更加优美了，吴越争斗的风云早已淡去，而修性养心和悠闲正是当今的所需，这里成为佛教和游览胜地，也许是历史的必然吧！

木 渎
托体山阿让人思

韩王墓在古镇旁

苏州木渎镇往西原先有一条碎石小公路，通往善人桥、光福，我因外祖母墓在光福，每年要去上坟。一路颠簸，要经过灵岩山，公路走灵岩山的西南麓再往西，可以看到公路北是灵岩山，山色如黛，苍老衰旧的多宝佛塔在山顶露出一个头。公路南则是一片麦田和油菜田，阳光下翠绿、金黄，美得耀眼。就在这山脚下，可以看到一个很小的院落，黄色的墙壁，很是显眼。父母说，这就是韩世忠墓。近些年，公路改道，成了很宽的高等级沥青路，车再经过时，离灵岩山远了，看不见韩世忠墓了。

朋友周永成先生听说我挂念韩世忠墓，又一时没有时间去，就在2011年的春天特地带了相机去探访。回来后，他给我看拍的照片，照片很多，许多细部包括碑文都拍了，他又讲了寻访韩墓的经过。

我以前看到的黄墙的建筑确实就是韩世忠祠，墙上有很大的"韩世忠墓园"五个楷体墨字。平时大门是关着的，他从朝东的一个小门进去，只见是一个很小的院落。周先生说，里面没有看到纪念、介绍的布置。会不会是他寻访得不够细？据民国时李根源先生寻访记载，当时韩的飨堂设在宝藏庵内，还有一尊韩世忠塑像，并有林则徐撰联曰："祠庙肃沧浪，更寻来一万字穹碑，新焕眼前衰栋；威名震吴越，还认取七百年华表，遥传江上旌旗。"有苏州清代状元石蕴玉题额："灵佑胥台"。当时李根源还看到一块明碑，但今天已没有了。新中国成立后，韩世忠祠可能包括华藏庵，一度作为小学。1986年迁出小学，重塑韩世忠像，辟韩世忠史迹陈列室，于1990年对外开放。

因种种原因，眼下韩世忠祠和墓还没有成为景点。在杭州，岳王坟（庙）

是浙江省爱国主义教育基地、是西湖的标志性名胜景点，杭州人还说"青山有幸埋忠骨"，对岳飞坟保护有加，梁红玉家乡对这位女英雄也很尊重，深爱这一城市文化资源。韩世忠墓，当然也是苏州宝贵的历史文化和精神财富，相信不久对韩墓会有更好的安排吧。

　　去韩世忠墓，神道两边全是树，路是新修的。当地农民说，原先还要荒芜，杂草丛生，只有很少的人寻过来，他们带下路，收费五元，如是学生，就收个两元或者不收钱。周先生走不多远，就到了韩世忠墓前。墓旁有一块碑，大意是说有一位吴先生，捐了钱来这里修韩世忠墓。他和韩世忠非亲非故，只是仰慕这位八百年前将军的风采，出资修墓，并不享受什么权利，完全是一件善举。这个修缮方案也是报经省文物保护部门批准的。现在周先生看到的是第一期修复墓区，第二期修建神道牌坊，第三期修复碑亭，据说还有第四期，修韩世忠祠，现在工程有没有开始还不清楚。

　　韩世忠的墓现在是可以看一看了，墓圈用石块砌成冰纹，后面罗城，也是砌成冰纹，显得朴素而端庄。据《忠武王碑》记载，宋绍兴"二十一年秋，王病，不能朝，乃上表谢事……以是年八月四日（有的史籍记载是五日）薨于私第之正寝，享年六十有三"。现在墓前青石墓碑上刻"宋韩蕲王碑"字样，韩世忠病逝于1151年，其实次日宋高宗只是追赠通义郡王。在宋孝宗乾道四年（1168）五月，才追赠韩世忠为蕲王，这时韩逝世已十七年了。到了孝宗淳熙元年（1174），又赐谥忠武。但是现在墓前只有"宋韩蕲王墓"青石碑，无标志他与夫人在此合葬的墓碑。

　　正史无名，但民间却大名鼎鼎的梁红玉，是韩世忠的妻子。她本是一个娼妓，但后来协助韩世忠，在镇江那一带的黄天荡，以八千兵力，抗击金兵十万人，梁红玉在战斗激烈时，亲自上阵擂鼓。建炎四年（1130）三月、四月的四十八天里，韩世忠和妻子梁红玉一起，同以金兀术为首的金兵大战黄天荡，成功阻击金兵南下。据南宋章颖所撰《南渡十将传》：

　　　　兀术遣使通问，约日大战。许之。战将十合，梁夫人亲执桴鼓，虏终不得渡。

　　梁氏本来没有名字记载下来，明代张四维在其传奇《双烈记》第三出"引狎"中，以她母亲之口给她起了个名字："老身梁氏，东京教坊人也，随驾南渡，侨居京口，亲生一女，小字红玉。"从此以后，人们就都叫梁氏为梁红玉了。又据南宋《鹤林玉露》，梁氏（红玉）因江淮兵乱，流落在京口（今镇江）为娼，有一天五更天进官府应差，见到廊下一个小兵，值勤时睡着了，梁红玉悄悄地踢醒了他,梁红玉对他产生了好感,问了姓名,后来双方订了终身。韩世忠因军功升为将军后,娶梁氏为妻。梁氏好像很长时间在军中,在楚州时,她还亲织蒲席为士兵盖房子。在著名的黄天荡之役中,将士所熟悉的主帅夫人亲自擂起战鼓,激励杀敌,这一壮举在中国历史上留下了光辉的一笔,常熟钱谦益评价为"丰碑青史,于今为烈"。她一身戎装,站在战船上,背后是猎猎帅旗,英姿飒爽地击鼓抗敌,经画家创作已成经典的中国古代巾帼英雄的形象,激励着中国人民。

《宋会要》"礼门"卷四十四说她在绍兴五年八月以秦国夫人的荣誉职衔亡故,而现在有的地方说她是战死的,并且牺牲得非常壮烈,肠子流出裹伤再战,头又被金兵割去,体裂为五,在大街上示众之类,后又送还宋朝。我一时还没有查到这样的史籍。据《山阳县志》等记载,梁氏葬在苏州灵岩山下韩世忠墓里。在她的家乡淮安楚州,建有梁红玉祠,虽是1982年复建的,今天已成为当地的名胜,梁红玉也成了当地引以为豪的名片。然而,今天苏州又有几人知道,梁红玉这位女英雄最后是长眠在这青山脚下的呢?

木渎山塘街上古迹众多

一代才女魂归家乡

从韩世忠墓往上走不多远，是一公墓。苏州才女林昭和他的父母，就葬在这儿。

林昭本名彭令昭，1932年12月16日出生于苏州（也有说生于1931年），家住乔司空巷15号。她1949年从苏州阊门外丁家巷的教会学校萃英中学（今苏州市五中）毕业后，7月考入苏南新闻专科学校读书。次年5月毕业，并已加入共青团，毕业后参加过苏南地区的土改工作，地点好像在太仓县八里乡。曾和林昭同学的陆咸先生，也曾向我介绍过他印象中的这位女同学，认为她是一个聪明而认真，性格也有点执著的姑娘。

林昭后来又在常州工作，做的是记者和文联的工作。1954年以江苏省第一名的成绩考入北京大学中文系新闻专业。1956年秋，北大创办综合性学生文艺刊物《红楼》，林昭是编委之一，因此调到红楼，被称为"红楼里的林姑娘"。她的一些同学回忆她讲的普通话里有南方口音，觉得特别柔美好听。次年秋，在那场"引蛇出洞"运动的风暴中，热血青年的林昭和许多同学一起被打成"右派"分子。

因北京大学新闻专业合并到中国人民大学新闻系，林昭到人大新闻系资料室监督劳动，后被批准请假，林昭母亲许宪民到京接林昭回上海养疴。1960年初，林因在自办的油印刊物《星火》首期上发表长诗《普罗米修斯受难的一日》，10月以"反革命"的罪名在苏州被捕并抄家，囚于上海第一看守所。不到一个月，以糊火柴盒为生的父亲彭国彦吞食老鼠药自杀身亡。据说她在狱中，因不给她纸笔，她坚持割破身体，蘸血在被单和衣服上书写，但这些物证据说都还在某单位的档案室里，外人不得而知。1968年4月29日，林昭在受尽折磨后被枪决，时不满三十六岁，尚是一位未婚青年。林昭在接到由二十年有期徒刑改判为死刑的判决书时，当即写下血书称："历史将宣告我无罪！"

1976年粉碎"四人帮"后，历史翻开了新的一页，大地春回，许多冤假错案开始平反。林案在1980年8月，经上海市高级人民法院复查后，撤销原判决，宣告林昭无罪（1981沪高刑申字第2346号）。但人已不可复生矣。1981年1月27日，《人民日报》发表新华社记者穆青、郭超人、陆拂采写的《历史的审判》长稿，其中有一段文字提到了林昭，这也是第一次披露"文化大革命"中苏州姑娘林昭被冤杀的历史事实。记者在文章中称林昭为"熟悉的朋友"、"同志"，"勇敢纯真"，她的死是"就义"，记者的愤懑之情直透纸背：

在我们熟悉的朋友中就有这样一位同志。这是一个勇敢纯真的南国女性，名叫林昭。由于她不愿意向风靡一时的现代迷信活动屈服，被关进了上海的监牢。但是，她坚持用记日记、写血书等种种形式，表达自己对真理的坚强信念，心甘情愿地戴着"顽固不化"的枷锁，过早地结束了自己年轻的生命。她就义的详细经过至今无从查考，我们只知道这样一个消息：一九六八年五月一日清晨，几个"有关方面"的代表找到了她年迈的母亲，宣告林昭已于四月二十九日被枪决。由于"反革命分子"耗费了一发子弹，她的家属必须交纳五分钱的子弹费。这真是使人毛骨悚然的天下奇闻！在中世纪被判"火刑"烧死的犯人无须交付柴火费，在现代资产阶级国家用"电椅"处死的犯人也从未交过电费，唯有在林、江的法西斯统治下，人们竟要为自己的死刑付费，这不能不说是又一个"史无前例"的创造发明！

2004年4月22日，林昭的亲友和苏南新闻专科学校、北京大学的同学在苏州郊外灵岩山南麓的一处公墓里举行林昭骨灰安葬仪式。骨灰是一位上海女性秘密保存三十六年之后奉献出来的，对这个人和这件事的细节，至今不太清楚。安葬仪式由林昭的舅舅许觉民和林昭的妹妹彭令范主持，许觉民先生宣读祭文，参加者有五十六人。骨灰盒中还有林昭的母亲保留的林昭的一缕青丝，一块林昭随身用过的丝巾。

"锋镝牢囚取次过，依然不废我弦歌"，这是清初思想家黄宗羲的诗句，中华儿女中总是有那么些特别优秀的人，面对种种迫害和非人的遭遇，不仅奋起抗争，而且依然不废弦歌，勇敢地直面未来，他们正是我们民族的脊梁。

林昭的母亲许宪民，新中国成立前曾为我们党做过有益的工作，曾是国大代表，新中国成立后曾任苏州汽车公司副经理、民盟苏州市委会委员、民革苏州市委会委员、市人大代表、市政协委员。林昭的大舅舅许金元曾任中共江苏省委青年部长、苏州市特别支部书记，"四一二"事变中牺牲，被敌人沉尸江中。许觉民是中国社科院文学所研究员，2007年病逝。叔叔彭国珩，中共党员，曾在清华大学搞学生运动，后在聂荣臻部，20世纪30年代牺牲。林昭的母亲许宪民"文化大革命"中生活困苦，后倒毙于上海街头。据新闻界前辈、昆山人冯英子说，许宪民在女儿林昭被害后就疯了。现在彭国彦和许宪民同为一穴，左边单穴为林昭墓。林昭的墓碑比父母的墓碑略小，花岗岩墓碑正中刻"林昭之墓"四个字，墓碑背后刻着林昭的小诗，透出一股英烈之气："自由无价，生命有涯。宁为玉碎，以殉中华。"但我还是觉得她那句诗"我将这一滴血，注入祖国的血液里"，更让我感怀难忘。

常有不认识她的人，来此凭吊，有人还在她墓前抚琴一曲，或在她墓前奠上一杯酒、献上一束花。山林中有风吹过，沐着山林之风，墓碑无语。从此，她与家乡的山河同在，在灵岩山的山林下，在许多人的怀念中，可以安息了。

风雨如晦　心系国运

在徐扬所作的反映姑苏繁华风貌的写实性长卷《姑苏繁华图》里，约有一半篇幅画的是木渎镇。均乾隆皇帝六次南巡到木渎镇驻跸，此镇当年的地位由此可见。近年来，木渎经济发展，镇区面积扩大，而且市面极为闹猛。和苏州老城区本来距离大约有10公里的木渎镇，现在和城区几乎要连接起来了。

但是，木渎在经济发展大潮中，仍然保留了古镇，特别是镇上的山塘街，河路并行，还是原汁原味的乡镇老街风貌。街上有御码头、明月寺、乾隆的民间版行宫"虹饮山房（秀野园）"，前身是清乾隆年间苏州大名士、《古诗源》编者沈德潜寓所的严家花园，以及榜眼府第等古迹名胜，一条不长的街有这么多值得一看的景点，这在苏州也是不多的。因为这些景点，加上新开发的白象湾村、牡丹花园、灵岩山，木渎镇作为苏州的旅游名镇，旅游内容越来越丰富。

我走在木渎镇的山塘街上，有游船在水上滑过，一拨拨的游人进了这里又到那里，颇有点玩不过来的样子。但我对这里的榜眼府第最感兴趣。

榜眼府第在木渎镇下塘街，系林则徐弟子、晚清启蒙思想家、政论家冯桂芬晚年的故居。其宅坐南朝北，门对胥江，前宅后园布局，具有典型的清代早期江南宅第园林建筑风格。前宅为门厅、大厅和楼厅。出大厅西折有花篮厅和书楼。花园则以池为中心，亭、轩、廊、榭、桥和黄石假山散落其间，高低错落，绿树掩映，充满了诗情画意。之所以说充满诗情画意，是因为榜眼府第里所有的长短窗和屏门、隔堂板等共二百零八扇，全都刻有诗文格言。整个园宅占地近十亩，建筑里遍施"江南三雕"——砖雕、木雕、石雕，其中石刻《姑苏繁华图》，用八块灵岩山砚石刻成，长9.6米，尤其值得观赏。现为苏州市文物保护单位。

冯桂芬（1809—1874），号景亭，他在《江苏减赋记》中讲起他的出身，"余生长田间，深知其苦"，可见他出身农家。道光十二年（1832）他二十四岁那年，江苏巡抚林则徐发现他是一个优秀的人才，就将他招到巡抚衙门里去读书，亲自培养冯就在这一年中了举人。道光二十年（1840），冯桂芬高中一甲二名进士即榜眼。林则徐经世致用的思想，对他有很深的影响。

太平军进入苏州后，冯桂芬先是躲避在光福，后又躲到洞庭西山，再后逃难到上海。冯桂芬到上海后，身体并不好，据他自己说是"键关居城中"（《显志堂稿》卷四《皖水迎师记》），在上海过着关门著书、不闻世事的生活。但他也听到了不少关于太平军在苏州的所作所为，决定不顾身体病弱，积极投入扑灭太平天国的政治活动中去。为此，他主要做了两件大事，就是推动成立中外会防局，到安庆去请来清军即李鸿章的淮军。在做这两件事的时候，他心里酝酿着一件事，要借这个机会，让苏州包括松江、太仓等地减赋，减少农民包括地主上交的公粮和银子。这对战后的苏州、松江、太仓、常州、镇江等地来说，要恢复经济，减轻农耕负担就显得尤为迫切。尚在战乱之际，就能想这么远，显示出他超前的见识。

太平天国军占领苏州后，苏州的上流社会人士纷纷逃到上海，这些人中各有各的念头。以冯桂芬的深刻，他必然也有想法，在他周边很快集结起一个苏州士绅小团伙，人数虽少，但能量不小，而且有胆识、有担当。其中之一是道光二十一年（1841年）进士、湖北盐道、苏州人顾文彬（1811—1889），也就是后来著名的过云楼主、怡园主人。咸丰十一年（1861），顾文彬来到冯桂芬家里，两人商量来商量去，商量出来一个去"乞师"的意见，就是去请求其他地方的清军来上海。当然，这支部队到了上海后并不是仅仅保卫上海，而是要收复苏浙一带。冯桂芬、顾文彬就将他们两人共同商量的意见告诉了从北京来到上海的潘曾玮，他是苏州状元潘世恩的儿子，看法和他们非常一致，就一起去拜访流落在上海的苏州知府吴云（安徽歙县人，后定居苏州，即听枫园主人）。为此，冯还特地去买了新的鞋帽（可见他平时也没有什么出客衣服）。吴云一听，非常赞同。吴云又去谒见上海道台吴煦，吴煦倒很爽气，说："此今日第一策也，派员惟命，具资惟命。"吴煦于是去和江苏巡抚薛焕汇报，薛虽有点犹豫，但最后还是同意了。还有一个叫庞钟璐的常熟人，职务是团练大臣，以清政府的名义，专门组织江南的农村武装，反抗太平天国，他也赞同去"乞师"。另外还有一个候补知府、时任苏、松、太道的应宝时，也很积极。

冯桂芬很快将一封《公启曾协揆》（意即"大伙儿给曾大帅的信"）的长信写好，上面署名六个人，据冯桂芬《皖水迎师记》说："稿成，授钱君（太仓举人钱鼎铭，其父钱宝琛，曾任湖南巡抚）以往，列阁学等六人，余以不与公事不列。"冯桂芬的这封信，上海市社会科学院历史研究所所长熊月之评价："确是大手笔，他……从小到大，从虚到实，由近及远，由权及经，从局部到全局，利弊得失，条分缕析，丝丝入扣，见事明、说理透而情真挚。即使从文学角度看，这也是上乘之作。"（熊月之《冯桂芬评传》第五章，南京大学出版社，2004年）

经历了许多曲折，李鸿章、程学启率一万清军乘轮船穿过南京等太平天国军防区来到上海，后来这支军队崛起为"淮军"，成为影响晚清的重要力量。不仅李鸿章因此而登上历史舞台，而且因为对苏州的好感，李鸿章对当时苏州的战后恢复也起到了一定的积极作用。其中的重要一点,在冯桂芬等苏州士绅的推动下,李鸿章代表清政府用武力从太平天国政权手中收复了苏州。从收复苏州的效果来说,冯的目的达到了,从做法或者说手段来说,由于冯桂芬等在上海成立中外会防局,力主借用外国雇佣军,这也为今天人对他扑灭苏州太平天国的做法,该如何定性,带来了一定的难度。不过,他在太平天国尚未扑灭时就认为,"夫民穷为匪,亦不教不养使然耳"(《校邠庐抗议·收贫民议》),责任还是在国家。

太平天国运动时期,冯桂芬人在上海,心系家园,他面对的正是家乡已成太平天国的天下,江南大地战火连天的现实,而他考虑的却远远飞到了现实之前。他在思索的是,太平天国这场动乱结束后,中国将来的道路该如何走?1860年至1861年冬,他用两年时间写下了著名的《校邠庐抗议》。

《校邠庐抗议》一共四十篇,还有两篇附篇,这部著作总的说来对国家的现状、治理的弊端,作了全面的、严厉的批判,基本可以说,当时还没有一个人像冯桂芬那样对国家的现状仔细观察过、认真思考过、勇敢批判过,他公开声称,"昔年侍饮先师林文忠公署",表明写此《抗议》俨然是以林则徐亲传弟子的身份。

冯桂芬不仅开眼看世界,而且提出了改革的必要性和系统的改革开放建议,是晚清最重要的思想家之一。他的思想观点,催动中国发生了洋务运动,推动了中国历史的进步。

今天,木渎镇上的冯桂芬故宅是冯晚年时的住宅,冯同江苏巡抚刘郇膏等不愿减少江南农民粮赋的地方官员进行了不懈的斗争,终于使减少苏州等地的粮赋有了一点实效,可能他心灵也有了疲劳感,所以他搬出了省城苏州,带有隐居性质地来到灵岩山麓的古镇。大约过了不到两年,他就逝世了。

前面传来锣声,将我的思绪拉回到现实。这是木渎镇旅游公司开发的旅游节目,一时吸引了不少旅客驻足观看。原来乾隆皇帝六次来江南,都来过木渎,如今旅游公司就让一些员工,穿上戏曲里常见的那种所谓的清宫服装,装扮成皇帝、妃嫔、侍卫等一行人,在街上行走,为游人助兴。木渎镇山塘街上也有许多居民准备了许多"古装"服饰,供人租借后拍照留念。

随着时光的流逝,历史也会有所变形。过去的岁月,在今天不过是一幕好玩的场景。而榜眼府第,也是后人所起的名字,这里早已人去楼空,成了一处景点,但又有几人能理解这位读书人的忧虑和疲惫呢?皇帝都在那里没事似的走来走去,一个榜眼,今天没有人让他走来走去供人娱乐,或给他编造一段戏说的风流轶事,应该说木渎镇对他始终怀有极大的尊重。

天平山
枫红如丹说忧乐

灵岩山和天平山简直就是一对姐妹山,相距不到5公里,在苏州人眼里,这两座山都是应该去的。清乾隆三十年(1765)春,乾隆皇帝第四次南巡时,还带了皇太后同行。銮驾来到苏州,皇帝的行宫安排在灵岩山。皇帝在灵岩山看到了天平山后,提出要去天平山。

他为什么要去天平山呢?他吟道:"驻跸灵岩有余暇,园游高义去非赊。

天平山景色雄丽,名胜古迹众多

秋色如染

溪村处处闻流水,春树微微见落花。经路不殊昔年至,景色恰值一时嘉。门前连理荆犹在,田氏遗芳到范家。"原来他到天平山是因为那里有个范家。

这范家,指的是范仲淹的家。但范仲淹从来没有将家安在天平山,是范仲淹的祖坟在这里,祭祀他的忠烈庙在这儿,既然他的专祠在这里,那么他的忠魂在此庙食,也可说他的"家"在这儿了。天平山虽然景色独特,但此山之所以出名,还是因为和范仲淹有关。

我小时候,祖宅第二进轿厅东侧房间里,租住了一户姓顾的苏州人,顾家有一位八十多岁的老太,她是光绪皇帝登基那年出生的,因喜念佛,我们都叫她念佛老太。有一天,我们缠住她讲故事,她就说了:苏州文庙那个地方是范仲淹家的土地,风水极好。而范家的葬祖之地天平山风水不好,呈五虎扑羊之势,所以范仲淹从小丧父,自己也落得改了外姓,每天将粥划成块就着咸菜吃,生活苦得不得了。有人劝他将祖坟迁到文庙那地方,这样范家就可以代代出状元了。范仲淹说,这么好的地方,用来让苏州孩子读书吧!就将那地捐了出来造了学校。从此,苏州兴起读书的风气,代代出状元。上天知道了,为酬谢范仲淹,一声霹雳,将天平山的石头都翻了过来,原先趴在山坡上的石头,都竖了起来,变成了万笏朝天的样子。这样的民间故事后来也听好几个苏州人说过。

天平山的自然景象确实与周边的山不太相同,山上布满奇峰怪石,亿万年前火山喷发造成的花岗岩,又经过亿万年日晒雨淋,就变得山石裸露,留下了

五彩枫染得天平山绚丽多姿

形态各异的大小石块,怪石是天平山景色"三绝"之一。有的石头经过人们的品鉴和想象,就有了一线天、牛头石、鹦鹉石、卓笔峰、剪刀峰、飞来峰、玉笋石、回音谷、石桌、石钟、双桃石、鸳鸯石、石穴等等妙趣横生的名字,读书人喜欢龙头石、恋人们留影鸳鸯石、炒股者青睐牛头石……在山上仅寻找和欣赏这些奇石,就会给游人带来许多乐趣。还有许多奇石还没有名字,去天平山游玩时不妨自己也发挥一下想象力,给这些石头起些名字。

天平山的出名,还是托了唐朝诗人白居易之福。他在宝历元年至二年(825—826)在苏州做刺史时,去了天平山,在山腰发现了一股清泉,当时的天空比现在的蓝,那天又正好白云飘飘,天色湛蓝,泉水积在水池里,倒映着蓝天白云,眼前的景色引得他诗兴大发,当场吟诗一首:

> 天平山上白云泉,
> 云本无心水自闲。
> 何必奔冲山下去,
> 更添波浪向人间。

从此,这泉水就叫白云泉。从诗人的诗题《白云泉》和诗中第一句来看,这泉名可能是原先就有的,他在山上时当地人告诉了他,他写入诗后,此泉名声大振,成为天平山的又一绝。后来范仲淹到天平山来扫墓,在山腰看到白云泉后,写下二十六句五言诗《天平山白云泉》。范文武全才,除会打仗外,诗词文俱佳,而这首诗更见功力,可称其代表作。今天,白云泉还在,泉从石壁中涓涓流出,一根竹管将泉水接到池中一只大石盂里,所以白云泉也叫"钵盂泉"。旁边的石壁上,刻着"吴中第一水"五个大字。当年白居易说它能"奔冲山下",今天看来,这点出水量流不到山脚,泉水流量已大大减少了,这可能是古今有异吧。旁边开有一个茶室,这泉水专供游客品尝,据说一天也不过接了十来桶泉水。游客喝到这泉水沏的茶,都说茶味有点甜。池旁石壁上还有一着古服老者的天然浮雕,名"仙人影",让人感叹大自然的神奇。

天平山另有一绝是山下的枫树。每年秋天,苏州市民就会前来赏枫。这枫树真正的名字叫枫香树,结的果子又叫路路通,剖开后煎水可以通乳、催乳,效果奇佳。枫香又叫三角枫,秋天时叶子逐渐变色,从淡黄、浅绛、橙黄、深黄、赭色、淡红、大红到紫红或褐红,所以又叫七色枫或五彩枫。在叶子全是红色的那段时间,阳光映照下,片片树叶宛如红玛瑙,被称作"万丈红霞",这是姑苏秋光中醉人的一景,赏枫也就成了苏州人的秋游习俗。

天平山的枫树,是明万历年间(1573—1619)范仲淹的第十七世孙范允临从福建带来,当时种了四百余株,至今约四百年历史了,20世纪80年代还有一百七十四株,到2003年时还剩一百五十四株,2012年还有多少株古枫香树就不知道了。天平山风景管理处近年又补种了三千来株"接班枫",相信再过一段时间,天平山的红枫景色会更加壮丽。

在枫林东面即天平山东南麓,有三太师坟,这是朝廷(好像是宋朝)赠太师衔给范仲淹的曾祖范梦龄、祖父范赞时、父亲范墉,号称"三太师",并分别追封为徐国公、唐国公、周国公,世称太师坟。

天平山纪念范仲淹的忠烈庙,坐落于天平山麓,又叫范公祠、范文正公祠,内有范仲淹和他四个儿子共五座精美的彩绘木雕像。

范仲淹因操劳国事,于宋皇祐四年(1052)五月二十日(6月19日)病逝于徐州任上,享年六十四岁。因改嫁的母亲既不能葬在朱家坟地也不能葬在范家坟地,就葬在了洛阳,范仲淹为陪母亲决定自己死后也葬在洛阳。宋宣和五年(1123),庆州郡人因思念范仲淹而建祠,请徽宗赐名忠烈,故名忠烈庙。建炎年间,金兵攻破汴京,宋室南渡,作为一种精神财富和文化传统,忠烈庙没有被南渡人和范仲淹故乡人忘记,于是人们重建忠烈庙于范仲淹祖墓所在地天平山。现庙里庭院中尚有一株九百岁的古柏,就是忠烈庙南迁苏州的历史见证者。

忠烈庙经元、明、清三代,虽迭经战乱,但在元、明都有修葺,清康熙二十四年(1685)、清乾隆七年(1742)、清乾隆十六年(1751)又有过至少三次大修。1983年,苏州市人民政府根据乾隆十六年时的庙宇旧观,将清末以

天平山先忧后乐坊

来历遭毁坏的部分，作了全面修缮，今已被列为江苏省文物保护单位。现忠烈庙有忧乐坊、庙前石桥、水池、仪门、东西碑亭、正殿、庭院和第二进的"三太师祠"、石碑组成。正殿大理石座上供奉1983年时塑的范仲淹彩塑坐像。第二进为三太师祠，供奉范仲淹曾祖、祖父和父亲三尊彩塑像。祠的东庑现建碑廊。今天的忠烈庙，已经改成了范仲淹纪念馆，介绍他一生的主要功绩和他在苏州短暂任知州时做的事。范仲淹到苏州主政不到一年时间，就至少做了治水、办学和建立义田这三件在苏州历史上值得记载的大事。

忠烈庙门口是花岗石忧乐坊，得名于范仲淹的名句"先天下之忧而忧，后天下之乐而乐"。这两句名言也镌刻在石坊正门的楣上。

乾隆皇帝一共四次到过天平山，他多次在诗中提到天平山的高义园。高义园位于天平山南麓，园共五进，依山而建，逐进升高，纵深约70米。入头门，经仪门，第三进今额"乐天楼"，原名御书楼。第四进为凌空高架的逍遥厅，后院为高义园正殿，单檐歇山造，面阔三间，内有乾隆十六年（1751）皇帝初游天平时所题"高义园"的蓝底金字盘龙匾，据说这匾是在皇城做好后送至苏州的，还是原物。这里还有乾隆皇帝手书的"游天平十六韵二首"诗碑两方。高义园西路原为"白云禅寺"，亦名天平寺。元末毁，明洪武重建。现有寺宇为晚清时重建。东路为范参议祠，现大门口还挂有范参议祠的白底黑字匾。有祠门、享堂两进。享堂现额"岁寒堂"，祠东有"来燕榭"，外有"翻经台"，外临十景塘。十景塘因山影倒映水中，美得让人流连忘返。再东即为咒钵庵，共三进。

在枫林里，有一六角重檐的亭子，名御碑亭，建亭用的是楠木，身价非同一般。亭中竖有一块碑，正面、反面、两边，四面都刻有乾隆皇帝历次来天平山所写的诗，其中一首是：

　　文正本苏人，故山祠宇新；千秋传树业，一节美敦伦。
　　魏国真知己，夷维转后尘；天平森翠筜，正色立朝身。

乾隆皇帝为什么特地要写明范仲淹是苏州人，是因为范仲淹简直是封建时代做人、做臣的楷模，谁都想让他成为自己家乡人。苏轼说范仲淹"天下信其诚，争师尊之"（《范文正公文集叙》）。

范仲淹是不是苏州人，还要看正史记载："范仲淹，字希文，唐宰相履冰之后。其先邠州人也，后徙家江南，遂为苏州吴县人。仲淹二岁而孤，母更适长山朱氏，从其姓，名说。少有志操，既长，知其世家乃感泣辞母，去之应天府，依戚同文学。昼夜不息，冬月惫甚，以水沃面；食不给，至以糜粥继之，人不能堪，仲淹不苦也。举进士第，为广德军司理参军，迎其母归养。改集庆军节度推官，始还姓，更其名。"这是《宋史》里范仲淹本传所载。宋钱公辅《义田记》中也说："范文正公苏人也，平生好施与，择其亲而贫、疏而贤者，咸施之。方贵显时，于其里中买负郭常稔之田千亩，号曰'义田'，以养济群族。"这是宋代人的说法，而范仲淹自己又是怎么说的呢？"某少长北地，近还平江，美先人之故庐，有君子之嘉树，清荫大庇，期与千年……由我祖德，贻厥孙谋，昆弟云来，是仰是则。可以为友，可以为师……念兹在兹，我族光矣。子子孙孙，勿剪勿伐。惟我家之旧物，在岁寒而后知天地，怜其材而况于人乎！"（范仲淹《岁寒堂三题并序》）

显然，他的内心还是认为他的家其实是在苏州，他的先人是苏州人，他还希望在苏州的子子孙孙，不要损坏祖先留下的树。

天平山风景管理处的人曾给我说起过此碑，他说："乾隆皇帝'文正本苏人'这五个字，当然是有来历的，加上皇帝金口一开，从此定音，其他地方也就不来和苏州争了。"

石湖烟波

石湖上方山　天开图画好湖山

石湖上方山
天开图画好湖山

欲把石湖比西湖

抗日战争胜利后,《苏州日报》社长、南社社友、星社创办人范君博有诗《石湖棹歌》,讴歌石湖的景色和人文历史:

竹月荷风有所思,静中光景最先知。
石湖也似西湖好,秀句难忘姓范诗。

让人瞩目的是诗中的第三句,他说苏州的石湖和杭州的西湖一样好。但似乎意犹未尽,因这首诗里没有写到山,石湖比西湖好没有什么说服力,于是他又写了一首:

半奁秋影玉平铺,雨楫风樯入画图。
一带青山横枕好,分明秀色似西湖。

这样,石湖有青山有绿水,景色就像西湖一样美了。这位前辈给人的感觉,是不是有些吹牛了?苏州石湖怎能和西湖比呢?殊不知在他之前,清同治、光绪年间有个叫许锷的苏州文人,话讲得还要大胆:

景物堪怜不记年,婆娑风月浩无边。
石湖原比西湖好,潴秀涵灵写百篇。

锦绣石湖似西湖

当然，今天苏州石湖的名声远在西湖之下，开放建设还逊一筹。但历史上，石湖确实是非常受青睐的，乾隆皇帝对此也有很高评价。

乾隆皇帝第一次下江南是在乾隆十六年（1751），他是第一次到江南。到了石湖，诗兴被眼前景色所激发，挥笔写下一首七律《石湖霁景》：

吴中多雨难逢霁，霁则江山益佳丽。
佳丽江山到处同，惟有石湖乃称最。
楞伽山半泮烟轻，行春桥下春波媚。
南宋诗人数范家，孝宗御笔留岩翠。

后来他每次南巡，必到苏州，到苏州必到石湖，到石湖必写诗抒情。

苏州的石湖景区，有山有水，上方山翠山如屏，石湖水面宛若天镜，湖光山色相映，风光绝胜，素称"佳山水"，确实和杭州西湖一样秀美。特别是民俗活动方面一年里有三大节日，其他城市好像还没有，这在今天看来，也是苏州宝贵的文化资源。

最近苏州投入几亿元巨资，对石湖及周边又进行了较大规模的整治，除建设了天镜阁、桃花岛等景点外，还在上方山脚下的吴越路建设乡村秀色、书香

石湖烟波 **245**

长廊、山风林韵、山村远眺、湖光山色、田园风光、吴越新风七个节点供人观景；东入口处也基本建好了。苏州市园林与绿化管理局常务副局长方佩和告诉我说，石湖景区以田园风光和吴越遗迹为特色，拥有丰富的自然资源和人文资源，是国家级太湖风景名胜区十三个景区之一，石湖景区滨湖区域景群的工程2010年9月启动，在2012年4月28日起，免费对游人开放，听了这信息，我很激动，特地去先睹为快。

石湖西畔上方山麓正在举办百花节，到处烂漫似锦。穿过当年针神沈寿丈夫余觉所建的渔庄，来到景区的东入口处，放眼看石湖，只见波光潋滟，长堤卧碧，四面新绿如烟，远处青山隐隐，宝塔衬在雨后的蓝天下，景色如画。吴堤、越堤、范堤等将石湖分成东、南、北三个主要湖面，还有地貌多姿、水系丰富的湿地风情，和西面的上方山森林公园湖光山色相映，风光秀丽，美不胜收。环绕石湖的滨水区域已建成风光带，由东入口，环湖走一圈达6.5公里。目前环湖景点已建成有天镜阁、桃花岛、渔城遗址、野营岛、七星伴月五个景点，还增加了可供游人休息的梅圃堂景点，设置了反映吴越争霸历史的战争雕塑场景"吴越潮音"景点，反映石湖历史人物"四贤游湖"的雕塑景点等。加上原有的余庄、行春桥、今后要建的设蠡岛、改造原有的主题公园"吴越春秋"，将古城区内的动物园搬迁过来，等等，石湖游览的内容将更加丰富。

吴越战云今已散

站在上方山下，看周边山岭上，隐约有一些黑的土包，那就是著名的吴国历史遗存石室土墩，景区范围内大约有十处。

石室中心均为各峰的制高点，长梯形的石洞，顶部以大石覆盖，非常坚固。一般说法为吴王的藏兵洞，历代志乘均以为是军事设施，称之为"烽燧墩"、"藏兵洞"，俗称"烟火台"。但是苏州的考古专家在挖掘了常熟的石室土墩后向我作了介绍，让我产生了浅薄的想法，以当时生产力水平建设这样浩大的工程，内部空间又是这样狭小，而且每个洞内都有一些器皿，又没有水源，这样的环境难以让一群人长久生活，因此这不像是藏兵洞，用于祭祀的可能性也不能排除。

1981年和1984年，苏州市博物馆两次对位于楞伽寺塔以西1公里、东西走向的俗呼"抱枕岭"山脊上的六号墩，进行发掘清理，发现文物"二十九件，除一件泥质红陶纺轮外，均为生活器皿，有瓶、罐、簋、豆、壶、盂、器盖等原始青瓷器二十二件，坛、罐等几何印纹硬陶器三件，还发现木炭、烧红的土块、禽兽骨及石头表面烧红、烟炱等人类活动遗迹。专家们综合出土器物的器形、纹饰、胎质、釉色等特征，经碳14测定，该石室土墩的建筑年代当为西周中期至春秋，即可能在苏州建城三百年前已存在"（《石湖志稿》）。原始青瓷的烧制要用更高的温度，这是人类从陶器文明走向瓷器文明的曙光，也表明苏州地区可能是中国瓷器的发源地之一。

上方山和吴国历史紧密相连。在苏州人的心目中，都知道这里是春秋时期越军杀向吴国中心，并攻下吴国都城姑苏城的一条进军路线。这里有一条河叫越来溪，就是当年越国军队一夜掘通从太湖进入胥江从而通向胥门的河道，从此地去攻打吴国都城，苏州先人对越军杀来的印象深刻，河也因此而得名。越军到了石湖这一带，我估计是兵分多路，一路杀向城里，一路追击吴王，最后将夫差包围在阳山上。吴王夫差不愿屈辱地到海岛上去苟且度过余生，就自杀了。从石室土墩到和吴国覆灭有关的越来溪，石湖景区用历史遗存记录着一段吴国史。

行春桥畔风光好

上方山风景区的人介绍说，越来溪上的桥，是石湖景区的标志性建筑之一。在石湖北端、上方山北尾小山头茶磨屿的东面，有一座九孔石拱桥，叫行春桥，当地人叫九环洞桥。乾隆皇帝六下江南，六次来此，并为这座桥写了五首诗。他第一次游石湖只写了一首诗，夸奖"行春桥下春波媚"，第二次南巡

在行春桥可饱览石湖风光

是乾隆二十二年（1757），他写了《初游石湖作》，再次提到行春桥：

> 行春恰值好春晴，桥上风光蓄眼清。
> 绿竹红花他绘事，黄童白叟我田情。
> 白杨烟水在襟袖，柞碓云风若送迎。
> 却讶祇园方外地，起予两字号治平。

行春桥这一带风光确实秀丽，所以皇帝看得有些入迷。皇帝对苏州的好印象，激发了苏州画家徐扬的创作热情，他在乾隆二十四年（1759）也即乾隆皇帝第二次南巡后，画出了《盛世滋生图》，图中就画了石湖上的行春桥和越城桥，以供皇帝鉴赏。

这座桥，由来已久，北宋《吴郡图经续记》就已记载："行春桥在横山下，越来溪中，湖山满目，亦为胜处。"经过几百多年来的风风雨雨，行春桥周边的环境有了改观，和那个时候是很不一样了。但桥基本还是原桥，长54米，宽5.2米。新中国成立后多次维修，一直到2005年，还是当作普通的桥通行汽车，长期有大型车辆行驶，终于将桥的拱券压得变形并开裂，这才引起政府与社会的广泛关注，进行了维修，还补上了约二十只"文化大革命"中被毁的桥上的石狮子。现桥面上设有阻隔桩，禁止机动车辆通行，古桥这才得到有效的保护。

行春桥东50米，还有一座单孔石拱桥，桥通越城遗址并与之毗近因而叫越城桥，又因跨北越来溪，又名越来溪桥，俗称"吞月桥"、"月亮桥"。两桥相连在石湖湖面上，锁住了越来溪，这里湖风拂面，视野开阔，左湖光，右青山，景色佳丽。

不过真正让行春桥出名的，还是石湖串月风俗。苏州人认为，在农历八月十八那天，在石湖行春桥，可以看到月光初起时映入桥洞中，其影如串月。但好像没人看到过这样的景象，于是有的人就说，"十八夜串月，从上方塔（即上方山上的楞伽塔）铁链中看出，是夜月之分度，适当铁链之中，倒影于地，联络一串"（清《清嘉录》卷八），这"上方塔铁链"不知是不是指塔刹上从塔尖挂到相轮上的那几条铁链？要用这个观赏方法来欣赏串月"倒影于地"的奇观好像蛮有难度的。但也有可能苏州前人说的是一种"针孔成像"原理，值得科学史家来研究了。

有关石湖串月的记载很多，但关心最多的是在什么角度可以看到九个桥洞里会有九个月亮，加上天上一轮明月，共有十个月亮。那一晚，画舫楼船，箫鼓酒肴，仕女农夫，贩夫走卒卖浆者流，齐聚石湖之内、上方山上，一时人潮如流、歌喧沸天，要至半夜后才逐渐谢幕。但听前辈人说，那时石湖一带农人喜欢玩一种船拳，这是在船头上进行技击的一种水乡武术。串月时，这些船结队出来，小伙子或在船头舞枪弄棒，或在船上玩石锁。这玩石锁最吸引人，船到行春桥前时，船头上的人在桥这边将石锁斜抛过桥，船像箭一般从桥洞出来，表演者要正好将下落的石锁接住。如接不住，石锁掉水里了，必会引起岸上人的哄笑，摇船者和表演者都会觉得很没有面子。

现在，八月十八观石湖串月这一习俗正在复兴之中，石湖景区也在行春桥前重新修建了串月广场，这个习俗是否能够回归，令人期待。

楞伽一塔俯清秋

2011年春天，石湖景区在上方山麓举行一年一度的百花节，梨花似雪，樱花如云如霞，山脚下郁金香绚烂似锦，鸽子在花树间飞翔，一队队春游的学生，带来了欢声笑语。我走着保存完好的乾隆御道上了山。山高不满百米，并不高峻，一路行来也不觉吃力，确实比较适合登高。御道宽1米许，林荫夹道，长约1000米，地上全是花岗岩小石块，呈佛珠状排列精心砌成，每隔约10米还有用青砖砌出的仙鹤、麒麟、双钱、蝙蝠、瓶荷等吉祥图案。传说有一年乾隆皇帝南巡至石湖，忽然说要登临上方山，官府动员民夫用三天时间赶筑成此路。御道至今还能走，说明虽是赶工，但当时的工程质量并不差。

走过据说是春秋吴国吴王祭天的郊台石，不远处就是楞伽塔院了。我曾经多次来到这塔下。一次是"文化大革命"中所谓拉练，是晚上半夜后到的，黑沉沉的天上只有几粒星。山顶一根孤塔，周边也不见什么房屋，只有风吹过山坡杂树的声音，显得非常冷清。一次是20世纪80年代末，山上热闹起来，据说在供猪头还又唱又闹什么的，晚上更甚。八月十八日晚，我由苏州公安部门派出一警花穿着便衣陪同，后面还远远地跟着一手持微型电台的警察，山脚下还有警车什么的在维持秩序，准备随时可以接应我在这样的保护下我上山去采访。到了山上，果然香烟缭绕、烛火荧煌，人非常多，多为农妇，坐在大厅的地上。里面房间内还有床、帐、绸缎被褥什么的，就像老式人家的一个房间，苏州人将神叫作老爷，这算是"老爷"和"太太"住的房间，外面桌上果然供着生猪头和果品、糕团什么的，虽颇为热闹，但氛围异常。

上方山楞伽塔始建于隋大业四年（608）。唐会昌五年（845）全国性禁止佛教，楞伽寺和塔也难逃厄运被拆毁。咸通九年（868），重新建塔。北宋太平兴国三年（978）再次重建，这一年是戊寅年，塔体中尚可见带有"戊寅重建"、"楞伽宝塔"等铭文的塔砖。我2011年春天去时，塔下正贴出公告，要维修宝

上方山上的楞伽塔建于宋代

塔。7月，维修工程已经开始。据说上次维修时在塔刹上安了个葫芦宝顶，不太协调，这次要重新更换符合传统的新的塔刹。

楞伽寺塔是一座七层八面仿木构楼阁式砖塔，高约23米，是苏州宝塔中建造年代列第二的古塔，塔龄仅次于虎丘塔。塔壁每层辟壶形门四座，中为塔心室，一、二层为八角形，三层以上为四方形，且每层变换四十五度，各层高度依次递减，建筑风格与同时代的城内罗汉院双塔、瑞光塔和灵岩山多宝佛塔相似，晚清诗人龚自珍诗中说，"上方一塔俯清秋"，是说这座塔给湖山增色不少。

过去上方山成了土觋们借五通神为名大搞乌烟瘴气活动的场所，民间有女子生了病，也会说是被五通神看中了，不做治疗，往往导致病瘵而死。清康熙二十三年（1684），汤斌擢升江苏巡抚，到苏州上任。他见上方山搞什么肉林酒池，百姓如痴如醉，十分震怒。次年他跑上山去，要求拉下五通神，地方上的人都不敢动手，汤斌就将铁链一头拴在神像头颈里，一头拴在自己头颈上，将五通神拉到山下丢入石湖里，打击了土觋们的邪气。

但地方上的民间信仰有时也不容易引向正式的宗教，五通神的神名一直在变，没个准头，但因信仰涉及利益，土觋们对复活此迷信十分起劲，老是死灰复燃，《石湖志稿》上说：

> 道光年间，上方山五通祠香火死灰复燃，且变本加厉。江苏按察使裕谦闻知，效学汤公，下通告令摧祠毁神。韦光黻《闻见阐幽录》云："裕谦抚吴，尽拆殿宇。"五通神再一次遭到打击，连栖身之地也被毁。

裕谦是蒙古镶黄旗（在今锡林郭勒盟）人，嘉庆二十二年（1817）进士，后升任江苏巡抚，驻苏州，后又升两江总督。鸦片战争爆发，他坚决抵抗外国侵略者，督战浙江镇海时，临危不惧，以身殉国。因此，裕谦作为一名爱国者，他在苏州和五通迷信斗争的事迹，是不应该忘记的。

在楞伽塔院看石湖，满眼景色如画，但说实话，一直到现在，苏州人还普遍不习惯介绍亲朋好友去上方山楞伽塔，自己也不太愿意到那个地方去游玩。这可能是过去"借阴债"、五通神信仰的阴影所致，认为上方山"阴气重"。我想，上方山石湖景区要发展成在苏州有代表性的风景区，有必要加强塔院管理，引入正式的佛、道宗教，进一步完善旅游功能，相信上方山、楞伽塔院终会成为石湖景区的一处著名景点。

石湖也靠才人捧

苏州石湖景色虽美，但是真正出名，和南宋的范成大有关。范成大（1126—1193），字致能，吴县（今苏州市区）人。宋绍兴二十四年（1154）二十八岁时中进士。宋乾道六年（1170）六月，以资政殿大学士衔奉命出使金中都，此次出使记有一卷日记名《揽辔录》。在出使时，他以一介书生，慷慨抗节，不畏强暴，几近被杀，但最终还是不辱使命而归，大长了南宋军民抗金的志气。晚年他辞官还乡，隐居石湖，号石湖居士。他在石湖主要做了这样几件实事：

一是编写了《吴郡志》，这是苏州第一部系统的地方志，有着极为宝贵的史料价值。

二是在石湖写诗，诗的成就巨大。他被称之为"中兴四大诗人"，尤以反映农民生活和苏州农村风光的田园诗，在中国文学史上有其一席地位。他的《四时田园杂兴》六十首，是中国田园诗的代表作。

三是编了《菊谱》、《梅谱》。他在《菊谱》中说："以菊比君子……草木变衰，乃独烂然秀发，傲睨风露，此幽人逸士之操。"可能有所寄托。而他的《梅谱》是中国第一部梅的专著，记录了当时有十二种梅。

四是发生了一件粉色轶事。他有个"青衣"名叫小红。绍熙二年（1191）冬，江西人姜夔（字尧章，号白石道人）冒雪来访，他是一位词作大家但终身未仕，又是后辈；范当时已六十六岁，是名臣宿儒，又是很高声望的前辈。姜此来盘桓经月，不过是以文会友，他在范家赋了两首词，范成大很喜欢，给起词牌名曰《暗香》、《疏影》，这是中国文学史上非常著名的两首词。谁知以后发生了一件让人意想不到的事。元代苏州人陆友仁《砚北杂志》记载说：

尧章归吴兴，公寻以小红赠之；其夕大雪，过垂虹（桥），赋诗曰："自作新词韵最娇，小红低唱我吹箫。曲终过尽松陵路，回首烟波十四桥。"尧章每喜自度曲，小红辄歌而和之。

姜夔在石湖逗留了些时日后,要回吴兴,年长姜夔二十多岁的范成大可能看出家里的小红颇属意未满四十岁的才子姜白石,也可能是同情姜夔情不能忘怀合肥的弹琵琶姑娘,具体原因不清楚,反正范将小红送给了姜夔。

姜夔携色艺双绝的美丽姑娘小红南归,船过吴江松陵镇的垂虹桥时,这天正是除夕,湖阔云低,大雪纷飞,虽然天寒,大概小红和姜夔都很高兴,两人在船舱里一吹一唱以赏雪景,留下了一段文坛佳话。

范成大居住在石湖,宋孝宗亲题"石湖"赠送,从此,石湖名声就更大了。同时,范成大也和石湖密不可分了。

石湖景区距行春桥不远处有范成大祠,这祠始建于明正德十四年(1520),徐扬所作《盛世滋生图》中,绘有祠宇全貌,背山面湖,规模颇宏。祠内原有宋孝宗御书"石湖"碑、田园诗碑、范成大像,为三大镇祠之宝。现有祠门、享堂两进,左右以廊相连,中为幽静的庭院。祠门额"范文穆公祠",享堂面阔三间,硬山顶。堂内悬"寿栎堂"匾,内有一尊范成大坐像。祠堂内还有明代摹刻的范成大手书六十首《四时田园杂兴》诗碑七块。据景区介绍,范公祠又称石湖书院,为明代唐寅、文徵明、沈周等文人才子读书作画之地。范成大祠面积不大,整洁肃穆,不过也是游人少到。旁边依茶磨山建于水潭之上的石观音寺,还有寺旁相邻的茶磨山房,倒常有游人光临。所谓江山也靠才人捧,没有名人轶事点缀,再好的风月也逊色乏味。似乎可以说,没有范成大,也就没有石湖。

但是,今天来石湖游玩的人中,关注范成大祠的很少,到了范成大祠也是匆匆走过,这现象很值得旅游界的人深思。一天晚上,我和几位朋友小聚,说起旅游的趣味,觉得固然要历史真、情调雅,但也不能缺了俗和趣味。大家讲起唐伯虎和秋香的事觉得确实脍炙人口,其实苏州还有几件诸如此类的故事,宣传一下,这美不胜收的苏州景色才有精气神。大家一时排了一下,有吴王和西施、韩世忠和梁红玉、冯梦龙和侯慧卿、汤显祖和在台上一唱而绝的苏州女旦、钱谦益和柳如是、吴梅村和卞玉京……其实,范成大义赠小红也是绝好的故事,试想,中国历史上还发生过比这更让人荡气回肠的故事吗?

石湖景区的历史人文资源还可以继续挖掘,如在石湖边竖一个范成大送姜夔、小红上船的三人群雕铜像,衬景是《暗香》、《疏影》词和范成大的《次韵姜尧章雪中见赠》诗碑,必然能使游客游兴倍增。

苏州探花到琉球

2007年11月下旬,一座由日本冲绳县人民集资建造的石亭葆光亭竣工。

范文穆公祠

  该亭坐落于石湖景区上方山森林公园内,为五柱圆形攒尖顶,全部为花岗石结构,并置有坐槛和吴王靠,具有中国亭式结构的典型特征。四周辅以花岗石地坪,种植山茶、杜鹃等植物。亭取名"葆光",为纪念颂扬清代徐葆光之品德和功绩。

  以上是年年送我水仙花的朋友左彬森先生为苏州市园林和绿化管理局2007年工作年鉴所写的一段文字,记载了一件意义深远的事。

  亭子建造精致,亭名还镏了金,就在上方山东麓的山脚下,一片绿色中,一眼就能看到。

  根据亭后一块石碑上的文字,知道建此亭的是日本冲绳民间团体徐葆光纪念会所建。他们纪念的是一位叫徐葆光(1671—1740)的苏州人,并在石碑上说:"为了纪念徐葆光的高尚品德和功绩,祝愿日中两国世代友好,日本冲绳县民满怀感恩之情建立葆光亭。"

  徐葆光的籍贯有苏州府长洲县人和吴江人两种说法,据《江苏艺文志》载:"徐葆光(1671—1740),字亮直,号澄齐(应该是"斋"),别号二友老人。榜姓潘,清长洲人。康熙四十四年(1705)南巡,以诸生献诗赋,被取至京。四十七年举顺天乡试,五十一年以第三人进士及第,授编修。五十七年奉旨充册封琉球副使,赐正一品服。五十九年还国。长身玉立,仪度秀伟,诗文雅赡,兼工书法。喜交当世名士,名满一时……乾隆三年(1738)解京还

葆光亭附近的古刹治平寺

葆光亭就在这鲜花盛花的上方山东麓

里。五年病卒。"(《吴县志》卷六十八"列传六")他的作品叫《二友斋文集》,可惜查找了苏州市图书馆和国家图书馆,都没有收藏,因此关于他的事迹、交友情况等,还有待进一步了解。

现在徐葆光越来越受到人们的重视,主要是清康熙五十七年六月,皇帝命翰林院检讨海宝、编修徐葆光充正副使,代表国家前往琉球册封琉球国世曾孙尚敬为王。在这过程中,他除完成册封使命外,还在琉球做了大量采访调查,对琉球王国的方方面面作了详细记载,除文字外,还有绘图,极为周到、细心,收集的材料之丰富让人叹为观止。这大量珍贵的第一手材料,保留了将近三百年前琉球完整的国情和文化信息。今天,冲绳(琉球为其古名)有人将他称之为"文化恩人",并成立了徐葆光纪念事业期成会,在冲绳首府那霸立碑纪念。

徐等一行是在康熙五十八年(1719)五月二十二日在琉球接封陪臣正议大夫陈其湘的陪同下,乘潮出福州五虎门前往琉球,次年二月还朝,在琉球的时间一共是八个月。徐葆光将这次出使写了《中山传信录》六卷。这本书的价值非常高,其中无可辩驳地证明钓鱼岛、黄尾屿、赤尾屿等为中国固有领土。《中山传信录》的"针路"章("针路"意即使用指南针航海的海路或航程)中记载:

> 琉球在海中……《指南广义》云:"福州往琉球,由闽安镇出五虎门东沙外开洋,用单(或作乙)辰针十更,取鸡笼头(见山,即从山北边过船。以下、诸山皆同)、花瓶屿、彭家山;用乙卯并单卯针十更,取钓鱼台;用单卯针四更,取黄尾屿;用甲寅(或作卯)针十(或作一)更,取赤尾屿;用乙卯针六更,取姑米山(琉球西南方界上镇山);用单卯针取马齿,甲卯及甲寅针收入琉球那霸港(福州五虎门至琉球姑米山,共四十更船)。

程顺则在《指南广义》这本书里,明确说明,琉球的界山(海中之岛)为姑米山，琉球的边界到姑米山为止。钓鱼台、黄尾屿、赤尾屿等均属中国。

1993年，日本冲绳县曾有代表团来苏州，在苏州市政府外事办公室人员的陪同下，在胥门外一带寻找程泰祚墓，并洒酒祭奠。墓在苏州市三十三中学内，2007年1月30日上午，日本冲绳县名护市市长、市政府秘书长和议员一行六人，在苏州市外事办公室人员陪同下，来到该校拜谒了校园内的程泰祚墓地。

葆光亭可以作证，苏州和琉球的关系，还不一般呢！

画眉泉到阿爹庙

在苏州石湖景区西南属上金湾景区、吴山岭南麓的越溪街道张桥行政村，有一处以道教文化为特色的旅游景点——城皇（隍）山道院。这道院分上、下两部分，下面院落，主殿是玉皇殿，还有阎王殿、财神殿、太姆殿等，经数百级台阶到山顶的上院。在玉皇殿前还有专门指示牌告知阿爹庙在山上。

山顶部分道教殿宇有灵官殿、阿爹庙、太乙殿、洄溪草堂、观音殿、摩崖石刻、望湖亭、鹤鸣亭、日月亭、山顶花园诸景。在这里眺望四周景色，青山如黛，令人心旷神怡。但山上最有特色的是叫阿爹庙的一处景点。

走过灵官殿，首先在右手方向可看到一幢五开间的单层硬山建筑，上有匾额"城隍山庙"（今不知为何改"隍"为"皇"了），这就是阿爹庙。庙里供奉着一尊彩塑的神像，衣冠端庄，就像戏曲里的王爷，旁边还有一位夫人，其实此神就是吴江名医徐大椿（1693—1771）。徐大椿字灵胎，是一位易、医、水利、文学、武术皆精的奇才，终身布衣，但以医名，一生写了不少医书。

清乾隆二十六年（1761），徐灵胎应御召赴京，为常熟人、东阁大学士兼领户部尚书蒋溥看病，从北京归来后，他隐居于南越来溪城隍山大炮墩下画眉泉畔，筑洄溪草堂，自号洄溪道人。据《石湖志稿》记载，"他医术高明、宅心仁厚，为贫困百姓义诊施药，声誉远播。一年瘟疫流行，日死数人，群心惶惶不可终日。徐大椿拟出一张预防瘟疫的草头方，以既普通又价廉的药材，推广附近村民服用，以至越溪一带竟抵御了瘟疫的侵袭。"

当地人对他很感激，尊称其为"阿爹"，意为长者、祖父、老爷爷。乾隆三十六年（1771），徐灵胎在七十九岁时又奉召进京，"上以中贵人有疾，再召入都。先生已有七十九岁，自知衰矣，未必生还，乃率其子爔载楠柟以行，果至都三日而卒"（袁枚《徐灵胎先生传》）。他根据自己的脉象认为身体已衰，如进京，将死在北京，但地方官员为落实皇命，连日上门促他进京，"巡抚司道，到门速驾"。他无法推辞，只好在儿子陪同下携棺进京，结果到京三天即病故。噩耗传来，石湖、上方山一带的人都悲伤不已，为他建祠以作纪念,尊奉他为本地城隍,其祠就成了城隍庙,此山亦称之"城隍山"。《越溪镇志》载:"吴山岭南麓俗名城隍山,曾有城隍庙。"十年浩劫时,城隍庙被毁,神像被丢弃。20世纪80年代此地办起了公墓。

2000年,张桥村民在清泉公墓上方建庙,重启对城隍阿爹的祀奉。由于人心所向,香火一直十分兴旺。他曾自拟墓前对联:"满山芳草仙人药,一径清风处士坟。"现在此联刻在进山路口的大牌坊上,后因徐墓迁到吴江(至今犹存),这里并没有坟,故对联改"坟"为"文",在苏州话中,"坟"、"文"读音相通。

每年农历十月十八,越溪人认为是徐灵胎阿爹的生日,要为他举行三天庙会。现在庙里还给他配了一个夫人,一同供奉,两尊神像端坐在雕龙并贴金的精美神龛内,龛前案上放有鲜花。两旁有衙役打扮的彩塑像,其中有一位还手拉着一匹白马,好像时刻准备着陪神医出诊似的。据看庙人介绍,平时有村民在神像前唱宣卷,殿前有烧香的炉子,日日香烟缭绕。神像旁边还有一"王阿爹",是一组三尊神像,中为一戴六合帽(俗称瓜皮帽)的青年人坐像,即为王阿爹,左右分坐着不知是徐阿爹还是王阿爹父母神像。王阿爹神像前还放一红十字药箱。庙里人说,王阿爹主要是采药的,那么,这里既有医神,又有药神,是个诊所了,看来也寄托了当地农民们看病防疫的一种期盼。当地人家有生病者后,往往家属就来此庙进香祝祷。也许会产生一点精神因素,帮助病人树立与疾病作斗争的信心,有助于康复,一传出去,就显得神奇了,故而这里香火旺盛,看得出这阿爹庙是地道的地方性民间信仰。

凌波爱过横塘路

横塘在古代,就是非常有名的分别地,北有(长安)灞桥,南有横塘,作为分别地,反复出现在诗词等文学作品里。不过灞桥往往用于建功立业、朋友有所为之后的分别,抒的是豪情,出名在唐代;而横塘则往往用于男女分别,抒的是婉约之情,真正出名要晚一些,是在宋代。

宋代有个著名词人叫贺铸(1052—1125),字方回,卫州人(今河南卫辉市),曾任泗州、太平州等地通判,因为生性耿直,官运不顺。北宋大观三年(1109),贺铸以承议郎致仕,卜居苏州,做了新苏州人,那年他五十八岁。据记载,他住在姑苏城里的醋坊桥。当然,那时的醋坊桥并不像今天是个商业繁华地段。也有的说他住城里胥门和阊门之间的升平桥,房子还有个雅号叫"企鸿居",在今天学士街那里。宋龚明之《中吴纪闻》记载:"(贺)铸有小筑在姑苏盘门外十余里,地名横塘。方回往来于其间。"他在横塘有处小别墅，经常坐船往来于两地。由于感情深厚的妻子逝去，他心情一直不太好，有一次填写了一首词《青玉案·横塘路》：

　　凌波不过横塘路，但目送、芳尘去。锦瑟华年谁与度？月桥花院，琐窗朱户，只有春知处。
　　飞云冉冉蘅皋暮，彩笔新题断肠句。若问闲情都几许？一川烟草，满城风絮，梅子黄时雨！

贺铸此词一出，就获得了一片喝彩声。周紫芝《竹坡诗话》："贺方回尝作《青玉案》，有'梅子黄时雨'之句，人皆服其工，士大夫谓之'贺梅子'。"罗大经《鹤林玉露》："贺方回有'试问闲愁都几许？一川烟草，满城风絮，梅子黄时雨'。盖以三者比愁之多也，尤为新奇，兼兴中有比，意味更长。"从此以后，士大夫们就对他刮目相看，不再叫那个贬义的"鬼头"而是改叫他"贺梅子"了。

对这首词的赏析，有各种解释，但总的说来是以路上偶见一个女子为起兴，来抒发愁绪，跟后来的戴望舒的诗《雨巷》差不多一样的构思。假如只是见一个不知名、没交谈的美丽女郎走过，哪会有这么多这么深的愁呢？所以看来作者还是借看见人家女子想起了自己亡故的妻子。

贺铸的愁绪，还和横塘曾有古渡口有关。很久以来，横塘镇上有座著名的桥，叫普福桥，三孔石拱桥，俗称"亭子桥"，上有亭名叫"横塘古渡"，是常被入画的对象，不过今天亭子桥已改建成桥形奇怪的水泥大桥了。

因为贺铸将苏州横塘与分别之愁联起来的，苏州横塘这个地名就被赋予了分别之意并固定下来，南宋时苏州诗人范成大住在石湖边，他也是将横塘与送别联系在了一起：

　　南浦春来绿一川，石塔朱桥两依然。
　　年年送客横塘路，细雨垂柳系画船。

范成大诗中写的横塘的桥，应该是彩云桥。他在一首《水调歌头》中，有序称："淳熙乙亥重九，与客自阊门泛舟，经横塘，宿雾一日，垂垂欲雨，至彩云桥，氛翳豁然，晴日满空，风景闲美，无不与人会意……"现在的三孔花岗岩彩云桥，是横塘的标志性建筑，苏州市文物保护单位，全长38米，为民国十七年（1928）所建，本是大运河上的桥，1991年12月将此桥北移50米改建于胥江河上，仍用原材料，移建时石块都有编号，无一差错，但桥的长度增至

51.61米。1992年6月8日竣工。

　　这桥移建在了另一古迹横塘古驿亭旁，驿亭正当大运河与胥江河交汇处。桥、驿亭成了名副其实的双璧。胥江是吴国时伍子胥主持开挖的沟通太湖与阖闾大城的重要水道，引太湖水进城，直至20世纪80年代初大运河改道，截断了胥江，太湖水才不进入姑苏城，对苏城水质的负面影响深远，如在大运河上造一渡槽，翻太湖水引进苏州城，让苏州城里的河道流淌的仍是清清太湖水，必是造福之举。这里水面开阔，是进入苏州城的水上要道。驿站原是一个建筑群，今天仅剩一亭，歇山卷进棚式瓦顶，单檐，四角为四根石柱，东、西开窗，南、北各有一门，好像是当年的大门，门两旁有对联云："客到烹茶旅舍权当东道，灯悬待月邮亭远映胥江。"亭前有一碑，上面文字介绍建筑为清同治十三年（1874）所建，光绪元年驿亭又重修，现壁间嵌有浙江宁波酒业福禄寿会募捐赞助的花岗石碑，后在1963年和1980年又分别修过。据资料介绍，驿站始建于南宋绍兴十四年（1144），先是在胥门外，明代移于盘门外，清代重修，目前是我国现存的两个半古驿站建筑之一（另半个是浙江嘉兴的西水驿，亭中的碑记是古董，而亭是1999年建造的，有人认为只能算半个）。1990年11月18日还以横塘驿亭图样发行了一枚J-174《姑苏驿》小型张邮票。驿亭现为江苏省文物保护单位。

　　横塘还值得介绍的是唐寅墓园。嘉靖二年（1523）唐寅病逝后先是葬在桃花坞的准提庵后，是生前好友祝允明（枝山）作的墓志铭，苏州知府胡缵宗写的墓碑。嘉靖二十二年（1542），唐寅墓从苏州城里移葬于今址的横塘王家村，这里是晋昌祖茔，离御道约1里路，并不荒僻。

　　唐寅墓在历史上多次成为荒冢，但总有人关心他，为他修坟。清嘉庆六年（1801），长沙人唐仲冕任吴县知县，以唐寅族裔身份再修唐寅墓，修成后亲书"明唐解元之墓"碑，墓碑上建四角花岗岩石亭。到了1956年，唐寅墓又成了荒冢，幸好碑、亭还在，政府相当重视，将墓列为江苏省文物保护单位，并于1957年、1958年由国家文物局拨款进行了抢修。"文化大革命"中，居然有一帮狂徒，将亭、碑、枋拆去，只留荒土一堆，到1985年才重新恢复。这次恢复可以说是历史上最好的一次，除了重新修墓，建碑、亭、枋外，墓园内种了不少桃花，这是唐寅生前喜欢的一种树，还建了砖雕照壁、桃花仙馆、梦墨堂、六如堂、庭院等，这样，唐寅的长眠之地成为了一个景点，也是介绍唐寅的场所。

太湖如歌

洞庭东山　湖山毓秀胜绝处

镇　湖　太湖边的刺绣之乡

光　福　绣女家在梅海里

西　山　太湖里的世外桃源

洞庭东山
湖山毓秀胜绝处

　　东山，是苏州著名的风景胜地，但有三个概念，一是行政意义上的吴中区东山镇，是全国环境优美乡镇、江苏省历史文化名镇，历史文化积淀深厚，寻古访幽，引人入胜；一是东山景区，国务院首批公布的国家级重点风景名胜区太湖风景区中的十三大景区之一；一是地理上的，又叫洞庭东山，明末冯梦龙《钱小官错占凤凰俦》故事中，东山还是太湖中的一个岛，后来东山岛和陆地相连，成了半岛。现在的洞庭东山，三面伸在湖中，得太湖精华，湖山蕴秀，花果成林，加上周边小岛，说这里是人间仙境，并不为过。

春在江南第一楼

　　到东山旅游，不能漏了雕花楼。这一现代建筑，由在上海经商的东山人金锡之、金植之兄弟为母亲所建，共用去黄金两千七百四十一两（一说十五万银圆），取"向阳人家春常在"之意，名"春在堂"。1922年动工，吴县香山帮匠人陈桂芳设计，二百五十名香山帮工匠历时三年建成。

　　雕花楼坐西朝东，占地5500平方米，黑色围墙高达20米，使这一豪宅颇有城堡的气质，这是因为清中晚期至民国，太湖一直不太平，湖匪时常窜到周边乡镇抢劫，所以大户人家建宅时必须考虑防盗。即使这样，强盗还是多次上门打劫富户。

　　一进门，漂亮的讲解员就开始介绍：进到屋里，叫脚踏福地（门槛上关门用的蝙蝠形插销眼）、进门有宝（顶脊上的"聚宝盆"）、抬头有寿（砖雕门楼内侧上枋的圆雕"八仙庆寿"）、回头有官（厅内梁柱上的木雕帽翼）、伸手有钱（门窗上的铜搭纽由菊花瓣、如意和六枚古钱币形组成）、出门见喜

(大门对面照墙上有砖雕"鸿禧"二字)……

这倒不是俗气,这里就是有这么多讲究,可谓是苏州口彩文化、吉祥文化的万宝全书。整个建筑充分运用木雕、砖雕、石雕艺术,通过蔚为大观的这些传统吉祥文化,来对主人和客人进行祝颂。如天井里碎石铺地拼出的图案是瓶中插三枝戟,寓意平升三级,门楼上的砖雕用浮雕方式雕出灵芝(长生)、牡丹(富贵)、石榴(多子)、蝙蝠(福气)、佛手(佛佑)以及兰花、菊花、祥云等,无一不寓意吉祥美好。

春在堂一进一进地走过来,上下左右,还可看到大量雕刻反映的题材是中国传统戏文和历史典故,令人目不暇接。以历史典故来指导人的言和行,以让人见贤思齐,这是中国的传统。如在大厅檐口六扇长窗及十二扇半窗上,雕刻了二十四孝图,其中"怀橘奉母"是东汉时吴郡(今苏州)人陆绩的故事,他的"廉石"事迹也让后人钦仰。前楼包头梁上刻满了《三国演义》故事,从"桃园结义"一直到"三国归晋",主要情节都有了,画面生动而丰满,极富装饰性。书窗的窗上也刻满了"囊萤夜读"等有教育意义的典故。一般说来,门楼、大厅等,雕刻较多、较细,如前楼大厅是主厅,厅内总共雕了一百七十二只凤凰,故称为"凤凰厅",沿廊还饰有二十只花篮,除雕有兰、荷、菊、梅四季花卉,还雕刻了牡丹和凤凰配成"凤穿牡丹"主题。雕刻在后楼等处少一些,看来还是主要在客人能看到之处安排雕刻。

后面有一小花园,仅318平方米,当年邻居不愿搬迁让地,金家只好"螺蛳壳里做道场",建了这座袖珍版园林,这也表明,苏州这样的地方,有富户,但无豪强,富户和小户人家可以比邻而居,这是苏州社会的传统特色。园子虽小,同样有亭台楼阁、水池假山,细品里面还含有春夏秋冬的景色,有移步换景之妙,也真难为了当时的工匠了。园内还有一株三百年树龄的孩儿莲树,这在苏州是很珍贵的树种,是当年造园时金锡之的姻亲所赠送,如今年年花开时节,总会吸引很多游人前来观赏。

借得湖山建启园

东山席家花园又叫启园,也是一座现代园林,它的特点是借太湖真山水一角建造而成,在苏州园林里别具风采。

1933年,在上海经营钱庄的席启荪回到家乡东山,在叶家浜这个太湖之滨,利用鱼塘再加圈了点水面,通过填土等工程,开工建设这座面积有40多亩的园林,以纪念祖上席启寓曾在此迎候康熙皇帝。但不久席启荪在上海事业失败,将尚未建完的园子转售旅沪棉商、同乡徐子星(字介启)。徐续建成此

启园门前的御码头，当年康熙皇帝曾从这里登岸

园，想在园中办慈善事业，谁知这时日寇侵入东山，园子被日伪军占用，破坏较大。新中国成立后，园子被多家单位占用，特别是1971年在里面办了吴县晶体管厂，园内景点建筑多被改为车间、仓库，园貌变动很大。幸亏1986年吴县政府将此园列为文物保护单位，次年迁出工厂，拨款进行抢救，修复了许多景点，整治环境，补植花木，也新建了曲桥、亭榭等，使园景得以基本恢复。1996年以来，政府又对启园作了较大的保护性扩建，补充了一些新的景点，面积也扩大到70多亩，还辟有牡丹园、杜鹃花园、月季园和竹园，新增了湖心亭、湖畔水榭等景点，使景色更加丰富了。园虽建于民国，但当年请了多位苏州画家来设计，后来的改造、修复，也都按苏州古典园林风格建造，因此，园子还是以传统风貌为主，和太湖山水相当协调。

园子依山坡而建，为避免游人入园后居高临下，园内景色一览无余，设计者大胆地在园中建了20余米长的复廊，中间为墙，上有漏窗，既隔又透，两边各有走廊，从而将园一隔为二。走在园子里，太湖风光的要素处处可见，镜湖厅、五老峰假山、真竹假笋、转湖等景点各有特色，园子既有移步换景的精致，又能让人领略太湖山水的阔大。

但最让人津津乐道的是园中"三宝"，一是柳毅井，此井在南宋的《吴郡志》中就有记载，井栏圈为武康石，上面吊桶绳磨出了一道道沟痕，井旁的青石碑，为明正德九年（1514）东山人大学士王鏊所题，是东山的古迹。东山人奉柳毅为神，还建有白马庙。二是古杨梅树，此树主干已朽，旁边新枝现在还能结果，据说这是当年迎过御驾的杨梅树。三是康熙皇帝御码头。清康熙三十八年（1699）四月初三，康熙皇帝的船队从浙江来到苏州视察，此次南巡来苏是专门来看太湖和东山的。在东山,他认识了油菜、莼菜,学撒网打鱼,还真网到了两条鱼,还为当地一种茶叶命名为碧螺春。当年系龙舟的一对石狮,现仍在原处。

不过我还是由原园主人想到了东山席家。席家是一望族,虽然在明代席家已经开始从商,逐渐成为富户,特别是族中人从太平天国后,开始到上海发展,出现了像席正甫、席立功、席鹿笙、席季明、席锡蕃、席裕光、席德懋、席德柄等人,在上海滩上的金融界呼风唤雨,使席家成为中国近代史上的重要家族。而席启荪,只是其中的一位。

东山有好几个古村,位于苏州太湖之滨,陆巷无疑是其中最为著名的古村落。陆巷为明代正德年间名臣王鏊的故里,始建于南宋,因村中有六条古巷而得名(一说因王鏊母亲姓陆而得名,但此说似乎不合情理)。

王鏊连捷解元、会元、探花,为纪念这一盛事,村中竖有解元、会元、探花三座牌楼——"三元牌楼",这座建在狭巷里的明代古牌坊,已成这座古村的代表性建筑。苏州之所以名人辈出,还在于文风盛,不仅城里,而且农村也普遍重视教育,因此乡下孩子也能崭露头角。比如在东山春在堂旁出过一状元,名叫施槃(1417—1440),二十三岁就廷试第一状元及第。虽然施槃未及展示才华,在金榜高中魁元的次年病故于京师,但他传奇的经历证明:假如没有很好的农村教育,东山镇不可能许多村都出过进士、举人、翰林、学士等人才。

陆巷村的布局在江南村落建设史上有重要的研究价值。全村在青山环抱之中,中间为紫石街,然后是文宁巷、康壮巷、韩家巷、姜家巷、旗杆巷、固西巷,自寒谷山顺山而下,构成"一街六巷"的道路网络骨架。紫石,一般指武康石,这种产于浙江的石头,在宋代时苏州大量采用作为建筑材料,但不知为何一般认为陆巷保存的是明代古街、古弄。村里有遂高堂、会老堂、晚三堂、见三堂、熙春堂、双桂堂等二十多处明代建筑,三德堂等十来处清代建筑。三十多幢明清建筑,使这个面积只有0.74平方公里的小小古村,成为江南少有的明清建筑博物馆。如今村里还有王鏊纪念馆、民俗收藏馆、寒谷渡、太湖第一湾、粒园(怀古堂)、梦园(宝俭堂)等景点,老宅、深巷、古井、花窗、亭台、小桥……游人最好住一晚第二天继续在村内外观光,方能看个够。一个村有这么丰厚的文化遗存,充分体现了江南的富庶和人文荟萃。

一些导演看上这里原生态的江南村落风情,在这里拍摄了《红粉》、《摇啊摇,摇到外婆桥》、《小城之春》、《橘子红了》等电影和电视剧。其实,导演看中的只是陆巷的外表。最主要的是这里的风情,让人能感受到一种江南农村生活的气质,需要人们去细细体会。这里青山绿水在旁,大自然气息环绕周边,城里人的普遍感觉"累",在这里是不会有了,匆匆忙忙的步履,在这里也不需要了，甚至，精确的时间观念，这里也不需要了。房子不太高大，一色的粉墙黛瓦，街巷里也没有浓郁的商业气息，村子显得和村姑一样清秀淡雅，这里的宁静悠然，能让人物我两忘，俗虑全消。虽不能生活在这里，但即便只是偶然来一次，在这里看看村子，吃吃太湖鱼虾，品品农家菜肴，看看村外的青山、橘林和不远处的太湖，也许，此时心里感悟的是一种生活哲学。

山藏神塑紫金庵

紫金庵是东山一座并不大的寺庙，但是东山本地人首先向客人推荐的景点往往是："你紫金庵阿恩去过了？"可见紫金庵在东山诸景点中的地位。

紫金庵，位于东山一四面环山的西卯坞里，满山翠绿欲滴，除了风语、树声、鸟鸣，竟听不到一点尘世间的杂音。紫金庵的大门像极了普通农家院子的门，根本不是什么高大威武的山门，门上横书"古紫金庵"四字，真是古色古香。进了门，沿阶东上数十步便到大门，然后是一不大的天井，迎面就是大殿。说穿了，这座庙的建筑主要也就一殿一堂，既没有藏经阁，也没有配殿。寺中现存最早的碑记为乾隆二十六年《紫金庵净因堂碑记》，据碑所记："吾山招提兰若，不下数十家，但其幽折而寂静者，莫如紫金庵，今相沿称金庵，创自梁陈时。"但也有建于唐代的说法，至少，这清寂的环境，保持了一千年以上了。

到紫金庵大殿拜佛，正面覆莲座上坐着的是释迦牟尼佛、药师佛和阿弥陀佛，除了觉得佛祖那眼睛，永远是慈悲地看着你，似乎有点特别以外，也就仅仅是拜佛而已。但是，反复端详后觉得，真正会和人心相沟通的，是大殿两侧佛龛内各现妙相的十六罗汉。

这十六尊罗汉，不是金身，而是彩绘泥塑，后有壁画，据说是南宋杭州的雷潮夫妇所塑，距今已有八百多年，现为了更好地保护，用玻璃罩着。罗汉坐像连座基高度约为180厘米，和真人大小差不多，不用仰视，感觉十分亲切。寺中人介绍是"天下两堂半罗汉"之一。

所谓罗汉，是佛陀得道弟子修行最高的果位，不属于菩萨也没有达到佛的地位，可能人性比佛性更多吧，塑像的艺术家就有了创作的空间，可以按照自己对人生的理解来塑造罗汉的人物形象。

这十六尊罗汉，个性个个鲜明，反映了不同的年龄、经历和性格，有人赞是"凡体罗汉"，古人说是"精神超忽，呼之欲活"。

紫金庵还有二十诸天塑像，其中增长天王手中的一方经盖，虽是泥质，却活像绣花绢帕。观音像头上的华盖，也是用泥塑出丝绸的质感。佛祖的眼睛和经盖、华盖,据说是庵中"三宝",其实,这里每位佛、菩萨、罗汉、诸天,身上的衣服,每道衣褶,都交代得清清楚楚,连衣服是麻、绸或布,都可以看出来,真是神乎其技。

大殿后是净因堂,让人没有想到的是山中这座小寺却用楠木所建。天井里的金桂和玉兰树(一树能开紫、白两色花),已各有六百年树龄,寓意"金玉满堂",而天井门楣上"香林花雨"四字,据说是文徵明所题,意境深长。

太湖碧螺浮三山

到了东山,三山岛不可不去。苏州太湖中的三山岛,与东山、西山岛均隔3公里,面积1.6平方公里,因岛上有北山、行山、小姑山三座山而得名。三山岛保留了较为完好的太湖小岛的原生状态,山上植被很好,岛上质朴的田园风光恍如世外桃源。岛民种有橘子、马眼枣等。岛上还有距今一万余年被称为"三山文化"的旧石器时代遗址及熊猫、斑鹿、棕熊等二十来种哺乳类动物化石遗存,出土了一万多件石器,这也是苏州最早有人类居住的遗址,有力地证明长江下游的太湖地区,和黄河流域一样,也是中华文明的发源地之一。

三山岛全是青石,暴露在地表的全是太湖石,宋代时曾在这里开采太湖石,三山岛是太湖石原产地之一,现在岛上还遗留有许多没被采走的奇石,经人品题,有牛背石、白猫石、老虎石、狮身人面石、一线天、金鸡石、香炉石、佛屋、板壁峰、马脚印、十二生肖石等,饶有趣味。其中有一块四世同堂石,最让人称奇,石重约2吨,由四亿年前泥盆纪的石英砂岩、两亿年前的石灰岩、八千万年前的火山喷发熔岩和四千万年前的方解石构成,堪称大自然的杰作。板壁峰是岛上的标志性奇石,一排青石构成的石壁,好似板壁,峭立于山谷中。还有一线天,也是游客喜欢攀登到山顶的石罅山道,山顶还有巨石凌空,俗称叠石。

人文景点有造型独特的姐妹桥、明清建筑师俭堂、清俭堂、唐井、蓬莱亭、小姑堡、盆景园、书法碑廊、纪念吴国公主胜玉的娘娘庙等。

岛上的东泊村,有二百余户人家,太湖所产的银鱼、白虾、白鱼等,还有岛上的野生蔬菜、农家鸡鸭等,可以提供丰富的食物。但毕竟外面的世界很精彩,年轻人多已离岛创事业去了,岛上仅留有中老年人,所以岛上的一座小学也在2002年关闭了。现在有的村民将村舍辟为农家旅舍,游客来了可以租住,做一夜岛民。因为无桥,靠坐船上岛,如何让游客安全地上岛、安全地离岛,尊重、爱惜每一位游客,这是发展旅游必须解决的重要课题。农民不是天然的旅游职业者,因此,毫不松懈地培训、管理很重要。

三山岛附近还有厥山、泽山两座更小的湖岛，岛上无人居住，就如湖中浮着的翡翠，三山岛有船可以载人前往观光。据岛上人介绍，本岛为仙岛，与厥山、泽山两岛合称"三山岛"，这也是三山岛得名的又一说法。

能饮一杯春色否？

好多年以前，苏州有一家吴县制氧机厂，有一次我到这家厂去，厂长给我讲起一件事：有一次几位东北客户到厂里来谈业务，厂里当然热忱欢迎，但沏了茶送给每位客人一杯后，客人却虎着脸走了。厂里纳闷了好几天也没弄明白，客人为何茶不饮、饭不吃、业务不谈就走了。过了几天，东北来信了：一路风尘来到苏州，你们却用半开的水、霉得长了白毛的茶叶沏茶，怎么会有这样的待客之道！想到平时双方相处得还不错，所以将心中的不快告诉你们。

厂长这才明白客人拂袖而去的原因，真有点哭笑不得。因为那几天碧螺春新茶刚上市，厂里特意去买了特级碧螺春茶叶来招待客人。这碧螺春茶，以茶芽小而紧、茶叶遍披白茸茸细毫为佳，却被东北客人误解为发霉了。又因为茶叶太嫩，只能用七成热的开水沏茶，以免沸水将茶叶烫熟，被客人误以为用半开的水沏茶了。厂里于是赶紧再买几斤茶叶，让业务员赶赴东北，介绍了碧螺春的特点，并进行茶艺表演。东北朋友品尝到了产于太湖之滨的绝品好茶，真正领略了碧螺春的隽美茶味，赞叹碧螺春果然名不虚传。明白了厂方原来用最好的茶招待，杯中是满满的诚意，双方于是和好如初。

碧螺春茶叶，是清代开始兴起的一种炒制茶，在中国的茶叶中，形态、香味、炒制方法等方面，都独树一帜，名列"中国十大名茶"。

碧螺春茶原产地在洞庭东山。据清人陈康祺（浙江鄞县人，同治十年进士，曾在苏州任知县，辞官后即家居苏州）在其《郎潜纪闻》卷四中记载：

> 洞庭东山碧螺峰石壁，岁产野茶数株，土人称曰"吓杀人香"。（"吓杀人"三字，吴谚，见《柳南随笔》）康熙己卯，车驾幸太湖，抚臣宋荦购此茶以进。上以其名不雅驯，题之曰"碧螺春"。自是地方有司，岁必采办进奉矣。

这碧螺春的茶名不仅雅，原来还是康熙皇帝在1699年给起的，并且御笔亲题，可见颇为郑重，好像中国还没有其他茶叶由皇帝命名过，此茶可称之为"御名茶"了。

又据当代《东山镇志》："远在一千多年前的唐代，东山碧螺峰石壁有野茶数枝（株），山人朱元正采制，用青茶（叶）晒干后泡饮。有年采茶适逢下雨，茶姑们怕茶叶被雨淋湿，均把青茶揣入怀中，嫩芽遇到少女体温，发出一阵奇异的清香，山人就称其为'吓煞人香'。茶由此名，山人悟其道，开始用锅炒制其茶。又经过了三百多年，制茶工艺娴熟如纯，吓煞人香真香煞人也。"也有一说此茶在当时就价格较贵，一般人吃不起，说此茶贵得"吓煞人"，故名。

这类故事，可作传说视之，不必太过当真。应该说，碧螺春茶还是东山的普通百姓创制的，经过不断提高制茶技艺，终于炒出一代名茶。大凡土特产要打响名头需有一个故事才好，为这一茶叶传出了吕洞宾送神方、慈禧太后夸奖之类故事，但都不如这个江南女孩子用肚腹体温作第一道焙茶工序来得香艳，让人心驰神往。更何况这是山清水秀、花香果美这样环境里的女孩子用肚腹焙出来的一旗一枪头茬春茶呢！乾隆十七年（1752）在殿试特赐进士的翰林院侍讲梁同书，这位杭州人不去写他家乡的特产龙井茶，却为苏州这碧螺春茶赋诗一首，我都不好意思具体解释了：

    此茶自昔知者稀，精气不关火焙足。
    蛾眉十五采摘时，一抹酥胸蒸绿玉。
    纤衫不惜春雨干，满盏真成乳花馥。

正宗碧螺春产地是洞庭东山岛和西山岛。东山、西山都位于太湖之中，产茶的山陵并不太高，许多山还有山坞，山坡上、山坞里大量种植枇杷、杨梅、橘子、板栗、银杏、梅树等，茶树就种在这果林里，环境非常特殊。有人说碧螺春茶有一股花香果香，那或许是极品茶中含有的吧，也可能是文人雅士的味蕾特别敏感……

现在，东山的碧螺峰山色葱茏，山顶建有御碑亭，亭作六角，亭内有碑，碑上"碧螺春"三个字，为康熙御笔，标志此地为碧螺名茶的祖地。在这里，脚边茶园青青，远眺浩渺太湖，尽收眼底，也是一处好景点。

碧螺春茶品饮时，最好用晶莹透明的玻璃杯，以便观赏茶叶和茶汤。先放七八十度的开水，再投茶叶，茶叶会徐徐沉入杯底。一般说来，头杯品香，二杯品味，三杯收口，四杯以后茶味就较淡了。除泡茶外，苏州还有用碧螺春烹制的菜肴，如碧螺虾仁等，为时令名菜。

吴中区东山、西山群体种的茶树历史形成的是一种叫"柳叶条"的小叶种茶树，这种茶树芽叶纤细、节间短、萌发匀齐，所产碧螺春色泽翠绿、香高味醇，以"形美、色艳、香浓、味醇"特色著称，从而成为苏州的特产。

镇 湖
太湖边的刺绣之乡

镇湖在太湖里的大、小贡山岛，岛浮翠螺，桥舞银练，所产贡茶质佳量少，十分稀贵

在苏州市高新区西部，有一个小小的半岛伸进太湖，这个南、北、西三面环水的半岛东西长9.3千米，南北最宽是5.9千米，半岛内有一百零四条大小河道，是另一种水乡风光。这个地方就是镇湖，新中国刚成立时，这里叫西华镇，到2003年，镇湖镇改为镇湖街道。

2008年春，我来到镇湖这个小小的半岛上，只见岛尽处，是一片茫茫的太湖，几块石头露出水面，湖风推着波浪一阵阵卷来，脚下响起阵阵涛声。太湖一般是风平浪静居多，因为这里三面受风，所以能听到太湖涛声这一天籁之音，如发展旅游，这可是独特的卖点。这里深入湖中，是观太湖的绝佳处，假如夏天的夜晚来到这里，既能看到天如苍穹，满天星斗，而且四面湖风，定能让人心胸开阔，烦暑全消。

如今镇湖有名的是刺绣，全街道有两万人，几乎可以说凡女性或多或少都会刺绣。街道党工委副书记张锦峰是《镇湖镇志》的编纂委员会副主任，当地人，他请我吃饭时，讲起了镇湖的刺绣。他说，镇湖女人从小就要学刺绣，有的绣些日常用品，如手帕、肚兜、鞋子等，等到长大了就为自己的出嫁绣制帐沿、被面、枕套等。当地还有一个习俗，女性死了以后要穿绣花的衣裙，上面要绣荷花等图案。当然，妇女也要做些刺绣活作为家庭的收入。其实不仅仅镇湖，在苏州西部一带农村如东渚、光福、木渎、胥口等乡镇，妇女都会做刺绣，这也是苏州的一大风俗，在这块土壤上也出了不少刺绣大师。但镇湖刺绣的大发展，是在改革开放以后。苏州市刺绣研究所、苏州刺绣厂、吴县刺绣总厂等，也都会将一些刺绣活放到农村来做，一些绣艺高超的艺人会到村里来指导农村绣女。其中许多绣女学习很努力，大大提高了自己的绣艺和审美水平，由于农村的政策比较宽松，一些绣女就将绣品拿到城里和宾馆里销售，慢慢地就有一些人脱颖而出，开出了绣庄。据说，这里从事刺绣的女性加上做镜框、运输、销售的从业人员，将近万人，号称"八千绣女、三百绣庄"，刺绣成为镇湖最有名也是最大的产业。

苏州作家徐卓人和卢群在镇湖作过很深入的调查，并撰写了《苏绣之乡》这本书，徐卓人将书送我时告诉我说，镇湖可以说是苏州的刺绣发源地，历史悠久。商朝末年泰伯来到这里，这里的人有断发文身的习俗。文身就是刺青，在当时的条件下，刺青是很痛苦的过程，也有可能受到感染。泰伯（或说是他的弟弟仲雍）就对这一习俗进行了改革，让人将文身的花纹绣在衣服上，这样就诞生了刺绣这门艺术。这样看来，苏州的刺绣简直和吴国历史一样古老。

镇湖街道将刺绣作为一种支柱产业来培育，专门建了一条绣品街。街长1.7公里，开有三四百家绣庄，绣品琳琅满目，似乎家家在举办绣品展。绣女还往往自己或安排徒弟中的高手坐在楼下刺绣，带一点表演的性质。这些绣庄，其实也都是一个个绣品陈列室，各家展品各擅胜场，即使不买什么东西，进店去看看那些精美的刺绣作品，看绣女如何飞针走线，实在也是很好的艺术享受。

街西的中国刺绣艺术馆，是一个江南民居和苏州园林艺术相结合的建筑群，风格秀丽典雅，于2007年9月开馆。该馆可能是苏州最大的刺绣艺术专业性展示馆，很值得一看。这里既有刺绣历史的展示，也有苏绣作品、技法等方面的陈列，是系统了解苏绣的专业场所。当然，这里也有粤绣、蜀绣、湘绣等其他地域刺绣的收藏展示。而且该馆由多处庭院间隔成展示区域，东部的花园，由水榭、池塘、黄石假山等构成，看罢刺绣，在这里小憩，放松心情，是很惬意的事。

镇湖区域的太湖里还有大贡山、小贡山，距岸不远，站在岸上可以清楚地看到这两个像姐妹一样的小岛。岛上主要是山黄泥，适合种茶，现辟有茶园（一共约300亩茶园，小贡山岛上仅十来亩），种有茶树，出产贡山茶（贡山茶均在岛上炒制，这是为了防止其他茶树青叶混入）。岛上湿度高，加上土肥水美，茶芽特别饱满，炒后形似毛峰，茶芽带曲，茸毫泛白，汤色清澈透明，鲜爽清香，可多次冲泡，质量上乘。

大小贡岛之间有堤相连，堤当中是三座石拱桥，叫玉带桥，中间十七孔，左、右两座桥各是拱起七孔，堤桥如玉带飘飘，曲线优美。

在镇湖还建有一座2010年3月开园的太湖湿地公园，此园占地4.6平方千米（首期2.3平方千米），规划设计了湿地渔业体验区、湿地展示区、湿地生态栖息地、湿地生态培育区、水乡游赏休闲区、湿地生态科教基地、原生湿地保护区七大功能区，全面展现了现代水上田园的自然生态景观。这么大的湿地公园是利用游湖和过去的鱼塘改建的，湿地公园里水面占71%，水乡湿地风光浓郁，小湖塘一个连一个，数也数不完……游湖，是古代就有名的太湖五湖之一，《吴地记》云："五湖者，菱湖、莫湖、胥湖、游湖、贡湖。"除进行地形改造、种花植树、建了五十多座桥和木栈道、凉亭、水车、七桅太湖船等，还从上海世博会移建了世博苏州馆，还建了熊猫馆，租借来了一对大熊猫。

镇湖现存最古老的宝贝，是西京一座万佛塔，早在1956年，就被列为江苏省首批文物保护单位，也是全国文物古建筑中唯一仅存的元代石塔。塔始建于南宋绍兴年间（1131—1162），南宋末毁于战火。元大德十年（1306）重修；明成化年间，曾作过洗刷整修。时至今日，它已经历了七百年的风风雨雨了。石塔从外形上分为台基、塔身、塔刹三大部分，整座石塔从地面至塔顶通高11.5米。基座平面呈长方形，南北向长8.6米，东西面宽5.2米，均用青石砌成，造型简洁。塔身是单层造，外方内圆，外部有明显的向上的收分，呈一立方锥形。四角四根石柱均有明显的侧脚。阑额以上的屋顶由四层石块叠砌而成，其上置一方形刹台以承塔刹。建筑形式独特，与我国元代以前的单层塔有所不同，与元代的喇嘛塔也有很大区别。塔朝南辟一拱门，门上有印度式的火焰纹，门高2.1米，阔0.72米，两侧镌有楹联一副，上联"造塔功德普惠众生"，下联为"发菩提心同成佛道"。

塔刹有罗马文化的风格，塔的形状体现出蒙古包的影子，造塔用的是堆砌法，像这样形制、这样做法的建筑，目前在中国地表已经没有了，这是全国唯一的遗存，因此格外珍贵。塔室似圆形穹顶，上窄下宽，内壁一排排密密麻麻地刻满浮雕小佛像。佛像高4.5厘米，宽3.5厘米，仅鸡蛋大小，一个个衣冠清晰，五官可辨，结跏趺坐在莲座上，这些小佛像每排平均有一百八十尊，共六十排，计一万零八百尊，万佛宝塔名称由此而来。但是，细看这些佛像，在手可触及的地方，佛头均已毁坏，据当地人介绍说是过去农民缺医少药，生了疟疾，就来敲这佛头研粉当药吃。

万佛塔这一珍贵文物最终被保留下来，还是万幸。寺院负责恢复工程的和尚，自称"惭愧僧"的果延法师给我看的规划图上，今后万佛寺会比较宏大，相信会成为镇湖的一处景点。真心祝愿他们早日建成。

光 福
绣女家在梅海里

铜观音寺光福塔是一座方塔

梅开任由诗梦远

  光福是太湖边上的一个古镇,那里不仅景色美,而且人文资源也非常丰富,一直是苏州老牌的旅游景点。

  20世纪80年代我去光福探梅。光福的梅花,闻名天下,我一直以为是乾隆皇帝看了,赏了一个名叫"香雪海"后,才成为中国赏梅地的经典。后来才知道最早叫这里"香雪海"的,是当时的江苏巡抚宋荦。苏州在明清时是省会,巡抚驻在苏州办公。清康熙三十五年(1696),宋巡抚来到光福赏梅,见一片梅海,花开似雪,香飘三十里,遂题"香雪海"三字,并勒石为记,还赋诗"望去茫茫香雪海,吾家山畔好题名",说明了他为吾家山(又名马驾山)梅林题名之事。我这次冒着早春的寒冷到光福,就是想去看梅。一路上还在想,梅应该是非常多、花海是非常香,心里在酝酿着诗意。

  农村公共汽车下来,路还是沙石路,但往香雪海方向走,湖风里就吹来一阵阵花香,这种清冽又甜润的梅香味是无法形容的,在湖风的催送下,无穷无尽地涌来。

  奇怪的是,并不是说越走近香雪海,香味就越浓。梅花是清香,不会浓得化不开。古人形容什么梅花香烈,可能梅三五株时香味为烈,当到了香雪海中仿佛整个世界都沉浸在梅花香中时,反而只有氤氲的香了。从过去出版的老地图看,吾家山三面是湖,西是下崦湖,东是上崦湖,都是景色美丽的湖泊。但我去时，周围十余里、风光有"不使林泉让辋川"之誉的上崦湖，已经在"文化大革命"中被逐渐围垦为农田和鱼塘，吾家山风光大受影响。走着走着，眼前的梅花好像涌起的雪白巨浪，原来是吾家山到了。

山坡上有一亭子，式样独特，亭子全是梅花形的，不仅亭子为五角梅花形，而且柱栏等均作梅花形，亭子名叫梅花亭。亭子的顶上还有一只铜鹤，暗喻宋代林和靖"梅妻鹤子"的典故。亭子是在1923年由现代著名香山建筑艺术大师姚承祖设计、建造的，也是这里的标志性建筑。亭南还有一块乾隆皇帝的诗碑。康熙皇帝先后三次、乾隆皇帝先后六次到邓尉探梅。两位皇帝在光福共写了十九首诗，但不知为何我只看到一块御碑。

出生十月即丧父、由文徵明孙女的寡母一手带大、曾任皇帝日讲官的明代苏州人姚希孟，曾在《梅花杂咏》序中写道："梅花之盛不得不推吴中，而必以光福诸山为最，若言其衍亘五六十里，窈无穷际。"我去时，光福梅花绵延五六十里是没有了，但十来里应该是有的。我走进梅花海中，一会儿就像走在花的雾海中，四面皆花，不辨东西，只好在花海中信步而走。忽然，前面花海中现出一民居，三间平房，粉墙黛瓦，是新造的，屋内好像还没有什么陈设，看来房子造好了，主人还没有更多的钱添置家具，但也因此显得清爽简洁。有一女孩子，十六七岁的样子，坐在门口一只绣绷前。一手在绷面上、一手在绷面下，正在飞针走线。我走过去，她抬起头问，你要喝水？我摇摇头，俯身看她绣些什么。一块红色的缎子上，绣的是花卉。因红缎子相映的缘故，她颊飞红云分外好看。我说，你的脸比梅花还要好看。她脸更红了，不吭声。缎面上只听见银针如小鸡啄米的轻微"扑扑"声。有梅花飘下，悄然无声。我又搭讪说，住在梅海里，真是仙女过的日子。她头也没有抬："要梅子卖得出价钱么日脚才会好勒宛……"

离开绣女，又在梅海里走了好一会才走出梅林，已不知方向，遇到一当地人，聊了一会儿兼问路，他说，吾家山路对面的梅花林里，拍过《梅花巾》电影。讲起梅子价钱，他也说，这里有个蜜饯厂，梅子就是厂里收购去做奶油话梅的。虽然价钿压得低，但没有这个厂，梅子就没有人要了。话音里也是有点担心的。这家建于1979年的光福蜜饯厂其实蛮有名的，最盛时年产各类蜜饯近两万担。

前几年再去香雪海，走到拍《梅花巾》的地方，不要说不见那姑娘所住的原处，更让人失落的是不见梅林，而是成片的房子。香雪海也建起了围墙，虽说里面种了各式珍稀梅花品种，什么宫粉梅、胭脂梅、铁骨红、玉蝶梅、绿萼梅、照水梅……但和过去比，到底冷清，现光福一带，梅树已大大减少。香雪海本是对这个地方特色农业的一种描述，但到后来梅子收购只有几角钱一斤，抵不上人工费，农民不肯种梅树后，就纷纷卖梅树砍梅树。政府为了保"香雪海"这块牌子，在梅花亭周边依山坡建起了围墙，园名香雪海。园内更换品种，移种了许多美丽的花梅，美其名曰展示精品梅，其实也是不得已而为之。如今十里香雾的梅海，已经消失，名闻天下的香雪海，从一望无际的梅海变成了一个景点。清代名士龚自珍《病梅馆记》起笔就说："江宁之龙蟠，苏州之邓尉，杭州之西溪，皆产梅。"现南京、杭州仍然是我国著名的赏梅胜地，而苏州香雪海成了香雪点，面积仅30亩，能不让人感叹今非昔比。不过在修改此稿时，听说吴中区已决定将香雪海向南向北扩大十倍，梅花种植面积达到300甚至500亩，再现赏梅名胜的盛景，不禁惆怅转为期待。

雷霆难摧千岁柏

光福镇西、邓尉山麓的涧廊村东南，有一座司徒庙，祭祀东汉初大司徒邓禹将军的祠庙。庙的布局为传统院落式，现存殿舍两进二十余间。进门沿主轴为山门、大殿，两侧有边厢，庙左附有院子，植有古柏名木，并置赏柏厅，厅后即为闻名于世的四株古柏园。近年来对司徒庙进行了保护，增加了碑廊等，周边也进行了扩建，总的说来是增加了佛教的内容，有天王殿、大雄宝殿、藏经楼等。还用更大的面积新建了一个景色清朗疏秀的花园，花园里有黄石池塘（两个一大一小池塘分别叫桃花池和淡泊湖）、曲桥、假山、散发楼、古翠亭、闻钟亭、茶轩、邓禹草堂和大片的梅林、竹林。

有人说，司徒庙是因为邓禹曾来过这里而得名。原来也不叫庙，而被称为"社"，叫柏因社。

以古树为景，这在中国是传统。光福司徒庙内也以四株古柏而出名，距今已有一千九百余年。我认为，这柏树之所以与邓禹联上，可能是当时从北方邓家守祠里的邓禹手植柏上分枝到苏州，后人就视同是邓禹的手植柏了，再后来，就成为一景了。直到清光绪年间，这四株柏树才成为景点而被人吟诵，而在更往前的岁月里，却不见记载，这是因为之前柏因社是一宗教祭祀场所，因其神圣性质并不对外开放。很可能是太平天国后，柏因社从祭祀场所变成了景点，后来更被佛教界人士改名为柏因精舍，才演变成了佛寺。

但是，当地人都说在光绪之前，乾隆皇帝南巡到光福时，就去看了柏因社的这四株古柏，震惊于这四株柏树生命力之顽强和树姿之倔伟，并命名"清、奇、古、怪"。"清"者，主干挺拔，体态雄健，翠叶如盖。"奇"者，主干因雷击而裂为两半，皮连枝绿，苍老遒劲，干内空间，可容人立。"古"者，苍皮左扭，螺旋透顶者，仿佛百索绕躯而又树姿刚健。"怪"者，也曾遭雷击而劈成两爿，一爿远离母本后落地生根，卧地三曲；另一爿是母体本身，则就地卧倒，如蛟龙昂首，势欲腾飞。这些古柏，看来都经历过磨难，但又生意郁然，体现出一种精神，让人感奋。据《清稗类钞》记载，殿中有两副对联，其一为清代曾任苏州知府的吴云所书："清奇古怪画难状，风火雷霆劫不磨"，很好地写出这四株柏树的精神。

近来古柏出现叶萎枝枯的苗头，让人深以为忧，有关方面正在想办法抢救。

何处可见铜观音

光福是一个佛国，寺院很多，而且无论大小，都是历史上的名刹，这在苏州古镇中，是比较独特的。至今光福还有多所佛寺，许多人到光福去游览，是去佛寺进香或观光。

光福的铜观音寺，名闻遐迩。寺在镇上，交通方便，所以游人较多。此寺历史悠久，是南梁和陈朝时的太学博士、黄门侍郎顾野王（519—581，吴江流传有《喝潮王神歌》，即是纪念他的赞神歌，据说收集到一千八百多行）舍宅为寺，长时间里叫光福寺，至今已有一千四百多年历史了。顾野王是吴郡吴县人，但吴江人说他是吴江三里桥顾墟人。他是一位有划时代意义的文字训诂学家，曾著了一部叫《玉篇》的字典，收字一万六千九百一十七个字，其中还收了蓖麻、塔等外来词，让人敬佩。

苏州始建于南朝的寺院不少，但真正让光福寺出名的是寺中的铜观音像。据《光福志》介绍，宋康定元年（1040）六月，志里村有个村民叫张惠，在寺旁取土，发现了一尊铜观音像，引起了轰动，人流如海、烧香如窖，从此不叫光福寺而叫铜观音寺了。明宣德五年（1430），况钟来苏州任知府，这年正逢大旱，他将铜观音像请到苏州城里，举行了祈雨仪式，结果真的下了雨，缓解了旱情，影响很大。清道光十六年（1836），江苏巡抚也因大旱，将铜观音像请到苏州城里菉葭巷天宫寺，结果也下了雨。次年阴雨绵绵，林则徐又请了铜观音像至城里的开元寺（在今东大街，尚存无梁殿），真的天气转晴了，于是林则徐又是打报告给道光皇帝，又是发动捐俸修建大殿，自己还写了对联和匾额，道光皇帝也送来了御书匾额和上谕。铜观音像能祈雨，这一信仰在苏州城乡很普遍。1934年，苏州大旱，村民还携举旗帜、锣鼓等仪仗在艳阳高照中，分乘大画舫两艘抬了铜观音像入城祈雨。引起苏州城所有的道观、佛寺和其他宗教场所，如三清、城隍、关帝、姜太公、龙王、龙母、伍子胥、相王、周宣灵王、温天君以及各地的土地神等，因铜观音像进城求雨而全都出动，或举行赛会，或进行出游，或举行八卦会，或打醮，或抬神像去拜见铜观音像"共商降雨事宜"……苏州几乎全城市民都因铜观音像的到来而如痴如醉，沉浸在"光福铜观音像来了，雨也很快会下了"的期盼中。这次因光福铜观音像进城祈雨而引起的一系列迎神赛会，也可看作是苏州丰富的民俗和宗教资源的最后一次大会演，也由此可看出铜观音像在过去苏州市民心目中的影响和地位。

新中国成立后，铜观音寺被占用，作了四十多年的学校用房，幸好建筑大部分被保存下来了。内原有四株古银杏，一株被雷击死，两株在"文化大革命"中被伐，现仅存一株。1995年，光福中学搬走，又恢复了佛寺，并有所修缮。寺依山而建，有天王殿、大雄殿、送子阁、圆通亭、铜观音殿等。大雄殿为单檐硬山，铜观音殿为重檐歇山式建筑，更为高大精美，菩萨享受的待遇超过了佛，也是这个寺的特色。铜观音殿内有一盘龙佛龛，内存铜观音像，像高仅1米左右，显出黝黑的古铜色，像较丰腴，有唐代之风。这尊铜观音像，有的说还是原物。但据张志新在《吴中散记》中介绍，此像已被供销社收购，当地融宗法师和叶玉奇一起去做工作，花不多的钱，请了回来，寄放在司徒庙。至于何时才又回归本寺光福寺，或者如有的人所说真铜观音像仍珍藏在司徒庙里，具体实情就不得而知了。

建于龟山之巅的七层光福方塔，有人介绍说是苏州唯一的唐塔，在1999年重修后，如今游人可以登临。在塔上扶栏远眺，顿时视野开阔，远可见太湖。塔为四角木檐楼阁式砖塔，高27.95米，底层边长5.38米，台基广9.8米。底层西北置门，二至七层改四面辟门，塔室底层平面为八角形，二层以上均四方形，故叫光福方塔。据说，这样形制的宝塔在苏州地区尚属孤例，在中国也是为数不多的唐式方塔，但在日本京都、奈良则常见。山顶还辟建了公园，园内辟有樟树园、梅林、樱花林等，现在来此的游人不仅是为拜佛，也是来观景的。

求雨的往事如烟，已成历史佳话，寺中飘来诵读佛经声，听来颇有诗歌的韵味。

古刹迷雾费猜详

圣恩寺，寺在玄墓山，从铜观音寺往南面的太湖方向走，和邓尉山相连的一座山头，因东晋时青州刺史郁泰玄隐居并墓葬于此，因此得名玄墓山。玄墓山的梅花也非常有名，清代苏州文人沈三白在《浮生六记》中曾写道："邓尉山，一名玄墓，西背太湖，东对锦峰，丹崖翠阁，望如图画。居人种梅为业，花开数十里，一望如积雪，故名曰'雪海'。"唐天宝年间（734—756）建天寿寺，南宋宝祐年间（1253—1258）建圣恩寺，长时间里两寺并存。明正统八年（1443），朝廷赐额为天寿圣恩寺，两寺合一，老百姓就简称圣恩寺至今。圣恩寺在历史上非常兴盛，鼎盛时期有建筑五千零四十八间，僧众三百多人，寺产田300余亩，并有竹林、茶园等。寺为佛教临济宗"三峰派"中心，据说列全国五大名刹之一。

圣恩寺和《红楼梦》也有联系，第四十一回"栊翠庵茶品梅花雪， 怡红院劫遇母蝗虫"中，写贾母等到妙玉在大观园中居住的栊翠庵来吃茶，里面有这样一段文字：

> 黛玉因问："这也是旧年的雨水？"妙玉冷笑道："你这么个人，竟是大俗人，连水也尝不出来。这是五年前我在玄墓蟠香寺住着，收的梅花上的雪，统共得了那一鬼脸青的花瓮一瓮，总舍不得吃，埋在地下，今年夏天才开了。我只吃过一回，这是第二回了。你怎么尝不出来？隔年蠲的雨水那有这样清淳，如何吃得？"（程甲本）

这个瞧不起黛玉的姑娘妙玉，原是玄墓山蟠香寺的尼姑，不知何故被引入荣国府，但人虽在贾府，却在性格上保持了相当的高傲，以示和官宦显贵们格格不入。《红楼梦》中的内容，有时会虚虚实实，这蟠香寺未必会用真名。龙盘起来的姿态，往往不用"盘"字而用"蟠"字，这个"蟠"是龙专用的字。"蟠"字隐喻龙即皇帝，也隐喻"圣"字，"香"字我认为是进香的意思，蟠香可以理解成龙进香，也即皇帝进香。皇帝进香，不是圣恩浩荡吗？

清康熙二十八年（1689），康熙皇帝第二次南巡到苏州，前往玄墓山圣恩寺进香，并上山观梅，不仅御书"松风水月"四字，甚至还夜宿圣恩寺的四宜堂中。"松风水月"此碑至今尚存，收藏在司徒庙的碑廊内。过了十年，康熙再次来到圣恩寺。康熙四十六年（1707），康熙又一次南巡至姑苏，重游圣恩寺，感慨良多，赏赐颇丰。康熙五十八年（1719），康熙皇帝回忆起当年驻跸圣恩寺的往事，不胜感念，但他因年老不能再次南巡了，就颁旨赏赐圣恩寺帑金一千两，念珠一千五百零一挂，僧衣、僧帽、僧鞋、僧袜各一千五百零一副（可能寺内有一千五百零一位僧人吧），并"特旨钦命"派专人护送到圣恩寺。赠赐御物仪式十分隆重，所有费用，均由朝廷一并开销。这也可看出圣恩寺规模宏大、僧人众多和地位特殊。我认为，《红楼梦》原作者之一李鼎的父亲和祖母都受过康熙皇帝的特殊恩宠，他在书中不能明写圣恩寺，而是用其他名字来体现，以蟠香来影射康熙皇帝曾经在苏州圣恩寺的进香，流露出对康熙皇帝的怀念。因此《红楼梦》中的玄墓山蟠香寺可以认为就是玄墓山圣恩寺。因玄墓山梅花很盛，所以妙玉会有收了梅花上的雪埋在地下多年用来沏茶的习惯，饮水思源，这也是妙玉这位来历蹊跷的女孩子不忘圣恩的隐喻。

后来乾隆皇帝六次南巡,每次均来寺中进香。现在有个传说,说圣恩寺地藏殿地上方砖上有一对膝盖印,就是乾隆皇帝在此跪拜留下的。在光福,流传着一个"一百零九碗菜"的民间故事,说是浙江海宁的陈阁老出家在圣恩寺,法名大空。有一次,乾隆皇帝来

依玄墓山而建面朝太湖的圣恩寺

寺中,说要吃一百零九碗菜,方丈很发愁,结果大空叫人去镇上买来百叶、韭菜,炒成菜送上,乾隆吃得很开心,就召大空前来,一见,就知是生身父亲,就跪了下去,等皇帝抬起头来时,大空已悄然离寺云游了。其实,陈阁老逝世时乾隆皇帝才登基,是不可能相遇的,再说佛寺里也不可以吃被列为荤菜的韭菜。但因有这个传说,这道菜倒也不妨作为光福的代表性菜肴。

圣恩寺有许多谜,为何两位皇帝这么关注此寺?和《红楼梦》作者到底有什么关系?这些,都给游人增添了谈资。圣恩寺原是大寺、名寺,此寺因被占用,有所毁坏。2012年4月的一天,在西园寺遇到山塘街上普福禅寺的画家和尚宏觉法师,他告诉我一件往事:"文化大革命"中,造反的人冲上山来,要烧寺中所藏的经书。大量的古籍堆在佛殿前,火已点起,这时,出现了一件让人震撼的事,经过多日戴高帽批斗的方丈融宗法师突然不顾一切地跃进大火中,舍身扑救,看来他早已抱定决心,他在经在,经亡他亡。他的行动震慑了造反的狂徒,也给了许多在旁围观群众的勇气,大家一拥而上,将火扑灭,救出经书。这些经书中,有一套为明初官刻的《洪武南藏》。另据苏龙先生介绍,"在周围群众一齐帮助下,七千六百四十三卷明刻南藏经文,就这样幸存了下来,可惜有些已被烧毁了封面。"据我所知,《洪武南藏》存世极少,圣恩寺的这套,卷数最多,可称稀有之宝。寺院增法大和尚告诉我说,寺内收藏有多部血经,数量之多在苏州佛寺中居首。

圣恩寺收回时,大约只有两三幢建筑了,后来经过恢复(其中又以已圆寂的融宗大和尚居功至伟,今天的增法大和尚又继其业),如今的圣恩寺虽尚未达到历史盛况,但已有"三吴古刹"石柱牌楼、石坊、天王殿、大雄宝殿、毗

卢殿、伽蓝殿、祖师殿等，成为许多人喜欢的名胜。增法大和尚说，今后还将继续恢复一些建筑如禅堂、斋堂和宝塔等。

寺前有两株圆柏，一株一千八百多年，一株一千五百多年，还有八棵百年丁香树，都极为珍贵，到圣恩寺赏古树，也是登山一乐。

寺后有苏州著名的"真假山"，也是颇有情趣的一景。所谓真假山，其实就是山泥被雨水冲走后露出的湖石，非常硕大，约有20多米高，涡洞相套，皱褶丰富，嶙峋怪异，是在天然真山上的假山状石头，完全出自大自然的造化。

附带说一下，光福还有建在谭山村弹山南坡半山腰上的石崦寺和蟠螭山的石壁寺，这两座寺同样有谜待解。

石崦寺是凿石建寺，藏在竹林深处，叫石崦精舍、石崦庵。人们将寺中玉佛、八仙石刻、留余泉誉为"石崦三宝"。寺侧有一山头，山顶有万峰台，上面近年新建了两层八角双锭式飞檐亭建筑万峰仙阁，在此可观太湖。这万峰台由大小石块垒成，圆柱形，面积约8平方米，约有一人高，垒砌得极认真，据说是明代高僧万峰和尚用法力堆砌而成，作为他打坐修禅的宝座。乡间对湮没了真相的难解之谜，往往用神话来解释，本不足训，但这石台会不会是更古老的建筑呢？功能会不会是一种祭坛？这些都有待专家进一步研究了。而且石崦寺前不久圆寂的脱尘法师，据说是抗战初期在此寺出家的一位国军的将军。山下竖的一块花岗石指示碑上书"石崦，于此直行一百米，转弯向山上看，竹林中是"，其字是他手迹，功力颇深。他曾是军人一事，当地老人大多知道，但到底真相如何，也是一个谜了。

光福蟠螭山俗称石壁寺的是永慧禅寺，面湖而建，从山路上去，寺在绿树深处，人称石壁寺。一般认为，是明朝憨山大师在这里结茅建了这座寺。憨山在石壁精舍修行时，吴江人紫柏尊者（真可大师）有一次来到这里，两人对谈四十昼夜，据说紫柏尊者居然没有闭上眼睛休息过，想来憨山大师也是同样奉陪。憨山的《醒世歌》，为许多人所喜爱，如"吃些亏处原无碍，退让三分也不妨。春日才看杨柳绿，秋风又见菊花黄"；"休得争强来斗胜，百年浑是戏文场。顷刻一声锣鼓歇，不知何处是家乡"。这些虽是佛教劝世之作，但在今天淡化人的贪欲，促进社会和谐也是有启迪的。

大殿后的石壁，刻满近世名人留题的摩崖石刻（也有今人如南怀瑾等题词刻在石壁上），有人将摩崖石刻，爬在石壁上的枝干如虬龙的千年石楠树和一丛宫廷镶金碧玉竹，称为"石壁三宝"。

石崦、石壁这两座庙虽是小寺，但因环境清静幽美，却是人们到光福常去之处。正所谓寺不在大，能让人起清静心的，就是正觉之所。而寺里的谜，也让人兴趣陡增。

西 山
太湖里的世外桃源

龙女月下来听箫

有一次，我在苏州会议中心后楼门厅，看到墙上有一幅字，是以前在医院工作时已故带教老师龚琼英的爱人周文祥先生的墨迹，忍不住多看了一眼，他写的是元末铁雅派诗人金信的诗《洞庭曲》："浩荡太湖水，东西两洞庭。吹箫明月里，龙女坐来听。"此诗收在《西山志·丛录》里，字少，意境阔大又想象瑰丽。

洞庭西山，简称西山，是太湖里的第一大岛，南北宽11千米，东西宽15千米，面积为82平方千米，比欧洲的圣马力诺共和国还要大四分之一，人口也多一倍。历史上西山人进出岛全靠船只，直到1994年，当时的吴县政府组织全县人民捐款，建成了全长4308米的大桥，西山和陆上才有了便捷的通道。

岛上所需生活商品从外面运进来，所以岛上居民的生活要简朴一点，还多少有点自给自足的样子。居民生性朴实勤劳，口音和洞庭东山有点差别，他们自己解释说，"我们西山的口音有点硬……"据说有点受浙江湖州话的影响。

自给自足、简朴，是和岛上的生活环境、地理环境有关系。岛上种蔬菜，收成不太理想，很多蔬菜要从外面运进来。但也因此让西山人擅长吃野菜，作为绿叶蔬菜的补充，如马兰头、小竹笋、蕨菜、四叶菜、纹纹头、鹅肠草（即繁缕）、野水芹、枸杞头、香椿头、荠菜、野山葱、野山蒜（薤）、莼菜，还有山上的蕈……名堂繁多，又大多是只用油、盐清炒，不放蒜末、辣椒之类辛辣调味，有着一种山野特有的清香，也折射出过去的西山人生活的清苦。

到西山人家去，灶头烧出来的白米饭，一碟园子里种植的蔬菜，一碟山上采来的野菜，加上湖里的鱼虾或者炒鸡蛋，这顿餐绝对是让人难忘的风味了。有一次，我到西山岛上的明月湾古村去，主人端出一碗汤，碗里是鱼片、

西山岛有东村、堂里、植里、明月湾等七座比较完整的古村落,图为明月湾古村

肉丝、木耳、笋片之类,汤色清澈,除了那些色彩漂亮的配菜外,汤里还有一种淡黄、琥珀色的半透明状物,吃在嘴里又软又滑,口感清淡中透出甘甜,别有风味,主人介绍说,这是桃胶,西山人又叫桃凝。据岛上的农民说,以前农村里生活清苦,这桃凝不算是什么稀罕之物,采来后洗一洗,炒咸菜吃。我听了,觉得这样吃法简直是暴殄天物。她却笑着说:"蛮有意思咯,现在'农家乐'当特色菜了,炒个银鱼,或者和荠菜、咸肉末一起做成桃胶羹,就是名堂了。"如果用冰糖加点鲜果炖个甜品羹,放在玻璃碗里,通透而晶莹,再撒上几片红玫瑰花瓣,那在饭店里就是不一样的身价了。

今天太湖中的各种出产,在这里几乎都可以吃到,而且是可以天天吃,这也是西山吃的方面的一大优势,猪肉却是稀罕之物。而这些水产,最有名的是"太湖三白":银鱼、白鱼、白虾。

银鱼形如玉簪,细嫩透明,色泽似银,柔若无骨,几乎可做太湖的形象大使。银鱼要吃小的,越小越珍贵,西山人会用银鱼烧好几种菜,比如炒韭菜、炒咸菜、烧豆腐、银鱼莼菜羹、炒蛋,或者做银鱼馅的馄饨,风味绝对上佳。

太湖另一"白"是白鱼,学名叫翘嘴红鲌,其实在我国从北至南许多水系都有生存,但以太湖的最为有名。《南齐书·明帝本纪》载:"及(指明帝萧鸾)寝疾甚久,敕台省府署文簿求白鱼以为治,外始知之。"这是记载御医用白鱼为皇帝治病。在中医古籍中,白鱼是一味治疗小便不通的药。白鱼很难吃到活的,这鱼心性高傲,被捕捞后就很急躁,不停蹦跳,因此很快死去。当地人捕到白鱼,用盐先腌起来,船靠岸后就吃,这只腌了两三个小时的做法,苏州人叫"暴腌";鱼的背部剖开后再腌,晒干了就叫鲞。吃时放一点猪油丁、葱、姜、料酒,蒸一下就可上桌了,用这两种方法吃白鱼,能吃到真味。

太湖白虾,老苏州也叫"白腻虾",最大的特点是煮熟后虾壳不太红,还基本是白色的,只是虾脑略有点红色映出来,如一粒玛瑙。太湖白虾因为壳薄,最宜出虾仁,在苏州菜肴中用处相当大。清溜(太湖)虾仁,有时厨师加一点泡开的碧螺春茶叶一同烹调就叫碧螺虾仁,往往是苏州宴席上的头道菜。如无这道虾仁菜,苏州的这桌宴席似乎就少了点精彩、掉了点档次。至于荠菜鲜肉馄饨的馅、春节时的蛋饺馅里放一点太湖虾仁,那是姑苏女性的最爱。

其实太湖的出产除了"三白"外,好吃的水产非常丰富,在西山,螺蛳用酱油爆或加咸肉蒸,白蚬炒韭菜,激浪鱼(苏州城里人又叫棍子鱼)用酱煮,鳖要清蒸,鲫鱼要葱烤或氽汤,鳑鲏鱼要油炸,鳗鱼要黄焖或清蒸……说时都会让人忍不住食指大动。

明代苏州人王鏊写有一篇《七十二峰记》,认为太湖中有七十二个山峰,根据他的记录,有四十峰在西山岛上。据今人统计,其实太湖不止七十二峰,西山也不止四十峰。清代王维德在《林屋民风》中说西山岛上就有七十二峰,今人编的《西山志》认为还不止此数。西山岛上有太湖中的最高峰缥缈峰,号称太湖诸峰之首,也是西山的主山,高336.6米。当地开发了缥缈峰景区,门口竖了一块大石,上镌"阅尽太湖,唯我缥缈",还有一块石头上镌"缥缈揽月",尽显太湖第一高山的气派。

西山岛上山多,加上岸线曲折逶迤,长达50余千米,还有若干小岛,形成了丰富的岛上地貌,有"三断六绝七村八巷九里十三湾"之说,自然风光多样而美丽。

西山大约百分之八十是山地,除少量围垦的地方和山前平原,经千百年汗水浇灌成为水稻田外,薄层土壤较多。勤劳智慧的西山岛上居民,就种植了各种水果,使全岛成为花果之乡,当地人说"月月有花,季季有果,四时不断鲜,一年十八熟"。

最为有名的水果,有这样几种:

枇杷。西山的枇杷,多种在平地。品种很多,当地人笼统地分为红沙枇杷、白沙枇杷两大种类,白沙偏甜,质量上乘。假如是真对西山枇杷感兴趣的,那西山人话就多了,白玉(东山特产)、青种、照种、荸荠种、冰糖种等等,哪个口味最佳,众说纷纭。西山等地盛产枇杷,枇杷叶就成了苏州的特产药材,过去苏州的各大药铺,后来还有苏州中药厂(即雷允上制药厂)等,都生产枇杷叶膏,治疗咳嗽效果很好,是苏州有代表性的中成药。

西山的另一代表性水果是橘子。品种有料红、福橘、朱橘等,也引进了黄岩蜜橘等，游客到了西山，看到岛上环境生态好，都愿意买一些橘子回去。

枇杷季节刚过，杨梅又上市了。据方志介绍，西山杨梅有十五个品种。其实，洞庭东山也产枇杷和杨梅，但有"东山枇杷西山杨梅"的说法，那是说西山的杨梅，产量比东山更大。一般说来，杨梅种在山坡上的多，从果子来看，有紫、红、白三种，紫的品质最优，红的次之，白的较酸（但也不见得，岛外的阳山那里，有一种白杨梅，叫水晶杨梅，是上乘品种），有一种紫里发乌的，叫乌梅种，品质就胜于紫杨梅。杨梅据说有大叶细蒂、小叶细蒂、绿荫头、乌（或读阿）梅种、大丫头、荔枝头、浪荡子等，上好的品种是甜中微酸，回味悠长，在许多苏州人看来，杨梅的味道要胜过荔枝，吃的就是那种鲜甜中要带一点微酸的回味。

最后要说到西山的梅。西山过去也大量种植梅树，和玄墓山、光福同是苏州三大赏梅地，称为"林屋梅海"。镇上还在林屋洞旁辟了一个占地500亩的太湖西山梅园，内有探梅亭、醉梅亭、胜雪亭、银漪亭、梅花碑廊等景点。旅游部门每年都举办梅花节，多年下来也打响了牌子。我有时去西山赏梅，就买些梅树下种的青菜，回来炒了细尝，也许是心理作用，感觉还有点梅花香味呢！虽然由于梅子价贱，果农收入受影响，西山的梅花，比以前少了不少，但这龙女月下吹箫的地方，实在是人间仙境。

满岛景点如宝珠

宋代时，道教大盛，道家将全国道教的重要活动场所作了归纳分类以提高知名度，最重要的叫洞天，其次叫福地，所谓洞天福地，就是地上的仙山，在道籍《云笈七签》中，全国顶级的道教圣地有十处，叫作十大洞天，其他还有三十六小洞天和七十二福地。西山的林屋洞，排名第九洞天，叫左神幽虚之天。

林屋洞景点面积为17.4公顷，洞属石灰岩地下厅式溶洞。走进洞内，洞中的景象眼花缭乱，让人震惊。洞内空间广大，仿佛大厦的殿堂，洞顶平如屋面，还有天然曲槽叫"天沟"，形状起伏多变状如蛟龙，地下有许多石芽（石笋），和粗犷纵横的石沟（石埑），这些都是大自然的鬼斧神工，其实是上古时期太湖水（或海水）奔腾进洞冲刷而成的。有一次我陪一位客人进洞观赏，外面天正下雨，洞里也有多处水滴下来，需要撑伞才可继续前行。可见这山虽是石体，却也有裂隙，不过被山泥、树叶等堵塞住了，但并不严实，就有水渗进洞来。有人面对洞内千奇百怪的石头，说是石室、银房、石钟、石鼓、金庭、玉柱、白芝、金沙、龙盆……林屋洞里面积最大、游程最长的洞叫隔凡洞，是传说中神仙居住的地方，故又称里面的石头为像龙床、石灶、石桌椅、石床、石几等神仙用的家具……虽是看着像什么就认为是什么，但细细琢磨，这些名字背后，隐隐指的还是仙人所住的洞府。

林屋洞地上较平，但有深沟形成的洞中河，因洞中无风，水静如镜，可见倒影，加上灯光，洞中景象更显奇幻瑰丽。另一奇是洞中套洞，曲曲折折，幽深神奇，有的地方上面还有水珠滴下，发出声响，在洞里引出回响。还有一奇是洞中有许多泉眼，游客能看到的主要泉眼有两个，一叫乳泉，一叫紫隐泉。我边走边想，假如一个人长期在里面居住，他的性情一定会发生很大变化，大概就变成和凡人不一样的仙人了。据介绍，林屋洞过去长期淤塞，1980年时当地政府组织开发，现有三个洞口，分别叫雨洞、丙洞（丙大概是小的意思）、旸谷洞，六个洞区。另一个方向还有洞，但是没有再清理进去，所以不通。以后若再清理出来，当又有另一洞穴世界让人惊奇了。

原先林屋洞的洞前有道观叫灵佑观，后毁，现在游人就可以直接进洞了。近年来，灵佑观又得以恢复，但移建在旁边的新址，并没有挡住洞口。游人一到洞口，可见"天下第九洞天"、宋李弥大《道隐园记》等许多摩崖石刻，这些都是苏州古代文化的宝贝。

西山景点众多，除非长住岛上，一般人短时间去岛上即使有好几次，恐怕也不能玩遍全岛，就是西山当地人，也未必有几个人敢说岛上的古迹、景点都已去过。这里，只能介绍几个上文中没有提到的几处代表性景点或景区：

石公山。这里也是西山最有观赏价值的景区之一，有梯云、归云洞、印月廊、浮玉北堂、烟雨山房、翠屏轩、来鹤亭、断山亭、一线天、明月坡、夕光洞、联云亭、漱石居等景。人站在这里，可览太湖，湖风满襟，湖色满眼，心旷神怡。原先这里盛产各种太湖石，宋代在这里为花石纲采太湖石，所以也是古代的皇家采石场。明月坡就是奇石采完后留下的一片光秃秃的、倾斜入湖的大平台，据说此坡能容千人。采太湖石很辛苦，"采人携锤錾入深水中，颇艰辛。度奇巧取凿，贯以巨索，浮大舟，设木架，绞而出之"（《云林石谱》）。在北宋末年，花石纲成为恶政，导致天下群情汹涌，最终成为压垮北宋骆驼的稻草之一。这一景区最有价值的是一对天然石头，状如石公、石婆，故名石公山，联云亭旁有巨型石壁，名连云嶂，为这里的第一名胜。"文化大革命"中的某一天，连云嶂连同石公、石婆这两个标志性的景点却被炸毁了。以革命的名义所做的这一类毫无意义的疯狂性破坏，应该永载历史的耻辱碑。石公山无论白天还是夜晚，都可赏景，但讲起这类故意煞风景的往事，总难免让人心潮难平。

包山寺。位于毛公坛东南约1公里处，现在交通比较方便了，汽车可以径直开到寺前。这座佛寺始建年代较早，清初有个吴县人叫翁澍，他以明蔡羽《太湖志》、王鏊《震泽编》为本，参酌增损，编成《具区志》，在卷十一中，介绍当时的寺里有梁大同二年（536）铸的一口旧钟，上有铭文，说是天监（502—519）时修葺此寺，当时寺名叫福愿寺。唐上元九年（675）改名为包山寺，但唐高宗很关心这座太湖中的佛寺，亲自改名为显庆寺，唐肃宗李亨（711—762）又赐名为包山寺，南宋《吴郡志》就叫包山禅寺了，后来一直用这个寺名至今。包山寺是西山岛上第一大寺，在西山岛上长大的作家金伯弢先生（电影《姑苏一怪》的编剧）告诉我说，以前寺院宏大幽深，僧院有六房之多，但是在"文化大革命"中，这一1964年被列为江苏省文物保护单位的名刹，居然在1974年全被拆毁。我又听说，1970年8月拆藏经楼时，将当时寺中所珍藏的无价之宝径山藏《大藏经》移交南京博物院保存，这套经是从明万历年间至清嘉庆年间，历经二百多年，由中国六代僧人前赴后继才雕刻完成的一部巨著，国内仅两部。据李嘉球先生在《西山》一书披露，当时石公公社、吴县文教局共移交三百四十函、两千五百八十六册，还有其他佛经一千三百多册。这些产权属于苏州佛教界的珍贵文物，目前还没有归还给包山寺。2011年底，包山寺方丈贯澈大和尚特地颤巍巍地站着对我说："我提出过要归还，但没有结果，你能不能帮着呼吁一下……"我人微言轻，不敢答应，只是汗从额头、后背沁出，请他赶快坐下。

包山寺毁后二十年，西山镇开始重新恢复该寺。工程从1995年开始，至1997年全部建成。现在占地100亩，面湖背山，有山门、大雄宝殿、玉佛殿、祖师殿、伽蓝殿、方丈楼、藏经楼、御碑亭等，在贯澈大和尚的主持下，此寺佛风日隆。值得一提的是该寺所建的安养院，佛教界以其特殊的优势，参与养老事业，我想这真是善莫大焉！

禹王庙。西山岛西北的衙甪里村，在古村北端的甪头洲（也称北山昂）。相传四千多年前大禹曾在太湖治水，取得巨大成功，"三江既入（海），震泽（即太湖）底定"，太湖流域终于成为锦绣鱼米之乡。太湖里和太湖边生活的人，为了纪念大禹的功绩并祈求风调雨顺，在太湖中建造了四座禹庙，现在仅存西山禹王庙，在梁大同三年（537）就有修禹王庙的记载，现在的建筑是清嘉庆十四年（1804）重修的，用料考究，是楠木料。景区占地50亩，有山门、牌坊、梨云亭、大禹石像、太平军土城遗址、禹王殿、财神殿、天妃宫、古码头、"万顷波涛一望收"碑等。这里三面临湖，视野开阔，太湖烟波就在眼前，景色秀丽中有壮美，被人称赞为"甪里洲三面临水，山水秀聚，超轶凡尘，当为湖中名胜第一"，这话也许有点夸张，西山岛景色好的景点景区比比皆是，但禹王庙无疑是西山的代表性景点之一。而且，真正作为宗教的大禹信仰，在现实中并不多，而西山因为长期孤悬湖中，与外界交往相对较少，作为至少有千余年历史记载的太湖中的大禹信仰，这是一个值得研究的文化和民俗标本，或者说是非物质文化遗产。

包山寺八十多岁的方丈贯澈长老说，在这附近的绮里坞，正在建设一个观音文化园和一座观音寺。据说这里是中国最早的观音道场，始于南朝。2012年4月，正是处处姹紫嫣红斗芳菲季节，但观音寺正在紧张施工，盖瓦、油漆、装修，一片忙碌。寺从山门、山门殿、天王殿、圆通殿、三宝殿，共有五进，规模不小，供奉观音像数百尊，成为集观音文化大成的一处宝地。加上已开放的观音园，内有如意全身观音立像，高达66.99米，是西山岛上一处新增的宗教场所和震撼性景点。

雕龙长窗藏秘密

西山岛不仅风光美丽，而且还有许多古村落，如东蔡、西蔡、慈里、镇夏、明月湾、堂里、植里、涵村、绮里、东宅河等，留下大量古迹和历史传说。其中有的已开发成景点，有的尚是璞玉被闲抛闲掷，其中东村是比较典型的古村，至今尚留存许多古建筑，一些古建筑还是用材高档、技术精致的大宅院，极有文物价值。

过太湖大桥沿湖往西约3公里就是东村，村里建于清乾隆十七年（1752）的敬修堂，是其中一幢经典的江南大宅，这里曾拍摄过电视剧《橘子红了》和《庭园里的女人》。此宅占地面积1866平方米，从门间到杂间，前后共有六进，三座雕花门楼，三重石库门，近千件雕刻作品，是西山现存最大的一幢古宅，2002年公布为江苏省文物保护单位。

敬修堂大厅坐北朝南，进了门左转，会发现此宅真正的大门却是朝东的，而且造的是将军门式样，门间宽3米，进深4.7米，门楣上竟有两对圆柱形门簪（网师园门楣上只有一对），看得出造房时是有意转向，让人猜不透其中的含意。从门间到最后的杂间，前后共有六进，一进比一进高，各进分别为门间、轿厅、茶厅、大厅、楼厅及后进，所有屋檐滴水瓦当上的装饰图案一色为"龙凤戏珠"。五开间两厢的大厅，面宽19米，进深12.25米，同为五开间的楼厅叫凤栖楼，面宽18.15米，进深8.68米，是敬修堂的内宅，门上钉方砖以防火，有较强的私密性。楼下的十二扇落地长窗上，雕有不同形状、代表十二个月份的龙十二条。龙为皇帝的象征，在民居建筑中是忌讳用龙图案作装饰的，更何况是内宅。据说，这窗是仿自北京皇宫而略加改变。还有一个特别之处，可能苏州所有的古建筑都没有的，就是在敬修堂的础石上，刻有云和水的花纹。云和水的花纹，用于衬托的应该是龙，但有的础石上云和水纹中间，刻的不是龙而是一幢飞檐翘角的建筑，是不是隐喻龙就隐身在这宫殿式的建筑里呢？

对这些非同一般的现象，背后到底蕴藏着什么历史信息，村里有解释，这幢建筑的门口，竖有一《敬修堂简介》告示牌：

> 敬修堂是乾隆皇帝金屋藏娇的地方，楼下的十二扇落地长窗上，雕有不同形状的代表十二个月份的龙十二条，这在清代民居建筑中是绝无仅有的。相传是乾隆皇帝为了安抚殷氏（名义上是徐联习的儿媳）母女而专门雕刻的。殷氏去世后，乾隆还专门叫刘墉（刘罗锅）、纪昀（纪晓岚）和翁方纲为她题写了祭文。石碑在徐家祠堂，"文化大革命"时被毁。

碑虽毁了，但庆幸的是这三块碑的碑文，据说收在民国时居住在苏州并在民国十八年（1929）到西山一带访古的李根源的《洞庭山金石》（已录入《曲石丛书》）一书中。此外，据《苏州西山敬修堂"三雕"艺术研究》（作者彭长武）发现，敬修堂出现龙的雕刻，还不止这十二扇落地窗，共有四个部位，凤栖楼中绦环板上也雕刻有龙，在主厅门楼垂莲柱上有砖雕的圆雕的龙，大厅暗间的前檐枋、拱垫板上也有龙，不过这些龙因雕刻在梁枋上，外人不注意没有看见罢了，雕刻了这么多龙，胆子不可谓不大了。其他地方还雕刻有许多神兽麒麟的图像。

目前敬修堂产权为多家所有，这大厅的主人叫戚金氏，2011年时虚岁八十七岁。据她说，七十五年前她婆家从原房子主人手里买了这一进，听原主人说，这进楼的落地长窗之所以要刻龙，是一位殷姓村姑被下江南的乾隆皇帝看上了，就住在这里。后来还养了一个囡（女儿），母女俩就一直住在这里。

这件事情貌似荒诞，其实还是值得研究的。我查阅了清代苏州榜眼冯桂芬同治年间编撰的《苏州府志·巡幸（中）》，其中记载乾隆十六年（敬修堂是次年建），皇帝首次南巡来苏州，此次一起来的还有皇太后。皇帝在苏州玩了很多地方，但是此书中没有记载皇帝到过西山，然而皇帝却有一首《寄题包山》（包山即指洞庭西山）的七律，诗意充满了惆怅。前四句是：

> 七十二山推最巨，望中缥缈云深所。
> 巴陵地道空传名，林屋洞天知何处。

这几句诗可谓句句语带双关。缥缈峰是西山的最高山峰，"云深所"明显源自"只在此山中，云深不知处"诗的意境，意思是这里省略的主语可以解释是指某一个人不知在西山的何处地方；所谓"地道空传名"，众所周知，宋徽

西山岛上奇石嶙峋的太湖石山龙洞山

宗就是从地道里出宫去会民间美女李师师的,"空传名"可作叹息今天没有这样的"地道"可通来理解。此外,唐代诗人卢照邻《西使兼送孟学士南游》诗中也有谈及"巴陵地道"的句子:"地道巴陵北,天上弱水东。相看万余里,共倚一征蓬。零雨悲王粲,清尊别孔融。裴回闻夜鹤,怅望待秋鸿。骨肉胡秦外,风尘关塞中……"诗意无非是说相隔万里,骨肉分离。乾隆皇帝诗里借用"巴陵地道"这一典故,或也有深意焉。"林屋洞天知何处",从常理来看,此句更是搞笑。"林屋洞天"在西山是人人皆知、很容易找到的,何来"知何处"呢?更何况,"寄题包山",这诗是邮寄给包山还是对西山别有寄托,该怎么理解皇帝的这首诗?

当地人说,因为殷女为汉女,不能带回宫去,乾隆皇帝只好安排她和东村敬修堂著名儒商徐联习(1684—1753)的儿子徐伦滋结婚。皇帝本来是不认识徐家的,因徐家房子造到山墙了,有人来联系了。徐家对此当然无法拒绝。次年房子造好后,徐伦滋匆匆赶回家完成结婚仪式,没入洞房就立即离家外出做生意去了,一直到死也没见过他名义上的正室夫人殷氏一面。后来他自己娶了妻却名义上为妾,组建了家庭,生下了儿子徐明理。徐明理继承父业,不仅成了有名的儒商,还精于医术。殷氏去世后,乾隆皇帝特地让刘罗锅、纪晓岚和翁方纲三位大臣为殷氏题词或撰写祭文,徐明理回西山后将这些题词和祭文刻在石碑上,放在东村徐家祠堂里供人瞻仰。至于那位金枝玉叶有没有长大成人,下落如何,岛上人也说不清了。

据说李根源看到关于殷女的条石多达十五块，有嘉庆元年（1796）《徐母殷孺人节孝题词》等，有当时名人桂馥、刘墉、翁方纲、纪昀、张问陶、洪亮吉等人的诗或题跋，歌颂她终身未嫁、独身终老，称她为"殷太孺人"。徐家怎么会有姓殷的女性住在最好的一进房子里终身未嫁？

西山在太湖里，1994年之前没有大桥，交通相当不便，岛上和陆上联系较少，更何况是一个村子里的一幢房子里的最进深处，隐藏着这么一个秘密。从保密的角度来讲，确实是够隐秘的。一家村民，没有必要给祖上编造这样的故事，也没有冒充此事的必然理由，不是这位高龄的房主人，讲出徐家售房时告知的秘密，可能这段往事也就湮灭了。当地人还说，在村里的崇德堂边上，还连夜赶造出来一座绘有彩龙的屋子，给乾隆皇帝办公，只是前几年已拆除；乾隆皇帝是坐轿子来的，一直抬到村里的另一大宅绍衣堂。村里有这么多不见于正史的传说，说得有鼻子有眼，十分有趣，我的朋友周永成先生专门去东村作了两次考察，他认为，史臣们在正史里是不可能记录下皇帝的这些风流韵事的。

我想，乾隆皇帝第一次下江南，不仅对江南风物大感兴趣，而且他才四十一岁，正当壮年，看见绝色的江南女孩子想要临幸，也不是不可能的事。西山流传的说法是，殷氏是上船去陪寝乾隆的，后来乾隆到苏州，她又几次被召去，平时就住在东村，所以村里人说凤栖楼是乾隆皇帝"金屋藏娇"之所。西山一位生于1956年的金培德先生，在其《阅读西山》（吉林人民出版社，2001年5月）一书中介绍敬修堂说："四进为楼厅，是主人一家之卧室。室内曾有一竖匾，乃御赐之物，曰：凤起楼。"（引者按：四进应为五进）

金先生透露了一个重要信息，即这楼里还曾挂有御赐之物。在苏州，大厅和书斋，或者是花园里的亭廊榭阁等才需要取名并挂匾额，但民宅的卧室取名并内挂皇帝御赐楼名之竖匾，太不合情理。即使皇帝赐匾，也应该赐名某某堂，怎么会给人家内室起名并赐个匾来呢？而且，竖匾一般用于皇宫，为某一宫、某一殿（或佛殿、道观等庄重场所）而挂的建筑标识。而"凤起（或"栖"）楼"这名，这竖匾，也似乎隐喻着主人身份的信息。金先生写此书时为岛上石公中心小学校长，作为在当地长期执教的知识分子，笔者有理由相信他的话不是杜撰。

总之，苏州西山岛上东村徐氏敬修堂的秘密，在当地是没有人怀疑的一个传说，不仅可以看作一助游兴的民间传说，也值得历史学家、民俗学家进一步研究。

我写到这里心里未免感觉有点遗憾，上面文字里所提到的任何地名、山名、村名，其实都是景点或景区，但因限于篇幅，无法再写下去了，只能归结为一句：西山，实在是苏州第一景区！

山景如画

高高穹窿山,吴中第一山
一座座青山紧相连

高高穹窿山，吴中第一山

绿色宝山镇吴郡

> 吴郡名山第一山，
> 翠微心在碧霄间。
> 林泉潇洒烟岚秀，
> 直拟结庐终老闲。

这是北宋杨备所写的《穹窿山》诗，他认为穹窿山是吴中第一山。明代卢熊《苏州府志》说："此山特高峻，郡之镇也。"更是将太湖边的穹窿山定位为苏州府的镇府之宝。

2011年7月中旬，虽是大伏，却并不酷热，为写此书，我趁天不热特地一早去了穹窿山。到了穹窿山下，忽然有隔世之感。无论是宏阔的大门还是大广场，或是那映山的御湖、湖中的重檐亭子、大门口高高台阶当中的巨型云龙浮雕，还是广场当中那镌刻着金色山名的大石，都显示出一种雄伟的气势，这和当年留在我心中的穹窿山大不一样了。

此次我决定步行上山。树林里云雾缭绕，山石都湿漉漉的似乎能拧出水来，能见度不满百米。

走过丹泉和铁竹亭就是御道，山上人津津乐道的是乾隆皇帝六次来此山，都是走御道到上真观的。路边还有溪沟，有山泉水无声流下。走不多远，见一桥架于山溪之上，两头各有一四角攒顶方亭，匾上有字名慈孝亭。往上数步，山坡上有两个锅状的小坑，积有的泉水，叫作双膝泉。这双膝泉还有个故事，传说乾隆皇帝来此山要见父亲（或说生母），在此跪拜以表诚心，山川感动于天子这一跪，居然陷下两个坑窝，并有泉水涌出。在江南一带，到处有乾隆帝寻找生身父母的传说，这里也是一例。皇帝再尊贵，对父母都要一跪，这就是苏州穹窿山留给人们对孝的理解。所以这双膝泉不仅仅是让人"一乐也"的无聊景点，也有教育意义。忽然看见有一群孩子在这里过夏令营活动，不知他们的老师会不会向他们介绍这双膝泉的故事？

　　御道很长，路边有石凳可供休息，还有一处土地庙，也很有特色，里面供奉的是城隍老爷、水仙明王和土地公公，庙旁一桥叫得仙桥，意即过了此桥上山就有可能遇到仙人了，好像当地山民很信这土地庙，香火不断。山上有佛寺、道观，供奉着众多的大神、大佛，但土地的所有权还是属于这里的土地庙的，所以上山去给神或佛进香，也别忘了这里的真正主人。御道上一路走来，少见天日，可见山上的植被非常之好。据说，山上有木本植物二百一十七种，这里作为国家森林公园，是当之无愧的。有一种高大乔木叫紫楠，是名贵树种，也是江苏省内唯一的野生紫楠林。山上还有一种南烛小灌木，其叶取汁染米，可煮出乌米饭来。这是一种很古老的习俗，穹窿山附近的白象湾村，最近就开发了这种纯天然的乌米饭作为旅游商品，很受欢迎。因为生态好，山上药草很多，我学医时就听说苏州穹窿山出产一种苍术，医药界就叫穹窿术，此药香气特异，品质极佳，但现在不再听闻此物，据说多以茅山苍术代替了，我看

苏州第一山穹窿山云雾缭绕

到山上有麦冬、鱼腥草、车前草、何首乌、枸杞、半夏、络石藤、牛膝、桔梗、黄药子、紫花地丁等，我估计这里的中草药资源约有近百种。

这里的野生动物也值得一说，穹窿山獐子是苏南特有的亚种，这个种群又小，数量少于大熊猫，是非常珍贵的生物资源，目前研究不多也重视不够。有一次我去，竟然用红烧獐肉招待，不仅无法下箸，而且让我心痛至今。据说2010年穹窿山还有人捉到獐子红烧了吃，也听到一些吃獐、捉獐的传闻，看来将穹窿獐列为重点保护，成立苏南獐子保护区，已是一件迫不及待的事情了。

上次去穹窿山时就有人告诉我，原先山上多灵猫、松鼠，现在也很少见到了。穹窿山的植物生态保护工作固然做得非常好，给苏州人民留下了一座无价的宝山，但我这里提出保护獐、灵猫和松鼠等动物，本意并非挑刺，无非是怀着拳拳之心提出了一个新的希望。

宝观又回天地春

穹窿山在苏州出名，是有了上真观的原因。

早期道教在苏州，主要在今天太湖边包括西山岛一带，在汉代就已相当有名。据说张良的师傅道号赤松子，就在穹窿山采药炼丹，至今山上还有国师龛，就是关于他的遗迹。后来赤松子被渲染成了黄帝时的雨师，那就和真实的道教先驱者不是一回事了。

清初，这里道教空前兴盛，上真观那时有三茅殿、三元殿、太乙殿、送子殿、文昌殿、三清殿、玉帝殿、仙圣宗师殿等。到了同治年间，又增加了天妃宫、星宿殿、龙王殿、三官殿、天将殿、五土殿、神虎殿、关帝殿、财神殿、东岳殿、玄帝殿等众多殿、阁、廊，或许可以说，全中国还没有哪一处道观供奉有如此众多的神仙。

上真观气势雄伟

民国初年以后，上真观开始衰落，到了1947年，还有三十六殿。20世纪50年代时，还有一千多间建筑。"文化大革命"开始，穹窿山的宗教场所遭到毁灭性的破坏，有人拉了拆下的梁柱公然拖下山，古建筑群终于在狂徒和贪利者公然偷盗的双重摧毁下荡然无存。幸有几块古碑今天还在，据《苏州穹窿山》

（作者柯继承、杨学良）说，有几个"造反"者持铁锤上山砸碑，当砸"山门右首第一块石碑，是康熙元年（1662）镌刻的《穹窿山重建上真观碑记》"，砸碑者一锤挥去，"竹柄铁锤反弹在砸碑人身上，砸碑人滚下台阶，右腿当即折断"，众人再也无心继续伪革命真破坏的行动，抬着伤者下山了。那块碑"中心有个锤砸的印痕，至今清晰"。

有人说，当初的上真观雕梁画栋，饰以金箔，富丽堂皇；有人说，当时山上所有殿堂都用廊相连，下雨天不用撑伞；也有人说，五六十年代时道观已很破败。但到了20世纪90年代初我第一次上穹窿山，那时景点的恢复工作已取得一定成果，有重檐歇山式玉皇殿，也有穹窿山传统信仰的三茅殿。三茅殿的三尊神像，老二、老三都比较年长，当中的老大反倒是个面色红润的无须年轻人，膝旁蹲了一只山猫（虎）木雕像。我向当时的上真观住持唐嘉宝先生请教。他说，西汉时期，陕西咸阳南关的茅盈，率先弃官来到江南句曲山修道，十八岁得道后，他的两个弟弟茅固、茅衷也追随他修道，俱成神，人称三茅真君，那座句曲山被改名叫茅山。而穹窿山也有大茅峰、二茅峰、三茅峰，应是当地人信仰三茅真君而得名。他还叫我看墙角一株歪脖子树，说那是玉兰树，是当年乾隆皇帝亲手种下的。唐道长向我介绍这些情况，距今算来已有二十余年矣！那只木山猫也有讲究，当地人称"摸摸山猫头，一年好到头"。听说上真观准备浇铸一只铜山猫，开光后供信徒和游客来摸山猫头，但历来不知铜山猫替换了木山猫否？

这次再到穹窿山，看到上真观，简直不相信自己的眼睛。云雾里透出层层红墙、青石栏杆和飞檐，沿着一层层台阶上去，宫观一层层地在眼前展开，一个殿一个殿，可以说建造得非常精美又气势不凡，颇有天上宫阙的感觉，和二十年前比，不可同日而语了。上真观依山而建，高低错落，互相呼应又自成一景，各殿间配了许多坊门、台阶、平台、花园、石碑、古树、雕塑、亭子等。我边走边想，这样的设计，这样的规划布局是多么博大、精深又巧妙啊！

上真观当时的徐道长给了我一份内部资料，才知道原来上真观在历史上享有"中国道教十大名山"和"江南第一观"的美誉，素称"穹窿福地"和"聚灵胜境"。从2008年4月正式着手规划设计和实施恢复建设，目前主体建设已经基本完工，恢复的道教殿堂区域主要为山门改造，维修三茅殿、三清阁、天师殿、文昌殿、真人殿、观音殿、药王殿等九座，还恢复了乾隆行宫。我走进位于顶部的弥罗上宫，下面供奉玉皇，中层为六十四甲子元神，上面为三清神像，顶上全是彩绘藻井，极为华美。据介绍，上真观的神像采用的是脱胎彩绘传统工艺，和建筑相配合，有一种庄严、丰美和壮观的气质，难怪有人赞叹说："看了上真观的建筑规模和档次品位，深感震撼！"中国道教协会副会长张继禹也称赞说:"现在恢复重建的上真观在建筑风格和档次在全国宫观中首屈一指,可谓精品之作,名冠天下!"

战士解甲归空门

从上真观后门出来,沿着平坦的柏油路往下走,一路都是绿色,边走边看山色,不知不觉中前面绿树林里露出一角红墙,上面还有一大大的"佛"字。绕到前面,看到一别致的寺院大门,高高的台阶,簇新的栏杆,鱼化龙屋脊,花岗岩石狮、黑底金字对联、镏金的寺名,台阶上还嵌一古物,是刻有"山辉川媚"四字的书条石,由徐枋书,此人学问高,系清初著名的与清政权非暴力不合作者,寺门前居然用这样大名头的隐士为招徕……这一切,无不显示出这座寺庙规模虽不及上真观,却也很气派,很有内涵。

走进寺里,左手有一殿先让我奇怪,此殿叫蕲王殿,里面端坐着一尊顶盔贯甲、身披锦袍的彩绘神像,蕲王就是韩世忠。为什么佛寺里会供奉一位史有其名的将军呢?

清同治《苏州府志》卷三九"寺观一":宁邦寺在县西四十里穹窿山下,相传宋绍兴十二年,韩世忠部将战还,薙发隐此学禅,赐额宁邦禅院。

《建炎以来系年要录》卷一四三记载:

> (宋)绍兴十一年十二月二十九日,岳飞赐死于大理寺……飞死年三十九。初,狱之成也,太傅、醴泉观察使韩世忠不能平,以问秦桧,桧曰:"飞之去与张宪书虽不明,其事体莫须有。世忠怫然曰:"相公,莫须有三字,何以服天下乎?"

次年,宋高宗与秦桧密谋罢三大帅兵权(见《挥麈后录》),韩世忠在十二月上书愿献所赐田及置田三年所收之谷助军储,不许。《要录》卷一四七记载高宗拒绝韩世忠献粮助军后对秦桧说:"唐藩镇跋扈,盖由制之不足,遂至养成。今兵权归朝廷,朕要易将帅,承命奉行,与差文臣无异也。"原来高宗要的不是钱粮,而是兵权,要让差遣武将和文官一样方便。韩世忠在第二年正月,再上一奏,将"其私产及上所赐田、统计从来未输之税,并归于官。从之。仍赐诏奖谕。"(《要录》卷一四八)韩世忠这次上缴的是所有田地的收益,及以前因功劳巨大权位尊历年不需要缴纳的税,全部统计后补缴清。这下子高宗满意了,批准了韩世忠的请求,发了一纸奖状。

就在这样的背景下,发生了韩的部下集体剃发到穹窿山出家的事,于是苏州也就诞生了宁邦禅院这所佛寺。需要说明的是，晚年韩世忠将家安在苏州即今天的沧浪亭，他的部下在苏州比较隐僻的山里出家，也是比较合乎情理的。更何况，韩世忠所部，是一支水陆两栖部队，穿窿山靠近太湖，将部队遣散为民，安置在这里必然经过精心的考虑。高宗是知道此事的，他觉得将士解甲为僧，用佛寺圈他们在深山，这样比较让他放心，于是他亲自赐寺名叫宁邦禅院。

寺院很有特色，依山而建，第一进是个庭院，念佛堂居中，蕲王殿居西，卧佛殿居东。第二进要走高高的台阶，经过有壁塑"哼"、"哈"二将的台阶后，来到一平台，当中为一山洞，上有"海云禅寺"四字。原来，这里原是南梁时所建的海云禅寺，在宁邦禅院二期工程时还挖出了北宋时雕有佛像的砖（据说可能是用于佛塔上的构件）。可见韩家军将士在此出家，不过是利用已荒废的旧有佛寺遗址而已。现在人造的山洞里新塑有一尊卧佛。站在洞外大致能看到卧佛，佛像采用泥塑再加以唐朝的造型彩绘和贴真金而成，总长18.8米，高3.8米，呈侧体卧睡状，右手撑头，双腿伸直，面露不可测也不可言说之微笑，慈目低垂，显示出离众人而去前的眷顾。据说此像取意于唐代，所以显得比较华美端庄。

再往上就是大雄宝殿，在山上能造出这么大的佛殿，还真不容易。上面依山还有两层平台，据说还有钟楼、海云精舍等建筑，但因天色已晚，山云又不断涌来，就没有上去。宁邦禅院还修建了茶室、香客房、讲经方亭、大钟亭、池边玉观音等。从门口天王殿到山顶的钟楼，共有台阶五百九十九级（或说五百七十八级），落差达百余米，显得雄伟险峻，这也是该禅院的特色。此外，山顶钟楼里的铜钟，重达万斤，所以许多人很愿意登山到顶，既看风景，也来摸钟。

往下走百十步，绿树掩映中，有百丈泉，和小桥、水潭和石亭，构成路边一处景色美妙的景点，这里也可供人小憩，顺便欣赏一下山色。当年，上真观曾为这眼泉水和宁邦禅院发生争执；现在，此泉水可以供人免费饮用。这是时代变化的结果。泉的右上方有一片树林，树林里有大片石头叫玩月台，还建了一些长廊和亭子等，修了山路，可拾级而上。据说当年韩世忠来此看望部下，出寺时已暮霭沉沉，仍不忍离去，就在此石台上看月多时。但寺中僧人有戒律在身，不能出来陪他，只能将寺门紧闭。韩世忠看月多时，一语不发地走了。寺中僧人知道老元帅在此石盘桓良久，也应该明白他在此看月时的内心。后来，凡来进香者，寺里人就告知外人，寺外那石台，乃是一代抗金名将韩世忠玩月的地方，这样，普普通通的一片石头，经过口口相传就成了一处名胜。

所谓玩月，就是对月不语，往事在心，若有所思。

此时，满山树声，一天月华；寺内寺外，俱应无眠。

这正是佛的禅意，也是历史的天籁。

一座座青山紧相连

树山村千亩梨树花开似雪

有一天,我和朋友聊天时说,景点有两种,一是像长城、故宫、颐和园、布达拉宫、兵马俑、中山陵、少林寺、苏州园林、古镇周庄等这一类,国内外游客都会去游玩的,但本地人倒不怎么会去玩;还有一类,外地人一般到了那个地方不会想到去游玩的,但本地人倒是常去。苏州城西至太湖边的范围内,有许多山岭,可谓崇山连绵。但是这些山大多在海拔200米以下,可能在北方只能称之为丘,但在苏州,山之美并不在于高峻雄伟,秀美、亲切、有历史文化的内涵就好。苏州西郊的这些山岭,座座秀美妩媚,又大都有传说,而且几乎每座山都有中小型的佛寺或道院。可以说,苏州钟灵毓秀,全在于有了这些群山,或者说,太湖山水的一部分精华,就在这一带。这些山,是本地人去玩的多,也有越来越多的爬山群,结了伴在这些群山中穿行。因为本地人清楚这些山的价值,如偷得浮生半日闲,品山水和历史文化之真味,去这些山里走走是不错的选择。

狮子山:书写旅游新传奇

虎丘是苏州第一名胜,山虽不高,但在20世纪80年代前,游客在冷香阁品茶时往西南眺望,可以看到远方一片农田里有一座山,好似一头狮子,伏在江南多彩的平畴中,但又回过头来,这就是"狮子回头望虎丘",无论本地或外地游人看了,都会觉得有趣。如果能登临更高处,看起来更加清晰。

这山俗称狮子山，因其像一头狮子而得名。但它还有更古的名，叫莋碓山。什么意思很难解释得清楚，我估计是个古吴语的音。《越绝书·吴地传》载："莋碓山，故为鹤阜山，禹游天下，引湖中柯山置之鹤阜，更名莋碓。放山者，在莋碓山南。以取长之莋碓山下，故有乡名莋邑。吴王恶其名，内郭中。"《水经注》卷二十九："太湖之东，吴国西十八里，有峄碓山。俗说此山本在太湖中，禹治水，移进近吴。又东及西南有两小山，皆有石如卷筜，俗云禹所用牵山也。"《吴郡志》还说大禹是用童男童女来牵山，并改名为莋碓山的。莋碓山东面、西南有两座小山，有石头像是卷筜，就是卷放着的竹索，东面的山叫索山，大约就是这样得的名。索山下有一水塘，如今建为索山公园。西南的山当地人叫绣球山或球山，或许他们想，狮子在这里挺寂寞的，给它个绣球玩玩吧，就给山取了这个名字。

从太湖牵山来这里的主人公是大禹，可见这个故事的古老。牵山的目的，是为了让这一带的人可以更好地建设家园，这个故事应该是和苏州建城有关。因为，如不是要在这个地方进行大规模建设、聚居，何必要改造地形？但禹是越族人的祖先，这个故事隐含的信息，很可能透露的是在吴王阖闾之前的一件建城事件，所以《越绝书》说吴王（这个吴王是谁？我猜想是阖闾之前的吴王）来这里后会讨厌这个叫莋邑的城的名字，将狮子山纳入城郭之中，以便加强管理。

狮子山和吴国历史确实有关系，唐代的《吴地记》记载说，吴王僚葬在此山。

公元前515年，吴国的公子姬光，借请王僚品尝太湖炙鱼，安排刺客专诸在饭桌上刺杀了吴王僚，然后自己接过权柄成为新吴王。这个公子光，就是吴王阖闾。他登基后，首先做的一件事就是建造新都城阖闾大城。从个人好恶来说，王僚并不是一个昏君或恶人，他亲自率军参加战斗，人也比较厚道，应该是个好人。但假如他在位，就不会建造什么新城，正是他从历史中消失，才有阖闾大城的诞生。但今天在狮子山上，已经找不到吴王姬僚的陵墓了。

狮子山也是著名长篇吴歌《赵圣关》的诞生地，《赵圣关》这部吴歌是中国民间长叙事诗中的奇葩，它取材于真人真事，是个悲剧，有"民歌《红楼梦》"之誉。

清乾隆年间，狮子山下有一个年轻的读书人赵圣关，十五岁中秀才，刘府台欲将女儿嫁给他，他父亲同意了，但赵圣关不愿意娶这个"螃蟹精"、"黑鱼精"、"狐狸精"的官府刘小姐。他去杭州途中到浙江嘉兴临平镇，结识了当地姑娘林二姐，两人相爱，相处了一段时间后，赵圣关回苏州准备让父母来提亲。但父亲惧怕官府，痛斥赵圣关，赵圣关顶不住巨大的家庭压力生病了。林二姐闻讯赶来苏州探病，赵家的房屋一进又一进，十重台门总得一重一重进，留下了许多经典的山歌唱段"前望郎君"、"后望郎君"和"十重门"。赵圣关不治身亡后，林二姐为他灵堂披麻戴孝七七四十九天，这就是著名的"哭七七"曲调。作曲家贺绿汀为电影《马路天使》配一插曲，就用这首"哭七七"曲调改编成了脍炙人口的《四季歌》，成为江南民歌的经典之作了。虽然《赵圣关》流传在苏州、上海、浙北等地，但收集、记录这一长篇民歌的钱杏珍老师对我说，已故俗文学家路工先生研究后告诉他，《赵圣关》是典型的苏州民歌，里面有大量关于苏州景物的描写，也反映了资本主义萌芽时期苏州青年对个人自由的追求。钱杏珍曾到狮子山下村民那里调查，不仅在赵宅前的村子里见到了赵圣关九间四隔厢的故居，还见到了他的后人。但是故事中赵圣关没有追求到婚姻幸福，怎么会有后人的呢？钱老师说，那可能是嗣子的后裔，不是亲生的。

树山村：桃花源里有人家

阳山北麓，有个树山村，此地有茂林幽间、佛阁轩亭、鲜果佳茗，更有如人间仙境般美丽的小山村。

树山村原名叫圖山树，怎么会改名的，谁也说不清楚。村子内外本就多树，生态好是最大的卖点，叫树山也算是名副其实。民居还是原来的农舍，没有搞什么集中居住，让农民交出宅基地后洗脚上楼。村子炊烟袅袅和村外山岚相融，鸡啼狗吠声在山风中传来，这种本来形态的山村风貌，让人感觉如入桃花源中。

村里有个石坊，上有"大石胜境"四字，过坊门就是上山路了。到树山，一定要去看大石。这大石山岩石奇险，林木深秀，山上古迹甚多。从村里上山有石卵的山径，也有3公里长的木栈道，路两边不是野花就是果树。这里出产白杨梅，真是白色的，极为珍稀。有一次我拍树山村民采杨梅，有村民请我品尝，我竟不好意思去尝一颗。

大石山高仅80来米，是阳山的余脉，山石嶙峋，植被茂密，"皆天然奇胜，一石之间而众美俱备者，殆亦少也"（明《阳山志》）。树山村突兀地矗立在绿树之中，大石山在苏州曾相当著名，古人把大石山分为八个景点：毛竹磴、招隐桥、宜晚屏、玉尘涧、青松岗、款云亭和拜石轩等。其中招隐桥其实是一天然石梁，类似于桂林的象鼻岩，不过要小许多。招隐桥旁有一线天，可由此登上大石山顶。

许多文人为它写诗讴歌，明代苏州状元吴宽评价为"东南一奇"，又说大石山"循径以入，茂林幽间，若将迷焉。行渐深，有台，至是少憩。仰望楼阁，胜不能图。攀登再上，即至。有长松美竹，列映石门，有佛阁轩亭，皆因宜构架石上。前临深壑，松竹森郁天下，太湖远峰，可收一望。"明成化二年（1466），吴宽和另三位诗人来到大石山，四人见此石奇崛，决定以联句形式斗诗，就是第一人起一句，然后每人两句，一句承上句，一句启下句，结果这一《游阳山云泉庵观大石联句》共有八十二句四十二韵，是苏州文学史上的一个佳话。后来又有杨循吉、李浒等文人也来此游玩后作八十二句四十二韵诗，更使大石佳名远扬。

后来到这里来游玩的人更多了，也有骚人墨客继续在大石山上题字，留下不少摩崖石刻。

我说树山村好玩，然而有村民却在为我惋惜："你明年要在梨花开的辰光来白相，那么真个好看咯。"原来，树山村还是苏州少有的种梨的村，村里种有一千多亩翠冠梨，春天里梨花开，白雪般的一大片，远观白得耀眼，近看娇艳无比，是苏州的一道特色风景线。梨花开时也正是油菜花开和桃花开的季节，此时游树山，不仅山里飘来的风是柔的、湿润的，而且是香的。

树山村已是国家级生态村，最近又获批全国农业旅游示范点，在苏州的旅游地图上，已标上了绿宝石般的景区——"树山村"。

天池山：水底烟云岩壑里

位于苏州西南15公里的藏书镇（现已并入木渎镇）境内，与天平山、灵岩山一脉相连。这座山的特点是山石峭拔，岩壑深秀，林木葱郁，据说共有十八景。但人们来这里，除了享受清幽秀美的环境外，主要还是半山处有两泓山泉汇成的池塘，以及全国重点文物保护单位的元代古——刹寂鉴寺石殿。

天池池边全是没有棱角的嶙峋怪石，水面横亘数十丈。因汇聚的是山泉，水显得特别清冽，水底可见怪石横卧，在天光的映照下，池水呈现一种幽深的蓝。天气晴好时，天上悠悠白云在池水中浮过，因此池边摩崖上刻"水底烟云"四字，表达的就是天池这一独特的景观。"低头便见水中天"，这是苏州作家冯梦龙《警世通言》中一篇故事中所引的诗偈，在此看天池，心中忽然涌出此句，深觉这天池水中映出这种景象，仿佛有禅意。距天池不远的略高处，在寂鉴寺寺墙内另有一池，叫洗心池。此池同样是泉水所汇，一边是山影，一边是竹林的清影。洗心池砌了石驳岸，还建了长廊、水榭、亭子、九曲桥，风格就像一座苏州古典园林。这里很清静，像达摩祖师那样面壁修行是一种方法，但吾侪凡夫俗子，遇到像这样清静的场所，如能小坐一会，回想往事，总结平时言行，洗涤一下心中杂七杂八的念头，也是不错的体验。

天池山上怪石多，有寿星石、比丘石、金蟾石、石经、乌龟石、仙人脚、佛手石等。但天池水中若隐若现一石，叫小娘石，却很少有人能说出什么名堂来，看来其典故已经失传，颇让人浮想联翩。山中也多泉，寺前有一井，名寒枯泉，这井里的水全是山中清泉。寺旁山上有直径半米多的圆形山泉，名钵盂泉，还有水声很大的地雷泉、掬可盈手的盈盈泉等。

值得重视的是寂鉴寺的三座小石屋（现在叫殿）与造像，均造于元至正十七年至二十三年（1357—1363），先依山岩开凿佛像，再按佛像大小建成石屋，与杭州飞来峰石窟造像同为元代江南著名文物。寺内有一小石殿，门楣上贴有金字"敕赐西天寺"五个字。石殿面阔三间，进深三间，除供人出入的槅扇门外，其余构件都以石斫成。殿内顶部，由六个大小和形式不同的藻井组成，刻有精美的浮雕，但原来供奉的地藏王菩萨已不知去向。奇怪的是，殿内山墙有一方柱上刻有"神佑殿"三字，不像佛教中语。据说这一建筑是"江南孤品，全国少见"。寺门东侧石屋叫兜率宫，里面是大石凿出的弥勒佛像，再建半面坡歇山顶石屋（说是龛也可以）。前屋后石中间是佛，三者浑然一体。西石屋面阔仅一间，重檐歇山顶，又称"极乐园"，里面为一立身阿弥陀佛像，高约3.25米。

寂鉴寺门匾上书"天池寂鉴寺"，门不大，匾上的字也不大，也没有石殿那么高的文物价值，但讲起来也是身价不凡。这里原是南朝吴郡张裕的故居遗址。张裕之父做过吴郡内史，张裕能力超群，张家从他开始，成为南朝最显赫的家族。张裕因避宋武帝刘裕名，以字行，叫张茂度，任过太尉主簿、都督、广州刺史、益州刺史、会稽太守等职，还曾随刘裕北伐，他南至岭南，北至关、洛，担任的都是实职，职位也不算低。《宋书》卷五十三说："茂度内足于财，自绝人事，经始本县之华山以为居止，优游野泽，如此者七年。"不过张裕是道教中人，而他的故居却成了佛寺。佛、道、儒在苏州和谐共生，影响着苏州人的性格。

2010年有媒体报道，天池山发现一处天然卧佛，长约百余米，高约50余米。原来有一山体呈东西向仰天袒卧状，表情似抿嘴含笑，形态十分逼真。据说天池山风景区已将发现天然山体卧佛这一自然奇观，向有关部门上报。同时，准备恢复建造礼佛坪、莲叶池等，以做好对天然卧佛自然奇观景点的开发工作。如果这样，天池山又将增添一处独特的景点了。

花山：莲花驾云蓝天下

花山，又叫华山，和天池山实际上是相连的同一座山，另一面因为有池，就被叫作了天池山，这边还是叫花山。《太平御览》卷四十六收录了这样的古代记载："《华山精舍记》曰：《老子枕中记》云：'吴西界有华山，可以度难。'父老云：山顶北有池，上生千叶莲花，服之羽化，因名华山。长林森大，荒楚蔽日。"中国数千年历史，战乱频仍，"度难"是老百姓苟全性命于乱世必须考虑的一种生存方式，而在一本神秘的古书中，将姑苏的花山列为"可以度难"之处，可见花山在古代一些人心目中的美好地位。所以明代苏州文人文徵明写诗道："烟去十里山重重，举首忽见莲花峰……尝闻此山可度难，灵区信是千年钟。枕中秘记谁复悉，异人有在何当逢。"

上花山的山路上走不多远可见一石，上刻篆书"华山鸟道"。四个字都是反写的，功力深湛。此字是明代隐士赵宧光所书，据说他这样写，是为了表示对政治昏暗的不满。"华山鸟道"前面的石刻隶书"凌风栈"三字，亦是赵宧光所书。其他还有洞天、福地、莲花洞、虎踞关等题字，不能一一道尽。

花山的摩崖石刻很多，有的是为某一块石头取的名，如渴龟、卧狮、菩萨面、石床、跳蛙、落帽、坠宿等，还有一种是似乎含禅意的题字，如"且坐坐"，是提醒人不必急匆匆赶路，小坐一会又何妨。"洗心泉"，是提醒人洗去手足泥污容易，还望能让山中清泉洗得世人心灵清澈一点才好。一块石上刻的是"铁壁关"三个大字，另一块石头刻的是"透关者径过"，人生会遇到许多难关，但不能在各种各样的"铁壁关"前丧失希望、不作努力、不愿向上了，我真希望那些因压力太大跳楼跳水自杀的年轻人，面对生活的艰难，要有"透关"而过的勇气。

花山半山腰有个翠岩寺，据说清康熙帝、乾隆帝曾多次临幸，历史上这座佛寺规模很大，香火也很旺盛。寺内有铜鼎、铁佛、石门槛三件宝。但在"文化大革命"中大殿被拆毁，仅有石柱凄凉地矗立在那儿。镇寺三宝中，铜鼎和铁佛被砸毁，石门槛的中间也断裂了。我的朋友周永成先生告诉我说：偌大的花山，地面文物在"文化大革命"时破坏殆尽，我们也无从知道以前的规模和盛况。后来查到20世纪50年代在这里拍了一部反特故事片《古刹钟声》，此次为写书找出来截了几张画面，做个对比。

从下载的电影画面可以看出，原来大雄宝殿面阔五开间，有三排斗拱，枋头施彩绘，制作精良，并依稀有翻轩，显得很进深，大殿建在约3米高的平台上，殿前为露台，通过台阶上去。看得出，此寺应该是一座很有文物价值的古建筑，但现在只剩几根花岗石柱在无声地控诉那场疯狂了。

我1970年前在浦庄劳动过，当地农民带我们上过花山，曾经看到一尊大佛，非常高，后来看到资料说有8米多高，是吴中第一古石佛，取整块岩石凿刻而成。但后来又听说被炸掉了，一直到20世纪90年代才将四大块碎石加其他零星碎石，将佛像拼了起来。这尊佛像刻于何时，还没有定论。目前说此佛是阿弥陀佛后,又说是接引佛,但宣传资料上又说是"吴中第一佛"、花山大佛。参拜大佛后,回过来再到上山路,过了翠岩寺遗址,再登一段叫"五十三参"的山路。据说这是当年康熙皇帝欲游花山登莲花峰,寺院的和尚连夜发动僧众百人,在这块整石上凿出五十三个台阶,暗喻五十三参。但皇帝和后来游山的,又有谁能在走此道时能想到"五十三参,参参见佛"这一《华严经》中的典故呢?至五十三参后,即见拔地而起的"秀屏",石上布满天然的龟纹,上面刻着一个形象云彩缭绕的古篆"云"字和乾隆皇帝《游花山诗》一首。细看云字下本应还有一字,但当初为了刻皇帝的诗,就将好端端的前人题词磨掉下面一字,如今变成了独字。

花山上树很多,满山绿色,间或露出大块或偃或立的巨石。还有泉水潺潺漱石激起的轻响在草丛里、树林后或石缝中传出,这种自然之歌,如今又有几处地方能听得到?花山极顶是莲花峰,此峰海拔171米,峰顶巨石在天穹下呈莲花盛开状,亦称"莲花驾云",好几块巨石上宽下窄,似倾非倾,立在山巅,有摇摇欲坠、一触即塌之势,令人望而生畏,不敢逼近。如此奇特的大石,是天然的还是后人搬上去的?不得而知。但中国历史博物馆馆长俞伟超先生考证后认为,莲花峰是古人类祭祀天地之处。

许多人来花山,多愿意登临峰顶,这时山风振衣,心旷神怡,在古人祭祀苍天的峰顶四望景色,感觉到底不一样。

鹿山:采石残山竟似佛

鹿山因传说春秋时吴王在此养鹿而得名,"山上花开一色红,花下千头鹿养茸。衔花日献黄面老,挟群时入青莲宫",这首元代昆山诗人顾阿瑛的咏鹿山诗,是说吴王养鹿取茸养生。这个地方原先交通不便,经济落后,村民生活贫苦。20世纪七八十年代当地村民为致富炸山取石,将山体搞得满是伤痕,惨不忍睹。后来又引进资金搞塔陵,塔陵穴位在上海被梦想发财的人炒卖,一时搞得鸡飞狗跳。那里为配合塔陵销售,由个人修建了一个家庙神堂作为塔陵的附属物,但不算是一个正规的佛教道场。

原先鹿山下确实有一座古寺,始建于元大德二年(1298),寺在今址北约2公里处的耙石岭,原名景福庵。清乾隆年间寺中出了一位高僧来风法师(又叫见月和尚),既会武功,教乡民习武健身;还会医术,免费为当地村民治病疗伤,更有邻县病人慕名而来;还曾多次带着僧人帮村民抗旱保苗。他为周边百姓做了很多好事,大家感念他的恩德,就叫寺院为来风禅寺,原名景福庵倒没有人说起了,后来寺名又讹传为兰风寺。据说来风法师住持寺院时,为最鼎盛时期，有僧人百余名，房屋三百多间。现在寺院奉来风法师为祖师。兰风寺清代以后香火不盛，年久失修，在民国时期全毁，只在乡民中留下一段记忆。

2001年，法航法师应邀从上海龙华寺来到这里，改造私建小庙为正规佛家丛林。经过准备，工程于次年动工。经过艰辛建设，天王殿、大雄宝殿、观音殿、地藏殿、护法天龙殿，万佛楼、念佛堂、藏经阁、山门、缘中园、孔雀园、放生池等一一建成。

当我来到寺中时，简直不相信眼前所看到的景象，不但已是焕然一新，而且殿宇庄严、曲廊美园，已经是一处非常可观的景点了。寺有五百罗汉堂，更有仿天坛式的万佛殿，都别具一格。法航法师让我看寺后的山坡上，树木凝翠处，露出一方大石，此石经日月精华、风吹雨淋，呈现浑厚的长圆形，仿佛石象躯体。在佛教中，象乃吉祥之物，因有人叫赐福石，现石上刻"鹿山赐福"四个大字。从山坡再往上，可见两座四角方亭，一曰报恩，二曰济苦。而在海拔81米的山顶上，则建有独具特色的三层歇山式景福钟楼，内悬六千零八十一斤重的唐式古铜钟一口，钟体上铸有楞严神咒。让钟楼高出寺院主建筑大雄宝殿，十分少见，而这样安排，一是为了造景，钟楼成了此山的标志性建筑，老远就能望见；二是钟者，有警示之意，让人见钟楼能想起佛教教义中一些对世人的警示，如诸恶莫作、众善奉行等，而不要尽想着烧一把香就能换来佛祖赐福的好事。

法师叮嘱我出门时看一下寺门外的天然石佛像。在寺院门口，有一开山取石后留下的残体，下面是水塘。送我出来的年轻和尚指点我看那高高的山石，残石高20来米，细看果然像一尊佛，而且因为戴着莲花冠，据说这形象酷肖佛教中的毗卢佛，又叫毗卢遮那佛，密宗叫大日如来。我对佛教所知甚少，只觉得这佛像越看越像，实在奇妙。送我出来的法师说，一点也没有用人工，天然就是这样子的。回来的路上，司机介绍说，当时山这边和山那边各为一生产队，双方都在开山取石，开到中间线时为止，结果就残留下这一点山石。后来和尚来这里重建兰风寺，一看，哎，这不是一尊天然的佛像吗？我去时，那个地方还没有修整好，路也是沙石道，现在经过整治，佛像下面修成了水池，还有一块残石，非常像是一只石龟，头正伸向佛像。老龟听经，正是佛教中的一个典故。善男信女称这天然石佛为鹿山大佛，加上听经巨龟、福寿桥、放生池，就成了寺院门口一处神奇的景点。

白马涧：桃花开在清水里

白马涧龙池风景区又叫白马涧生态园，位于苏州市高新区枫桥街道西部，三面环山，中蓄一汪清澈的水面，叫作龙池。白马涧生态园是苏州西部旅游区的重要组成部分，占地7平方公里，这处景区，正逐渐为本地人和周边地区人所知。

上游的那泓清水，现在叫龙池，本是1952年修建的胜天水库，当时耗工两万，据说是苏州乃至江苏省的第一座水库。湖面面积2万平方米，容积水量约15万立方米。池水为天然雨水和山泉，水质清澈，并无污染。清乾隆皇帝来这里后，因这里有个湖，就题写了"明镜漾云根"，现景区刻石成了石碑供游人观赏，我觉得乾隆皇帝的字比现在的一些书法家，功力要深厚得多。

中游水面取名凤潭，以和龙池相配，面积1.12万平方米。这里有个堤坝，让水溢出形成不高的水流落差，但面宽40米，这一瀑布在苏州也是难得一见的景色。

下游为白马涧溪涧，水面面积约1万平方米，涧水曲曲折折，涧两侧景色不断变化。涧上架有六座桥，分别是同心桥、翠岑桥、驻屐桥、锄烟桥、眠绿桥、寿星桥。在涧的上游，景区提供竹筏、水上自行车，供游人作水上游，涧下游有戏水、垂钓、捞鱼等活动项目，游人在白马涧既可观光也可戏水。景区里临水的景点有水滨步道、天工石韵、十里木栈，主要让游人可以在水边漫步，领略水韵。

景区里除保留原生态林外，还布置了银杏林、竹林、杨梅林、李子林、桂花林、梅林、石榴林、松树林、柏树林等树林，让景区四季有绿，而又绿得丰富多彩。近百棵高8米的古香樟树，更是景区一绝，游人走到这里，往往会脚步放慢，喜欢在香樟树下品茶或休憩，景区也在这里提供小吃、茶水之类的服务。

白马涧景区内有桃花水母

白马涧的得名，有两种说法：一说是东晋高僧支遁在此养过马，曾留下马迹石。苏州城里著名的饮马桥，传说就是他骑马进城，到了那里马要饮水，还拉下一堆巴巴。人们正要发怒，忽然马粪上长出了莲花，城里人转嗔为喜，因以"饮马"名此地。还有一说是两千五百年前春秋时期，这里是吴王的养马之地，越王勾践在这里养过马，曾留下青石大马槽一具，如今尚有饮马池、谢越岭等遗址。这两个传说因时间相隔八百年，可能两人确实都曾在此养过马也说不定。

景区内还有一些其他的人文景观，如通往龙池的小道为古御道，道两侧有清乾隆当年的行宫遗址、明代文学家赵宧光题刻的千尺雪、寿星石、寻马亭等。

2002年，龙池里发现了至少有五亿五千万年历史的活化石——桃花水母。2011年成千上万的桃花水母出现时，似白云朵朵，许多游人慕名而往，那一个个晶莹透明的小精灵在水里游来游去，身体内有四个花瓣形白点清晰可见，十分可爱。桃花水母虽然是一种最低等级的生物，但因极难制成标本，又对水质要求非常敏感，环境不合适，就会绝灭，因此十分珍稀，被誉为"水中大熊猫"。桃花水母能够在龙池里繁殖生存，表明这里的生态环境之好是不言而喻的。白马涧风景区有桃花水母，并且有几个月的观赏期，是这个景区也是苏州高新区最值得骄傲、也是最亮丽的一道风景。

观音山：当年花连四望春

苏州人有句老话，叫"观音山轿子人抬人"。这里的抬，是一语双关，指抬举的意思，意思是人在社会上，要互相敬重，不可相互拆台损人。如对别人提供了帮助，别人也会给予回报。

那么，观音山又怎么和轿子有了关系呢？观音山又叫支硎山，从北向南三峰并列排开，其南峰与天平山相连，此山的特点是一山多寺，有中峰寺、南峰寺、北峰寺、观音寺和各种小寺院，一座山有这么多佛寺，可能在苏州也是少见的吧。寺多，香客当然也多，而古时女性缠足，行走不便，上山更是难行，女眷上山进香，多坐轿子。徐崧、张大纯《百城烟水》云："支硎山俗称观音山，三春香市最盛。"上山的妇女从二月初一就要开始吃斋，到二月十九方止，所以谓之观音香市，店铺多了，甚至形成了一条观音街！那个时候，春光明媚，满山上上下下都是轿子，煞是壮观！"观音山轿子人抬人"俗语也就这样出来了。

观音山是后来的名字，是因为寺院多供奉观音，去此山拜观音的人多了，就这样约定俗成地将山叫作观音山了。是在何时得此名的呢？南宋末年旅居苏州的画家郑思肖《心史》中有一首诗《游观音山怀乡僧贵月溪》，诗中有"山垒千层树，花连四望春"两句，假如苏州没有第二座观音山的话，郑思肖写的观音山，应该就是苏州的这座山。而在以前，叫支硎山。"硎"是磨刀石的意思，虽然说山峰顶上有石头"盘薄平广，泉流其上，清澈可爱"（《吴郡志》），但以山为磨刀石，这是多么瑰丽的想象，或者有什么上古的神话信息在里面也说不定。

支硎山，现在一般说法是东晋时和尚支遁来吴地，隐居在此山中，因而被叫支硎山。支遁（314—366），字道林，世称支公，亦曰林公，因为此山，就改自己的号叫支硎。因为支遁在此修佛，首开道场，特别是他在苏州举办"八关斋"，虽然他后来去了浙江，但他在苏州留下的影响深远，使得这座山成了佛山。但因为支硎的"硎"字不太容易认，当地人便改叫了支关，这实在是和自己的历史割断，外人看来并不值得。

新中国成立以后，特别是"文化大革命"期间，观音山遭到很大的破坏，甚至还炸山采石，山体残破得不成样子。观音山的佛寺基本上被破坏掉了，有一千六百多年历史的中峰寺仅幸存了三间小屋和六方珍贵的古石碑。1994年春，当时的吴县佛教协会从苏州灵岩山寺请来法庆法师，着手恢复中峰寺。在法庆法师的不懈努力下，中峰寺终于又是殿宇雄伟、佛相庄严。大雄宝殿用的柱子是二十四根整条石料，用料之精可见一斑。如今中峰寺大雄宝殿、天王殿、观音殿、放生池、上山鸟道、香花桥等都已建好，成了景点。过去支硎山上宝塔很多，据说中峰寺正积极筹建宝塔。可以相信，今后中峰古刹将翻开新的一页。山下也恢复了观音寺，建有一座白塔。据寺里的人说，白塔内供奉有佛舍利，并且这圣物流传有绪，但我没去做进一步了解。

还要补充一点，观音山南侧就是寒山岭，两山相距不过一公里左右。明万历二十八年（1594），太仓人赵宧光买下此山葬父，并建园林式的寒山别墅，并在山上留下大量摩崖石刻。赵死后寒山别墅改为寒山禅院、报恩寺，清乾隆帝多次驻跸其中，并改山名为皇宫岭。今天，寒山禅院早已不见，只有遍山的古石刻，揭示出此山文化深厚。加上此山景色清幽，又有山泉漱玉，来此探史寻古，必能有所得而归。据闻，有关部门也有意恢复这一山上的园林，如能再现于人世，那当然是一件好事。现在，已有一座佛寺出现在这座山上了。

阳山：满山故事说不尽

公元前473年十月，越国趁吴国水灾，发大兵北上灭吴，《吴越春秋》记载了吴国这只天鹅的最后哀舞："越王复伐吴。吴国困不战，士卒分散，城门不守，遂屠吴。吴王率群臣遁去，昼驰夜走，三日三夕，达于秦余杭山，胸中愁忧，目视茫茫，行步猖狂，腹馁口饥，顾得生稻而食之，伏地而饮水。"吴国城门大开，是因为吴军精锐在北上争霸作战中消耗殆尽，已经无力守城。越军轻易入吴都，随即对这座不抵抗的都城进行屠城，另一支劲旅追击吴王夫差。吴王一行走了三天三夜，估计中途在什么地方躲过，最后逃上了秦余杭山。

这秦余杭山就是苏州城西北的阳山，又叫大阳山。

阳山是浙西天目山向东延伸的余脉，颇像一只羊，所以当地人说这是天目山的一只神羊，后来到了太湖里，成为湖中的一座大山，后来被天神牵到了这里。这个神话看似无稽，或许曲折地反映出阳山在上古时是濒古太湖的。现在沧桑巨变，山下是一片平原了。阳山主峰南阳山箭阙峰海拔338米，是吴中第二高峰，传说被秦始皇射箭所穿，缺口宽10余米，山顶曾有浴日亭，是明代朝廷命官徐少泉专门为观赏箭阙峰修建的，被称为"箭阙之胜"。传说每逢农历九月三十，在浴日亭上能观赏到日月同升的天文奇观，如今一座重檐方亭的浴日亭已经重新建好。

阳山南北向分布，长5750米，曲折蜿蜒，当地人说有十五峰峦、六岭、六坞、三涧、四岩、七泉。地形这样复杂，吴王真要打或躲藏都可以利用阳山的地形，但手中已经没有可战之兵的吴王没能躲过越军的搜捕，求和不成，但他不是勾践，不愿屈辱偷生，就在阳山伏剑自杀了，保持了吴人的尊严，却也就这样在阳山落下了吴国的大幕。在以后两千多年的时光隧道里，阳山的历史、民俗、文化、名胜、宗教……都积淀深厚，难以尽述。

一直到新中国成立前，阳山佛寺道观众多，有"吴中小普陀"之称。其中的白龙探母，是这一地区独特的民间信仰。据南宋范成大说，阳山有一座灵济庙，庙里有个僧人叫祖照，他根据父老相传，将一件事情写在佛寺的墙壁上。说的是东晋隆安（397—401）时，这阳山脚下有个缪姓村民，有个女儿，年已十五到了可嫁之年。一天外出，"风雨暴至，天地陡暗，避于今所谓龙塘之侧"。这时，有一白衣老人出现了，坚持要缪妇答应让他回她家去借住，女孩子不肯，老人坚持再三，女孩刚勉强点了一下头，也就不过讲了几句话，老人忽然不见了。女孩回家后，发现自己怀孕了，但又说不清楚，父母无法容忍，就将女儿赶出了家门，她成了乞丐，靠乡里人给些吃的，活到了第二年三月十八，"至今所谓龙家之上，产一肉块。居民怪之，惊弃水中。倏忽，肉块破化而为龙，夭矫母前，若有所告，其母惊绝于地。即有风雨雷电，飞沙折木，咫尺不辨人物之异。既开霁，但见白龙升腾而去。众乃厚葬其母，自后累降巫语，始祠之于山巅，而雨旸失候，所祷必应"，真是一个十分神奇的传说。

北宋太平兴国年间开始将庙从山顶迁于南坡的山下，皇帝很重视阳山这一信仰，封缪女为"显应夫人"、"灵佑夫人"，庙叫灵济庙（老百姓常叫白龙庙、白龙母庙）。从此，阳山白龙庙的信仰就被官方定了下来，常熟也有了白龙庙。"传龙子分职潇湘"，每年三月十八，要回来看望母亲的坟墓。看望过母亲后，阳山"方有春意"。据说，这一天，龙会显形于山上，或变作蜥蜴爬在白龙庙的墙壁上，当地人对此非常相信。有一年苏州大旱，知府况钟亲自到阳山灵济庙求雨，还真应祷下了一场雨呢，况钟就将庙好好地修了一下，并亲自撰写碑文。后因信众太多，一座白龙庙不够，在阳山东澄照寺，山之西白龙坞又建一座。白龙庙、灵济庙均于20世纪50年代被废，只剩了遗址残石了。现在政府竖了一个石坊，上刻"白龙遗韵"四字，算是对这一有关孝文化的民间信仰的重视，目前有百姓建的白龙庙，还无法成为景点。

　　阳山的文殊寺，有的人说是从天狗庙演变而来，山上有"天狗望月"石。也有的说是文殊菩萨的坐骑一只青狮，有一天来到阳山游玩，乡人不识，就叫它为天狗。但又有一说，是一叫陆天狗的当地农民，代替皇帝受刑，被砍了脑袋，于是人们就建了天狗庙，让其能享受乡人的香火供奉。这庙在新中国成立初还在，很小，但香火颇旺。今天，根据文殊菩萨坐骑的传说，和阳山原有东晋时高僧支遁所建文殊寺的历史，重建了文殊寺（明嘉靖岳岱《阳山志》云："文殊寺，在箭阙峰，元至正间僧法海开建。"）。寺在山腰的文殊岩下，形势颇为雄峻。2012年4月底，文殊寺景区已基本建好，寺院无论设计还是规模，都很壮丽，有"江南悬空寺"的美名，今后必然是阳山一个重要的旅游景点。同时，也修复了规模不同以往的天狗庙，就建在寺后的长云峰上，文殊岩旁。另一座也是规模很大的尼庵凤凰寺已经建好，此寺背靠满山翠绿的阳山，风景很好，值得一游。此寺山下为天王殿、五峰殿等，要走一段山路，才到大雄宝殿等主要区域。特别的是寺内有将军殿，内供一白须神像，或说是太上老君来这里做了护法伽蓝。尼僧德正师傅告诉我说，此寺原为某皇家公主来此寺出家，有一将军随同来寺保护，后就塑其像作为护寺伽蓝，但公主和将军都无考了。寺前有村妇在采一种乌饭叶子，说是取汁兑水，用以浸米一宿后蒸饭，即成乌米饭。回到家中查了明《阳山志》，上有"青饭者，色青黑，甚香美。山僧至四月八日，以一种树叶，即曰青饭树，取汁渍米。炊以遗人，亦曰佛饭"的记载，看来这一风俗在阳山由来已久了。

　　我是2012年4月22日去的阳山，满山都是耀眼的新绿，国家森林公园开园在即。景区除了阳山诗廊、菖蒲茶庄、阳山草堂、朱氏草庐、百果园和两座佛寺外，值得一提的是植物园，总规划面积约86公顷，是今后大阳山国家森林公园的门户，作为苏州市最大的植物园，现已建成开放。

阳澄帆影

相城 姑苏城北好风光

重元寺 水天佛国 吉祥莲花开

相 城
姑苏城北好风光

阳澄湖里的莲花岛

两座窑，曾插龙旗上北京

　　2012年5月，正是榴花如火的季节，相城区陆慕御窑厂和北京故宫签订了烧制几百块金砖的合同，这些金砖都需从清代的御窑中按古法烧制，但是，这座古御窑正在修缮。

　　厂长金瑾女士说，厂里共有六口窑，但只有这座古御窑是明代传下来的文物，是一座连体双窑，大家都叫它姐妹窑，有两个烟囱，两个窑膛。窑有内胆和外壳，内胆用青砖"盘"成（一种砌砖呈穹顶窑膛的方法），外面敷以泥土，叫窑壳。

　　讲起这座窑，真是来头不小。

　　原来，陆慕的砖因质量优良，明清两代一直为皇家提供御用砖瓦。明代王鏊《姑苏志》："出齐门陆墓镇（土质）坚细异他处。工部兴作（砖瓦），多于此烧造。"至少在明代，陆墓已经是朝廷由工部负责的国家建设重点工程时专门供应砖瓦的烧作基地。苏州过去有句俗语："齐门外的火光——窑烟（谣言）"，反映了陆墓那一带烧窑业的兴旺。因唐代有个叫陆贽的贤相，墓葬于苏州城的齐门外（今已不见），那个地方后来就叫作陆墓，20世纪80年代后有人嫌用墓作地名不好听，改叫陆慕。其实那个地方有宰相之墓，要讲风水岂会不好，改名也是多此一举。

　　明嘉靖年间有个叫张问之的工部郎中在其所著的《造砖图说》一书中说，明永乐年开始在苏州造砖，任务落在长洲（今属苏州市区相城区）六十三家窑户。这砖的泥通过"掘而运，运而晒，晒而椎，椎而舂，舂而磨，磨而筛，凡七转而后得土。复澄以三级之池，滤以三重之罗，筑地以晾之，布瓦以晞之，勒以铁弦，踏以人足，凡六转而后成泥"，工艺极为繁复。一般认为清代以后陆慕的窑就只烧普通的砖瓦了。其实金砖一直烧到1949年4月才停止，最后的销售地点是齐门外洋泾塘关帝庙，一块金砖售价一石（一百五十斤）白米。

所谓"金砖"，就是苏州一种烧砖的官窑所烧制的宫殿专用砖，或说敲之作金石声，或说太过费工，其价如金，故名金砖。值得庆幸的是，虽然"文化大革命"中金砖一度停止烧制，但村里掌握全部烧制工艺的人还在，并没有失传。其中一位叫金梅泉，现在是苏州市政府颁证的"御窑金砖制作技艺第五代传人"，曾是御窑砖瓦厂厂长，现已退休（但仍天天到厂里来指导、把关），由其女儿、第六代传人金瑾负责金砖烧制事务。1991年，我工作的新华日报指派我参加省委宣传部外宣办拍摄《江苏名镇行》电视片剧组，担任其中五集的主持人。有一集拍的是陆慕，这样我得以近距离观察这一古老工艺的复活。

我找到了二十年前的采访记录，当时的情景历历在目，过程大致如下：

首先是选土。要挖地表2米以下、4米以上的土，因为上面的土中含有植物的根须等杂物，4米以下的土中含有沙粒，故只能取中层土，叫作老黄泥（即纯黏土）；这土只能在冬天挖取，经冰冻过，再经雨淋，术语叫"陈腐"后，土质结构崩解。然后是练泥（或叫踏泥），就是将泥土和上水，多人赤足在泥土上反复踩踏，直踩到泥如糯米粉，没有任何土粒，当地人叫"踏熟"才算好，这时的泥性要达到苏州人所形容的"一窝细丝"、"绢光跌滑"时，方可制坯。练泥相当辛苦，一群男子背着手赤足在泥上反复踩踏。还要经过反复"斩泥"，去除泥土中的杂质、僵块。这样加工过的泥，再经摔打或捶打后，入砖模制成砖坯。《造砖图说》说"揉以手，承以托版，砑以石轮"，今天大致还是这样纯手工制坯。

砖坯从砖模里小心脱出，放在四面透风又不见阳光的草棚里阴干，或叫晾干，如何摆放，间距多少，很有讲究。要晾一年才会干透，因为各砖坯水分散发量有差异，也不均匀，所以晾的过程中还要多次翻坯，这一道工序叫"翻身"，主要是让砖坯抽湿均匀，不易裂缝。等到砖坯表面泛白、经专职老师傅验看把关后方可入窑烧制。一般是文火烧一个半月，燃料是砻糠（稻壳）。烧好后要淋水，使砖发青色。砖出窑后先要浸水里以退去火气，还要磨过，共经过29道工序才算成品。据说一窑砖中，烧坏掉的也很多，一般窑放三百块金砖，能烧出一半成品就已不错。一些受火不匀导致砖夹生，有的地方没烧透等，都只好报废。明代的砖是63厘米见方，清代是73厘米见方。古时烧这些砖，砖的边上都要钤上尺寸、烧制砖的窑户、督造官员的章，以示负责。当时运送金砖进京，船上要挂上苏州府的灯笼，拉起代表皇家的龙旗，船上还要有兵丁护送，一路上显得很风光。但窑工之苦，如山之沉重。再加烧造金砖工艺之烦、成本之高、烧制之难、费工之多，真是匪夷所思。张问之痛心地说："窑户有不胜其累而自杀者。"

不过据我观察，虽说这制砖工艺相当复杂，但关键还是在于这泥。御窑村在阳澄湖边上，取土的地在湖边，是一种独一无二的有限资源。

今天，相城区御窑村只有这两座明代传下来的连体古砖窑，已列为江苏省文物保护单位，苏州御窑金砖的制作工艺亦已被列入首批国家级非物质文化遗产保护名录。天安门、故宫、祈年殿、颐和园、苏州玄妙观、西园寺天王殿、浙江普陀山普济寺和法雨寺等重要古建筑里，都用上了陆慕御窑砖瓦厂用古法烧制的砖。据介绍，这两个砖窑，因是文物，现在身价高了起来，区政府投资1.5亿元，围绕御窑村的这两个砖窑，建设"中国苏州御窑遗址公园（内有苏州御窑金砖遗址博物馆）"，占地70余亩，区里和厂里收集的古金砖，在博物馆中展出。这样，金砖这一工艺不仅得以保护和传承，而且2016年5月开馆后，为苏州新增加了一处可供参观的景点。

两座园，装点花城更妖娆

荷塘月色，多么美的名字！这是现代散文作家朱自清的散文名篇。但是细想一下，什么地方担当得起这么美好的名字呢？

清华园，是这篇美文诞生的地方，应该是名副其实。清华的荷塘之所以有名，除了大作家的描写外，主要原因还是这是中国人心目中最好的高等学府里的一个景点吧。

但如果真要看荷塘月色，我建议还是到苏州市相城区的荷塘月色湿地公园来，敢取这个园名，不是浪得虚名。据介绍，公园规划总面积约5000亩，计划总投资六亿元，目前已种植了2000亩荷花，是国内最大的城市荷花主题湿地公园，种植了500多种荷花。除了中国常见的许多荷花品种外，还引进了洞庭湖、微山湖、西湖等地的野生莲和美国的黄莲、日本的大和莲等，传说中大叶片上能坐一个孩童的大王莲，也有引种。试想一下，在月色下，有这么壮观的荷花种植面积、各种姿容的荷花、各种香味在夜色里四溢，那才是真正的"无边的荷香月色"，清华园荷塘那点面积的荷塘真算不上什么。所以朱老先生笔锋一转，"忽然想起采莲的事情来了。采莲是江南的旧俗……这令我到底惦着江南了"，最终，他认为还是江南最宜赏荷。

荷塘月色湿地公园位于相城区太阳路南，而路北，就是另一以花卉植物为主题的大型公园——中国苏州花卉植物园。花卉植物园开建于2006年12月，2011年4月正式开园，为全国农业旅游示范点，3A级旅游景区。两园均以花为主题，但又各有所长，成为苏州城北两颗夺目的翡翠。

春天里，我在园子里走，看不尽的红娇紫媚白胜雪，同时也有了另一个感觉，就是累。园子面积太大了，据说规划要建5000亩的园子，目前已建成了4000亩。有的女生刚进园时蹦蹦跳跳，如蝴蝶在花丛中飞来飞去，但到了后来都走不动了，半撒娇地让男生背了。所以玩花卉园鞋要选好，穿高跟鞋的千万莫去。第二个感觉是花多，满眼缤纷与翠绿，真是万紫千红。这里有杜鹃、芙蓉、牡丹、樱花、冬枣、蜡梅、锦带、紫荆、玫瑰、月季等四十七个花卉专类园，每个园都是精心设计，据说选的又是能在苏州适应的品种。这么多品种的花卉，确保了月月花开、天天有花。当郁金香花开、牡丹花开、海棠花开、樱花开时，因是大规模开放，这种耀眼的美，无法用笔墨形容，只能说，园中两千多种、一百多万株花卉，组成一个乐团，全年演奏着一支内容无比丰富、色彩无比绚烂的花之交响曲。

如果让园方来介绍的话，他们认为最有看头的，可能是他们镇园之宝的"花王角"。这是从全国各地移植了百年以上的花王三百多棵，有树龄八百多年的重阳木、树龄超过四百年的桂花树和皂角树、三百八十岁的刺五加、树龄八百多年的八棱海棠、树龄一百五十多年的杜鹃等。最值得一提的是一株千岁"紫薇王"，直径逾2米、主干高度超过4米，是2009年从四川温江移植过来的，也是园子中的老爷爷了，能够移植成功，殊为不易。园中五亭山是一座人工堆建而成的山体，高30米，山顶建有一座寓意"五谷丰登"的观景塔，登塔可一览植物园全景。

苏州本是一个爱花、又是月月都有可赏之花的城市。苏州传统山歌《大九连环》，就是从一月梅花、二月杏花、三月桃花一路唱到十二月。如今中国苏州花卉植物园的建成，其实补充了苏州景点门类中的一个缺憾。

两个岛，水莲花映"美人腿"

相城区是位于苏州与常熟之间一个区，这里湖荡众多、河道纵横，湖泊中最有名的是阳澄湖，目前是苏州城区的水源地之一。阳澄湖现在分别为昆山、苏州工业园区和相城区共同所有，环湖是典型的江南水乡风光。

阳澄湖古称阳城湖，宋《平江图》上作杨城湖，晚清名洋澄湖，真正定名叫阳澄湖，大概还是新中国成立后的事。阳澄湖水面118平方千米，因湖中有两个半岛，从而分为东、中、西三个相通的湖面。相城区管辖西湖和中湖，面积近百分之六十三。

阳澄湖里水产众多，有六十七种鱼类，大约在20世纪70年代初，阳澄湖水清澈见底，可见湖底水草和游鱼。湖里甚至有银鱼，我曾坐了倪浜村的船进湖去，很容易地捉到了活的银鱼，观察它透明的身体。后因沿湖乡镇发展工业，特别是上了几家印染企业，导致湖水水质下降。近年来环湖的地方政府采取措施保护水体，水质又开始好转。

阳澄湖里出产的大闸蟹，可称是天下最有名的美味。章太炎的夫人汤国梨曾长期住在苏州，说出了"不是阳澄蟹好，此生何必生苏州"的名言。不过说实话，许多地方的"南郭先生"蟹，秋风起时纷纷来到苏州。苏州的一些蟹业协会、真正的养蟹人，对此想了不少办法打击假冒蟹，但至今没有杜绝，所以要吃到真正的阳澄湖大闸蟹，也不太容易呢！我曾因昆山巴城的费俊龙乘飞船上天那天来到他的家里，大家一起话家常。那是一个河道纵横的村庄，村里人告诉我说，以前费俊龙放学回来，从稻田的沟里要捉一篓子蟹回家，大约就是蟹吃多了，身体特别好，人也特别聪明吧！同时也可见那时野生的大闸蟹之多。当地人告诉我，因为阳澄湖底泥较硬，蟹在湖底行走时腹与泥摩擦，故腹白；因水质清，故壳青肉微甜，蟹足上长金黄细茸毛，捉上来的蟹爬起来很快，有一股野性，甚至能在玻璃上爬。如今网围里养大的蟹，成了壳色发黄、姿势优雅、只会慢慢踱方步的绅士蟹。

阳澄湖中这两个半岛，西面的半岛从平面看，状如玉女纤长的腿，被叫作"美人腿"。东面的半岛，分成南北两截，北面的属相城区，状如莲花，就叫莲花岛；南面的归工业园区管辖，园区引进建设的是华谊兄弟电影世界，是一个全国首创的电影IP浸入式实景娱乐体验项目，2017年暑假开园。

莲花岛要坐船才能上去。岛上家家依河道而居，同时家家门口停泊着船，有的歇在绿柳荫下，有的还建有船棚。不过现在农民条件好了，所用的船大多为汽艇。有的农民因为开农家乐饭店，要到岛外去接就餐的客人，家中往往备有两艘汽艇。莲花岛因为交通不便，这里的工业一直发展不起来，反倒更多地保持着湖岛和小村落的原生态风貌。

我到岛上去过多次。岛上虽然也建了些木栈道、水车、小型的民俗馆之类，还种了向日葵、杭白菊、油菜等，让游客观赏，但真正吸引游客的还是田野风光。开发管理部门的人士向我透露，为了这天然的美景，平掉了数百个养虾、养鱼的池塘，拆掉了数以百计、饲养数量达万头的猪棚牛棚。岛上四时花卉就种了四五十万株，还种了不少水生花卉，小岛这才四季都为鲜花簇拥，岛上的村子成了全年都鲜花盛开的村庄。美人腿半岛和莲花岛的水边还种植三四千亩芦苇、野菱等水生、湿地植物。美景背后做了多少工作啊！

"美人腿"半岛由北向南，绵延13.5公里，舒展于阳澄湖中，无论是朝霞映在湖上，还是满天星斗，或者春花吐艳，或者是秋苇飘雪，景色都很美。特别是因为美人腿这个名字的原因，管理方在半岛上大种美人蕉，暮春初夏时白天行走在这半岛上，蓝天碧水间，如火的红花一路相随，真是别有风情。

重元寺
水天佛国　吉祥莲花开

重元寺观音阁

今天，来到苏州城东阳澄湖南岸，沿着半岛向北行，远远地就可看到东北角湖面上有一似海市蜃楼、恍如天上宫阙的建筑群。越往前走，越觉壮丽，靠近时有一种华美、庄严、震撼人心的感觉——这就是重元寺。

过去许多人说苏州是个佛地，其中一个原因是因为苏州佛寺多，不过苏州的历史上，重元寺还不算数一数二的名寺。但今天不同了，如今再到苏州，看了灵岩寺、寒山寺、西园寺、兴福寺，包山寺等著名寺院后，如果说不再去参拜一下重元寺，那真是有缺憾了。

重元寺的历史很悠久，也是"南朝四百八十寺"之一，始于南北朝梁武帝天监二年（503），距今已有一千五百多年的历史，和寒山寺、灵岩寺、兴福寺同时代。北宋《吴郡图经续记》承天寺条："故传是梁时陆僧瓒故宅，因睹祥云重重所覆，请舍宅，为重云寺。中误书为重玄，遂名之。"原来南梁时苏州有个叫陆僧瓒的人，他有一天忽然看见宅子上空祥云重叠，便上表武帝，要求批准舍宅为寺。天有祥云，是国运昌隆的象征，梁武帝当然很高兴地批准了，并说要赐匾表示嘉许，也就是由他来给寺院起个名字。谁知奏章转抄上递过程中发生了差错，"重云"被误为"重玄"，寺名就这样将错就错了下来。这陆宅大约在今天苏州古城内接驾桥那一带，寺在唐时就很出名，苏州刺史、诗人韦应物曾随喜过重元寺，并作《登重玄寺阁》一首："时暇陟云构，晨霁澄景光。始见吴都大,十里郁苍苍。山川表明丽,湖海吞大荒。合沓臻水陆,骄闠会四方。俗繁节又喧,雨顺物亦康。禽鱼各翔泳,草木遍芬芳……"他借寺歌咏苏州的繁华。后来白居易也来苏州任刺史,这时,重玄寺完成了石壁经工程,元代《佛祖历代通载》(此书收在大藏经和《四库全书》)记载说:"苏州重玄寺,刊石壁经成。刺史白居易为之碑曰;碑在石壁东次;石壁在广德法华院西南隅;院在重玄寺西若干步;寺在苏州城北若干里。以华言唐文刻释氏经典。自经品众佛号以降,字加金焉。"这次刻了妙法莲华经、维摩诘经、金刚经、阿弥陀经等八部经,合一十一万六千八百五十七言,不仅刻字后全部贴金,而且"石壁积四重、高三寻、长十有五丈、厚尺有咫。有石莲敷覆其上下,有石神固护其前后……唐长庆二年冬作,太和三年春成"。从821年冬开始,至829年春方完工,这次建造石壁经工程浩大,可谓中国佛教史上的一件大事,所以地方行政长官亲自撰写了赞文,说是"其功不朽。其义甚深,故吾谓'石经功德'"。

但到了唐后期武宗会昌二年(842),朝廷发起"灭佛"运动打击佛教,开始没收寺院财产。会昌四年,敕令尽拆大型寺院、佛堂,勒令僧尼还俗,在长安还下达了杀僧人的命令。苏州的重玄寺在劫难逃,在这场"灭佛"运动中被毁。过了不到百年,重玄寺在吴越钱镠时期(908—932)得以重建,而且新寺的规模更胜以往。

宋初,重玄寺改名为承天寺,这是这座吴越国的佛寺为了赶快表示拥护新的赵宋政权的政治态度而改名的。一日,苏州人范仲淹与同僚章岷游览重元寺,作《章岷推官同登承天寺竹阁》:"僧阁倚寒竹,幽襟聊一开。清风曾未足,明月可重来。晚意烟乖草,秋姿露滴苔。佳宾何以伫,云瑟与霞杯。"他的诗,给古寺留下了一段佳话。但是后来在阳澄湖畔的唯亭镇,也建了一座重玄寺,到了清代康熙时,为避讳而更寺名叫重元寺。这阳澄湖畔的重元寺,是不是当年承天寺的下院或其他关系,还有待考证。

至于阳澄湖畔的重元寺,也是一会儿兴盛,一会儿衰落,最盛时寺内有露天无量寿佛铜像、十六尊罗汉侍立两侧,还有盘沟大圣祠、灵佑庙和万佛阁等,还有一座苏州很少见的唐代石经幢(因宋代建炎时苏州城被金兵所毁,唐代遗存极为稀见)。"文化大革命"期间,重元寺被毁,石经幢被砸碎,寺基上建了一所小学校。到上世纪80年代初,还有三间平房是原物。苏州工业园区在开发建设过程中,因为是成片开发,地方上一些小寺庙难以保留基本被拆除。据重元寺方丈秋爽大和尚告诉我说,拆掉的小庙有五十多所,这些庙有土地、有佛像,所以现在合并了这些拆征去的原宗教用地恢复一所佛寺,以满足当地群众的宗教生活需要。2003年11月,经江苏省政府批准重建重元寺。2005

年12月26日上午，重元寺举行重建奠基典礼。按照秋爽大和尚的解释，现在的重元寺，法脉上接苏州城里的重玄寺，当然也接园区原先的重元寺。

2006年6月，重元新寺正式破土动工，新址位于风景秀丽的阳澄湖半岛，占地300余亩。2007年11月16日，重元寺举行盛大的开光法会并正式开放，一时，海内外诸山长老齐集阳澄湖畔，共同为重元寺佛像开光。我也躬逢其盛，那天，天空中微有祥雨，空气清新，梵呗声中，无数的手伸起，共同祝福，共沾喜庆吉祥，庄严肃穆的场景，让人难忘。

重元寺分为寺庙区、观音岛区、佛教公园区和入口商业区四个部分，建筑呈轴线分布，山门、天王殿、钟楼、鼓楼、大雄宝殿、文殊殿、普贤殿、地藏殿、虚空殿等建筑层层叠叠。

其中观音岛区建设在阳澄湖湖面之上，当时是围堰后抽水，再填土建岛，在岛上建阁。2011年8月10日傍晚在寒山寺方丈室和秋爽大和尚聊起一件往事。我说，那天我在园区管委会，说是你们在做一场法事，有人关照我不要去看，为什么要做法事呢？他说，先是前些日子那里起了龙卷风，媒体也报道了，后来工程队打桩却打不下去，工程不能推进了，于是他们就去那里做了一场法事。他又说，做了法事之后，桩就打下去了。有些神奇的事情，确实一时也难以解释清楚，我带了一位朋友同去，他也听得很惊奇。

现在，观音岛建得像莲花，一座十九孔、长99米的普济桥将人引到岛上，46米高的观音阁就矗立在莲花上。这观音阁到底有多少个飞翘的角，我曾数过，大约有一百来个，但数得头也晕了，也没有数清楚，反正这么多鹏翼似的角，看上去观音阁有一种翩翩欲飞的感觉。阁内供奉着33米高的观音金身圣像，慈祥而端庄，人们既可以在地面瞻仰，也可登梯后和他平视。但是许多人有这样的感觉，如果向他凝视久了，心里会产生一种莫名的亲切和感动。

大雄宝殿为三檐庑殿顶，这样的规制国内无有，皇宫的太和殿也只是重檐。大殿面积2100平方米，略小于太和殿。有人私下和我嘀咕说，造这么大、这么精美是不是有点僭越了。但信佛的人告诉我说，皇帝只是凡人，佛祖的殿宇规制高于皇帝，有何不可？我想，只要建成的是一件有欣赏价值的建筑精品，造多大还是由宗教界自己决定吧！大殿内供奉着三世佛，三尊佛像慈祥而庄严。两壁是罗汉。背后是面积达300平方米的海岛观音彩塑群雕，个个造型生动形象，融入了《华严经》中善财童子五十三参的故事，作为艺术品来说，也是非常耐看。这个佛经故事告诉世人，学佛不易，不是抱抱佛脚或者烧一炷大香棒那样轻薄而粗俗的举止。站在这雕塑面前，有时会想得很多，在这烦嚣的尘世，一个人要净化灵魂，提升自己的修养和品位，并不是一个轻而易举的过程。

重元寺为什么会建得这样宏丽？我觉得其中一个原因是秋爽大和尚做事一贯追求尽善尽美，无论是寒山寺的大钟、大碑，还是寒山寺的碑廊，还是在高新区依山而建、年内可基本完工、有小布达拉宫之誉的白鹤寺，做事无不一丝不苟，让人钦佩。但大和尚却摇头说，重元寺可以说集中了全国各界的智慧，是各方领导和信众支持的结果，仅凭佛教界本身，是不可能完成这一工程的，更不用说是他个人。仅寺院到底采取什么建筑形式（风格）、观音像如何设计，方案就各有十几个，最后才定的是明清建筑风格、水天佛国理念。据别人介绍，秋爽师父多次安排设计人员到全国各大寺庙以及泰国去参观考察，开拓思路。能够从善如流，集中各方的智慧和奉献，建造出超胜的寺院，那正是主持工程者的功德啊！至于他自己做了些什么事，他一句话也没说。看来，重元寺重建，也是社会各界共同努力的结果，体现了大家共同的愿望吧。

重建后的重元寺，拥有十余项全国第一：国内最高，高38米的大雄宝殿；国内面积最大，达2330平方米的大雄宝殿；全国最大的三世主佛像；全国最大的天王殿；全国最大的文殊、普贤、地藏、虚空藏四大菩萨配殿；全国唯一的水上观音阁；国内最高也最重的达80吨的室内观音像；高2.19米的唐朝第一律第一声梵音大钟；重达10吨的国内最重的青铜大钟；直径2.19米的国内最大的铜腔皮革鼓；国内面积最大的海岛观音壁塑。

其实，重元寺无处不精美，寺内的造像采用了铜贴金、手工彩绘、镂空、雕刻等工艺，很有观赏价值。无论是屋脊上的泥塑，还是纯铜浇铸的一百多尊佛像九千九百九十九尊铜小观音、四菩萨殿内墙上的黄杨木雕、地面上的石雕、进门路边的石幢等等，无不体现出这座寺庙工艺的精湛。

2011年8月18日，高五层48米、面积达2.5万平方米的多宝大楼进行奠基仪式，这里面将是学佛课堂、佛教艺术博物馆等所在。建筑飞檐翘角、古色古香，和前面的观音阁相呼应。但据秋爽介绍，重元寺共有五期规划，以后还将陆续建造罗汉山、佛教文化主题公园、佛教水上舞台、原始佛教丛林等。

听了介绍，我不禁欢喜赞叹：壮哉！在佛教界有"家家观世音、人人阿弥陀"之誉的苏州，重元寺如此壮丽再现人世，必将对和谐社会、普度众生起到重要的积极作用。

宋代承天寺释道原编著的《景德传灯录》卷二十三收录这样一段佳话：

唐州大乘山和尚问："枯树逢春时如何？"师曰："世间稀有。"

成语"枯木逢春"就是因这一典故而来。重元寺从绝灭到今天的再放异彩，真是枯木逢春啊！

枫落吴江

同　里　梦里水乡梦里人

静思园　吉光片羽造奇园

震　泽　尚香公主归隐处

黎　里　梨花如雪开满川

盛　泽　机杼织出满天霞

同 里
梦里水乡梦里人

苏州有句话叫"木渎一个镇,不及同里一个梢",意思是苏州最古老的名镇木渎,也及不上吴江同里的富庶。同里人说,本来他们镇叫富土,但是后来有个皇帝说不可以用这个名,也可能是刘伯温军师说的,要破这个地方的风水,硬不让用这个镇名。当地士绅就动了个脑筋,将富土改叫同里:同里,两字竖着合起来看还是富土两字,现在同里的标识就是"富土"两个字组成的。在农耕经济时代,同里确实集中了大量地主的财富。但是苏州的地主中,许多往往是退休官员,自身文化素养较高,又比较注重文化和教育,同里作为名宦辈出的苏州名镇,同样积淀了丰厚的历史文化。大约在20世纪90年代初,同里开始挖掘历史文化资源,发展旅游。之后陆续修建了罗星洲、古枫园、耕乐堂、松石悟园、陈去病故居、南园茶楼、思德堂、退思广场、性文化展示馆、珍珠塔园等景点,完成了退思园世界文化遗产的申报。2012年4月,同里的金松岑纪念馆正式对外开放,为同里又添一景。苏州的镇,绝大多数都有典型的水乡风貌和自己的历史文化,只要通过有力的保护、抢救和挖掘,基本都可以成为人间的瑰宝——这就是同里给人的启发。

珍珠塔故事化作园

进同里镇有个广场,广场上有个古戏台,搞活动时常演出锡剧《珍珠塔》。吴江和浙江接壤,越剧很流行,怎么会演出锡剧呢?

同里人会告诉你,《珍珠塔》里的故事,就发生在同里镇。

以前在同里镇北的富观桥与永安桥之间,有一座四石柱三开间的木牌楼,牌楼前还有一对大青石狮子、六对旗杆石,当地人称陈家牌楼,又叫侍御坊,

同里镇珍珠塔园

牌楼上有"清朝侍御"四个字,这里的"清"是清理,作动词,"朝"指朝廷,"清朝"就是清理朝廷的意思。据同里志书记载,这陈家牌楼的主人叫陈王道,字孟甫,明嘉靖五年(1526)生于同里,四十岁时中进士,十年后即病逝了,曾当过知县,后为南京监察御史。牌楼规制这么高,是因为皇帝下旨建造的缘故,不过现在的牌楼是前些年按原样恢复的。

陈王道原配夫人病逝后,续娶方氏,方氏母亲家在同里湖南面一个叫小厢村的村里。陈王道和方氏生有一女,名叫陈翠娥。翠娥出嫁时,父母爱女心切,以珍珠塔作为陪嫁,在当时轰动一时,传为佳话。但陈小姐是不是嫁给方家,陈小姐的夫君有没有做七省巡按,地方志书并无记载。

一般的说法是,清代苏州著名评弹艺人马如飞听说了这个故事后,创作了长篇弹词《珍珠塔》,后来经许多艺人不断修改加工,故事更加曲折动人,唱腔极为丰富,成了苏州长篇弹词中的响档,可以说是苏州评弹中最著名、最经典、最优秀的作品之一,没有功力的评弹艺人不敢唱《珍珠塔》,俗称"唱煞《珍珠塔》"。因为评弹的影响,珍珠塔的故事在长三角地区可谓家喻户晓。后来根据苏州评弹《珍珠塔》,创作了锡剧《珍珠塔》,同样成为经典。

同里很珍爱苏州评弹第一书《珍珠塔》故事原型发生在同里这一历史文化资源。2003年,同里古镇恢复了一处占地面积27亩的园林,这座园林景色很美,面积也较大,园名很特殊,叫珍珠塔园。主要景点有"锦园十景"、紫薇

枫落吴江 321

琴韵、秋亭待月、清远荷风、翠舫听雨、北山深松、溪清虹影、茹古书声、碧筠藏翠等，名字虽然典雅而抽象，但确实是一处景色很耐看的"古典"园林。之所以古典加上引号，是因为有些建筑都是从各地收购的古建筑移建过来的。在园中边走边看，也不得不佩服建造这座园林的主人，竟然楼厅、大厅、假山、曲桥、廊桥、古戏台……都是古物，甚至那叫青涵泉井的井栏圈，也是从苏州东山觅来的元代古物。

当初建珍珠塔园，园址选的还是富观街船舫浜的陈氏旧宅。此屋建于清康熙年间，系陈王道的五世孙、清康熙庚辰进士陈沂震利用老宅进行重建，名为"孚寄堂"。据说当时规模恢宏，为全镇宅第之冠。到20世纪八九十年代时，还存四、六两进，孑遗的一厅现已融入珍珠塔园，也是应该珍惜的文物。珍珠塔园分修缮、修复、仿建三个部分，陈家祠堂以修缮为主，陈家住宅基本按抗日战争前实测图修复，陈家花园则是一种苏州古典园林集锦式的现代版，很值得观赏。

人去园在思园主

到吴江，必然要提到同里的退思园。苏州市区以外最美的古典园林，要算这座俗称"贴水园"的退思园了。

吴江人文荟萃，经济在历史上也较发达，达官贵人和文人雅士辈出，因此建造大宅的较多，过去大宅大多附有花园，甚至一些有条件的平民百姓也会建个小园子自娱。明清两朝，吴江园林建造更多，见诸志书记载比较有名的有松陵的谐赏园、共怡园，黎里的端本园、五亩园，平望的淡虑园、八愫园、采柏园，同里的退思园、西柳园，盛泽的秀园，北库的午梦堂等，如一颗颗明珠，撒在村镇里。吴江还出了不少造园艺术家，当然大多姓名湮灭，但一位叫计成的同里人，却是中国园林史上不可或缺的著名造园艺术家。他生于明崇祯四年（1631），他把平生的造园心得写成《园牧》三卷，后改为《园冶》，是研究我国建筑史、园林史极其重要的典籍，他的故居至今还保留在同里镇。

吴江这么多园林中，能完整保留下来的不多，有的只是乡镇志上的几行字，有的只剩下了残迹，同里却还保留着一座完整的清代晚期古典园林，不仅是全国重点文物保护单位、首批二十个国家重点园林之一，更在2000年成为世界文化遗产，这也是苏州九座名列世界文化遗产古典园林中唯一在府城外的园林。

退思园由一个叫任兰生的官员所建。他是同里人，据吴江市档案局的材料，他"清咸丰八年（1858）入皖军。因镇压捻军有功，于光绪三年（1877）署凤颖六泗兵备道，五年实授。任内倡捐募银十万余两，赈济河南灾民十一万人，筑凤阳城池，修驿道驿舍，还雇请江浙蚕户教当地农民育蚕缫丝。光绪八年，署安徽按察使。光绪十一年被劾削职，经张曜、曾国荃保奏，凤颖六泗士绅联名上书，光绪十三年复职。是年，黄河决堤，任兰生驰驱辖境，救灾保民。光绪十四年卒于任上。今同里镇退思园，即是任兰生革职回乡时出资建造的私家园林"。

当时的皖军，是李鸿章的淮军。淮北地区的捻军，是一个不事生产，流转各地，来去如风的反清武装集团，清政府为此大力剿灭。双方战火所过之处，乡里多有残破。任兰生在任上，做了许多实事。当时山西、河南饥荒严重，农民无以存活，大批饥民流入安徽，任兰生"倡捐廉俸"，号召同僚捐出薪水，"募赈钱十数万"，他就用这笔钱开展赈灾，在颍、亳、寿三县设棚舍安顿流民，并按照军事编制管理起来（可以防止他们抢劫滋事扰乱地方），然后对他们有序开展赈济。到第二年春天，又资助这些晋豫灾民回乡。《清史稿》任兰生传记载，此次赈灾，救活的人数之多无法统计。

任兰生在安徽任上的七年，比较关注民生，推行了不少改革，如洪泽湖里多有船只沉没，他设立了救生船，这是救生；凤阳、滁州间修了200多里驿道，又沿淮河修复了朱龙桥、大东桥等数十座，还在淮河上设官渡，这是公共交通事业；设育婴堂、牛痘局，这是为了保护儿童；他仿制了家乡的水车，教安徽农民使用，提高农田灌溉效率，这是改进农业生产技术；设立归葬局，百姓家有丧事这个机构可以帮助殡葬，这是民政事务创新；设立因利局，官府对百姓提供小额贷款；从吴江和浙江等地购了桑苗，又聘请了技师去传授缫丝技术，设课桑局专门机构负责此事，这是帮助当地农民致富；设戒烟局，这是一种戒毒工作；又将废了的灵璧书院修复并复学，还设立义塾，让贫穷失学孩子可以学习，这是发展教育事业；他设立丰备仓，积稻谷数千石，还发文要求下属县也建立仓领储，这是设立救灾储备。有一次，沿淮河两岸十四州县遭受水灾，他立即发文下属州县，根据灾情发放仓库里的粮食，又是向上报告申请救灾款，又是开展募捐，还"工赈并举"，让灾民通过做工换取收入，居然遇到这样的大灾，他的辖区里没有流民……

之所以讲这么多，是有人说他将"安徽任上搜刮来的钱财幻化成一个偷不去、抢不走，又无法用数字估价的居住地，也不向外展示"的退思园。先不说这位仁兄的"幻化成"是什么意思，他甚至连任兰生死在修复黄河决堤这一最为危险劳累工作的岗位上都不知道，却一面说不知任兰生"在这个园子里是如何度过晚年的"，一面又将任打成一个"有权有势"的在任上搜刮钱财的负面人物。

任兰生罢职回到同里，请袁龙设计了这座园林，取名退思园。园名源自

同里最著名的园林退思园（全景网供图）

于《左传·宣公十二年》："进思尽忠，退思补过，社稷之卫也。"《孝经·事君章第十七》也有"子曰：君子之事上也，进思尽忠，退思补过，将顺其美，匡救其恶"的句子。不少人理解园名"退思"的本意是，从职位上退下来后，要反思自己的过失，为此甚至不安排在位的领导干部去游览退思园。但这样的解释显然不符合古代、近代深受儒家思想熏陶成长的知识分子的理念。任兰生用"退思"为园名的本意，是即使人退位了，但还是要考虑如何补君主的过失。园名暗示他此次受处分虽然是人生或官场的失败，但他如春秋晋国大臣荀林父一样，并没有什么过错。用退思为园名，不过表示他虽从职位上退下来了，还希望能为君主补过，从而达到"上下能相亲"，体现出君子坦荡荡的心境。

他的这块宅地呈东西长条形，按中国传统建筑的要求不大好处理。但袁龙是个诗书俱佳的画家，很有文化修养，设计独具匠心，他将九亩八分地分成四个单元来建设，最西为外宅，宅门朝南开，但受南北土地窄的限制，只建有轿厅、茶厅、正厅三进。往东一个院落是内宅，中为庭院，南、北各五楼五底。园子从西往东逐步展开，先是中庭，以旱船为亮点，有坐春望月楼、揽胜阁、迎宾居、岁寒居，一般客人也能到这里来吟风弄月。过月门，就是花园了，是退思园的主体,也是精华部分。园子始建于清光绪十一年(1885),落成于光绪十三年,共花去十万两白银,这笔钱应是田产上的出息。

退思园以水池为中心,四面布置景点,有厅堂楼阁等二十四处,匾额、对联、门额二十八处,书条石十二方,古树名木十种二十五棵。一些建筑取了非常有意思的名字,就显得别有韵味了,如闹红一舸、菰雨生凉轩、眠云亭、畹乡楼、退思草堂、水香榭、天香秋满等,这些名字取得相当有文化功底,布置也得当,可谓移步换景。特别的是,当初建园时,园子安排了一条大标语:走廊上的漏窗,上是砖雕,一窗一字,石鼓文大篆体,九个窗共九个字:"清风明月不需一钱买",取自李白《襄阳歌》中的名句(但将原句中的"朗月"作半字之改为"明月")。有时我们不知道身边的事物是多么美好,只要我们有宁静的心态,有发现美的眼睛,就会觉得生活烦恼虽多,却处处有美好可供我们享受。

不过,任兰生并没有在这座园子里很悠闲地生活,享受他的清风明月,而是死得很悲壮。住在苏州城里泗井巷里的曹允源(1855—1927)是清光绪十三年进士,他有八卷遗稿《复庵类稿》,其中有关于任兰生的史料,说任兰生革职离任之时,"士民顾念旧恩,如婴儿失慈母,遮道攀辕数万人,无不泣下"(见《复盦类稿》)。据吴江市档案局的材料:就在退思园落成的这一年(1887),山东巡抚张曜、安徽巡抚陈彝、两江总督曾国荃为他保奏,在籍刑部员外郎孙家恽等二百余名凤颍六泗地方绅士也联名吁请让他复职,并筹银八千两为他捐道员。后得到朝廷批准,"任兰生著准其捐复,发往安徽,交陈彝差遣委用"。就在这一年,"(黄)河决郑州,安徽被水,兰生奉檄办皖北赈抚",他"奉檄抵颍州,督皖北赈抚……始至即周历千有余里,冒雪奔驰,问民疾苦"。光绪十四年二月,"襄郏水骤下,下流奔腾,公飞骑巡视,马惊伤尾闾,病疽,竟以四月十九卒",终年五十一岁,这应该算是壮年。病重之时,任兰生还把部下请到病榻前"诿至再三,易箦之际,犹顾问水势,以手画灾状,无一语及家事"。事实上他没有在这风景如画的自家花园里颐养天年,而是为救灾到实地察看水情,骑马摔伤,最后尾骶骨受伤,估计是受了感染转化为败血症,病逝在抗洪救灾的第一线。

任兰生的儿子任传薪(1887—1962)和柳亚子是同学,他思想进步,和父亲一样,是个注重改革和实干的人,他于光绪三十二年(1906)二月,在其母亲的支持下,全家没有在退思园里莳花弄草,吟风弄月,而是在退思园里创办了私立丽则女学,退思草堂、琴房、旱船、桂花厅等都被辟作了教室,创办此校时他才十九岁。后来他出去继续读书,出国留学,仍时时关心这所中学。1911年还在园东建了一幢清水砖中西合璧式教学楼,新中国成立后还作为镇上中心小学的校舍，现为江苏省文物保护单位。再后来，任传薪去上海任教，做了一名教师。

留一园子给后人，办一学校惠及里人，任家父子为人的风采，让人依稀可以想见，对任兰生至今还在谬传的污蔑，可以休矣！

饱览退思园景色后出园时，会看到桂花厅门楣上有一砖雕门额，上面只有寥寥两字：留人。那"人"字上有点，又仿佛是隶书体的"心"字。曾有一位名人万几之暇来游玩退思园，走到这里要出园门时，灵巧的导游姑娘请他看这两个字，希望他在这里再留一会。他驻足对字注视片刻，若有所思地说：人是留不住的，留心是可以的。

是啊，无论是对美好的事物，还是美好的人，只要你对其心仪，请将自己的心留在那里就行了。我猜想，任兰生将心留在了安徽，任传薪和他母亲将心留在了家乡孩子身上。我们又准备将心留在哪里、留给何人呢？

静思园
吉光片羽造奇园

20世纪80年代初,我携妻女从吴江城(即松陵镇)坐小轮船去东面的同里镇,河两边皆是农田。正是油菜花开时节,人在船舱里,看到的是河两边无尽的灿烂金黄,油菜花的香,如水般向河里流淌,塞得满舱都是醉人的香味。

船作小停,有人在说,庞山湖到了。原来说的是庞山湖农场,有人在此上下客。一会儿,船又在花香之河里行驶,有人讲起了庞山湖,竟是不胜唏嘘。说是小时候见过那个湖,还有个土山,还说庞山湖的塌棵菜如何好吃。我问,现在看不见什么湖了啊。有人说,已经围成农田了。后来听说那里有个三里桥,附近有个顾墟,就是南朝时大臣、苏州的文字训诂学家、《玉篇》作者顾野王的故宅所在地,他在那里喝潮治水,成了喝潮大王,庙食已经千年(今庙已不存);又有人说那里北宋时有个谢家,居然一门出了六进士,那里附近还有南宋诗人叶茵所建、吴江现存最古老的思本桥……真是引人入胜。但真正吸引我去的是2003年时有吴江朋友跟我说起,当年庞山湖那个地方有个民营企业家,建了一座私家园林叫静思园,这可是一件新鲜事啊。

园在松陵镇至同里镇之间公路的南侧,朝北一个门,从这里进去,似乎有些倒置,好像真正游玩,还是应该从南面开始。

进了园中,让人惊叹,多么漂亮、多么大的一座古典园林啊!但说古典园林,是既可以又不可以。因为这里的所有建筑,都是古物,基本是明清两代的,其中许多是苏州独一无二的精品;说不能定为古典园林,是因为园子是新造的。

一路走一路观赏,一个景点连着一个景点,让人来不及看,一路上皆是欢喜赞叹,想不到竟有那么多奇珍异宝聚在这里!

园主人陈金根,1954年生。他于1993年开始建园,经十年始成,真如《左传·宣公十二年》所谓"筚路蓝缕，以启山林"，他给这座人造的山林取名"静思"，取宁静思远之意，并请吴江籍社会学家费孝通先生手书园名。园的面积有100多亩，比著名的拙政园要大很多。园里亭台楼阁，水榭石舫，那些建筑分别取名静远堂、嘉会堂、鹤亭桥、如归舫、庞山草堂、落霞亭、鲈乡阁、借红轩、小垂虹、笠泽亭……虽是新建园子，但曲水凝碧，树色如黛，杂花妍丽，处处赏心悦目。完全延续了苏州古典园林的文脉，其中也有一些新的做法，如历代科学家碑廊就有时代特色，而咏石诗廊也是这个园子的特色景点。

面临一泓湖水的嘉会堂，有一张陈先生少年时到苏州城里的拙政园游玩时的照片，他小时候到苏州看到拙政园，非常喜欢，心里立下一个愿望，以后也要建造一个这样的园林。我想，到过拙政园的游客，不知凡几，能立下这个愿望的，似乎只有陈金根一人，而实现这个愿望的，也只有他一人。

这嘉会堂是楠木厅，获得于苏州城里的干将路。我心里一震。想起有一位街道办事处副主任朋友曾告诉我说，富郎中巷有一幢老房子，一进一进的，其中有一进是红木厅，一进是楠木厅，因上世纪90年代初建干将路而拆迁。这类有红木厅、楠木厅的大型老建筑，就是列为全国重点保护或省级重点保护的文物也未尝不可，但就这样被悄无声息地拆掉了。我问那幢房子是谁拆的，朋友不肯详细谈。我问陈先生，你这楠木厅是不是从那幢有红木厅的大宅子里拆来的？陈先生不知是记不清了还是不愿细谈，没有作进一步介绍。

导游姑娘陪我来到一四面厅，说这是园主人为女儿准备的书房，匾额上书"天香书屋"，里面布置清雅，四围景色如屏，此建筑并不高大，东西为落地长窗，南北为花窗，细看基石居然是青石，实在让人大吃一惊。因为，明代建筑多用青石，到了清代，建筑又多用花岗石了，看来这是一明代建筑。而在苏州城里，以民宅而言，明代建筑不过屈指可数的几幢而已，有的产权还不一定属于国人呢！此建筑原在苏州市吴中区的洞庭西山后埠村购来，为一般姓人家的旧宅。导游姑娘还介绍说，此厅之梁也是楠木，厅中有宋代常用的浙江武康石，可见当初建造时，也不是普通之物啊。但这一珍贵文物藏在乡下无人识宝，因此也乏人问津，境况不佳，被陈金根访得，购而归之，这一明代建筑在新家可以得到精心养护，会比原主人那里好多了。

陈先生收购旧建筑、旧门窗、旧门楼、旧戏台、旧础石等，不仅在苏州城乡，收觅的范围也扩大至安徽等地。园北部一个并不太高大的歇山式单檐建筑，取名叫弘雅堂。陈先生告诉我说，当时有一朋友给他提供了一个信息，说上海丹凤路有一清道光时的古建筑要拆除，住户已经搬走，他就赶去现场踏看。他到了现场，进屋去看，屋里做了吊顶，看不到梁柱，他就爬上去，掀开吊顶一角，从里察看了一下。才一看，他就很激动：这厅居然是老红木为梁柱！陈先生说，听说当时胡雪岩为孝敬母亲，想造一红木建筑，但终因无大料，造的是楼而不是厅。现在果然发现了一幢红木厅，这是多么珍贵啊！他下来后表示，这房子他要了，但因为要拆了重建，构件不能损坏还需要编号，所以要由他的拆房队来拆。这红木厅拆回吴江后，又按原样复建在此园中。

走在园子里，可谓遍地是宝，幢幢建筑都有来历和故事。但我之所以惊心，是我认为陈先生尽了最大的努力，抢救出来的具有文物价值的古建筑，也不过是"文化大革命"结束后中国开发建设大潮中大批消失的那些祖先留下的文化遗产中很小很小的一部分吧。而静思园则像一份无言的总结，证明了现在的文物保护机制的不足。

园子的一大特色是赏石，园子里现展出有大约三千多块奇石，其中又多为珍贵的灵璧石，几乎可以说块块都是经过赏石家陈金根的法眼反复赏鉴后才来到这里的。这么多奇石，也使静思园成为一座耐品的园子。园中奇石难以尽述，就说有多达十一进房屋的园宅后面庭院里那块巨大的灵璧巨石吧。此石高9.1米、宽2.95米、厚2.24米，重136吨，园主人名此石为"庆云峰"。此石石龄已有五亿年，为寒武纪海相沉积环境的产物，据说是火山喷发，炽热的岩浆遇到水，瞬间产生的水蒸气将岩浆激出无数的孔洞。后来海变陆又成了山，石埋在土里。北宋时期，宋徽宗喜观赏石，广搜天下奇石，运进东京开封。这块灵璧巨石被人发现了，官家下令开采。但只开挖了三五米，就放弃了。是因巨石太大当时无技术能力开采，还是北宋灭亡了，就不得而知了。总之，这块灵璧石还是宋花石纲老坑的遗珍，确实是无价之宝，园主人取名庆云峰。

静思园里，尽是美不胜收的景色，不能不佩服和感谢陈金根这位农家之子，为我们留下了这么一座精美而又内涵丰富的集锦式园子，留下这么多从死亡线上回归的文化瑰宝。但欣慰的同时，又夹杂着沉重，五味杂陈，难以言说。

震 泽
尚香公主归隐处

吴江区震泽镇，除了丝绸被出名，也以它出产的香青菜和黑豆腐干著名。直到去了震泽镇，才知道震泽这个名字颇古，《尚书·禹贡》："禹敷土，随山刊木，奠高山大川……三江既入，震泽底定。"震泽即是古太湖，此名大约已有三千年的历史了。

明代末年震泽镇出了一位名人，叫王锡阐，精于数学和天文，著有《新法历说》、《大统历启蒙》、《三辰仪晷》诸书，是一位特立独行有节操的正派学者，现在他在镇上的故居修缮后已作为景点开放。他当年在闻讯明亡后曾自缢，投河，绝食，三度以死殉国，"父母强持之，得不死"。于是"著古衣冠独往独来，不用世时钱"，也不进城，以示与清政权决绝。他在其《震泽五湖异同考》中说："震泽虽小市，不足当'底定'之全，而其遗迹犹可想见。则《禹贡》之'震泽'，《职方》、《尔雅》之'具区'，当在此，不在彼。"他又在此文中解释"震泽"一词的来历："石林叶氏梦得曰：'今平望、八尺、震泽之间，水弥漫而极浅，与太湖相接，而非太湖。'惟浅而弥漫，故积潦暴至，无以泄之，则溢而害田，所以谓之'震'。然蒲鱼菱芡之利，人所资者甚广，与太湖异，所以谓之'泽薮'。"这段话的意思是，古代的震泽可能指的是太湖，但在震泽镇这一带，是因为水广泽浅，被取名为震泽。但是，今天许多人认为这镇名用了古太湖名也是极有意义的，我认为这说法是有道理的。

早在唐开元二十九年（741），湖州刺史张景遵即在其地设震泽馆，作为官方的驿站，这是这地方出现震泽一名之始。

南宋绍兴初年，震泽为临安（今杭州）京畿近地，朝廷设巡检一员以镇之，震泽镇成为一个镇就是这时开始的，镇史已有八百八十多年了。到了明代，开始兴旺起来。震泽因太湖而得名，是保留了古太湖名的唯一古镇，今

师俭堂第一进，过去开作米行

天可看作是一种文化资源。这几年震泽还连续搞了几届太湖农家菜美食节，影响很大。

镇上有一全国重点保护文物单位——师俭堂。所谓堂，其实是一幢前后六进的大宅，就在古镇的宝塔街上。走到古宅前，这街巷就狭窄了起来，两边还建有两个券洞门的巷门。让人奇怪的是，这售票处竟高设在古宅的第二进。第一进临荻塘河，是宅主徐家停船上岸的地方，宅主徐家以前在第一进开了大顺米行，与第二进之间有天井，极狭，叫眉毛天井。第二进和第三进之间，就是两头有券洞的"天井"，其实也就是一段宝塔街。卖票的姑娘介绍说，"这叫呀，街从宅中过。而且，这里过去还开着多家店铺呢。"这样，第三进也就被作为大门了。

以前镇上的人也陪我来看过，那时尚未完全修好。新中国成立后这里被粮食部门占用，在使用过程中总算没有大的改动，还是保留了基本原貌。他也讲了动员搬迁的不容易。现在看到师俭堂完好无损，也是经过大量修复的，是由江苏省计划委员会、文化厅，吴江市建设局，震泽镇政府共同出资，在吴江市文物部门的业务指导下，对师俭堂进行修缮的。工程历时近三年，耗资近千万元，于2004年4月全面竣工。

在师俭堂里慢慢走，细细看，渐渐地发现四个谜一样的问题。

一是，徐氏先祖徐汝福于清同治三年（1864）即太平天国在苏州失败后建这座大宅的，战乱之后不久就能建这样宏大的建筑，实属不易，为何他有这样雄厚的财力？徐家后来又做丝、又做米的生意，江南农村两大出产都在经营，富甲一方，人称徐半镇。徐家不知是不是和官府有交情，所以手面大、生意做得兴旺。

二是，师俭堂坐北朝南，占地2700平方米（一说2500平方米），建筑面积为3200多平方米。虽是商家大宅，但格局规整严谨，建筑也有了官的味道，是一官、商、儒三者并有的大户人家。师俭堂前后六进，从第一进至第六进，房基进进抬高，前后高差45厘米，六堵马头墙也一堵比一堵高，暗喻"步步高（升）"之意。但是，从大门开间正中的中轴线至最后第六进开间的中轴线，误差竟然小于5厘米。作为古建筑，这样精确的施工技术，在当时是怎样达到的？

三是，师俭堂为六进穿堂式高墙深宅，共有大小房间一百四十七间，集河埠、行栈、商铺、街道、厅堂、内宅、花园、下房于一体，充分显示了街中建宅、宅内含街的独特构成。但是，花园却是非常小，利用的是一个不规则的空间，这个园子叫锄经园，占地仅420平方米，这样小的空间里，又是三角形的边角料空间，虽空间局促，但凭借精巧的设计，"螺蛳壳里做道场"，居然安排了亭台楼阁、游廊假山，假山下有山洞，假山上有半亭，有高有低，错落有致，但事实上只是一个不太成器的迷你型小园子。问题是，主人当年为什么一定要建这么多房子而将园子建那么小，假如少建一进房子，园子就可宽敞许多，也正经像个园林了，如今房间之多和园子之小，都很极端，主人为什么这么不重视园子呢？

四是，当年主人似乎很注意风水，整个建筑三面环水，从平面上看，就像是一只朝着荻塘河的笆斗。师俭堂口朝荻塘河，坐落在笆斗当中，是进财之势。这样的规划到底是无意还是有意？反映了当时传统建筑规划的什么理念？

师俭堂往东走不多远，看见一座很大的拱桥，横跨河上，桥身用的基本是青石，不仅很古老，而且这样大体量的青石古桥在苏州地区也不多见。桥面是花岗岩，桥面石阶刻有各类吉祥图案。桥北堍竖有一碑，上写"禹迹桥"，看来当初镇上人为桥取此名就是纪念大禹的。根据资料，禹迹桥建于乾隆四十四年（1779），即乾隆第五次南巡的前一年重建，桥宽4.30米，长43.50米，南堍宽6.20米，北堍分设东西两向石阶踏跺，跨径10.45米，矢高5.56米。明洪武年间窦德远编纂的《松陵志序》言："禹导水源至此，故曰'震泽底定'，言底于定而不震动也。距邑西南九十里，有桥曰底定。"原来镇上还有一座桥面叫底定桥，和禹迹桥是姐妹桥，都含有纪念大禹治水的意思。但是1971年居然以便利交通为由拆除了底定桥这一古桥,改为水泥桥。好在禹迹桥,还有另一座清代同治年间建的思范桥(大概是纪念范蠡吧)保存完好,在这一水镇还留有标志性的古物。

禹迹桥北,是一古刹,名慈云禅寺。临河一带黄墙、绿树之上露出飞檐,更显眼的是寺里还有一楼阁式宝塔。这就是著名的"震泽八景"之一的"慈云夕照"。现在的佛寺,格局越来越程式化,显得大同小异。慈云禅寺有所不同的是大雄宝殿前露天矗立着一尊非常高大的白玉观音,而观音像南,是一座五层宝塔,大门又在宝塔南。一进寺门就是宝塔,给人"怎么佛寺建筑的安排顺序倒了过来"的感觉。

那么宝塔为何安排在一进门的第一位置呢?如果从美学角度看,这样安排,让船上进香的人在寺院大门前的河里就一眼能看到宝塔,而河里的倒影,寺墙、宝塔、禹迹桥,还有寺旁民居的倒影,绿水如绸,景色非常美,任谁看了也会心醉。

不过从历史文献看,事情并不是这样的。明万历时做过首辅大臣的朱国桢(1558—1632),是浙江吴兴(今湖州南浔)人,而震泽和南浔今天虽分属苏、浙两省,但在历史上可称是兄弟乡镇,联系极为紧密。朱国桢写过《涌幢小品》、《皇明纪传》等,他在《慈云塔记》一文中,开头是这样说的:"余浮舟太湖,一望三百里,起自虎阜,接苕溪,凡浮屠十一处,其在震泽者近余家,归舟必望之,以为准。恍佛家建塔之意,夫曰宝筏,曰金绳,曰慈航,皆以设济人之迷而导之。"原来,朱国桢以自己乘船往来太湖的体会,认为慈云塔原是一座佛门里建的航标塔。

据《震泽镇志续稿》卷七,"慈云禅寺在镇东,周九亩。宋咸淳中建。"咸淳(1265—1274)是宋度宗赵禥的年号,至今算来这寺院于今已有七百多年历史了。虽然迭有兴废,但一直在原址。

但在震泽人的介绍中,却是说"先有塔,后有寺"。寺前的街巷叫作宝塔街而不是寺前街、慈云街,看来确实是"先有塔,后有寺"。

当时的吴江市副市长吴玮女士是震泽人,她告诉我说这宝塔是孙权的妹妹孙尚香建的。是她嫁了刘备后,回到东吴,因思念丈夫而建此塔。这是当地人关于此塔口口相传的一个地方典故。今天的慈云塔当然是后建的,据载是明万历五年(1577)时寺与塔一起重建的。清咸丰十年(1860)的那场兵燹,毁了慈云寺,幸运的是宝塔独存。如今看到的宝塔,亭亭玉立,塔身六面五级,砖木结构,由塔壁、回廊、塔心组成,塔内的第四、五层有楠木刹柱,直透顶端,体量适当,显得比较好看,和周边景色也十分协调。

不过我想,为什么这里会有东吴时的传说呢?一方面,说明此塔早就有了，当时的功能不是佛教建筑，而是太湖里的航标，同时又是供岸上人眺望太湖归舟的建筑。想当年，有多少人在此凝眸远望啊。另一方面，这里的三国传说中，也透露出了那段历史的一些可供探讨的信息。

孙尚香这个名字不见于正史。在《三国志·先主传》里，有这样的记载："群下推先主为荆州牧，治公安。（孙）权稍畏之，进妹固好。"孙权在赤壁大捷后将妹妹送刘备为妻，目的是"固好"两大军事集团的关系。当然，这是一场政治婚姻。孙夫人的背后是强大的孙吴军事政治集团，所以在《三国志·法正传》中说："（权）妹才捷刚猛，有诸兄之风，侍婢百余人。皆亲执刀侍立。先主每入，衷心常凛凛。"四十九岁的刘备娶了不到二十岁的孙家公主，心中常有恐惧之心，想来刘备怀有鬼胎，怕孙夫人这聪明女孩窥破心思，无心很好地享受老牛吃嫩草的快乐。

蜀中投靠刘备的代表人物法正，力劝先主送还孙夫人，这就是拒绝蜀吴姻亲联盟。这时刘备西征成功获得了蜀地，有了一块根基。作为外来势力，刘备必须考虑到要利用巴蜀旧势力，才能坐稳新江山，于是他接受法正等蜀地旧政权官员们的建议，休了孙夫人让她还吴，清代文人王昙说孙夫人是被迫还吴："法正已进刘瑁妻吴氏于宫中，舟船之迎，正（孙）夫人见几（机）之哲。"刘备见蜀人已将吴氏送来，就将这位原蜀地政权中刘家的媳妇欣然娶为正室（后又封为皇后）。这样，孙夫人只好让哥哥孙权派船来接她回吴，公主斗不过孀妇，这是刘备的政治需要，背后折射出刘备作为枭雄，手段绝对无情。

吴江在三国时为吴郡，是吴的腹地，老百姓流传下来的传说是，孙夫人回到吴地后，一直在望夫，说明她并不骄豪刚猛。假如她再嫁，以当时的社会伦理，实属正常，史书也会如实记载。但她回吴后却再无半字记载，看来她没有再嫁。倒是在吴江的震泽镇上，留下了她造了一座塔一直在望夫的传说，透露出历史夹缝里的另一零星信息。我想起了温庭筠的《望江南》词："梳洗罢，独倚望江楼。过尽千帆皆不是，斜晖脉脉水悠悠，肠断白蘋洲。"用在这里，真是再恰当也没有了。走在慈云寺里，心绪飞到一千八百年前，遥想那时的震泽，水色连天，少有人迹，公主姑娘不愿住在吴郡城里，独自来到这荒僻的太湖之滨。或许她在这里建的那座塔是一座航标塔，当她望着浩渺烟波里往来的船只，想起那远嫁西川又很快夭折的如梦婚姻，那该是怎样的心情啊！

有鸟在天空中飞过，空气中没有留下痕迹，只有这个故事，还在传说。或者换句话说，孙姑娘还活在震泽人的口中。

黎 里
梨花如雪开满川

黎里市河畔的河埠

　　京杭大运河水从苏州南去不舍昼夜，在吴江进入浙江前河段的两岸，分别滋养出两个古镇，右岸是黎里（现已并入汾湖镇），左岸是盛泽，两镇的人都听惯了艄公的号子看惯了船上的白帆，但镇风却有很大的不同，《黎里志》说："镇上多士大夫之家，崇尚学术，入夜诵读声不绝……"一个镇上居然有八大姓为首的世家大族，而且柳亚子的柳家居然还不在内；盛泽镇虽然也有六大姓的望族，但早在明人周灿诗中就已是"水乡成一市，罗绮走中原。尚利民风薄，多金商贾尊。人家勤织作，机杼彻晨昏"，是一个工商业重镇。

　　我认识黎里，是在1987年，那一年是柳亚子诞辰一百周年，吴江乡贤、社会学家费孝通从北京来，柳亚子的哲嗣柳无忌教授从美国来，作家陆文夫从苏州来……冠盖云集，为柳亚子纪念馆开馆而相聚。

　　在我的印象里，柳亚子（1987—1958）是一个爱发牢骚的旧式文人，革命胜利了，他对毛泽东主席说什么"分湖便是子陵滩"，以想回他老家东边的分湖去学严子陵隐居来表示对他不被重视的不满，害得毛赶忙写诗给他，劝他"莫道昆明池水浅，观鱼胜过富春江"，后来真的任命他为华东行政委员会副主席、中央文史馆副馆长等职。大概在和这些先贤交谈中显示出我学识的浅薄，陆文夫将他手写的纪念柳诞辰一百周年的稿子给了我，柳无忌亲手给我写了感谢的话，叫我和他读硕士的美丽外孙女多交往，费老更是从藤椅上起来找来吴江的领导介绍给我，以便我获得更多的知识。柳、费、陆如今已归道山，但他们为人的风采，对后辈的亲切提携，却让我终生难忘，更主要的是，让我明白了一个道理，就是人生处处有学问，更需处处留意学习，终身不可松懈。也正是有了这次黎里的经历，我对柳亚子有了更多的关注，也有了更多的正面了解，从年轻时的轻狂转为现在的尊重。

柳亚子纪念馆就在黎里古镇上，朝南临河，设在柳亚子故居里。这幢房子原是清乾隆年间工部尚书周元里的府第，共六进。1898年柳亚子十二岁时随父母迁居黎里，租赁黎里第一大姓周家老宅"周寿恩堂"。1922年，柳亚子三十六岁时又典租了周家另一幢豪宅"周赐福堂"，即现在的柳亚子纪念馆。1927年，柳亚子因为反对蒋介石搞"分共清共"政策，遭迫害被武装搜捕，藏在家里的复壁中才得以幸免，后他只得离开黎里。因他是南社的灵魂、主帅，声名卓著，又是国民党中的左派，一直是中共的挚友。1948年，柳亚子还与宋庆龄在香港组织中国国民党革命委员会，亲任秘书长。他又是中国最后一位旧体诗大家，和毛泽东多有诗书往来，毛也挺愿意和他诗歌唱和。1945年8月28日，毛泽东从延安飞抵重庆，与蒋介石谈判。柳亚子赠毛七律一首，在舆论上支持毛，歌颂中共，《新华日报》以《赠毛润之老友》为题发表。9月6日，毛泽东在周恩来等的陪同下拜访柳亚子，柳向毛索诗。10月7日，毛泽东亲笔书写了《沁园春·雪》这首词赠柳亚子，并附信说："初到陕北看见大雪时，填过一首词，似与先生诗格略近，录呈审正。"毛泽东离开重庆后不久，《沁园春·雪》发表，这一气势磅礴的词震撼了中国的政坛和文坛。因为这个缘故，在柳亚子纪念馆的序厅，中是柳亚子先生的汉白玉雕像，座基上镌刻着的"柳亚子先生像"六字为邓颖超所题，两侧柱子上悬挂着周恩来1945年赠送给柳亚子的"铁肩担道义，妙手著文章"墨迹，东西墙上布置了毛泽东主席和柳亚子的《沁园春》唱和词。总的说来，虽然柳亚子性格卞急，但为人真诚，又学问深厚，才气横溢，一生追求进步。据说他思维太快，为跟上脑子里喷涌而出的想法，他写字非常快，也就非常草。他是毛以诗词互相唱和最多的诗友，毛甚至称他为"人中麟凤"。新中国成立后国家诸事繁杂，毛还给他写了《浣溪沙·和柳亚子先生》，高兴地说"诗人兴会更无前"，两人关系可见非同一般，同时定位柳为诗人，可能更符合柳亚子的气质。在纪念馆里，我有时会有点想不通，一个纯水乡长大的文人，为何诗作会如此激越？性格会如此刚烈？一个从小村里走出、在水乡古镇上学习长大的男生，为何始终能与时代大潮共进？这种风骨，其实正是值得今天知识分子学习的做人的榜样。

黎里拥有丰富的历史文化遗存，又有柳亚子纪念馆这一全国重点文物保护单位，但在过去，黎里好像没有将旅游业作为重点产业，对古镇文化的挖掘力度也不够强。不过这一状况目前已有改变，2012年1月30日，黎里举行了古镇综合开发启动仪式。原来当地政府已制定并完善了黎里古镇总体规划、街区保护规划等各项规划编制工作；此前已投入巨资，对古镇基础设施进行综合改造，推进端本园（已修好）、东圣堂等主要景点的抢救性修复工作；集中整治镇容镇貌，初步完成古镇绿化建设和亮化工程。此次新启动的古镇首期修复工程总投资达4.1亿元，其中要实施古镇"三线"入地、污水截流工程、五亩园重建、端本园（有"郡马府"之称，双桂楼、一亭仍为原物）恢复工程等，加上柳亚子纪念馆、禊湖道院、西片老街、施家洋房、周宫傅祠和浒泾街等，黎里的这些景点，足够支撑起古镇旅游。

只为了看这些景点，还不足以吸引人们千里迢迢赶来，关键还在于看古镇。"黎里古镇风貌的独特性绝对有优势！"黎里人这样肯定地说。早在20世纪50年代，黎里就办了不少工厂，那时工厂多选在大宅、祠堂等传统建筑里，因此拆除了大批有特色的廊棚，对古镇有一定破坏。好在黎里不是吴江工业最发达的镇，有的工厂后来也搬出了古镇。总的说来，52.4公顷古镇核心保护区内积淀着宋、元、明、清及民国各时期众多的历史遗存，现存明清建筑近16万平方米，各级文保单位28处，1.5公里长的河道上，各色古石桥有十二座，这样的家底今天在江南古镇中也是不多的。黎里的古弄堂堪称一绝。市河两边房屋临水而建，鳞次栉比，据统计现有一百一十五条弄堂，其中暗弄九十条，这些弄堂又窄又深长，纵横如迷宫，最宽的有2米，最窄的只有0.7米。有人总结出"有走马堂楼底的跨楼弄，有两弄紧依比翼鸳鸯弄，有直插郊外的通风弄，还有弄内生弄的迷魂母子弄……"游人穿行其中"钻弄堂"，趣味盎然。我从侧面了解到，保护好、开发好黎里古镇，已经提到可以增强吴江文化竞争力的高度，是吴江区的重点工作之一，还准备为黎里争取申报中国历史文化名镇，一系列工作在有序推进中。古镇保护和旅游开发工作，正开展得有声有色。

黎里原名梨花里，梨花村，梨川，梨里，清代诗人袁枚《黎里行》诗中吟道："吴江三十里，地号梨花村；我似捕鱼翁，来问桃花津……"这样美的地名本身就是一种资源，今后可考虑多种梨树，将梨花作为重要一景，同时在水边种些桃树相衬。镇上的梨花街要好好利用，梨花街上的闻诗堂，可以考虑开发成一个读诗的景点，黎里一定可以成为一处有特色的景区。

黎里历史上名人众多，我认为有两处与名人有关的遗存应该尽快修复与利用，一是徐达源、吴珊珊（琼仙）夫妇的写韵楼，徐是《黎里志》的撰写者，吴是女诗人，著有《写韵楼诗集》。赵翼、洪亮吉等都对吴赞美有加，也使写韵楼成了黎里的一大名胜。二是清代张曜（1832—1891）的"退一步处"。张曜虽是浙人，但十岁时来到黎里，投靠姑父蒯贺荪，后来随蒯守固始城建立战功，渐成清军将领。如今，写韵楼和退一步处均在，且为民居，较为破败，如果这一文一武两处古迹修复，必将成为黎里文化遗产保护和旅游业中的闪光点。

盛 泽
机杼织出满天霞

大运河哺育了盛泽镇

进入运河西岸的盛泽镇，感觉就像到了另一座城市，高楼多，车辆多，人也多，盛泽的朋友阿利姑娘多次陪我在镇上东看西看。据她介绍，盛泽镇现有常住人口近四十万了。我惊叹不已："近四十万人！这不是一个中等城市了嘛！"其实盛泽镇的经济实力，超过了很多同样人口的城市。

盛泽现位列全国千强镇第十，而其经济的发达，全在于丝绸业。镇西有一个大湖叫西白漾，西白漾通往白龙港的口子上有一座巍峨壮丽的三孔白龙桥，建于清代。上有桥联曰"风送万机声，莫道众擎犹易举；晴翻千尺浪，好从饮水更思源"，"千尺浪"是说水乡，"万机声"是说规模，从此联可见当时水乡盛泽丝绸业的规模。因此盛泽人常喜欢介绍说，盛泽是中国四大绸都之一，苏州、杭州、湖州以后，就数这个镇了。但是，现在盛泽的丝绸（含薄型化纤织物）产量全国第一，更符合"绸都"之称。进镇有一块元宝状的大石头，人称"镇标"，上面刻的就是"绸都盛泽"。

今天走在盛泽的街上，空气里都有着丝绸的气息。我是丝绸世家的后代，祖父、父亲、姑母都是织造丝绸的，从小听惯的是丝织业的术语，我也在十四五岁时学会了开织机，对丝绸产业有着特殊的感情。因为盛泽丝绸业至今仍然兴盛，所以我对盛泽就有了难以说得清的感情。

事实上丝绸的基因，在苏州人的血管里流淌了大约三千年了，当初吴王还为边境女孩子争桑引发了和楚国的战争。苏州从最初的腰机，就是数千年前将经一头扎在自己腰里织造绢绸，到后来复杂的双人提花织机，再到上世纪初大量引进电力织机追赶世界先进潮流,在漫漫岁月里不管是什么年代,苏州的丝绸业一直很发达,是"以赡军国"的战略产品,直到20世纪90年代苏州还在引进瑞士、日本等国的各种先进织机。苏州一直是中国的丝绸重镇,精美的丝绸是国家出口创汇的大宗产品,国际市场上有竞争力的拳头产品,拥有自主知识产权的产品,苏州的历史,就是一部和丝绸分不开的历史——但是,也不知怎么的,苏州市区庞大完整的丝绸产业,前几年说话间化作了淡淡的烟云。这段历史今后如何向子孙解释?买了一部多卷本的苏州丝绸史,再翻看那一页页记载,过去的辉煌让人读来总断肠!

阿利温柔心细,她或许知道我的情结,就让我到东方丝绸市场去看看。这家市场创建于1986年10月,现在冠以"中国"的名头,派头很大,更主要的是那里简直是绸缎和其他织物的海洋。当初盛泽之所以要办一个丝绸市场,是因为乡镇企业织的大批"生活"卖不出去,货一积压,乡镇企业就面临生死大关。于是,只得自己想办法闯路子。市场开头只是几排单开间矮平房的简易门面房,一门一窗的,还有几排水泥摊位,面积十来亩,商户仅二百,周围土地尚未完全平整,有的商户用的还是手扶拖拉机在运送丝绸。两三年后,市场建了门楼,吴江方面请费孝通先生题字,费先生欣然挥笔,表示支持,题字就做在其中的一座门楼上,这在那个时候,真给盛泽人搞市场经济鼓劲不少。经过近三十年的发展,如今市场面积已扩大至4平方公里,来自全国各地的六千余家丝绸商行云集场内,经营有十多个大类、数千个品种的纺织品。盛泽人经常会讲到历史上的"庄面",原来这就是丝绸行集中的街面或门面,盛泽丝绸过去通过"庄面"交易,销往全国各地甚至国外。这种销售形式约在1955年后消失,但是"庄面"培养出的市场意识,使他们打造出了东方丝绸市场。东方丝绸市场其实就是新形式的"庄面",它是盛泽丝绸业的主心骨、推进器和保护神。《吴江日报》一篇文章是这样分析的:"可以说盛泽'庄面'是我国最早进行封闭式规范管理的丝绸交易市场。同时,盛泽'庄面'体现了典型的市场经济模式,是我国资本主义萌芽的实物见证。它既联结了本地的机户、厂家,又联结着外地客商,使生产、销售、消费紧密相连,从而培育并发展了市场经济。"这一点,当年苏州市区丝绸业的"精英"们,可能还没有盛泽同行这样强烈的市场开拓意识。

2007年11月24日,我又一次来到盛泽,阿利让我去看东方丝绸市场里正在召开的会议。主席台上坐着商务部、中国纺织工业协会和省政府的要人,之所以这么隆重,原来这一天要发布"中国·盛泽丝绸化纤指数"。化纤面料、化纤原料价格指数每天发布,丝绸纺织品价格指数按周发布,景气指数按月度发布;盛泽50指数也按月度发布,这些指数作为国家指数由商务部向全世界发布，这体现了盛泽镇已成为这一商品生产和销售的中心。2016年，这家市场的交易额实现1115亿元，市场交易额已经连续七年居全国同类专业市场首位，它用产量、创新能力、交易实绩使盛泽在中国丝绸业处于中心地位，让盛泽丝绸最终没有像苏州市区的丝绸产业那样在新世纪门口黯然消退。阿利陪我去了市场里的几家商户，满目绸缎或化纤薄型织物，我看了没一会就头晕了，真是眼花缭乱。我摇着头说："你给我看的几家商户，都可以开个展览馆，品种太多了！"

阿利笑了，好像让我看到盛泽丝绸的兴盛，多少也能抚慰我对市区丝绸产业崩溃消亡的失落。不过，她的微笑中还是有别的意思，真正要看丝绸博物馆还是另有地方。有一次，她开着自己的红色轿车，带我去看一家工厂（其实是实力雄厚的集团），那家企业前些年买下了苏州一家国有的丝绸印花厂，我知道苏州那家丝绸印花厂三四十来年来积累了大量自己设计的花样，产品在20世纪80年代曾两获中国国家质量金质奖，这些花样大概被这家企业买去了吧，这可是心血结成的无价之宝啊！镇上现在有十二万多台无梭织机，年产各类纺织品100亿米，300万吨纺丝能力，30亿米印染后整理产能。但是这家厂还有相当数量的有梭织机，梭织面料织物一年要生产1200万米，是国家级真丝面料与服装开发基地。我去时这家企业正在筹建"中国丝绸旅游景区"（又简称"丝博园"）。里面有占地达100亩的百桑园，除桑树基因保存、珍贵桑树的培育与推广外，也作为园中的生态观赏景点。四季养蚕馆里，正养着蚕。以前苏州作为丝绸之城，苏州小孩子大多喜欢养蚕宝宝玩，现在的孩子看到了蚕在吃桑、蠕动，可能会有异样的感觉了。景区里设这个养蚕馆，并允许游客采桑、喂养蚕宝宝和采茧子，是很有意义的展示和互动的旅游项目。丝绸文化展示厅让人看到丝是如何"炼"成绸缎的全过程，从育种、养蚕、收烘、缫丝、捻线、织造、印染的完整生产流程，最终到服装和贸易，展示的是一个完整的丝绸产业链。

后来我又去了"丝博园"，正是桑葚熟了的季节，一边走，一边吃着景区送我品尝的白桑葚，觉得这是一座别开生面的丝绸博物馆，也是很有特色的旅游景点，他们骄傲地说在全国丝绸行业中也是唯一的。"千丝连天下，一园博古今"，园里讲解员吟出的这两句诗，让人回味无尽。

要看吴江（盛泽）丝绸史，还应该到五龙路口的先蚕祠去。记得20世纪80年代经过时，门前还有一河道。以前人们来此进香、议事，主要还是靠船，如今不知为何填没了，修成了柏油马路。始建于道光年间的先蚕祠，大门很是独特，是一座有三个门的精美的门楼式砖雕拱门，八字墙，清水砖贴面，高大而华丽。正中门上是砖雕的竖匾，上是贴金的祠名，两侧门上分别是"织云"、"绣锦"，显示出与其他场所不同的历史和功能。苏州全境养蚕历史悠久，形

丝绸城镇盛泽俯瞰

成了复杂的蚕俗，因为那时最怕的是蚕宝宝得病，只能求助神和严谨肃穆的蚕俗，其中一个民俗就是养蚕时家家要请蚕神（一种纸马）保佑。在吴江总管这么多家庭蚕神的，就是这先蚕祠里的蚕神。

走过门楼，是一很大的石板天井，延至正殿蚕皇殿前。天井之所以这么大，是为了可以容纳下更多的人。天井南端是朝北的戏楼，这里演戏主要是为了娱天井北端正殿里供奉的中华民族始祖轩辕（黄帝）、炎帝神农和嫘祖。嫘祖是黄帝的夫人，当地人称为蚕花娘娘，按照中国神殿的布局，嫘祖应该供奉在黄帝的后殿，神农不应该和人家夫妻之中共处一殿，可以另设一殿供奉。不过盛泽人不管这些，每逢蚕茧收获时，这里要演戏酬神，行业里也借此机会交流蚕茧行情。这戏要连演多天，因此开演时正是小满，故又叫小满戏。至今先蚕祠还会小满开始连演九天戏，镇上的业余剧团，京剧、越剧、沪剧、锡剧等，都会前来献戏，但看戏的都不是养蚕人了，演出时似乎再没有过去那种喜悦热闹的氛围了。

清代时北京皇宫的北海里东北隅有先蚕坛，由皇家祭祀，新中国成立后改作幼儿园，所以盛泽的先蚕祠可能是全国唯一保留至今供奉蚕神的古迹了，作为一种文化现象很值得珍惜。

不过参观时不要急着就去西边院落，那不过是个有假山、石桥、水池、亭廊楼阁之类的小花园。倒是那与戏楼相通、底层门上挂着"吴江丝绸陈列馆"牌子的西厢房，不要错过。走进去会发现，厢房进去后还有庭院和多个展厅，陈列内容分"历史渊源"、"衣被天下"和"风尚习俗"三大部分，丰富而精当，很值得一看。落地花窗边那尊蜡像，请外面大学里的高手制作，因太过逼真和耐看，总是吸引人们忍不住会驻足观赏。这是一个年约三十岁、坐在织机前的妇女，穿着黄镶边淡茄紫色大襟绸衫，梳着一丝不乱的发髻，耳前垂着蝉翼般的鬓发，腰系蓝印花布围身，双手作投梭状。那种娇美的身形、专注的神态、略显辛劳的面容，细腻传神地再现了清末民国初年时吴江织绸妇女的形象，看了让人动容。我的前辈开着绸厂，但家里妇女都很辛劳，要亲自劳作，工人吃饭店送来的包饭（为了吸引技术工人），家里却长年做酱菜佐餐，并无现今电视剧里表现的资本家那种奢华生活。在风雨飘摇的年代，中国丝绸业得不到国家扶持，规模偏小，资金偏紧，许多是仅一两张织机的机户，生存不易。他们用辛勤的劳动，对丝绸的热爱，织出中国丝绸的满天霓霞。好几次到先蚕祠，每次看到这丝织妇女像，觉得她不仅是吴江织女，其实代表的是一个群体，我总会多看一会儿，奉上满怀的敬意。

后来阿利招待我在红梨湖边吃饭，座中还有传媒界人士李克祥、盛泽地方志专家周德华等先生，大家谈些地方掌故以助兴。湖风吹进窗来，水光映在餐桌上，柳亚子曾有"潇潇暮雨过吴门，一水红梨旧梦痕"句，诗中的"红梨"说的就是这个地方。盛泽的中和桥有对联曰："金波跌宕红梨渡，玉带长垂绿晓庄"，在过去，"红梨晚渡"是"盛泽八景"之一，"红梨"成了盛泽的别称。民国时期，盛泽的书画家成立金石书画会和曲社，也以"红梨"为名，柳亚子的夫人郑瑛（1888年生于盛泽，字子佩，号佩宜），就别署"红梨湖女郎"。

因为想到运河对面的黎里有梨花里之说，我就留心打听盛泽红梨的来历。原来这里有个故事，沈秋凡《盛湖杂录》载："九娘，沈富第九房妾，世系腹出无考。富豪奢无度，九娘知其将败，请居别墅。富许之，乃筑楼于我镇之楼下。究心绘事，所画水仙翩翩有出世想。殁后，葬中山桥畔，冢旁岁生水仙，去之复生。""明洪武初，沈富于盛泽建南胜坊、北胜坊以兴市廛，设南书房、北书房以处女间，又植红梨万树于湖滨以点缀风流。"九娘楼在湖畔荷花村，沈富植红梨万株于湖滨，人因此以红梨名此湖。又或说沈富即是沈万三，但我未作进一步考证。我只是在想，如果黎里以雪白的梨花为主要植物，盛泽以红梨为主要植物，倒是很有对比性的景色，花开季节，两边梨花争艳，人们必然会看了这边又跑去看那边，红白梨花（我想象中红梨是开红花的梨）相映，"红红与白白，别是东风情味"，那一定是春天非常美丽的风景。

昆太胜迹

昆　山　玉山佳处景色殊

周　庄　水乡的回忆

锦　溪　清水芙蓉带露娇

千　灯　照亮水乡妍丽景

古港浏河　我家原住长江口

太仓城厢　边走边看忆往事

昆 山
玉山佳处景色殊

2011年8月中旬,亭林园里的并蒂莲开了,于是就约了好友周永成先生一同前往。坐上高铁不过十几分钟,就已从苏州到了昆山高铁站,车站里有公交车直达昆山市区西北的亭林园,交通十分便捷。

亭林园,占地面积有850亩,甚至圈进了整个马鞍山(昆山人又叫玉山)。在清光绪三十二年(1906年),这里就已辟为公园,因山形似马鞍,故名"马鞍山公园"。当时园子占地才约40亩,民国二十五年(1936)为纪念乡贤顾炎武先生,更名"亭林公园"。1954年,人民政府开始整修,面积有所扩大。从1980年开始,政府对园子作了持续的整修,园内的观光内容才越来越丰富,马鞍山古有"七十二景"之说,现大约有近百个景点。

我们站在园前的广场上,迎面照墙上有四个很气派的大字:"玉出昆冈",这是《千字文》里的一句,相当经典。将出美玉的昆仑山,借用在这里,也很妥帖。山名玉山,城名昆山,"玉出昆冈"解释成"玉峰山出自昆山城"这块风水宝地,不亦宜哉!

站在园外,远远地就能看见马鞍山了,山势东西向。东西长600米,南北仅百米;西峰最高80.8米,东峰30至50米,面积0.159平方千米。近年因为重视绿化,满山披绿。如今昆山是个规模不小的城市了,马鞍山基本已在城里,一峰独秀,就像是昆山城镶嵌了一块硕大的绿宝石。

马鞍山山不大,峰不峻却丰富多姿,南有桃源洞,北有凤凰石,西有试剑石、老人峰,东有擘云峰、一线天,峰峰有洞,洞洞有形,石石有态,因此有假山似真山之说。而地下深处的二氧化硅岩浆热溶液浸入马鞍山的岩石裂缝中,冷却后,成为石英矿脉,也因为这个复杂、独特的地质原因,昆山马鞍山出产一种价逾黄金的石头,叫昆石。

亭林园内牡丹亭

园内辟有一个昆石馆，是亭林园的一大看点或者说全世界唯有此处有的一个看点。大厅里用玻璃装置保护两块一人多高的昆石。这两块昆石在昆山县志上有记载，一名春云出岫，一名秋水横波。峰峦嵌空，窈窕玲珑，石质莹润，是我国的历史名石之一。昆石一般高约一尺，置于案头欣赏为宜，超过一尺的就算是大的昆石了。因为昆山本就很小，宋代以来历代官方包括今天人民政府都明令禁止开挖，再说就是全山皆是昆石又有几块？这种资源有限的石头如不是有这一昆石馆，平时很难一见。

昆石是一种洁白如雪的石头，但又晶莹剔透，千姿百态，有一种空灵、纯洁、韵味无尽的感觉。由于晶簇脉片形象结构的多样化，昆石细分有雪花峰、胡桃峰、海蜇峰、鸡骨峰、杨梅峰、荔枝峰等各种名堂，有的地方能够薄如宣纸、细如牙签，有的一拳之石竟洞壑宛然、峰回路转，大自然的神妙，实在是匪夷所思。

昆石馆前一个四角带圆、略呈长方形的池子，长着满池的田田莲叶，微风吹过，时有点点艳红闪现。走近看，那现出点点艳红的原来是荷花，池中花开约有百来朵。此次来昆山就是为了观赏此花，因为昆山的并蒂莲远近闻名。

这池里的并蒂莲，原来种在昆山真义镇（今正仪镇）元末名人顾阿瑛

亭林园内的玉山,有真山似假山的说法

（1310—1360）的别墅"玉山佳处"之东亭荷池。顾阿瑛又名顾德辉,出身豪富之家,但又酷爱风雅,礼贤下士,是一个文坛领袖,构建了园林玉山草堂,设有专供文人住宿的行窝,他不愿做官,就经常在家里做东,举行文人雅集,饮酒赋诗。据有人统计,在长达三十年时间里,和他唱和的诗人有百人以上。玉山雅集成为元末东南的一大文学盛事。但是因战乱,草堂为起事者所占,后又遭火灾,成为一片废墟。玉山雅集的唱和诗句或有所遗佚,我在《草堂名胜集》诗集里没有查到关于吟咏并蒂莲的诗。

1935年冬,当时国民政府铁道部长叶恭绰在上海偶得一古砚,砚后刻有并蒂莲诗,并注明莲出正仪东亭。叶即去正仪"踏雪访莲",又冒着大雪带人将东亭荷池重新修葺,池旁建君子亭。元末并蒂莲为何能流传至今?据说,正仪东亭荷池发现池底覆盖石板,石板上钻孔似莲房,荷梗便从孔中生出,故未被人偷盗挖绝,才得以传种。叶恭绰还考订这并蒂莲为天竺名种千瓣莲之珍品,双花并蒂,稀世罕见。

1950年,昆山县政府把东亭"元末并蒂古莲"移植到昆山亭林公园内,并专门开挖了这个437平方米的荷池,在园方的努力下,摸索出一套培育的经验,这已有六百多年历史的并蒂莲,现在经过精心培育,可做到年年开花。

在并蒂莲池南，还有琼花一株，亭亭如盖，琼花和昆石、并蒂莲同称为"昆山三宝"，2007年还被选定为昆山的市花。昆山有一位教师有一次在亭林园游玩时，偶然发现一树花开得特别夺目。因为他平时很爱研究花卉，也曾在扬州看过琼花，对此花的洁白如雪印象深刻。后来他请教了许多专家，才确认是琼花（聚八仙）。1981年，他的首篇昆山琼花稿件《古老的珍异花卉——琼花（聚八仙）》发表，后来上海多家媒体又在琼花开放前发表了多篇他关于昆山琼花的文章，亭林园里有琼花树的信息就这样传开了。后来园内的顾炎武纪念馆、盆景园、遂园湖中小岛、东斋后等处也分植了琼花树，琼花开时，游客就可以在园中多个地方赏花了。园中有一棵琼花树高六七米，根部主干粗有一抱，向上分叉为密集的二三十枝手臂粗的树枝，冠径比一间屋还大，生长繁茂，已近三百五十岁高龄。苏州媒体介绍说，这暂时可认为是我国现存琼花树中最古老的一棵。

上马鞍山的路可选中部山路，从牡丹亭东侧经额题"玉峰"的石坊门里上去，一路有千年银杏、云根石、步玉峰、潋滟桥、龙泉、一览亭、玉泉井等景点。山上有两座塔，在半山腰先是看到妙峰塔，1957年3月还被列为江苏省第二批文物保护单位。但却在"文化大革命"中被毁掉了，现在的妙峰塔是按原样重建的，五级八面，并不太高，每层的各面镌有神态各异的四十尊佛像浮雕，又称治平幢。

往西经过一南梁和尚住过的抱玉洞，走洞后平坦的山路转个弯到西峰，那里有个发出呼呼声响的军用雷达站，这里的山峦叫紫云岩，也是山之极顶了。在雷达站南，紫云岩之巅，矗立着一高约7米的、形状别致的柱状物，这就是文笔塔。昆山人常常引文笔峰为骄傲，在昆山的民间传说里，文笔峰的景色能一天七十二变，说是连唐伯虎这样的才子，也难以画出她瑰丽美妙的真容。实地看了，原来就是这金箍棒似的一根柱子啊。再细看，这柱子上端是尖的，做成毛笔形状的，上面还刻有篆体"文笔峰"三字。原来，所谓的"峰"，就是一石笔，当年是为纪念昆山第一位状元卫泾所立。山下也有许多景色和名胜，如祖冲之像（公元464年，祖曾来昆山前身娄县任县令，颇有贤声。2012年昆山市政府决定每年3月14日为祖冲之纪念日）、落星潭（据说是陨石砸出的水潭）、顾炎武纪念馆、昆曲博物馆、南宋豪放派词人刘过墓、春风亭等。此外，后山经过整治和建设，景色也非常清幽。

周 庄
水乡的回忆

谁识古镇风貌原是宝

将近三十年前,我那时还在苏州卫生部门工作,公干到昆山县,在县局同志陪同下到周庄去。从县城乘坐农村公共汽车往南到一个叫成茂(后叫陈墓、锦溪)的地方,公路就不通了,改坐船到了周庄。

当时的周庄,四面是水,镇内河道如网,仄巷旧房,民居几乎家家傍河,有"镇为泽国,四面环水"的说法。交通工具主要是船,相对比较闭塞、安静,镇上人也少,商店不多而且小,所售物品也是以农村人常用品为多。今天,周庄风貌大变了,周庄人的生活也发生了天翻地覆的变化。当然也没有了那种静谧和安闲,显得商气逼人,但这何尝不是时代的进步呢?

那时乡里没有招待所,安排我们住在好像是全乡唯一的一家旅馆里。晚上特别静,但第二天很早就被嘈杂的声音吵醒了,周庄四乡的人清早就纷纷来镇上卖菜和鱼虾,顺便买些其他物什回去。我就起来上街走走,镇很小,不到半小时就可大致走遍。有上海来的女学生在河边写生,很是抢眼。

回去的路还是乘船,小轮船逢村镇大都要靠岸上下客,这样停停行行回到苏州。一路上两岸都是农田,水稻已成熟正等待开镰,那时的苏州是名副其实的鱼米之乡,所产稻米自给有余。船窗外连绵无边的大都是金黄色的水稻田,稻穗在微风中摇曳,似乎可以听到稻穗发出的窸窣的声音。但在这风里,我也感受到一种时代变迁的气息。

就在我离开周庄的上一年,旅美画家陈逸飞来到了周庄。我不认识他,但当初陪陈逸飞去周庄的苏州籍画家杨明义先生是我多年的好朋友。

2011年初秋的一个下午,杨明义慢慢地和我讲起了往事:

1978年,"文化大革命"结束,整个社会都有一种从压抑中解放出来的快乐感,画家都想创作一些表达内心喜悦的作品,他想创作一幅苏州水乡人民快乐为题材的画作,来参加次年的国庆三十周年全国画展。他有一次来到苏州博物馆,在办公区看到一张办公桌空着,桌子上有一块已碎的玻璃台板,下面夹着一张黑白照片。博物馆的人说,这张办公桌的使用者已经病逝了。杨明义一看,哎,这不是一张江南水乡的照片吗?估计摄于50年代,因取不下来,他就将照片图像画了下来。

　　杨明义拿了这张速写问了许多人,都认不出这是什么地方。有一次,他乘坐轮船去浙江写生,船上有一人说,"这是昆山的周庄"。杨明义说,从苏州南门的轮船码头有去周庄的轮船,一早启航,他坐小轮船到周庄已是下午。那天他在周庄如入宝山,感觉这里的景色实在太美了,又是拍照又是写生,还住了一晚。后来就根据收集的水乡素材创作了一幅大型彩墨国画《水乡的节日》,在6.6平方尺的画面里描绘了二百八十余位农村人物。这幅作品2011年5月在北京的一次拍卖活动中,以三百五十八万四千元成交,创造出苏州当代国画家作品拍卖的最高纪录。今天值得一提的是,除了周庄本土画家许南湖可能画过双桥外,这或许是周庄以外的画家将周庄双桥第一次画入画作中。

　　后来,杨明义陪华君武、吴冠中等画家去过周庄,这些中国顶级画家都对周庄独特的水乡之美赞不绝口。吴冠中曾说过"黄山集中国山川之美,周庄集中国水乡之美",巧妙地借赫赫有名的黄山来宣传周庄之美,这两句话成了周庄最好的广告词。1982年暑假期间,旅美的油画家陈逸飞来到苏州,杨明义陪着看了许多地方,陈意犹未尽,问还有什么地方可看的。杨明义说,要么有个周庄,就是交通不太方便,要坐小轮船去。当时已是下午三点,陈逸飞说,那还等什么呢,现在就去。加上杨的表弟也是油画家,三人一起赶到南门,包了一只机帆船,开船赶到周庄时,已是暮霭初上。但陈逸飞很兴奋,拍了很多照片。第二天一早又到镇上四处去看,找角度,甚至爬到了邮局的楼台顶上从一个洞里观察。终于,他找到了一个观察双桥的位置,灵感可能就是在这时产生了。

　　回到美国,陈逸飞根据周庄双桥创作了一幅油画。杨明义说,1984年陈逸飞在纽约的哈默画廊举办一个画展,当时他要展出的画作早已布置好了,但他还想加上根据从周庄得来灵感创作的画。画展目录已经印好,但陈坚持要加上这幅画参展,画作送到画廊时,油彩颜料还未干呢!就取了个名字叫《故乡的回忆——双桥》,其实陈逸飞是浙江人,这也反映出苏州许多地方和浙江特别是浙北地区文化上有许多血脉相通之处。这幅画被画廊主人、美国西方石油公司董事长阿曼德·哈默买了下来,当时陈逸飞才三十九岁。1984年4月29日上午,国家领导人邓小平在人民大会堂会见厅会见到访的哈默一行,结束时,哈默把正在美国亨特学院攻读美术硕士学位的中国青年画家陈逸飞的这幅画赠送给邓小平。媒体报道这次会见时说此画名为《我的故乡》,杨明义认为陈逸飞对此画取名故乡或家乡,有一定的随意性。

陈逸飞首次到周庄采风正是盛夏,但这幅画画的却是冬天。在中国人心目中,冬天最易思亲,特别是年关将近时,游子会产生强烈的思乡之情,可能陈逸飞正是用这一季节来表示对故乡的思念之情吧!让人略有遗憾的是,因为陈逸飞是匆匆将这幅画送展的,自己也没有留下什么照片。如今此画已被深藏,难得一见。目前流传的此画的照片,是从当初记者拍摄的会见赠画时的新闻照片上抠下来的,所以并没有清晰的照片。

周庄旅游兴旺至今天,陈逸飞的这幅画起了很大的作用。其实双桥并不叫双桥,两座桥各有芳名。后来陈逸飞在2005年因劳累过度而病逝于上海后,感恩的周庄人在双桥边竖了一块碑,以纪念陈逸飞和双桥的关系,上面的字全镏上了金。

周庄还在双桥畔选了一座传统古宅,建了"逸飞之家",东边的一间屋子用来陈列陈逸飞生平优秀的画作,西边一间则是陈逸飞意愿中的画室。展示厅里的墙上,是陈逸飞亲笔所写的"我爱周庄"四个大字。据周庄镇旅游部门介绍,这里除了油画作品外,还陈列了陈逸飞的一些珍贵手稿和生活用品。陈逸飞生前爱读的书、穿过的衣服、用过的画笔和画布,还有一套古典沙发,以及他喜欢的欧式壁炉,都被摆放在恰当的位置。据了解,这些东西都是其家人捐给周庄的陈逸飞遗物。

陈逸飞走了,但双桥在,如今人桥结合,再难分开,成为周庄一个如画如诗的文化符号。

银子浜与聚宝盆传奇

《扬子晚报》1986年刚创刊的那年,这份全国第一张省级晚报连载张友鸾老先生撰写的关于沈万三富可敌国、家有聚宝盆的传奇故事。《扬子晚报》刚创刊时主要发行地是南京,因此这篇连载使得那个时候南京人对周庄的兴趣尤其热烈。

但是我去看了沈厅还是很失望。虽然这是一幢深达七进的大宅,但格局不大,也不敞亮。可贵的是,沈厅已经修缮完好对外开放,反思苏州的所有大宅,被拆除的不知凡几,被完好地全面保存并修复的屈指可数,有的著名大宅成了菜馆酒楼。直至2011年,苏州意识到要保护古宅,开始有所考虑,也算是值得欣慰的进展。从这一点来讲，沈厅修缮开放为景点，是有启发意义的事。

一到沈厅，几乎所有的人都说沈厅和沈万三有关。明代苏州人杨循吉（1458—1546）在其所著的《苏谈》中有"万三遗宅"条，称"万三家在周庄，破屋犹在，亦不甚宏壮，殆中人家制耳。唯大松犹存焉"。我想，沈万三人生结局是流放云南，成了罪人，而且又是钦定的大案，家里只存破屋，怎么还会有这样进深达七进的大宅呢？

导游还说屋后银子浜里埋着沈万三的水冢。在那波光水影里，竟然长眠着那位神秘的沈万三？当然只是传说。但周庄作为旅游资源，将传说变成了景点，现在还建起了石牌坊，似乎将沈的埋葬地落实了。其实清代《周庄镇志》载，只是说那个水冢"坚实完固，未知所葬何人"。

关于沈万三，明清之际多有笔记记载，一时不能胜举，这里略举几种，以见此人一斑。

《明史·列传第一·后妃一》：

> 吴兴富民沈秀者，助筑都城三之一，又请犒军。帝怒曰："匹夫犒天子军，乱民也，宜诛。"后谏曰："妾闻法者，诛不法也，非以诛不祥。民富敌国，民自不祥。不祥之民，天将灾之，陛下何诛焉！"乃释秀，戍云南。

这里的"后"，即是朱元璋的元配妻子孝慈高皇后马氏，虽然沈秀自己出资修了至今被南京人引为骄傲的南京城墙的三分之一，但个人承担如此浩大的工程显然没有获得朱元璋的赏识，因沈秀要给军队拍马屁，朱元璋光火得不得了，在后宫时对马皇后说起想杀沈秀，被马皇后劝住，结果沈被流放云南。这是见诸正史的记载，或许应该相信。值得注意的是这里说沈秀是浙江吴兴人。我想，可能他的原籍是吴兴，后来发迹是在苏州吧。而且《明史》中此人名字叫作沈秀，作为正史所记，应该是正式名字，至于后来有的说叫沈万三、沈万三秀、沈万山，那都是异名吧。

明代孔迩在《云蕉馆纪谈》中是这样说的：沈万三是苏州的吴县（今苏州市区）人，比较贫穷，在苏州东南一带乡下打鱼为生。后来得了"乌鸦石"，可以屯钱变万枚，他就用作做生意的本钱，"变为海贾"做的是海外贸易，还"遍走徽、池、宁、太、常、镇豪富间转展贸易，致金数百万"，国内市场生意也做得很红火。沈万三发迹是在元代，元代的苏州有全国数一数二的港口——刘家港，又近长江口，因此苏州人做海外贸易比较盛行，致富的人也比较多，沈万三就是其中一个。他内外贸都做，得以迅速致富。他积聚了财富后，大量购买农田，又同时成了一个大地主。到了明王朝建立，朱元璋垂涎苏州的良田，大搞"抄灭"（没收财产），苏州的富家基本被扫地以尽。沈万三就是在朱元璋的这一残酷政策下，"遂收杀之，血流出尽白，以兵围其家，尽抄摘之家财入官"，身家性命全部覆没。

南京城门中最雄伟的聚宝门（今名中华门），还和沈万三有关系，这在南京可以说是家喻户晓。我工作单位在南京，有许多南京的同事和朋友。他们说，明初建造南京城南门时，一直造不起来，有人向朱元璋献计，说借用沈万三的聚宝盆填在城坍处，城门就能顺利建成了。传说当初向沈万三借聚宝盆时，朱元璋曾答应五更时归还。但朱元璋将盆埋在那城基下时，城门果然造起来了，因此这个有三重瓮城的朝南城门被叫作"聚宝门"。但朱元璋想永远不还宝盆，就下令南京城从此禁敲五更。

我想，这个故事可能是想鼓舞南京为新首都的士气吧，意思是借来了苏州的富气，南京从此会兴盛富庶起来。但这个故事也因此引起了南京人对沈万三的兴趣，而这个聚宝盆的故事，今天还在流传。

后来我才知道，这沈厅其实是一个叫沈本仁的人建造的，他本是不肯学习的浪荡子，后来浪子回头，闭门谢客，经营家业，挣下偌大家业，有良田千亩，还建造了这幢大房子，名叫敬业堂。后来又换了主人，堂名改为松茂堂，取意于《诗经·小雅·斯干》"如竹苞矣，如松茂矣"句，是形容家族兴旺的名典，这个堂名使用至今。这沈本仁和沈万三是否有什么关系，还待学者进一步考证。

周庄景点很多。除了沈厅，还有张厅（大厅柱子下的础是木头做的），这张家将小姐洗澡的浴室架于河上，让带脂香的水流入河中。路人见了，不见其人但见洗澡水淌出，想象着有姑娘正在里面沐浴，不知现在还会向游客推荐这类逸闻吗？

波光相映的南湖岸边，傍水建有一座佛刹叫全福讲寺，山门、指归阁、大雄宝殿、藏经楼四进殿宇飞檐翘角，和寺前的五孔拱桥构成一组湖光倒影的壮观景色。

"蚬江渔唱"渔业馆、周庄舫、全福长桥、周庄博物馆、澄虚道院、酒作坊、迷楼、叶楚伧故居、三毛茶楼、传统工艺文化街、一稀堂古陶瓷博物馆、"水乡收藏家"的天富博物馆、天孝德民间工艺品收藏馆台湾街、画家村……景点一时数不胜数，现在再去周庄，已找不到三十年前的那种感觉了，那个宁静并有点萧瑟的周庄，已经成了一个依稀难寻的旧梦，就像旧照片的影像越来越模糊了。

锦 溪
清水芙蓉带露娇

锦溪古镇的廊桥

在苏州昆山南部，有三个旅游重镇，即周庄、锦溪、千灯，人称"昆山南三镇"，锦溪镇在南面的周庄和东北面的千灯之间。

锦溪处于水乡泽国，周边围绕着好几个湖泊，当地人说是"五湖三荡一条溪"，这五湖是淀山湖、澄湖（又作陈湖）、五保（宝）湖、万千湖、白莲湖；三荡是明镜荡、长白荡、汪洋荡；一条溪就是锦溪。一个镇周边有这么多湖泊，镇里还有发达的水系，那真是一片水世界了。现在很多介绍锦溪的文章说她是"清水中的芙蓉"，这应是比较形象的比喻；而现代作家沈从文形容她为"睡梦中的少女"，也常被作为锦溪旅游宣传的口号。镇上太平桥有对联曰"东迎薛淀金波远，西接陈湖玉浪平"，因此锦溪又有"金波玉浪"之称。

水世界的特点就是桥多，有"锦溪三十六座桥"的说法。这些桥座座是古桥，但也因为历史的原因，有的被拆了重建为钢筋水泥大桥，现在锦溪还保留有大约二十来座古桥，在苏州的古镇中是数量比较多的。锦溪最有代表性的桥，首推静卧于五保湖碧波中的古莲桥，这桥在一段长堤中，整个长堤都有朱漆栏杆和长廊，桥有三座亭子。人在其中，可见湖上景色而无雨淋之虞，因此游人喜欢称之为廊桥。在此桥上，可见五保湖中有一芳草萋萋的小墩，如碧螺浮于水面，这是锦溪的另一标志性景点：陈妃水冢。

锦溪古镇市河风光

据记载，南宋孝宗的陈姓妃子因病薨于这里，孝宗命就地安葬，并在湖边建了寺院和道观以荐芳魂，镇名也改叫陈墓。不过在明王鏊《姑苏志》卷七十八中，这陈妃的丈夫既不是宋高宗，也不是宋孝宗："陈墓，去县东南五十里，世传宋光宗妃陈氏葬此，因名其地。"宋光宗是宋孝宗的儿子，比较昏庸，可能老百姓不喜欢这个皇帝，后来就说是坚持抗金、又为岳飞平反的宋孝宗的妃子了。

陈墓这个名字叫了有八百多年（1966年至1981年期间改叫成茂），改革开放后，改叫锦溪。据说，这陈妃的墓很神奇，无论湖里水多大，但此墓从来没有被淹没过。1992年，镇上重修了陈妃墓，建了一座石牌坊，左右是两座亭子，墓前立了陈妃塑像。堤南湖里种荷花，堤北种菱角，景美如画。南宋时一位不知何处人士的女性，就这样长眠在江南的"金波玉浪"中，无数的游人至此，凭栏远眺，也是一种凭吊，陈妃也可说是得其所哉。

锦溪的桥很多，有"三十六座桥"之誉，大体说来，有锦溪人陆允中于明万历九年（1581）在家乡所建的周公桥，是他首先建议在杭州岳王庙铸陷害岳飞父子的秦桧、王氏（秦桧妻）、张俊、万俟卨四铁人像；有"小宝带桥"之称的十孔桥，当地人叫十眼桥；有锦溪桥、中和桥合二为一的"中和双桥"；有镇上目前最古老的、建于永乐五年（1407）的天水桥，而且以青石为主的桥拱竟然是全环形的，更特别的是，桥联是"愿天常生好人，愿人常做好事"，读来发人深思……其实，说锦溪有三十六座桥，也只是个约数，这些桥又无一雷同，各有特点，去锦溪看桥，沿着河或小巷走走，就像走在五线谱上，不时会遇到一座桥，就像遇到一个音符。

锦溪镇在发展旅游时，定位打造"民间博物馆之乡"，利用一些古宅办起以私人收藏品为主的博物馆。这些博物馆的特点是小型、专题、有特色，有时可以获得教科书上没有的知识。

锦溪镇的中国古砖瓦博物馆比较著名，过去锦溪的烧砖瓦业很发达，号称有"七十二座窑"。中国古砖瓦博物馆从当年的大东砖瓦厂的古砖瓦陈列室发展而来，设在上塘街的丁宅内，这是一处清初建筑，原为十一进院落，一条备弄就长120多米。古砖瓦博物馆陈列了五千年以来的砖瓦实物两千余件，都是罕见的宝贝。如瓦馆中陈列的一千余件展品，其中有七百余件瓦当和滴水，瓦上的丹凤朝阳、龙凤呈祥、福禄寿等图案相当丰富，光有龙的图案就达四百余件。砖馆也分多个专题，有建筑砖、城墙砖、铭文砖、祭祀砖门楼雕刻砖、唐宋凿榫井砖、琴砖等，应有尽有。馆中一块"砖祖"，是从昆山一处良渚文化遗址中获得，这块不规则的"火烧砖"，可能源自先人建房时以火烧地，导致土壤板结，启发了先人的智慧，在江南地区，砖就应运而生了。

锦溪镇现有十多家民间博物馆，像"文化大革命"藏品陈列馆里面收藏了两千余件"文化大革命"时期的票证、邮票、红袖章、书籍、像章、红宝书、报纸、宣传画等，对今天的大多数游客来说，多数人感觉疑惑难以理解，年长者看了会觉得恍如隔世。古董博物馆十八个展厅，三十一个类别，四千多件古董都是薛仁生老人花数十年时间收藏得来的，可谓琳琅满目，馆里有战国四轮木战车（据说出土自山西，战国木车全国唯此有一辆），重160公斤的檀香木半化石树桩，好多张古代的木床、桌椅、摆件、钟表、玉器、字画等。进门口当中，一张桌子上竖着两张很大的瓦，长度大约有40厘米，宽约30多厘米，色黑如铁，坚硬如玉。馆主说这就是铜雀台瓦。铜雀台是汉末曹操所建，馆主介绍说，当初制作此瓦时用鸡蛋清、核桃油和泥，当然还有其他独特的工艺，故瓦烧好后如此坚硬，古人得到此瓦，常用作制砚的材料。早在宋代，铜雀台瓦就很名贵了，苏轼《次韵和子由欲得骊山沉泥砚》："举世争称邺瓦坚，一枚不换百金颁"，可见在宋代一张铜雀台瓦就值百两银子了。而这里居然藏有两张，看来民间藏品也是藏龙卧虎。其他还有柿园书法碑帖艺术陈列馆、张省美术馆、中国宜兴紫砂博物馆、华夏天文馆、明清家具馆、金石人家篆刻艺术馆、锦溪宣卷艺术馆、中华历代古钱币珍藏馆、华夏奇石馆、锦溪镇杰出人物馆等，锦溪镇的博物馆可能年年都在增加吧，游玩的内容也日益丰富……

千 灯
照亮水乡妍丽景

2004年6月,昆山市千灯镇的陈白弟先生打电话告诉我,世界第一大玉佛落户他们镇了。这真是一个喜讯啊,一个地方兴盛了,人才、财富和珍宝汇聚,世界第一的玉佛能落户千灯,这是昆山和苏州的祥瑞啊!

过了几天,我和几位朋友结伴去千灯镇。

据清代陈元模《淞南志》记载,昆山东南36里处有一条河,从苏州城东的吴淞江流经这里,但在这里被叫作千墩浦。原来在这江的南北两岸,过去曾有土墩数以千计,故名千墩。这让我想起了史前的良渚文化,这千只墩,有可能是良渚文化遗存,但岁月冲走了这些古文明,今天只留下这一座仅剩三分之一的残墩。后来这里因种植茜草,1910年又改名叫茜墩,1966年经江苏省人民委员会批准改名为千灯。

来到千灯镇,首先映入眼帘的是三孔石拱桥、河流、古塔和粉墙黛瓦的民居,就像一段唱腔前的过门音乐,引人进入镇区。不过我们几个人先是去看玉佛。玉佛当时临时安置在镇上的延福寺,在大雄宝殿西面的一间门朝东的板房内。这尊玉卧佛长8.9米,高2.45米,宽1.35米,重32吨,镶嵌有一千五百多颗红蓝宝石、紫晶和翡翠,莲花座和衣纹用纯金镏金而成,整座佛像显得华贵端庄,具有很高的艺术价值。因此玉佛体量空前巨大,获得了上海大世界吉尼斯纪录,被称为"世界第一大玉佛"。一般说来,苏州佛教界原先卧佛较少,坐佛(表示佛在讲课)较多,而千灯玉卧佛,用料珍贵。后来建玉佛殿正式供奉时,又用山东白石经精心雕作玉卧佛的底台护栏,还配以红木雕刻的佛台。玉佛上方更是别具匠心地悬挂千条金链金片,打造成豪华富丽的宝盖,愈加衬托出玉佛的非凡与超脱,为苏州佛教界增添了殊胜的法喜。

玉佛所在的这所寺院也是千年古刹。寺在古镇千墩浦秦柱山之阳,梁天监

千灯古镇上悠长的石板街

二年（503）始建，由千灯镇人王束舍宅捐建，释从义开山，寺院取名延福禅寺，一千多年来香火一直很旺盛。清同治二年（1862）毁于兵燹，后来有所恢复，但总是不兴旺。因玉佛"落户"的原因，再加本来也需要一座能满足百姓宗教生活所需的佛寺，当地于2003年至2005年，着手重修延福寺，今天终成一处名胜。

寺里还有一宝，就是秦峰宝塔。这座宝塔据说在建庙的梁天监年间就建了，当时叫秦柱峰，后改叫秦峰塔。塔为方塔，七级，可以登临。每层有栏杆，为明洪武时旧制。太平天国军队和清军打仗时，寺被焚毁，庆幸的是塔的搁板、栏杆、楼梯被毁外，主体犹存。新中国成立后多次修缮。1994年，在文物部门的指导下，千灯镇政府对宝塔进行了大规模修复，重铸塔刹，修建了腰檐、平座、栏杆、楼板、木梯，古塔恢复了宋塔的"美人"风姿。

到了千灯，人们说得最多的还有顾炎武。"天下兴亡，匹夫有责"，这句爱国名言，谁都知道。但也可能很多人没有想到，说这话的老人家就是苏州昆山人。

千灯镇上有一条始建于南宋的石板街，河路并行，共有两千零七十二块花岗石板，岁月使石板光滑如玉，恍若走在上面，走在岁月的沧桑上，让人脚步也不禁凝重起来。北街热闹一点，有茶楼、糕铺等，南街幽静，但那里有顾炎武故居，故居里有他长眠的墓。

故居门朝东，白墙小黑瓦，门面开阔，气派不凡。听人介绍，才知道顾炎武故居原先占地很广,有三个院落。民国时期,顾家开始无力照看老宅,导致房屋败落,到新中国成立时还有些厅堂等建筑,后来也拆除了,空出来的地作了校园,只剩下顾炎武墓还在。1997年,昆山市政府拨款对顾炎武故居进行修复。2002年,千灯镇政府又对故居、祠堂和墓再次进行全面修缮。目前顾炎武纪念馆占地60亩,建筑面积5450平方米,现在的故居建筑,有水墙门、门厅、清厅(轿厅)、明厅(正厅,又叫楠木厅)、住宅楼,北侧有备弄连接灶房、读书楼和后花园,包括顾炎武故居、亭林祠堂、墓及顾园,此宅为千灯明清宅第之首。

顾炎武原名绛,字忠清,明亡后改名炎武,字宁人,亦自署蒋山佣。当时人多称其宁人,后来人多尊称为亭林先生。蒋山即南京紫金山,上有明孝陵,宁人的意思是指南京人,这名字是对明王朝的一种怀念吧。他生于明万历四十一年(1613),明末时参加复社。明亡后曾参加抗清斗争,失败后即埋首于学术,深厚的功底让他成为清代学术的开山大师。一生勤于著述,《日知录》、《天下郡国利病书》、《音学五书》、《历代帝王宅京记》、《肇域志》等,都是中国学术史上极为重要的著作。他在千灯一共生活了三十九年,后半生主要在北方游学。清康熙二十一年(1682)正月,顾炎武在曲沃因骑马摔伤。据说他摔下后,有腹泻呕吐症状,好像是脑部摔伤颅内出血,导致颅压高而呕吐,当天就病故了。到了三月,族弟从千灯赶到,扶柩而归,将顾炎武葬在千灯顾家祖茔。传奇的是,顾炎武常年所骑的老马,也郁郁而死,人们只好将马骨也运回千灯,葬在顾家读书楼边。

故居内有一个院落,门楼上书"亭林祠",里面有亭林墓,祠南向三间两厢一门楼,以三间相通作一大祭堂。现在亭林墓露台均用花岗石砌造,石阶七级,围以石栏杆,石碑上刻"顾亭林先生之墓",墓很朴素,镇上领导每年还会来扫墓。

其实,顾炎武并没有说过"天下兴亡,匹夫有责"这句话。他在《日知录》卷十三"正始"条中是这么说的:"亡国与亡天下奚辨?曰:易姓改号,谓之亡国;仁义充塞,而至于率兽食人,人将相食,谓之亡天下……是故知保天下,然后知保其国,保国者其君其臣,肉食者谋之;保天下者,匹夫之贱,与有责焉耳矣。"梁启超在《无聊消遣》一文中将顾炎武《日知录》中的这句话概括为"天下兴亡,匹夫有责",这八字总结得很好,流传开来,遂成名言。

顾亭林故居内的花园,一般叫顾园,占地颇广,景色疏朗,曲水清波,绿荫如盖,亭台楼阁错落其间,内有致用阁、思宜园、颂橘轩、"归奇顾怪"(二石斋)、秀石虬松庄、秋山亭、三徐居、慈母阁、四柿亭及碑廊等十个景点,园内通过字画、雕塑等形式宣传顾炎武,是一处有特色的古典园林。到千灯古镇若错过欣赏此园，岂不可惜！

在一般人的印象中，世界非物质文化遗产昆曲是明初魏良辅和张野塘、张梅谷、过云适、谢林泉以及张小泉、季敬甫、戴梅川、包郎郎等人以太仓为中心，当然也包括昆山艺术家研究出的新腔，当地人却坚持说是他们千灯人顾坚研创出了昆曲新腔。在千灯古镇的棋盘街上，辟有顾坚纪念馆，是利用一民国初年的建筑改造、布置而成的。门厅进去是一天井，走过天井就是原来的大厅了，现在改成了一个迷你型的演出场所，有个小小舞台，对联曰："秦峰塔下调寄南曲典奥，千墩浦畔腔创昆山正声"。想说明的是这里才是昆曲的正宗发源地。这里常年有昆曲、评弹及其他曲艺演出，楼上有昆曲史展览，陈列和昆曲有关的乐器、剧照、曲谱、戏曲人物图；当中坐着一尊穿明代服饰的中年男性即顾坚的蜡像。背后有一副对联："应弦和合风月无价，刻羽引宫陶真有情。"

千灯人认定他们的顾坚是昆曲创始人，是因为在魏良辅的《南词引证》中，有这样一条记载：

元朝有顾坚者，虽离昆三十里居千墩，精于南辞，善作古赋。扩廓帖睦儿闻其善歌，屡招不屈，与杨铁笛、顾阿瑛、倪元镇为友，自号风月散人。其著有《陶真野集》十卷、《风月散人乐府》八卷行于世，善发南曲之奥，故国初有"昆山腔"之称。

这条记载表明，顾坚是元代人，他比魏良辅早了约二百年，这样，昆曲的历史也因此提前了二百年！让人遗憾的是顾坚的著作好像都失传了。

我还听说了一件事，光绪六年刻本《昆新两县续修合志》卷十三中有这样的记载："太史第，太仆寺卿徐应聘所居，在片玉坊，有拂石轩。注：应聘与汤显祖同万历癸未科，显祖客拂石轩中，作《牡丹亭》传奇。"而徐应聘正是千灯人，汤显祖做客昆山的同年进士徐应聘家，就在徐家创作了《牡丹亭》，如果这条记载可靠，那千灯和昆曲还真有些缘分呢！

千灯镇还办了个千灯馆，是利用古镇南市街原先做过书场的进士宅第修缮改建的，基本保持了原貌。馆内展出的古代灯具有一千一百三十三盏，是北京著名古灯收藏家殷小林的主要藏品，是我国一家独特的古灯博物馆。千灯馆于2006年开张，成为游人喜欢去的一个特色文化景点，里面展出的有汉代青铜龙首柄行灯、汉代灰陶胡人俑灯、三国石猴顶灯……在古色古香的李宅（现堂号为千灯草堂）里观赏古代灯具，真有一种古代之光穿越而来、照亮心田的感觉。

千灯，这座水乡古镇的文化之灯，正在璀璨地亮起来……

古港浏河
我家原住长江口

许多人爱用"杏花春雨江南、小桥流水人家"的比喻来看苏州,其实苏州除了太湖水的温柔,也有长江水的浩荡,内涵远比一般人的想象来得丰富。苏州下属的太仓,就是江头海尾的一个县级市。

浏河镇是太仓名镇,到了这里,河里流的是江水,吹来的是江风,吃的是江鱼,和一般小桥流水人家的苏州古镇气质有所不同。站在老浏河龙王湾大桥下,只见河岸上落霞般开着淡粉红的合欢花。在千年历史上,这条河一直是沟通长江、大海与郡城苏州的主要通道。明代张寅《太仓州志》载:"凡海船市易往来者,必由此而转西,过太仓、昆山抵达郡城之娄门。"《姑苏繁华图》中阊门商贸繁华的景象,图里描绘的那些海船,就是将远方甚至外洋的货物从这条河运到苏州城下集散、交易的。

现在的老浏河,又叫刘河,河面上静悄悄,鲜见船行。元代时,天下一统,江南的粮食,通过刘(娄)河口北上,运到北京;南方的生漆、藤等土特产,也通过刘河进来。一时"九夷百番,进贡方物,方舟大船,次第泊来","外夷珍货棋置,户满万室","名楼列市,番贾如归"(《浏河镇志》)。当年刘河口宽达三四里,北方和南方,还有外国的海船、长江中下游下来的船,都汇聚停泊在这儿。河里樯桅如林,商贾来自全国乃至外国,岸上走的人,语言各异,古人说太仓是"六国码头",还是谦虚的呢。

走不多远,老浏河出现了一条分支河,形成了三叉河。河上分别架着两座比较大的桥,一座有长亭的叫老浮桥,许多人坐着在看风景;另一在支流上的叫水带桥。这是浏河的双桥。据汪放、郑闰所著《太仓港史话》介绍,"日本宝龟九年(778),有位名唤喜娘的姑娘随父遣唐大使藤源清和前来中国,在苏州学得刺绣、茶艺后,欲从娄江口返国,一日,在'浏河'水带桥上观望时,不慎失落一条丝带。一路人见之，迅即投水捡拾。喜娘深为感动，即以丝带相赠。路人也不谦让，将滴水丝带系缚外衣而去。后人佳话，流传不绝，为传中日佳话，当地人乃命名此桥为'水带桥'。'水带桥'虽几经修整，但古貌依旧。而水带桥位置，正是隋唐时澛漕口之所在。"故事相当美丽，但不知是史实还是民间故事。

虽略有遗憾，但我想，苏州也只有浏河这种国际贸易历史悠久的地方，才会流传这样和异国姑娘有关的传说。

老浏河今天只是一段湾汊，基本失去了通江的功能，能通江的浏河，是20世纪50年代和70年代，数十万民工开挖的，通过截直河道，清淤加深和拓宽河床，成为长江下游惠及苏州、无锡一带的区域性水上动脉。今天再来到浏河，汽车沿河堤往江边去，只见河里停满了大型运输船。河口的望江亭，仅是一只单檐的绿色琉璃瓦的六角亭，靠一座小桥相连，孤立在河与江交汇的茫茫水中，亭子里江风满亭，波浪在亭下哗哗欢唱，极目江天一色，江鸥翻飞，远处有数万吨的大海轮在缓缓行驶，12.5米深水航道已直达太仓港。这里是苏州非常有特色的一景，显示出苏州雄浑气质的另一面。目前这里正在开工建设长江口旅游度假区，规划面积达16平方公里，区内将建设滨江新城、渔人码头、浏河古镇、温泉社区四个主要的旅游发展集聚区，最终打造成"江海特色国际休闲度假旅游目的地"。

当地人总要介绍老浏河水带桥不远处的娘娘庙。从一牌楼走进去，是一座庙宇建筑，这就是苏州地区赫赫有名的天妃宫，娘娘、天妃就是妈祖，也作天后，是中国民间影响最大的女神之一。妈祖是福建人，名叫林默或林默娘，生于宋太祖建隆元年（960），宋雍熙四年（987）升仙，是沿海地区许多中国人信奉的护佑海上航行人的女神。苏州人朱长文撰于元丰七年（1084）的《吴郡图经续记》记道："自朝家承平，总一海内，闽粤之贾，乘风航海，不以为险。故珍货远物，毕集于吴之市。"北宋时广东、福建一带的客商，就从海路到苏州来做贸易了。浏河口的集市，形成于北宋，妈祖信仰，可能就是这时由这些闽粤商人带来的。苏州城里过去也有天后宫，是非常有名的大道观，大约在新中国成立后逐渐消失，这表明苏州历史上也是有妈祖信仰的，现在苏州市区的吴中区，在东山镇沐春园内新恢复了天后宫，这女神当地人也叫"菱湖嘴太太"，八月十二为其生日，要举行庙会庆祝。而在太仓，还完整地保存着历史传承有绪并且是古建筑的妈祖庙，作为浏河的特色景点，当之无愧。

据《太仓港史话》的说法，浏河天妃宫始建于北宋五年（1123），原在浏河口北岸五杨池，重建于元至元二十三年（1286），元至正二年（1342）迁至今址。而《古港浏河》介绍，这里原是一座建于南梁天监年间的灵慈寺（和寒山寺同一年代），到了元延祐年间（1314—1320），遭到火灾，寺院开始衰落，江浙省参知政事燕山图鲁奏准将灵慈寺址建天妃行宫。既是奏准，看来还是经过朝廷批准的带有官方性质的妈祖圣庙。天妃宫建成后，一直香火旺盛，有春秋两祭，仪式隆重，古时还建有戏楼，还要演戏给天妃看戏以娱神。但七百多年来，天妃宫经过了多次重修甚至重建，据说如今只有后围墙还是元代的古物。

浏河天妃宫的真正出名，还在明永乐年间三宝太监郑和从这里启航七下西洋，船队出发时，郑和要到天妃宫里来上香，祈求妈祖娘娘庇佑大明船队。

郑和年轻时就是一个熟悉海洋的航海家，曾远航日本。从明代永乐三年（1405）至宣德八年（1433），郑和受朝廷派遣，率领规模巨大的船队七次出海远航，最远到达非洲东海岸，访问了东南亚等地的三十多个国家和地区。或许郑和是苏州人姚广孝的徒弟，郑和每次出航，都是先到苏州下属的太仓州，然后从浏河口扬帆启航，驶向海洋深处。所以，太仓作为郑和下西洋舰队的起锚地，是值得纪念和骄傲的。

在当地有一个传说，说是建文帝在常熟双凤（今属太仓）人顾义庵、顾朴庵兄弟陪同下，逃在天妃宫中，由三世殿（今天妃宫中已无此殿，是当时在灵慈寺址上造天妃宫时留给僧人的一进殿）住持僧人明远法师照顾，后花银五百两由在龙王湾内的一艘交趾国（即今越南）的商船带走。为感谢明远和尚，建文帝将一随带的日月琉璃灯赠送三世殿。据《古港浏河》介绍，永乐帝的亲信姚广孝曾来到太仓，在茜泾建寺叫广孝寺。他在天妃宫见到这对灯，若有所悟，就取回广孝寺。此书还说："明季乱世，日月琉璃灯不知去向。清康熙年间于广孝寺东浚河时复得。然时人未识此灯，后为无锡人许鸣皋之父所得，辗转流落于常熟慧日寺，寺僧不肖，出售此灯，为浏河儒商王丕扬先生购回，献于天后宫为'神灯'。咸丰年间又失。"咸丰十年（1860）至同治二年（1863），太平军占领浏河，同清军及洋枪队发生激战，镇里受到严重破坏。天妃宫在咸丰十一年（1861）毁于兵火，日月琉璃灯大概就是在此时灰飞烟灭了。

天妃宫屡有兴废。1984年、1985年，太仓借纪念郑和下西洋五百八十周年之际，对天妃宫进行了修建，拆除花神庙，并利用所拆物料复建前殿（山门）；新建了碑廊（墙上嵌有十多块碑，其中主要为古碑，很有历史价值）、六角亭、办公室、厕所、围墙，但大殿没有恢复。现在的大殿遗址是在2005年由苏州博物馆考古队发掘勘测，进行复原的，不过是一个铺有地砖的地坪，可以让人看得出这里曾经有过一座建筑而已。从后殿的原石础高达35厘米、径80厘米，而现在的大殿石础，形制很小，如今复原的后殿只能起到示意作用。

1985年修复时受历史条件的局限，天妃宫后殿改作了郑和纪念馆。

那时的布局我曾多次看到过，身穿白袍、头戴黑冠的郑和彩塑像，气宇轩昂地坐在后殿中央，楼上是郑和纪念展览，有他下西洋的历次航海路线示意图、宝船模型等。天妃娘娘则退到了偏殿里。此次我又来到天妃宫，看到后殿里端坐的是天妃娘娘的金身圣像，两壁是八幅天妃圣迹彩绘壁画；殿内也有了道士。原来2009年对天妃宫的功能作了调整，将郑和纪念馆搬出天妃宫，恢复道教场所，还历史原貌。2011年4月30日举行了天妃娘娘神像的开光仪式。从此，浏河天妃宫同湄洲妈祖庙、泉州天后宫、天津天后宫一起统称大陆元代"四大妈祖庙"。

天妃宫后殿是一座重檐硬山式楼宇，面阔正三间加次三间，五架梁带卷棚顶前轩，前有廊（说是还有后廊，但未能见到，目前不能上楼），显得比较高敞，据说仅底楼就有400多平方米。此幢建筑保留了不少古代原物。廊两端券门上的砖雕，雕的是山水龙图案，是郑和下西洋时的明代原物。廊前枋上，雕刻精美，细看是三国故事，共有三组，长达15米，高25厘米，为明代木雕艺术珍品。而殿内柱梁构架，均是产于印尼的楠木，据说是当年大户船民为表诚心，献上的桅杆，也是元代的遗存，甚为珍贵。

离天妃宫约一箭之遥，是太仓明德中学，2011年我和朋友冒着如火烈日寻访到这里。

大约是1997年，我曾参加一位女科学家骨灰安葬该这学校里的仪式，现在凭印象一路寻找过去，很容易就找到了。学校正在放暑假，门卫见我们满头大汗的样子，很客气地叫我们登记一下就让进来了。进学校大门，看见一尊铜像，一位女性上穿开襟毛衫，正扶着讲台，手下是一叠讲稿，风正吹来，吹动着她的衣衫和裙摆，她就仪态万方地站在那里，正是我所敬仰的吴健雄先生。

浏河镇是著名女物理学家吴健雄的出生地，关于她的核物理方面的成就和其人其事，可以洋洋洒洒地写上千言万语。我想，对她最确切的评价已经镌刻在墓园里，用的是《吴健雄传》作者、台湾记者江才健的一段话："这里安葬，世界最杰出女物理学家——吴健雄。她一生绵长深刻的科学工作，展现了深思力作和真知洞见。她的意志力和对工作的投入，使人想到居里夫人，她的入世、优雅和聪慧，辉映着诚挚爱心和坚毅睿智。她是卓越的世界公民，和一个永远的中国人。"我和朋友在她墓前，默默敬献上心香一瓣。

1990年，中国科学院紫金山天文台以吴健雄的名字命名一颗小行星——吴健雄星，在浩渺的星空，它照亮了科学之路，也照亮了苏州的这座小镇。

太仓城厢
边走边看忆往事

弇山园（太仓公园）景色

　　太仓曾是直隶州，地位很高，但后来海运衰落，成了一个县，太仓城成了城厢镇。在县府西街，有一处公园，现叫弇山园。南梁时这里是"妙莲庵"，后成了海宁寺，因为太仓人出海的人多，家里有人出海，家人总是牵挂不已，希望大海宁静，亲人平安，这寺名显示出太仓和航运的关系。但是海宁寺不知何时成为了废墟，现在进大门往右走，可以看到用石栏围起来的一处遗址，里面有许多青石雕刻的建筑构件，上面有精美的花纹，可见这海宁寺规模不小。2006年，太仓市规划部门在对该园改造扩建、疏浚河道时，发现了几十块断裂的塔砖，上有阳文"释迦真身宝塔祝延摩诃般若波罗蜜多圣寿保国界安民者"二十四个字，好像这里以前有宝塔，塔内藏有佛的真身舍利。民国初年这里辟为公园，因几次受战火波及，到新中国成立时已只存残址。

　　新中国成立后，政府逐步修缮此园，渐成规模，园子现占地面积115亩，内有诸多景点，如有墨妙亭，太仓籍北宋著名水利专家郑亶墓，宋代花石纲遗物"望海峰"，明洪武年开凿的"通海泉"，元代用桐油煮船用竹缆的大铁釜，以及弇山堂、嘉树亭、小飞虹等二十多处景点，还有长廊、池塘、小山、石桥、轩榭、曲径、假山等，景色疏朗秀美，该园成为人们去太仓必游的景点。不过更让我关注的是新修缮的张溥故居。从弇山园（太仓公园）往南走不多远，就来到西门街。有一白粉墙、石库门老宅，这就是张溥故居，现为江苏省文物保护单位。门对面竖着张溥立像雕塑，左手拿着一卷纸，右手停在胸前，好像在深思什么。因为张溥是《古文观止》压卷之作、曾收入中学语文教材的《五人墓碑记》一文的作者，他的故居也就成了太仓的一处代表性景点。

故居目前是一座一落三进，由官帽厅、堂楼和后楼组成了通转走马楼尚书府第。故居里最有名的就是七录斋。《明史》张溥传："（张）溥幼嗜学。所读书必手抄，抄已朗诵一过，即焚之，又抄，如是者六七始已。右手握管处，指掌成茧。冬日手皲，日沃汤数次。后名读书之斋曰'七录'。溥诗文敏捷，四方征索者不起草，对客挥毫，顷刻立就，以故名高一时。"这是说他读书有一个习惯：每要读一篇文章，总是先自己抄下来，背诵一遍，然后烧掉。然后重抄一遍，再背诵，再烧掉。如此反复六七次，文章就会烂熟于胸。他将自己的书房名为"七录斋"，文集也名为《七录斋集》，因此他读书之处也因"七录"而闻名于世。但是在里面兜了两圈没有看见七录斋，后来请教了工作人员，才知道在后面楼上。楼中间布置了几尊人像模型，表示张溥在和同道中人讨论。楼中间的东面，象征性地隔出了约七八平方米空间，放了书桌，一个假火盆，就算是七录斋了。有名的七录斋，真的就是这样的吗？张溥当年就是在作卧室的楼上，辟了个小小空间作书斋的，而且在楼上会见朋友的吗？无语。

太仓书生张溥，当时名动天下，可以说是文坛领袖式的人物，他和一批志同道合的知识分子，也结了社。后来他又牵头将各地的社团结成复社，并公开了成立宗旨，在苏州尹山湖中的尹山岛、虎丘等地多次开会，声震朝野，成为中国南方一支以知识分子为主体的重要民间力量。而张溥为明末苏州市民暴动所写的《五人墓碑记》，反映出这个知识分子的社团正在向市民靠拢，种种迹象都表明复社不是一个普通的切磋经学的读书会式的组织，而是代表着一种清新的民间力量。张溥，也就成为这一时代的一位代表性人物。在资本主义萌芽的苏州和其他商品经济活跃的杭州、松江等，这些社团发展下去会不会成为政党？张溥有没有领袖素质？这是一个观照当时中国社会的有趣节点。然而就在这时，一支来自白山黑水间半游猎民族用武力横扫中国，在血与火中建立了清政权，用暴力打断了中国社会的发展进程，使这些问题永远地成了历史之谜。复社，也在清顺治年间被取缔。

和故居相通的，也是一幢三进的仿古建筑，现作为江南丝竹馆。2007年9月24日下午我去那里时，人们正在忙着装台。晚上，在这有仿古戏台的院落里，要举行一场江南丝竹晚会。

太仓市文广局顾问张炎中告诉我说，江南丝竹起源于太仓。明清至民国，一直有民间江南丝竹乐团活跃于城镇乡村，并逐渐形成了"小、细、轻、雅"的风格和清丽优美的韵味，聂耳的《金蛇狂舞》、刘天华的《变体新水令》、著名的《苏武牧羊》等均直接根据江南丝竹音乐的素材改编，可见影响之广泛。我听江南丝竹，配器之间有一种你追我赶的感觉。太仓的朋友说，确实是这样，江南丝竹合奏乐器有丝弦中的二胡、中胡、三弦、琵琶、扬琴，竹管中的笛、箫、笙和小件打击乐器鼓、板、木鱼、碰铃等乐器，其中以二胡、笛、箫为主，合奏时各个乐器轮流为主、其他为辅，手法常用加花变奏，支声性复调的织体定法很有特点。这种叫"弦索"的乐器合奏，也流行于上海、苏州等地，20世纪50年代初，在华东一次民间文艺会演上被正式定名为"江南丝竹"。据张炎中先生介绍，太仓先后挖掘出一百三十五首流行于太仓的江南丝竹曲子，由太仓浏河籍人、著名作曲家张晓峰整理出十大名曲，后又整理出《万年欢》、《昆韵》、《满庭芳》、《望月》、《看花灯》、《喜元宵》等新曲八首。现在太仓江南丝竹已被列为国家非物质文化遗产。

不过，听太仓人说江南丝竹起源于太仓，我起先有点不太相信。太仓的朋友送了我一些有关资料。其中有这样一段记载，明末人宋直方《琐闻录》记载："（张）野塘，河北人，以罪发苏州太仓卫，素工弦索……昆山魏良辅者，善南曲，为吴中国工。一日至太仓闻野塘歌，心异之，留听三日夜，大称善，遂与野塘定交。时良辅（年）五十余，有一女亦善歌，诸贵人争求之，不许，至是竟以委野塘。"但太仓朋友在介绍中又说，这个张野塘也有可能是安徽人，充军在太仓，白天晚上要去值勤，但他会弹三弦，成了魏家的上门女婿后，生活安定了，翁婿常在一起切磋艺术。因为他对三弦作了改良，这一乐器就改叫弦子了。这段太仓逸事以图文相配的形式，展出在江南丝竹馆第二进的西廊里。

我对这一艺坛奇事佳话还是相当感动。一个劳改犯人性质的外地人，可谓不名一文，但是一位昆山人（当时住在太仓南关也即南码头，原籍江西南昌人）因为艺术，不仅慧眼识才，而且招为女婿，这种对艺术的痴迷追求和对外地青年人才的爱护之情，让今人觉得实在难以企及。魏良辅和张野塘翁婿两人沉溺于新曲的研究中，魏良辅以至十年不下楼。因为这种功夫，魏良辅终于研究出了一种新的唱腔，改北方曲调的高昂激越而成了清柔婉转的昆腔，因其委婉细腻又叫水磨腔（调），就是今天已成为世界非物质文化遗产的昆曲。明人沈宠绥《弦索辨讹》说："嘉隆间，昆山有魏良辅者，乃渐改旧习，始备众乐器而剧场大成，至今遵之。"而张野塘在伴奏方面，也有了突破，这就为后来的江南丝竹打下了基础。丈人对昆曲、女婿对乐曲，都作出了贡献，颇有传奇色彩。

出得门来，太仓的朋友指着东面说，那边有一座桥叫"卖秧桥"，桥畔有一座石亭，竖了一块碑，是纪念李时珍和戚继光来太仓上岸的……

呵，太仓，也是风光正好，故事听不完啊……

诗画琴城

常 熟　如歌在琴弦上流淌

沙家浜　碧血化作芦苇青

古　里　书香散去红豆在

常 熟
如歌在琴弦上流淌

曾园、赵园现合为曾赵园

山光如黛波如镜

如果你到常熟去，有可能的话请至少在常熟住一晚上。

傍晚时，走在常熟城的街巷里，抬头往西一望，远处虞山如屏，山脊曲线优美，夕阳已经下山，满天晚霞，就像是从山腹里飘出来的五彩锦绣，瑰丽无比。而早上，可以看到朝霞洒在郁郁葱葱的山坡上，金红如染……虞山的夜晚也很美，如在夜晚时登临虞山，站在半山腰，看山下常熟城，万家灯火，一眼望不到边，疑是天上银河落在这里汇成了星的大湖。

常熟城西的虞山，主峰高300米，绵延6.5公里，在苏州北部，也是一座很雄秀的大山了。古时常熟城一部分城墙建在山的东坡，因此有"十里青山半入城"的说法。

虞山和常熟人是血肉相连的，虞山上历史文化积淀极为丰厚，自然风光和人文景观结合得如此之好，是一座处处是景、处处有故事的山。古有"虞山十八景"之说：书台积雪、破山清晓、辛峰夕阳（一说是降龙古涧）、昆承双塔、桃源春霁、维摩旭日、剑门奇石、拂水晴岩、秦坡瀑布、藕渠渔乐、福港观潮、西城楼阁、普仁秋爽、星坛七桧、湖甸烟雨、湖桥串月、吾谷枫林（今已不存）、三峰松翠。其中有一些如昆承双塔、藕渠渔乐、福港观潮不在虞山，但事实上还有更多的虞山景点没有归纳在其中，比如映山湖波、宝岩梅韵、烟岚高旷、摩崖古刻、双陵怀古、城楼放眼、古墩春秋、海藏晚钟等。

虞山又是英雄山。1937年，我国抗日战争史上规模最大的战役"八一三"淞沪会战被迫打响。经过我中国军队拼死抗击后，11月5日，日军从设防空虚的曹泾镇、金丝娘桥一带登陆，攻陷松江，又分军兜袭昆山、平望等处，导致上海防线动摇，守军不得不全线撤退。罗卓英部第十五、廖磊第二十一两个集团军，向常熟转进。而侵华日军13日晨六时在长江常熟段多点强行登陆，敌投入三个师团和一个支队，主力强袭纵深，我守军奋起保卫国土，惨烈而悲壮的常熟保卫战就这样展开了，我军经血战七天七夜后转进南京方向，参加南京保卫战。

虞山雄，虞山青，不仅是因为古代先人的文化滋养了它，也是我忠勇抗敌将士的鲜血，溅满了山冈，血沃着虞山的一草一木，才使它有了精神，有了光华，给人以一种巍然屹立的气势。虞山上有那么多景点，但今天知道此战的人已不多，这是因为还缺了一个景点让人缅怀。我真希望能在山上竖一常熟保卫战的纪念碑，使后人永志不忘。

虞山在苏州又可称是吴地祖山。在常熟西三环路虞山之麓，新修建了一个圣贤广场，竖了雕刻常熟三位乡贤头像的大型石雕，分别是巫咸、仲雍和言子，像下座基上"中国吴文化第一山·虞山"一行镏金大字耀人眼目。

一般的说法是，商朝后期，泰伯南来，建立勾吴国，这块江南蛮荒之地从此拉开了文明的序幕。泰伯之前，在今天常熟这个地方，出了一个名人，在商王朝里担任要职，这个人叫巫咸。

巫咸，《尚书·奭君》有记载："巫咸乂（治理的意思）王家。"有人考证，巫咸是古神巫，是殷商大戊（商朝第十个王）时的贤臣。甲骨文中，有"咸"、"咸戊"，还有"又（佑）于咸"，"又于咸戊"等有关巫咸的记录，可见不是一个虚构的人物。巫咸与商朝宰相伊陟共同辅助帝大戊，稳定政局，殷道复兴，这在《史记·殷本纪》中有记载。《尚书·咸有一德》也有"伊陟相大戊，亳有祥桑谷共生于朝。伊陟赞于巫咸，作《咸乂》四篇"的记载。东汉时的《越绝书》卷二说："虞山者，巫咸之所出。虞故神出奇怪。去（吴）县百五里。"明确记载常熟虞山是巫咸的家乡。唐张守节在《史记·正义》里说："巫咸及子贤，冢皆在苏州常熟县西海虞山上，盖二子本吴人也。"巫贤是巫咸之子，在大戊的孙子祖乙当第十四代商王时，国势又不行了，祖乙起用爷爷重用的大臣之子来辅助，国家又兴旺起来。父子俩后来都叶落归根，葬在虞山，但墓今天已不可见了。

虞山东麓，有两座墓最为有名，其中之一是仲雍墓。

仲雍墓，对于吴地来说，有着特殊的意义。黄土高坡的泰伯南来，到了长江南岸，太湖流域的历史进入了新阶段。《左传·哀公七年》（前488）记载，这一年夏天，鲁哀公在缯地（今山东枣庄）会见吴王夫差，其间太宰伯嚭有一个和子贡会见的插曲。子贡对伯嚭说："大伯（即泰伯）端委以治周礼，仲雍嗣之，断发文身，裸以为饰，岂礼也哉？有由然也。"这里隐隐地表达了泰伯虽然逃亡后创出了属于自己的天地，但他不忘记自己原先的身份，没有丢弃原周族的一套制度，连衣冠也和周的一样。泰伯无后，仲雍继位。仲雍执政后在勾吴进行了深刻的改革，彻底丢掉了周的一套制度或者说周文化，甚至对族群最重要的服饰也进行了改革。换言之，仲雍除了姬姓还保留、贵族仍然讲周族语言外，基本放弃了周族的文化，结合江南土著文化形成了自己的文化，这就是吴文化。仲雍逝世后，葬在乌目山，因仲雍又叫虞仲，故当地人改乌目山名为虞山。这些信息都证明了虞山在吴地历史中有着无可比拟的神圣地位。

虞山还葬着一位常熟名人——言偃，他是孔子的学生。《论语》中提到言偃共有八次。言偃是南方去的学生，司马迁说他是吴人，具体地讲，他是今天的常熟人。他的墓，就在常熟虞山东麓，和仲雍墓相邻。2010年，常熟市还对这两座墓进行了修整。

言偃是在六十一岁时回到故乡的，回来后他就到处讲学，传播儒家思想。孔子曾经说过："吾门有偃，吾道其南。"意思是说有了言偃，儒家思想就可以靠他传播到南方去了，心中是无限欣慰并寄予很大期望。上海的奉贤县（2001年撤县设区）因相传言偃前来讲学，使老百姓得到教化，百姓称之为"贤人"，后人为敬奉这位贤人而将这个地方取名为奉贤。

言子墓在虞山东麓，西汉时其世孙言成大曾修葺过。现墓道正对北门大街，第一道石坊上刻有"言子墓道"四个大字，左右对联分别是："旧庐墨井文孙守，高垅虞峰古树森。"门内即沿山坡而上的墓道，先是"影娥池"，池上架有"文学桥"。二道坊正额书"道启东南"，反面是"灵萃句吴"，均为清乾隆皇帝御书。再上为"半山亭"，这是康熙御碑亭，内有题写"文开吴会"四字的匾，是清康熙皇帝御书。三道坊在"龙头石"之上，横额石刻"南方夫子"四字。坊后就是言子墓，青石墓碑上刻有"先贤子游言公墓"字样。墓道上之所以有皇帝的御笔，据说康熙、乾隆两位皇帝到苏州后，均到常熟致祭，官府还有刻石竖在那里，永禁掘泥破坏。可见言偃作为一位开发南方文化的伟人，受到历代官方和民间的尊敬。

我多次去拜谒言子墓，朴素的墓道、坊门、崇礼祠、石狮、照壁、那一垄黄土，无不给人一种感动。苏州历史上一直是儒家在南方的大本营，文化底蕴深厚，一直是苏州城乡的优势基因，而给苏州人性格和苏州的文化烙上深深的儒家印记的，似乎应该是从言偃这个小青年离开父母，渡江北上，立志去借来当时先进文化火种开始的。

虞山美，还在十里青山有尚湖相映。

尚湖风景区面积25平方公里，其中水域面积800公顷，比杭州西湖大。当年民工挑来土石堆积筑成的荷香洲、橘香洲、桃花洲、枫林洲、鸣禽洲、烟雨洲和渔乐洲七个人工岛屿，总面积达73万平方米，现在都是景色各有特色的观光胜地。

　　尚湖之名，是因为传说商朝末年姜太公（太公是尊称，真名叫尚）曾来此地隐居。姜尚，字子牙，就是那位民间人称姜太公的神奇的白胡子老头，一般人都是从《封神演义》这部明代小说中了解这个人的。姜尚到的东海，其实是常熟，这见诸苏州的历史典籍。唐《吴地记》载："虞山东二里有石室，太公吕望避纣之处。"宋《吴郡志》载："石室在常熟海隅山。石室凡十所，相传太公避纣居之。"宋龚明之在《中吴纪闻》中记载"太公避纣，隐虞山作石屋居之"。

　　为了纪念他，尚湖还新命名了一个太公岛，岛上有太公文化馆、太公阁、钓鱼台、子牙亭、祈福台、八卦戏水池和竹林迷宫，还配有船模展示馆、迷宫、掬水广场、月堤、游船码头、游客换乘中心等。岛上有一座高大的花岗岩姜太公雕塑，老人家白须飘胸，腰板笔直，手持钓竿，双眼炯炯，望着前方，跪坐着在钓鱼，一种似钓鱼似在思考重大问题又胸有大志的样子。以姜尚文化为旅游主题，在江南地区比较少见，这里也是尚湖景区的一个特色景点。

　　尚湖的生态极好。水质是苏南地区很稀罕的二类水。无风时，水清澈见底，似一块无边的玻璃；微风时，清波细细，像是湖面撒满水晶般的鸟羽；风大一点时，浪涛拍岸，浪声哗哗。长达2.3公里，遍植香樟、冬青，桃柳相间的穿湖大堤好似卧波翠带，堤中间的十七孔半圆形长桥，长228米，宽13米，在碧波中好似偃月浴水，元代时画家黄公望晚上喝了酒就将酒瓶丢在这桥畔。当然，原桥早已不见，这桥是现代建的。远处可见虞山的剑门，颇有雄峻之象。这尚湖现在已是常熟城环抱的一宝，给千年城市增添了无限秀气。

　　值得一提的是，因为尚湖有两片水上森林（当然还有芦苇滩等），引来无数鸟禽。据说湖中鸟禽多达九十多种，除国家一级保护珍禽中华秋沙鸭、白鹳、黑鹳、二类保护的有天鹅、鸳鸯等外，还有成千上万只俗叫水鸽子的红嘴鸥，这种鸟让昆明滇池名声大振，谁知在尚湖秋季也可成群见到。

　　尚湖四季有花，有山茶苑、红枫苑、海棠园、木兰苑、枫香林、松柏苑、荷花池、中日友好樱花园以及春季的桃柳等，而尚湖特意打造的江南牡丹园，已经成为常熟旅游的新品牌。

齐梁遗踪兴福寺

　　一天早晨，常熟市党史地方志办公室主任祝慧江先生盛情开车带我至一处树林中去吃早餐。经石桥过一条涧，来到一个场上，有几十株树，树下有十几张桌子和几十把椅子，三三两两地坐着一些人，或品茗，或出神，或交谈，也有服务员托盘送来面条，人都显得比较休闲。阳光斜斜地从树的枝叶中投射下来，给人一种温煦的感觉，远处传来鸟的鸣叫声，也有鸟在枝头跳跃。旁边就是兴福齐梁古刹兴福寺，一角黄墙从绿荫中透出。

至于为什么大家喜欢在树林子里吃，一是这里环境疏秀，和天籁相近，比闷在屋子吃有情调得多。二是可能还和一个典故有关。1947年10月19日，宋庆龄、宋美龄姐妹从上海乘车来到常熟，游罢兴福寺，在寺外林中野餐，一碗兴福蕈油面端上桌，香味扑鼻，色泽诱人，宋氏姐妹品尝后赞不绝口，连声道：好、好、好，想不到小地方有这么好吃的菜和面。

吃罢蕈油面，正好到寺里去。兴福寺也是苏州名刹。一是年代久远，法脉传承有绪，为常熟首寺，苏州四大寺之一；二是寺内高僧迭出，在进寺路的南面有一黄围墙围护的小院落，里面是四高僧墓，分别为唐代怀述、常达，五代吴越国彦俦，宋代晤恩，四座石塔静矗在松柏丛中。葬在寺后的华严宗法师，前方丈月霞大师，以及"文化大革命"后政府修复遭严重破坏的兴福寺，当年主持重兴寺院的方丈妙生大和尚，均是声名卓著的近代、当代高僧。

那寺门前的涧，相传唐贞观年间，有黑白二龙交斗，冲逆成溪，打破了山脉，涧名破山涧（据说又叫降龙涧），寺也叫作"破山寺"。此寺是南朝齐时，郴州刺史、邑人倪德光舍宅为寺，初名大慈寺，到南梁大同三年（537），改名为兴福寺。据说那时寺院扩建，在今天大雄宝殿佛座旁，有一块如水牛大的石英砂岩大石块（不清楚是虞山余脉还是搬来的），石上有纵、横、斜三组不同方向的节理切割，又长期受风化侵蚀，大自然的造化，再加上人们从不同角度反复端详，觉得奇巧似繁体"兴"字，又像"福"字，如从左看像"兴"字，从右看则成"福"字。唐咸通九年（868），懿宗帝御赐"破山兴福禅寺"题额，因寺内一块奇石的缘故而让皇帝改寺名，这在全国也是少有的。虽寺名叫禅寺，实际上近现代华严宗的复兴和兴福寺很有关系，《华严经》里提出的"圆融"理念，在今天还有现实意义。不过，如今兴福石成了助游兴的一个道具，人们来此大多喜欢抚摸此石以为祈福，石头居然被摸得油润发亮，这也许体现了人们求吉求福的一种普遍心理吧（而在浩劫中居然有人去砸此石作为革命行动，故而此石已有所损坏）。这个"福"字，名声传出，就先是虞山，后来又扩大到常熟，被人叫作虞山福地、常熟福地。

兴福寺的门很有特色，门很小，上有歇山屋顶，既不用大气磅礴来压人，又显得十分精巧，来此寺院像是到一山庄来串门。走在寺内，见青山探首在寺院墙外，如是近邻。寺内大量的空间作了花园，寺内花园分东花园和西花园，有空心潭、九曲桥、伴竹阁、饮绿轩、空心亭、景心桥、葫芦潭、米碑亭、清冷室、罗汉泉、君子泉、廉饮堂、石舫（团瓢）等，是一座颇有禅意的佛寺花园，在园中小坐，有心念清明、俗虑顿消的感觉。

特别值得介绍的景点有两处，一是天王殿左侧、方形池塘白莲池旁的两层小阁救虎阁。《宋高僧传》卷十六记载："释彦偁。姓龚氏。吴郡常熟人也。……尝一夜有虎中猎人箭。伏于寺阁哮吼不止。偁悯之。忙系鞋秉炬下阁言欲拔之。弟子辈扶遏且止者三四。伺其更阑各睡。乃自持炬就拔其箭。虎耽耳舐矢镞血。顾偁而瞑目焉。质明猎师朱德就寺寻虎。偁告示其箭。朱德悛心罢猎焉。"南梁高僧释彦偁，本是常熟人，一次夜里正在阁上休息，听到一只老虎在寺院的阁前"哮吼不止"，声音凄悲，就穿了鞋、拿了灯下阁，看到一只斑斓猛虎身上中了箭，是猎人射的，就想去替虎拔箭。他的弟子再三劝阻，说是老虎毕竟是猛兽，万一发作了会咬人，太危险，一定不能去。到了深夜，释彦偁等弟子都睡了，再次"持炬"来到老虎跟前，老虎显得很驯服的样子。释彦偁拔箭时老虎也不挣扎，箭拔下来后，这只老虎还将箭镞上的血舔干净了，看着释彦偁，放心地闭上了眼睛休息（后来就离开了）。第二天早上，一姓朱的猎人来到寺里寻找老虎，释彦偁给他看了箭头，猎人心有不忍，从此也不打猎了。据兴福寺志说，释彦偁救虎时已九十九岁了。苏州享受国务院津贴的华南虎专家黄恭情多次告诉我说，虎是生物金字塔顶尖位置的生物，华南虎更是数量稀少，野外已绝迹，亟待加大保护力度。黄老的话，让人忧虑。由于中国人对虎的不爱护，误认为虎要吃人。20世纪更是将华南虎列为害兽，一些地方组织专门的打虎队上山捕杀老虎，导致华南虎种群快速地大量消失。本来苏州也是有虎的，但一旦发现也是官民立马合力捕杀。大约到了明代以后，虎就在人们努力的猎杀下，苏州基本没有了虎迹。华南虎（又称中国虎）至今已将要绝种，这是让人非常悲伤的一件事，让人无颜面对后人。而苏州本来有全国闻名的华南虎种群，如今全国顶级虎专家退休后闲在社会上给宠物看病而不予重视，苏州华南虎的繁殖消息已鲜有听闻，种群在渐渐老去，让人心忧。救虎阁的故事告诉人们，人类其实是完全可以和老虎共同生活在地球上的。

兴福寺内的另一胜迹是唐代诗人常建诗碑，即米碑亭内的石碑，此诗一般版本如下：

清晨入古寺，初日照高林。
曲径通幽处，禅房花木深。
山光悦鸟性，潭影空人心。
万籁此俱寂，但余钟磬音。

唐代诗人常建有一次一大早到常熟虞山之麓的破山寺游玩，看到山寺景色宜人，不禁诗兴大发，就写下了这首题为《题破山寺后禅院》的五律，由于此诗写得实在太好,其中的"竹径通幽",就成了成语曲径通幽,后又被收入教材,几乎是人尽皆知了。

诗碑上的字是宋代大书法家米芾写的,字相当潇洒,是他的上品之作,但是,文字却和一般的传世诗作不同:此诗的第二句"初日照高林",诗碑上是"初日明高林";第三句"曲径通幽处",诗碑上是"竹径通幽处",另外还有"万籁此俱寂,惟闻钟磬音"句,也有所不同。

两诗文字为何有多处不同?原来,诗碑上的常建诗,是常熟人言如泗(?—1806)于乾隆二十九年(1764)在襄阳任地方长官时,得到了宋代大书法家米芾在襄阳书写的这幅作品,乾隆三十四年去职后就将墨宝带回了常熟,请刻石名家穆大展刻石,诗碑在乾隆三十七年(1772)中秋时竖立在寺内,集唐诗、宋书、清刻于一体,人称"三绝碑"。现已成为兴福寺一景。

米芾是一位创作态度严肃的书法家、画家,他不会无缘无故改动诗句。一般说来,应该相信宋代的记录。经查《四库全书》收录的唐代人殷璠所选唐诗集《河岳英灵集》,其中收录了常建《题破山寺后禅院》诗,"曲径通幽处"也是"竹径通幽处"。现在看来,原句是"竹径通幽处"的可能性比较大,米芾并没有写错。常建的《题破山寺后禅院》诗传出后,常熟的这座寺院名声更盛,历代文人名流题咏甚多。而这一石刻诗碑,不仅是一件极佳的书法作品,也是一件有意义的文物。到兴福寺,可不要忘了观赏。

状元第在人不见

从虞山东南麓下来,现在那里街景美丽,有博物馆、图书馆、美术馆等,再往古城里走几步,可以看见一个东西向、叫翁家巷的小巷,巷西头有个坊门,上书"状元坊"。巷中门牌2号的房子,极朴素的石库门旁挂一木牌子:"翁同龢纪念馆",上有砖刻门楣:"翁氏故居"。翁家这种全国著名的官绅名流、世家贵族,老宅不但门小,还往里缩进去约一米左右,加上白粉墙、小瓦屋顶,显得非常内敛,这让我甚感意外。

不说翁同龢而是说翁氏故居,也是对的。翁家门第显赫,翁同龢祖父一代开始做官,翁同龢父亲翁心存考中进士,做过协办大学士、体仁阁大学士,两补祭酒,五直上书房,任户部尚书,历仕三朝,两度为相,还做过同治皇帝的老师,在弘德殿授读。翁心存四个儿子,长子翁同书,进士;次子翁同爵,因父荫出仕做官,做到湖北巡抚兼署湖广总督,也是一个相当有实权、受朝廷信任的封疆大吏了;三子早卒;四子翁同龢,更是出类拔萃,咸丰六年(1856)殿试一甲一名,即考中了状元。翁同龢生在北京,四岁时回到常熟本家,在常熟上的县学，又进入翁心存当院长的常游文书院。书院今尚存大厅一进，为市图书馆古籍部阅览室、常熟市文物保护单位，旁边是四周景观层次丰富、百年古树簇拥的昭明读书台和巫咸神祠遗址，均和翁家巷相近。道光二十五年（1845），翁同龢在常熟考中秀才，七年后在北京参加顺天乡试考中举人，再过四年、他二十七岁时大魁天下。其实，这个门里出过两位状元，翁同龢的长兄、安徽巡抚翁同书的儿子翁曾源在同治二年（1863），相隔不到十年，也接着蟾宫折桂，高中状元。

怀着一种景仰的心情，我走进了翁氏故居。翁家人多，都不是等闲之辈，所以分成分东、中、西三大部分，翁宅中路一共七进，是国内完整体现明清时期江南名门望族住宅特点的典型代表，现为全国重点文物保护单位。门厅上悬挂"状元第"金字匾，是翁曾源中状元时的原物，一门里出过两名状元，虽然苏州也有，但翁家也很让人肃然起敬了。故居内的明清建筑主要有綵衣堂、轿厅、后堂楼、玉兰轩、知止斋、双桂轩、晋阳书屋、思永堂、柏古轩等。其中最珍贵的是第三进有五百多年历史的主厅綵衣堂，这也是不可多见的明代建筑，画栋雕梁，梁、枋、檩等处遍施彩画，共有一百一十六幅，面积达150平方米。有纯包袱、全构图包袱及仿宫式彩画三大类，是江南苏式彩绘的代表作，很是珍贵。

现在作为翁同龢纪念馆，里面布置了一些关于翁同龢生平的展览和书法作品。看着一幅幅图片和说明，心里变得五味杂陈起来。翁同龢这个优秀的南方贵族青年走上仕途的1861年，正是中国大地特别是长江中下游战火连天、尸横遍野、国家面临解体危机的多灾多难年头。他凭着自己的聪明、忠诚、清廉、沉着、谨慎、忍辱负重，在官场上地位逐步上升，肩膀上的担子也越来越重。总的说来，他的一生有这样几个节点决定了他在历史上的地位：同治帝和光绪帝的老师（人称两朝帝师）；中法战争；中日甲午战争；戊戌维新。现在研究这个中国近代史上的重要人物多了起来，甚至博客、游记也在对他作评价。对他这样说或那样说，总的说来，一是正面评价多于负面评价；二是负面评价的都是以少量材料立论，有的甚至对使用的材料没有作认真鉴别就下了论断；三是研究思维也大多没有从宏观历史角度来对他作多维考量。

在翁氏故居东路一个天井的东墙上，有两块石碑，1990年、2001年分别在故居里出土。一为翁亲手隶书阴刻"清削籍大臣翁君妻一品夫人汤氏墓"碑，一较小的为"翁君副室陆淑人附葬之墓"碑。翁夫人出身名门，二十岁嫁入翁门后，夫妻感情甚笃，但咸丰八年（1858）三月即卒，夫妻不及十年。她为翁在太仓找了个陆性女子，翁在妻子亡故后为念妻子感情就娶了她进门，但翁大失所望；"此女貌殊陋，而操作尚勤；以我妻故，纳之。回思旧兰闺之情景，（能不）为一恸欤！"娶陆氏，想念的还是妻子，翁的感情还是在嫡妻身上。但陆氏也先翁同龢而病卒。两方墓碑为何会埋在故居里的地下，这个谜殊难解释。

如今翁同龢墓在常熟西郊的虞山鹁鸪峰山麓，墓道为碎石径，道两边树荫如幕，墓坊门上刻"翁氏新阡"四字。共有墓三座，主墓三冢，正中主穴葬祖母张太夫人，左穴葬父翁心存夫妇，右穴葬长兄翁同书夫妇。左墓之左穴葬兄嫂翁同爵及妻杨太夫人；右穴即为翁同龢与妻汤氏、陆氏合葬墓，封土底径4.3米，存高1.2米。所有的墓，墓碑都在墓后。"翁氏新阡"坊西偏南约120米处有个建筑叫瓶隐庐，相当于普通的平房，是当年翁同龢晚年被编管禁锢的地方。翁为此屋取名瓶庐，不仅仅在于建筑的大小，我认为还是取意于唐代药山禅师赠李翱的"云在青天水在瓶"那句名言吧，这表明了翁被黜后的一种心态（见李翱《赠药山高僧惟俨》诗或《宋高僧传》卷十七）。以前我去看瓶庐，很简陋的小平房，现在经重新修缮，已被辟为纪念馆成一景点了。

光绪二十四年（1898）四月二十二日，光绪帝命翁同龢草拟《明定国是》的诏书，这是宣布变法的纲领性文件，显示了皇帝对这位曾经在毓庆宫里建议他读林则徐学生、苏州人冯桂芬变法著作《校邠庐抗议》的老师的信任。但过了三天，宫里忽然发出一道由皇帝亲自缮写的谕旨：

翁同龢著即开缺回籍，以示保全。

后人多认为是光绪亲自赶走了老师。其实在第二天，皇帝召见了康有为和张元济，康后来在逃亡中对《中国邮报》记者说起这件事："皇帝对这些话的答复使他非常着急，因为实际上他没有黜革这些高级官员的权力。他说，这个权力是握在太后手中。"他又在《康南海自编年谱》中说："二十七日诣颐和园，宿户部公所。即是日，懿旨逐常熟，令荣禄出督直隶并统率三军。""懿旨"是指慈禧太后。其实逐出皇帝所亲近和信赖的老师，就是要剪除光绪帝的势力，接着又让荣禄任直隶总督兼北洋大臣掌握近卫军大权，慈禧这两步棋，步步都是狠招，全冲着变法而来。后党和帝党的势力，已经发生了明显的变化，戊戌政变的结局，至此不用猜想就已知道结局。但有意思的是，前一天翁去颐和园乐寿堂见慈禧，慈禧还假惺惺地问他："远来饭否？"翁答说没有，慈禧和蔼地让他先下去吃一点。第二天是翁的生日，一早他去上朝，太监就不让他进去而是在门外等候听旨了。慈禧这种阴险的权术，并没有被时代大潮荡涤掉，在今天还影响着有的人，仍然玩得纯熟。

因1886年5月26日翁同龢曾草折驳山西巡抚刚毅按亩征收土药捐，满族权贵刚毅为此与翁结下了梁子，不仅对翁上书弹劾，后来翁同龢开缺他又想出了对大臣实行编管这种从来没有过的惩罚处理，而且特意选在翁同龢生日那天颁旨以作羞辱。江山为满族一家所有，始终是满族权贵脑子深处的潜意识。翁想帮助光绪帝变法维新，但触及满族权贵的利益，首先为他们所不容。满人执掌大拳的中央政府中的满汉矛盾，一直闹到清政权崩溃方才结束。

翁同龢是一个旧式官员，也是一个爱国知识分子，一个有操守、有学问的江南士绅，他除了藏书外，不像李鸿章那样广有钱财并在上海拥有豪华洋房，过着奢华的生活，而是抑郁而死。直到宣统元年，苏州籍士绅联名申请要求为他平反，他的冤案才得以昭雪。许多人纪念他，其中康有为吊翁同龢的诗，对他的总结比较准确：

> 中国维新业，谁为第一人？
> 王明资旧学，变法出元臣；
> 密勿谋帷幄，艰难救国民；
> 峨峨常熟相，凿空辟乾坤。

作为当事人之一，康有为认为，中国的维新事业第一人，既不是光绪帝，也不是他康有为，而是常熟人翁同龢。面对"艰难"的国运，翁同龢和皇帝密谋救国救民，有着一种使命感。康有为赞叹道：伟大的首相翁同龢，是想为中国开辟一个新世界啊！

虽有满腹的委屈和伤心，但翁同龢1904年临终前，却是什么也不想说了，而是留下了二十字的绝命诗：

> 六十年中事，伤心到盖棺；
> 不将两行泪，轻向汝曹弹。

从这一点讲，他一生的努力虽然失败了，但能让翁同龢欣慰的是，历史会给他一个公正的评价。随着研究的深入，翁同龢的形象越来越清晰，甚至当时他内心的苦衷，今人也能大致体会。我再去翁同龢纪念馆，正是辛亥革命已经百年，他的失败也昭示了一个真理，旧体制中再优秀的人，也无力挽救清王朝，中国需要新的力量才能跨入新的时代。

脉望馆与方塔园

常熟的另一个名字是琴川，城里有七条河，条条都是这座城的琴弦。这七条河从虞山发源，又叫七溪，不过现在只有六弦河和七弦河了。明代有个诗人沈玄写过一首著名的七律：

吴下琴川古有名，放舟落日偶经行。
七溪流水皆通海，十里青山半入城。
齐女墓荒秋草色，言公家在旧琴声。
我来正值中秋夜，一路哦诗看月明。

常熟确实和琴有些渊源。比如言偃从鲁国孔夫子那里学成南归，带来了琴这门艺术。再后来，有个叫蔡邕的东汉大儒，受人诬陷，说他"谤讪朝廷，内宠恶之。邕虑卒不免，乃亡命江海，远迹吴、会，往来依太山羊氏，积十二年，在吴"（《后汉书·蔡邕列传》）。他逃到东南沿海的吴郡、会稽郡，并在吴郡待了十二年之久。接着，此书又说："吴人有烧桐以爨者，（蔡）邕闻火烈之声，知其良木，因请而裁为琴，果有美音，而其尾犹焦，故时人名曰'焦尾琴'焉。"

焦尾琴是古琴中第一张见诸正式历史记载的南方琴祖，这一史料在中国琴史上有宝贵的价值，再加上现在因为古琴已列为世界非物质文化遗产，焦尾琴故里就成了一个被人争抢的历史文化遗产了。在虞山南麓有个昭明太子读书台，现为书台公园，读书台北侧有一泉名焦尾泉，为焦尾溪源头。据说，因七溪中有一溪源于虞山山脚，好似琴尾，当地人就以此泉纪念蔡邕在吴地制焦尾琴这件事了。常熟的焦尾泉记载，至少在明代就有了。

离焦尾泉东南不远处，有条小巷叫南赵弄，和翁家巷对巷。巷内有幢古建筑，常有古琴声传出，这里就是常熟的古琴艺术馆。馆长朱晞先生是我国著名古琴艺术家，也是虞山琴派的传承人。因为古琴艺术太过高深，他陪我参观这座古色古香的古琴馆时作了一些介绍，我才略懂一点皮毛。

这幢古建筑有好多进，西边还有个小花园。古琴艺术馆的第一进，绘有常熟的古城图，图上标出七条河流，从一弦河到七弦河，主人的意思很明白，是想通过此画介绍常熟和古琴不可分割的渊源。而将一座城比喻为琴，大概也就只有常熟了吧！二进是主厅叫保闲堂，里面展示了虞山琴派创始人严天池的藏书、文稿和书画。第三进后面有两个院落，是虞山琴派另两位创始人徐青山、吴景略的生平介绍。最后一个馆为古琴工作室，馆内还藏有严天池编写的虞山琴派代表作《松弦馆琴谱》等主要琴谱十多种。古琴艺术馆还介绍了古琴的制作方法和过程，觉得古人制琴（古人叫斫琴）挺神秘的。比如琴材要用桐木，桐木根据纹理分阴阳，木材制琴要阴阳相顺，琴音才和谐。涂漆之前要打底，用的是鹿角霜。所谓鹿角霜，是鹿角锉成粉末后，熬煮去胶质后的角渣。还有一些其他配料一般不向外人透露了。《溪山琴况》所说的一张上品好琴的绝妙音色有二十四况，那真是凡夫俗子所不能理解的了。

明代常熟人严天池（1547—1625），琴艺形成了自己"清、微、淡、远"的风格，被后世誉为"古音正宗"、"绝世清音"，开创了虞山琴派，影响至今。古琴在常熟仍有着广泛的社会基础，抚琴的大约有两三千人。2004年5月，常熟市被联合国国际民间艺术节组织评为亚太地区古琴之乡，2007年被中国非物质文化遗产保护中心授予"中国古琴南方保护基地"，成为中国古琴艺术研究的南方中心之一。

这幢建筑现为全国重点文物保护单位，叫赵用贤宅，也叫脉望馆。此宅原有三路建筑，今仅存中路，占地面积约1400平方米。宅内大木构架、梁枋彩画、雕花柱础、雕花踢脚青砖和丁字斗拱等均为明代原物。这幢建筑的原主人为明代的赵用贤，赵用贤和儿子赵琦美都喜欢藏书，是明隆庆、万历年间的著名藏书家。据苏州图书馆古籍部前主任叶瑞宝先生介绍说，他在京师、南京做官时，有机会接触皇家秘阁藏书，凡秘本、善本，假抄无虚日，家里藏书有两千多种共一万余册。他的儿子赵琦美可能受他影响，也喜欢藏书、抄书、刻书，藏书达五千种共两万多册。赵用贤、赵琦美父子推进了常熟的藏书之风。

出脉望馆往东沿方塔街走不多远，可以见到常熟城里的标志性建筑方塔。有特色的是，塔呈一梭子形状，下面细一点，中间有点鼓出，再往上又逐层递收，立面的轮廓呈抛物线状，显得形状优美，像个常熟城里的美人。塔有九级，上为盔形顶，塔刹自下而上由覆钵、鼓形束腰、承露盘、相轮七重、宝盖、盔形龙首翼角、宝瓶、宝珠等铁质构件组成，重达15吨，可见建造此塔之讲究。方塔高62米多（或说67.14米），塔每层四面有围廊，再围以栏杆，塔身显得雄伟而华美，游人可以登塔在塔廊上凭栏眺望，常熟城气象万千，一览无余。

据元至正二十三年的《重修琴川志》记载，此塔建于南宋建炎四年（1130），当时有一位文用和尚，对县令李闿之说，虞山状如卧牛，为客位，常熟城在主位，但这城如无桩，就不能拴住这神牛。如建一座宝塔作为拴牛桩，这样可保常熟一直繁荣兴旺。县令见他说得好像有点意思，为确保常熟富裕康乐，就同意了，让他在常熟城里建塔。此塔刚建时，采用的是佛塔的建筑形式，但作用却是形胜建筑、风水建筑。不过，我有疑问的是，建炎三年金兵攻陷建康（今南京）、临安（今杭州）、秀州（今嘉兴）等，四年又将苏州烧成白地，皇帝高宗逃在海上，怎么可能在这样江南震动、生灵涂炭之际建塔呢？有可能是金兵退后的建议吧！另一个有意思的是，释文用虽说建形胜塔以镇风水，但据在塔下挖掘出来的塔砖铭文，它的正式名称应是"崇教宝塔"。

塔下的佛寺名崇教兴福寺，故又名"崇教兴福寺塔"，很可能文用和尚是想借建风水塔的理由，让县令批准他化募资金十五万缗钱建塔，并借机在常熟城里建一大型佛寺吧。

可惜的是塔未建成，文用却亡故了，建塔工程就拖了下来。这一拖就拖了一百四十二年，那半截塔也一直遭风吹雨淋，已不成个样子了。南宋嘉泰年间（1201—1204），在虞山东岭之巅，建造了望湖亭（明万历时望湖亭改名为辛峰亭，辛是西方的意思），成为虞山甚至常熟的标志性建筑。这样，作为对景，常熟城里的塔，就更应该赶快建造起来了。到了南宋咸淳八年（1272），僧法渊募集资金，撤旧构重建九级方塔，完成了前辈的遗愿。塔虽是南宋时建成，但却沿用了唐代楼阁式方塔的建塔技术。

元、明、清历代对方塔都有修缮，到了抗战初期，侵华日军飞机对常熟城投弹轰炸，城里民房多有焚毁，方塔下的崇教兴福寺也被炸毁，塔院成一片瓦砾，塔虽受影响却未倒塌，荒芜破败直至新中国成立后。1963年，国家刚从三年困难时期走出来，还对此塔作了维修，还将已歪斜的15吨重的塔刹，纠正过来。这次工程中，出土了一件文物，是一长30厘米、宽42厘米的石刻造像，正面是一佛像，背后有"大宋端拱元年"字样。端拱是宋太宗年号，元年为988年，有人认为这可证明此塔始建于北宋，故塔尚有唐时规制。不过我想，也有可能是后来建塔时放进了以前的物品，仅凭这一文物似乎还不能将造塔时间提前一百四十三年。1977年，又在塔下建造了镜花阁、雨香堂及其他亭榭建筑，堆筑了舒袖、展翅两座假山，并将常熟城大东门总管庙的一幢大殿移建在原来佛寺的殿址上，景区内涵更加丰富，名叫方塔公园了。1997年发现方塔存在严重险情，决定实施抢救性维修。消息传出，城乡纷纷捐款，"爱我常熟，修我方塔"的募集修塔经费活动持续了四个多月，共收到捐款一百七十多万元，可见常熟人民对此塔的喜爱。1999年9月在国庆五十周年大庆前，方塔外部工程全部结束。后来又继续实施了其他工程，水池、亭榭、轩廊与花木搭配得较为得当，终于将原来的塔院建成一个占地近3万平方米的古典式江南园林并成为常熟城里著名的旅游景区。

方塔下面的花园以水面为中心，太湖石堆砌成驳岸，还增加了一些其他仿宋式古建筑，如外白粉墙上用土红色粉饰柱子，窗用方格而少雕花，体现出素朴端庄的气质。园内还有宋塔、宋井、宋树"三宝"。宋代的这口古井，井圈用整块青石凿成，大如圆桌，非常古朴，为他处所少见，也有可能是苏州最大的井圈了。可见当时寺院僧人众多，香火旺盛。另外，园内一株银杏，也是南宋时物，如今仍然枝干苍劲而树叶茂盛。春时新叶粉绿晶莹，夏时浓荫遮暑，深秋时满树金黄，许多常熟人闲时喜欢来方塔公园小坐吃茶。

方塔园里还增辟了两个馆，一是常熟市碑刻博物馆，一是常熟市名人馆。常熟是文化大邦，博物馆收藏各类珍贵碑刻二百余块、墓志铭三百余方，其中有许多珍贵的历史、文化和书法碑。这些碑中许多出于名人之手，展示了常熟文化的风采。

常熟城里三座园

常熟作为苏州文化圈内的重要城市，也建有许多古典园林。由于常熟官绅多，因此建的宅园都比较精美，水平相当高，又因园主人往往是高官或文化名人，这些园子也因园主人而闻名遐迩。

城内辛峰巷内的燕园，又叫燕谷园，已有二百多年历史。该园在晚清和民国时期为常熟人张鸿所得，因此当地人又叫此园为张园。张鸿曾中进士，任清政府驻日本长崎、神户领事，是外交官。他自称"燕谷老人"。也是小说《续孽海花》的作者，据说这部三十回的历史小说就是在燕园里创作的，因此，燕园的名气很响亮。

以前，此园又叫蒋园，系蒋元枢所建。蒋元枢为清雍正时文华殿大学士、太子太傅蒋廷锡之孙，乾隆东阁大学士蒋溥之子，曾任台湾知府。蒋元枢（1738—1781）中举后在泉州、厦门任同知，不久于乾隆四十年（1775）春被朝廷派往台湾，担任台湾知府，其间兼任台湾道。蒋元枢在台湾三年两个月的时间里，做了不少实事和好事。从蒋元枢的《重修台郡各建筑图说》中，可以看出蒋元枢实施了大量公共设施建设项目，并且捐出薪水以示支持。

但蒋元枢的儿子却很不肖，因赌博将园子卖了，园为其侄子蒋因培所得。蒋因培做过二十多年知县，后被人弹劾说是狂谬，遣戍新疆，遇赦释还。回到家里后，他就在园子里写写诗，也不再出仕了。道光年间他扩建蒋园，请叠石名家戈裕良采用虞山黄石，叠假山于园中。该假山名"燕谷"，园也就叫作燕谷园或燕园了。戈裕良叠假山，是以石为笔，讲究模仿自然石理，所叠假山有极高的艺术水平。他在常熟又留下了黄石假山，是非常宝贵的文物。据说戈裕良堆叠黄石假山时，是以虞山剑门奇景为蓝本。而大小黄石采用砌造石拱桥的环桥法，大石块为骨架，小石块为补缀，相拼勾搭，石头块块对缝。这座假山有山道、洞壑、悬崖、石桥、峰峦，移步换景，步步引人入胜，池水贯洞而流，一如天然燕谷，山巅还叠出观景台叫"引胜岩"，是浓缩了的大自然，创意不俗。燕谷假山每块石头都独具匠心，和苏州城里环秀山庄的太湖石假山可称苏州假山双璧。燕园面积仅四亩，却有五芝堂、赏诗阁、三婵娟室、天际归舟、童初仙馆、冬荣老屋、燕谷、诗境、十愿楼、绿转廊、梦青莲庵等十六景，园内各景布局灵活有变化，别具一格，加上有花木之胜，是一很有品位的园林。但是去观赏燕园时，常熟当地人往往不是向你介绍园中景色，而是有可能会谈起蒋二奶奶的故事。

当地俗话说："蒋二奶奶，碰勿得！"这故事说雍正帝生了个女婴，然后用调包计，从浙江陈世倌陈阁老那里换走了陈家的男婴。因此乾隆一再下江南是为了寻找生父的故事到处传讲。陈家将这其实是格格的女婴养大，十八岁时嫁到常熟蒋家，夫婿是蒋溥。蒋家长子早夭，蒋溥是次子，这媳妇大家就叫蒋二奶奶。

故事说，乾隆皇帝来到蒋家，看到格格嫁了这么个人家，夫婿也是才华出众，很是满意，就赐了格格两面盘龙旗。蒋家就用这旗一东一西插在两个地方，圈了两块地，其中一块在虞山的山脚边，建了燕园。这个蒋二奶奶一直觉得自己的公主身份不能公开，委屈万分，心情不好，也就脾气变坏，样样事体觉得不称心，动辄发脾气，下人都觉得她很难伺候，就传出了"蒋二奶奶碰不得"的说法。不过，她脾气虽不好，却生了个好儿子，就是蒋元枢。

这个故事，又被张家港市列为非物质文化遗产保护项目。但也只是传说，许多情节对不拢榫卯处，只是为增加谈兴而已。

常熟城西有一座园林，现在叫曾赵园，本来是比邻的两座园林曾园和赵园，近年经过维修后，将两园合二为一座园子了。

曾园，原称虚廓居或虚廓园，南临古城内城河九万圩，占地20多亩。这里原为明万历年间监察御史钱岱的私家园林"小辋川"的部分遗址。清同治时，此地为曾家购得，建了这座园林，其子晚清文学家曾朴也曾在早年和晚年时居此，习称曾家花园。

曾园以水面为中心，水木明瑟，亭榭参差，布置得宜，景色疏秀，所用石头俱为黄石，或为假山，或为池塘驳岸，形成独特的景致，园内有归耕课读庐、琼玉楼、水天闲话厅、君子长生室、邀月轩、啸台、不倚亭、清风明月阁、桃花坞、雪北香南楼、小有天假山、揽月亭、碑廊等景点，还借景虞山，使园内水光山色融为一体。曾园里的曾朴纪念馆前还有一株四百岁的红豆树，长得郁郁葱葱，荫满半庭，时隔二十年，2012年5月初又开出精致的白色小花，但愿能结出红豆。

曾朴一生的经历丰富多彩，在清朝中过举人，做过内阁中书、候补知府，也做过民国北洋政府下的江苏省政务厅长等，做过生意，办过学校，文学上诗、文、小说、戏曲，都很精通，法文特别好，也搞翻译介绍法国文学，而最让他出名的还是因为他撰写完了《孽海花》这部书。这部书作者不是一个人，前几回是吴江金松岑（1874—1947）1903年所写，后由曾朴续写至1931年4月才连载发表完毕。鲁迅将此书列为"四大谴责小说"之一，但金松岑说自己写的是政治小说，曾朴自己却说是历史小说；明明是小说，却取材于真人真事，书中二百七十八个人物从太后至倡优，三教九流，无不写到，但多可考证真人真事，以至好多人写人物索引作为学术成果。书的艺术成就也不一样，鲁迅是基本肯定，阿英说是杰作，钱玄同说可和《水浒》、《红楼梦》比美，胡适是基本否定，周作人说是比较低级的东西，苏雪林说"这部小说确是一部杰构……甚至曹雪芹的《红楼梦》、吴敬梓的《儒林外史》，也有所不及"。所以苏州大学的范伯群先生在其煌煌巨作《中国近现代通俗文学史》中说："《孽海花》的创作自有其复杂性，其'小说'的艺术处理也有其独创性一面。"

那些小说的"复杂性"就留给专家学者去研究吧，今天来到曾园，大多只是浮生半日闲而已，那就只管欣赏园中的美景就是了。

曾园旁边是赵园。当年园主人自题园名叫静圃，又叫水吾园，因常熟人都喜欢以主人之姓名园，是园为赵烈文所购，并有所改建，赵烈文与其夫人邓廷桢之孙女邓嘉祥及内弟邓家缉共襄园事，筑天放楼、能静居、柳风桥、静溪、梅泉志胜、似舫及假山两座。园因人名，常熟人就叫它赵园了。赵园建园比曾园略早，大约在同治或光绪初年。

赵园以前和曾园一并为一所学校所用，1989年6月1日学校迁出，常熟市政府开始修复曾、赵两园。两园都是以水为景，又不约而同借园外的虞山为景，建造时代又差不多，2004年和曾园一起修缮、扩建，并作一园开放，姐妹园合为一璧。

赵园景点皆环池而筑，参差错落，布置得宜。园中景点，最有名的应该是能静居和天放楼。

赵烈文（1832—1893），字惠甫，号能静，江苏阳湖（今常州）人。少有才名，然三应乡试不第，咸丰九年（1859）寓居苏州木渎，后由姐夫周腾虎荐入曾国藩幕，很快得到信任，一直随其左右参与军机，后任易州知州，终老于常熟。他是一个心机很深、做事细密的人，也是一个学识渊博、见解深刻的人。他在曾幕中，参赞大小事务，起草文稿，无有一失，可以说，曾的成功，少不了赵的帮助。而他将日常事务认真记录下来，取名为《能静室日记》，由于他参与一些重大事件的幕后决策，记录的又都是实情，因此他的这部日记（据说有六十四册）有很高的历史价值。其中为人所重视的是湘军攻陷天京的一些记录，特别是曾国荃对李秀成的残暴折磨，他和忠王李秀成被捕后的一些交谈，都是实录，对研究太平天国以及李秀成等重要人物，保留了重要信息。

赵园里，山光入园，水色如碧，涧溪曲折，杂花生树，有学生在园中写生，也有年轻妇女推着单车走在凌波的平桥上。从血与火中走过来的园主，还有那万余卷珍贵藏书，都已无信息可闻，只有这满园景色，供人尽情欣赏。

沙家浜
碧血化作芦苇青

沙家浜芦苇荡

"月似银钩星似棋，山河似画多娇丽！虞山脚下稻初熟，阳澄湖里蟹正肥。浪里渔舟撒丝网，又见那水击芦苇野鸭飞。这鱼米之乡好江南……"

将近半个世纪前，沪剧里这样的唱词，在上海、苏州一带风靡一时。这是沪剧《芦荡火种》里一位新四军指挥员郭建光唱的一段。此戏后来被改编成京剧并改名为《沙家浜》，据说还是当年毛泽东主席提议改的。郭建光的这段唱词也改成了"朝霞映在阳澄湖上，芦花放、稻谷香，岸柳成行……"同样脍炙人口。

这两段经典唱段，反映的景色一在夜晚，一在清晨，都符合锦绣江南的特点，这部戏和这些唱词，其实是最好的免费宣传，让阳澄湖畔的景色深入人心。到了20世纪90年代初，苏州各地乡镇发展经济，常熟的横泾镇先是改名为芦荡人民公社，没有想到，这样提高了自己的知名度，并且为今后发展旅游打下伏笔，后来做出发展"红色旅游"的决策，可谓另辟蹊径。随着旅游业做大，在1992年3月经江苏省政府批准"撤乡建镇"时，又改名为沙家浜镇。沙家浜旅游度假区现在是苏州旅游界中吸引游客较多的一个地方，荣誉也相当多，是全国爱国主义教育示范基地、全国百家"红色旅游"经典景区、国家4A级旅游区、国家湿地公园，国家国防教育示范基地、省生态文明教育基地等，度假区内有革命传统教育区、水生植物观赏区、红石民俗文化村、芦苇水陆迷宫、美食购物区等区域。

沙家浜景区位于常熟的昆承湖和属于相城区、昆山、工业园区共有的阳澄湖之间，占地面积很大，里面又分成几个区。

在景区入口处"天开波镜"牌坊旁，是一个占地一万多平方米的瞻仰广场。以"郭建光"、"阿庆嫂"等抗日军民形象为主创作的大型雕像屹立于广场中央，两组锻铜浮雕构图生动丰满，表达的都是军民鱼水情深的主题。两边竖立着十八根抽象的柱雕，象征新四军伤病员。常有许多单位来这里举行有政治意义的活动，如上党课，重温入党宣誓，或举行新党员、共青团新团员、少先队新队员的入党、入团和入队宣誓等。

走进去是作为景点的"红石村"。景区方面通过重建一个抗日战争时期有水乡特色的江南小镇风貌，供旅游者参观、体验。这个"村"的建筑依水而建，前是宽阔水面，芦苇青青；屋后是竹林、荷塘、小溪，一片农家景象。村内设有沙家浜史料馆、古船馆、水乡农具馆、根雕馆、土地庙、文昌阁，还有一座仿古戏台。沙家浜是一个民俗文化深厚的地区，这个镇的工业经济也比较雄厚，近年来将特有的水乡婚俗表演、挑花担、打莲灯、石湾山歌等传统民间艺术进行"活化"，通过现场表演吸引游客参与。

游人来此最关心的还是春来茶馆。景区里至少有两家春来茶馆，一在红石村，一在近几年才建成的"横泾老街"，此街也是影视基地，所设计的茶馆，比较真实地再现了民国时期乡镇茶馆的场景，面对着湖，有时湖光会映到茶馆的墙上、桌上，捧一壶茶，听着"七星灶上铜壶煮三江"的声音，看着湖面发呆，或有船滑过，或有野鸭飞过，仿佛有回到从前的感觉。经常有摄制组来拍摄电影电视剧，游人常能在街上看到大小明星演员在演戏。

景区里还有新四军活动旧址，主要有后方医院、印报所、修械所、歼敌弄、擒敌处、庆功场及"江抗"、"新江抗"活动旧址等，这些革命遗址是集中迁建恢复于沙家浜芦苇荡景区内的，以供旅游者参观瞻仰。沙家浜的主题植物是芦苇，景区投资1亿元专门建设了芦荡湿地公园，这个以芦苇和湖荡湿地为主要景观的公园占地1000亩，园内有植物种类约三百种，其中水生植物、沼生植物约三十七科五十九属九十三种。有湿地鸟类六十八种，水禽资源较丰富，种群密度大，冬季水禽数量达三万只，游人来此观鸟也是别有情趣。前些日子景区实施东扩工程，1200亩面积里颇有烟波浩渺的感觉，陆地都依据当时江南水乡自然地形复原，缓坡接水，沿着生动的岸线和水中浅滩，芦苇丛生，万竹岛常年青翠，各个不同的地块，形成了春是桃红柳绿，夏是荷藕飘香，秋是层林尽染，冬是雪融芦花，四季如诗如画的意境。

假如说沙家浜景区是一个主题公园，那么沙家浜革命历史纪念馆，就以真实的史料，告诉游人过去那段血与火交织的历史。沙家浜革命历史纪念馆最

沙家浜如今成了"红色旅游"的经典景区

初创于1971年，当时称沙家浜革命传统陈列室，后又改称沙家浜传统革命教育馆，由当年抗日的新四军六团团长叶飞题写的馆名。此馆2001年迁建到沙家浜景区，更名为沙家浜革命历史纪念馆，2006年投资3000多万元扩建了新馆，展出内容更加丰富，也是"红色旅游"的最主要参观点。

我因工作关系，三十年里经常去常熟采访，常有当地人介绍当年新四军伤病员、后方医院、联络站、江抗、新江抗等往事。2003年，我在《雨花》杂志上发表了散文《沙家浜：鲜为人知的故事》。为写这篇作品，我接触了大量有关史料、回忆录，常熟组织了当年的新四军指战员举行座谈会，我在会上听他们讲那过去的事情，才清楚《沙家浜》只是当年苏南人民抗击日寇的一个缩影。一位老新四军战士还画了当年新四军战士战斗归来的英姿的速写给我，让我知道当时他们的军装、武器和风采。不过关于抓捕胡肇汉匪首，马陵、金坚如两先生的《胡肇汉匪帮的覆灭》一文比我所写的准确。

当年国家和民族生死存亡之际，一向以柔弱形象示人的苏南人民，奋起和凶恶的日寇展开了浴血搏斗，在这场斗争中，所形成的价值观念已成为中华民族精神中的共同财富。而常熟这块今天花团锦簇的土地上，当年曾发生过许多让人生死难忘的故事，多赖《芦荡火种》、《沙家浜》这两部戏和后来几乎所有剧种的移植，让常熟人民和敌人殊死搏斗的斗争史实，以文学故事的形式广为流传。

我每到沙家浜，心情总难平静，有多少血与火、情与义、生与死的故事，就在这风中芦叶如诉的沙沙声中，似已远去，又似还在耳边。

古 里
书香散去红豆在

1950年2月,上海解放尚不满一年,上海市文物管理委员会就接收到了第一批捐献文物。这批文物价值连城,上海的文物、古籍专家大多只闻其名却从未睹芳容,这就是常熟铁琴铜剑楼保存在上海的两千二百四十三册珍本图书。捐献者为铁琴铜剑楼楼主瞿氏后人济苍、旭初、凤起三兄弟。以后,常熟古里镇铁琴铜剑楼第五代传人之一的瞿凤起又向上海市文管会古物整理处捐献了汉、晋、六朝、唐、宋铜镜四十二枚。

铁琴铜剑楼位于常熟古里镇西街,建于清乾隆年间,建筑面积285平方米,已经有二百多年的历史,由古里士绅瞿进思(1738—1793)创建于清乾隆末年的私家住宅,如今已成了景点,门临清流,古朴幽雅。

瞿进思喜欢收藏图书,到了嘉庆、道光年间,瞿进思儿子绍基(1772—1836)自己"一裘三十年",自奉节俭,却大量收购图书,积书达十余万册,其中有大量宋元善本,他给自己的书斋取名"恬裕斋"。瞿绍基儿子瞿镛(1794—1840)也是酷爱书籍,不遗余力搜藏孤本、善本等奇珍古籍藏于书斋,后因避清光绪皇帝名讳,又因收藏铁琴、铜剑两古董,遂改为铁琴铜剑楼。从此,瞿家藏书以铁琴铜剑楼名闻天下。瞿镛还致力于收藏古印,1937年因日寇占领常熟前后,瞿家在铁琴铜剑楼天井里埋了一个坛子,里面藏有珍贵古印五百多枚。1976年起出后捐赠给了常熟博物馆。

瞿镛第五子是瞿秉清(1828—1877),瞿秉清与其兄秉渊对家藏图书进行整理、研究,做了大量学术上的工作。因太平军于1860年攻克苏州后又攻占常熟,兄弟俩为保护这些古籍,多次转移。这么多书,要运载来运载去也不容易,在常熟县几个乡辗转,后再送到江北海门藏匿,这一过程相当艰辛。最后藏书的主要部分是保下来了,但还是损失了藏书的十分之三,珍本损失八部。

不过瞿家即使在这样的兵荒马乱时期，还是不忘搜集，购到了一些其他人家的藏书，丰富了铁琴铜剑楼所藏。1924年，齐、卢军阀在苏州一带开战，铁琴铜剑楼第四代主人瞿启甲为避战火殃及，将藏书转移至上海。

到瞿凤起他们这一辈，瞿氏藏书历传五代，铁琴铜剑楼所藏旧抄珍本善本达十余万卷，被称为清代四大私家藏书楼之一。但数量之多，其他三家尚无法与之相比。更主要的是在新中国成立后，瞿家通过多次捐献，最终常熟铁琴铜剑楼藏书成为了国家财产，瞿家为保存祖国文化瑰宝所做的贡献，值得后人永远称颂。动荡百年间，瞿氏住宅建筑群大部毁于历代战火，唯此藏书楼历经二百多年而独存于世。

瞿家收集、珍藏、保护和向北京、上海、常熟捐赠古籍及其他文物，是一个镇上发生的故事，这样的事在中国并不多，是常熟乡邦的骄傲。

新中国成立后，政府多次修缮铁琴铜剑楼。2006年6月，铁琴铜剑楼被公布为江苏省文物保护单位，同年12月古里镇开工恢复瞿氏大宅原貌和第四次对铁琴铜剑楼进行修缮。经过两年多的建设，占地30亩，投资2000多万元的铁琴铜剑楼历史文化街区已初具规模，基本恢复原貌的瞿氏大宅和铁琴铜剑楼纪念馆构成比较完整的建筑群，还配套建造了铁琴铜剑楼遗址公园和文化广场，2009年5月16日同时对外开放。

今天的铁琴铜剑楼已成苏州一处文化旅游景点。铁琴铜剑楼原有四进，其中第一、二两进毁于抗战期间。第一进为门厅，第二进为"恬裕斋"所在。第三、四两进即今仅存之楼，亦即"铁琴铜剑楼"所在，是坐北朝南的三楹回式楼房，中有小天井相隔，每进两层，面阔三间，楼结构为重檐硬山造，用跌落山墙（俗称马头墙），下檐施撑拱，雕有精巧的夔龙纹，是当时江南比较典型的建筑。在当时，此楼第三与第四进楼上供藏书之用，第三进楼下则为读书处，第四进楼下为家祠，同时收藏古物、石刻。

这里河流清清，绿树环绕，作为一处文化景区，虽有供人观赏的美学价值，但当人们在这里看了常熟瞿家走过清王朝走过民国又走进共和国，五代人的心血和家产，最终的归宿是走向奉献，无不会涌起一种对先贤肃然起敬的感觉。书香背后是人的崇高。我想，之所以建铁琴铜剑楼景区，目的还是为了不让瞿家这种坚守文化、热爱祖国的精神成为绝唱吧！

古里不仅有铁琴铜剑楼景区，2010年的一天，常熟古里镇宣传委员顾小燕打电话来说，镇上决定修建红豆山庄风景区，包括钱柳纪念馆工程、白茆山歌馆等，还给我看了效果图，桃红柳绿掩映着粉墙黛瓦，风景佳丽，引人向往。

据介绍，红豆山庄风景区占地1000亩，立足山庄历史文化——钱谦益、柳如是的爱情故事以及以红豆树为主题，通过建设钱柳情感主题游览区、白茆山

宁静美丽的古里古镇

歌文化游览区、爱情文化主题游览区、佛教文化游览区、婚庆文化游览区、旅游服务区等六个功能区，并以红豆山庄、增福禅寺、白茆山歌馆等作为景区标志性景观节点，重塑半野堂、我闻室、芙蓉舫、金穗阁、如是轩、朝云轩等景点历史遗韵，以及红豆林、鸳鸯湾等爱情景观节点，再由二十三座风格各异的桥梁以及不同等级的园路将各景点衔接，打造集景观观赏、休闲娱乐为一体的旅游景点。

红豆山庄纪念馆位于景区南侧，将再现当年红豆山庄风貌。白茆山歌馆则位于红豆山庄景区北侧，主要包括白茆山歌展览厅、白茆山歌研究室、室内山歌剧场和室外山歌剧场，用于立体展示国家级非物质文化遗产——白茆山歌的历史风采，开展白茆山歌的创作研究及表演欣赏。这一投资约2亿元的红豆山庄风景区目前正在加紧建设之中，预计在2013年建成开放。

将钱、柳作为爱情来纪念，有其一定的道理。在今天婚姻变得千姿百态、千奇百怪时，利用古里的这一文化资源和那棵已有四百五十年树龄的红豆树，建设一个爱情主题的景区，相信将为苏州难以计数的景点群中又添一独具个性色彩的游览地。

钱谦益（1582—1664），号牧斋，常熟人，明万历三十八年（1610年）进士，但他也是东林党人，十年后才补到官职，很快就又被罢官。崇祯元年七月，钱谦益应诏北上，授为礼部侍郎兼翰林院侍读学士，但仅三个月就又被罢回家乡，在常熟一待就是十七年，可见他并不是一个受到明廷重视的人。

钱谦益仕途不顺，但他才华横溢，是诗人、学者、藏书家。他可能自己也没有想到，年近花甲时，爱情生活会有一段让人称艳的经历。二十四岁的美女柳如是来到常熟，给古里留下一段爱情佳话。

柳如是，本姓杨，名爱，后改姓柳，名隐，号河东君，祖籍嘉兴，生于明万历四十六年（1618）。幼年时被卖到吴江盛泽镇归家院。归家院的掌门人叫徐佛，会操琴，擅画兰草。幼小的柳如是受到徐佛的熏陶，也能诗词，擅书画，才艺出众。相国周道登告老还乡，到归家院挑个婢女侍候他的母亲，挑来挑去，就挑上了豆蔻年华的柳如是。不久，妻妾成群、做官糊涂但审美不糊涂的周道登看中了青春美丽的柳如是，就将她收为最末一房小妾。1633年，十五岁的柳如是又被逐出周家，再次回到了归家院。

柳先是沦落烟花，成为"秦淮八艳"之一。后和复社名士陈之龙相爱，但无正果，怏怏离开，慕名找到了钱谦益。崇祯十四年（1641）十一月，柳如是女扮男装，乘船突然来到常熟虞山，访钱谦益于半野堂，并在钱家度岁。她此次来，就是想下嫁钱谦益。

钱很珍惜柳对他的感情，顶着世俗压力，纳她时礼同正室，给了她一个名分，这让柳很是感动。对一个妓女如此尊重，说明钱是真心爱她的。钱先是卖掉宋版《汉书》为柳造绛云楼，后因柳不喜欢常熟城里的烦喧，就移居到城东约十里的古里芙蓉庄钱的舅舅处。

芙蓉庄里有一株红豆树，故人们又叫红豆庄，后又称红豆山庄。柳如是有才华，会诗词会作画，钱又是才名满天下的一代文坛宗师，两人在红豆庄诗歌吟咏，校对古籍，过着神仙伴侣般的恩爱生活。是时代的大动荡，让钱谦益面临着人生大考，不过他的考卷答得并不完美。

钱谦益和柳如是的墓都在虞山西麓，我去凭吊，见这两墓分开一段距离，据说钱氏族中不准将柳如是和钱谦益合葬，所以他们只能遥遥相对。

封建势力虽然可以不让他们合葬，但钱、柳的故事数百年来，总是感动了许多人。当年钱柳夫妇在花开如雪的树下吟咏过诗的这株红豆树，如今已高达12米，胸径70多厘米。树干3米处分为两枝，有人说："一枝挺秀，宣言生命的坚韧；一枝残损，记录岁月的艰辛。"红豆树在江南也有多株，在南国更是常见的树种，但同爱情和历史的风云连在一起的，也唯有这株。

江岸听潮

凤凰山　河阳山色画图开

黄泗浦　鉴真东渡扬帆处

香　山　一虎雄峙大江边

凤凰山
河阳山色画图开

还是在好几年前，我和同事周铮从张家港往常熟走的时候，看见一座不高的山，满山青翠中露出一角黄墙，寺门上书"永庆寺"。

因近傍晚，两边的三圣殿、观音殿等偏殿里在做法事，我们就从中路上山。走上高高的台阶，来到大雄宝殿。这是一座新恢复的殿，殿内供奉三尊主佛，但让人意外的是，最西面那尊也就是阿弥陀佛，右臂上长了一棵灵芝！寺中的和尚告诉我说，佛像在已贴金箔后，长出了这棵灵芝，这就是佛法的不可思议之处。我回来后告诉了苏州电视台"淡蓝的晴"记者，她随即特地去拍摄了一条社会新闻。这条新闻播出后，永庆寺佛像上长灵芝的事就让更多的人知道了。

这座庙据说也是始建于南梁，历史上也出过高僧，有过内八景、外八景、后十景之说，还留下了千年古桧、肉身僧像、自然古井这"三绝"，说明这里早就是一处名胜了。不过寺院也遭过几次大难，"大跃进"时拆了大殿，"文化大革命"时被全部拆毁。现在的寺院是1993年开始恢复的。

2011年10月27日，我和好友杨同兴、周永成等先生同往。买票进入寺院，先是看到了玉佛殿，供奉的是一尊玉卧佛，上次可能行色匆匆未曾留意。旁边新建了佛教文化苑，里面是露天的佛像区，三面观音立像非常高大，好像是用汉白玉雕刻而成的，四周站立的观世音菩萨普度众生的三十二个化身，不知何故需另买票才能进入。经过大雄宝殿，再往上走过高高的台阶，是一幢三层仿古建筑，重阁飞檐，翘角二十，矗立山顶，有凌云之姿，这就是张家港市有名的文昌阁，但门锁着，未能进入。据说里面供奉着文曲星、文昌帝君圣像。

阁前的说明牌介绍说，县志记载：《水浒传》作者，苏州进士施耐庵曾住在寺里文昌阁楼上，白天在门口摆个测字摊，夜里关了门在阁楼上写书。《水浒传》里的三十六员天罡，就是三十六尊大罗汉形象；七十二员地煞，就是七十二尊小罗汉形象。书中"洪太尉误走妖魔"一节中写到的"伏魔殿"，就是罗汉堂后面的生死殿，壁上的壁画，一般的小孩不敢进去，平时，一直锁着门不让游客参观。

说施耐庵是苏州进士，我不敢相信。但在凤凰镇，我还听说有施耐庵的衣冠冢，就在河阳山西南坡，是元末龙虎上将军徐捷（或后人）所建，但墓在1957年"旱改水"运动中被毁。至今这里尚留有洗砚池、蘸水潭等遗迹，传说和施有关。施耐庵留下的诗不多，其中有一首是写给兴化顾逖的：

　　年荒世乱走天涯，寻得阳山好住家。
　　愿辟草莱多种树，莫教李子结如瓜。

这里的阳山，就是河阳山，顾逖也以诗回答，此诗载于万历《兴化县志》：

　　君自江南来问津，相送一笑旧同寅。
　　此间不是桃源境，何处桃源好避秦？

这诗反映的兴化和江南之间的问答，顾逖好像是力邀施耐庵去兴化"避秦"，也就是避暴政，看来施耐庵确实是住在江南。

张家港包文灿先生对施耐庵在这里生活的传说颇有研究，共收集到四十多个故事，经整理，大致可考证出在元至正二十一年（或二十二年）至至正二十七年（或明洪武元年），施耐庵在常熟（今张家港市）河阳山滚塘岸，施与滚塘岸徐捷友善，并做徐家塾师，在此地隐居七年。此说受到许多专家的关注，赞同者认为：此说有可信性，在时间和地点上正好填补了关于施耐庵早年在钱塘、苏州一带活动，晚年在淮安、大丰、兴化一带活动这个学术界大致已形成共识的两段生活中的一段"空白"。至于施后来为什么会到了苏北，苏州金阊区文联主席梅锦煊告诉我说，是在明初"洪武赶散"运动中被强制移民到了那里。不过《水浒传》的版本极为复杂，今天我们看到的《水浒传》版本肯定和施所写的手稿已有很大的区别。

河阳山也叫凤凰山，山下的恬庄古镇，原是常熟的四大名镇之一，1962年划出，现属张家港市，改名为凤凰镇。当地人说，"先有河阳城，后有常熟城"。我查了志书，有"吴王寿梦于山之南、海之口筑城，称河阳"这样的记载。寿梦是吴国的第十九位君主，司马迁说"寿梦立而吴始益大，称王"，在此之前，吴国在中国历史上寂然无闻。当地有一首山歌唱道：

  吴下桥接河阳城,吴王摆渡声连声。
  一根竹头氽东海,一根木头飘西洋。

  歌中唱道"吴王摆渡",也许反映的就是当年吴王曾来过此地。如是这样,那么河阳城就不仅年代早于常熟,而且早于苏州城了,因为,寿梦在苏州只建了一座都亭,现有都亭桥,那时还没有苏州城。

  当地民歌里还有"三月初三正清明,大男小女游春景。太王庙里点蜡烛,一年四季保太平"。《史记》里的太王是指太(泰)伯、仲雍的父亲古公亶父,但江南的吴人从不提这个人。周朝封吴王均为伯,而吴国自称王,故称太王者,是吴地人自己建的庙,按自己的传统习惯尊称太(泰)伯为王。清明正是祭祖扫墓之际,河阳百姓在这一天穿了新衣裳去泰伯庙,并祈求祖先保佑,这首山歌里的民俗,透露出的是古代吴人的信仰。这里的地名还有三让浦和让塘,其得名也应该有其缘由,当地的河阳山歌专家虞永良先生告诉我说,河阳民歌中称河阳地区为吴下,苏州为吴中,看来河阳确是古吴地的重要地区。

  历史上,河阳城很繁华,城内外有武烈王府、桑氏花园、萧家花园、顾守备花园、御史花园等,还有商留一条街"下街坊",有酒楼名景阳楼。河阳城多次遭难,但最终是在咸丰十年(1860)多次遭受战火而消失的。如今还留下了司库浜、货到桥、船抵桥(指的是海船,河阳之东明代之前为海)、坊基(南宋时榷酒处)等地名。河阳城故址在河阳山北,如今登上河阳山,在文昌阁平台上向北眺望,已经不见古城的任何痕迹了。

  近年凤凰镇为发展旅游,正在修复凤凰山东的恬庄镇老街,在省道上可看见新建的高高牌楼,上书"恬庄"两个金字。从牌楼进去,街的立面已改造成古色古香的样子,有一条南北向的北街,宽仅两三米,长280米,街面铺石板四百八十一块,是当年恬庄镇留下的一条原汁原味的老街。北街上有杨孝子坊(又叫杨氏孝坊)和榜眼府,经过修葺和布置,是古镇对外开放的景点。

  现在镇上有意打造"逛古街、游古寺、赏桃花、听山歌、泡温泉"这一旅游品牌,每年举办盛大的旅游节暨河阳山歌节和凤凰桃花节,都选在3月桃花盛开的季节。那个季节,河阳山成了"在那桃花盛开的地方",而主人又精心准备了当地特有的土产——河阳山歌飨客,学生、姑娘、妇女、小伙,穿着鲜丽夺目的演出服,唱着那动人的歌谣,这种情形实在让人陶醉。但是,一群孩子唱的歌却让我惊讶万分:

  杭唷斫竹荷哟嗨,杭唷削竹荷哟嗨,
  杭唷弹石飞土荷哟嗨,杭唷逐肉荷哟嗨!

那曲调说不出来地让人震撼，有点江南的劳动号子，节奏明快，有一种阳刚之气，曲调简洁质朴又有点古意盎然，这首歌是当地人虞永良先生采集到的。

在清代苏州大文人沈德潜编撰的《古诗源》中，开宗明义第一篇是《弹歌》，而弹歌又是引自汉赵晔《吴越春秋·勾践阴谋外传》，范蠡进善射者楚国人陈音，陈音给越王勾践唱了这首歌：

　　断竹，续竹。
　　飞土，逐肉。

这首歌的大致意思说砍下了竹子，又将它制好（弓）。弹出陶丸，去打飞鸟（以作我的餐食）。虞永良记录的叫《斫竹歌》，苏州本地农民至今还是叫割草、割稻叫斫草、斫稻，斫竹就是砍竹、割竹。

虞先生解释说，刘勰在《文心雕龙》中对此歌有两处简短的评述，一在《通变第二十九》第二节中："黄歌《断竹》，质之至也。"是说《断竹》歌是黄帝时代最质朴的歌。黄帝时代，距今约五千年左右。二是刘勰在《文心雕龙·章句第三十四》中又说："寻二言肇于黄世，《竹弹》之谣是也。"《竹弹》，也许就是《断竹》、《弹歌》，一歌三名而已。"逐肉"，其实老苏州人都很好理解，逐鱼、逐田鸡……都是讲通过某种方法得到一只野生动物，而苏州话"眼睛被皮弹弓逐瞎脱"里的"逐"，和"逐肉"的"逐"，意思大致相同，即一粒弹丸强有力地飞过去击中。这首歌《斫竹歌》采集自苏州地区，从歌里的这个"逐"字，就可以看出此歌和苏州的血肉关系了。

虞永良有一次在收集劳动号子时，听到了农民们在齐唱《斫竹歌》，他记了词，又将录音送到江苏省音乐家协会秘书长朱新华先生那里，朱替他记下了曲谱，后来送到北京，更是受到重视，专家给予高度评价，此歌也多次上中央电视台演唱。谁也没有想到，河阳人至今还在唱着"黄帝时代的歌谣"。

新中国成立后特别是"文化大革命"期间，因种种原因，苏州的山歌在快速消亡。改革开放后，苏州的吴江芦墟山歌、常熟白茆山歌、金阊白洋湾山歌等都受到了重视，大量优秀作品被挖掘、抢救出来。河阳山歌作为吴歌一脉，已被列入国家首批非物质文化遗产名录。大约五年前我去凤凰镇时，只是在镇委党校辟了几个房间作山歌馆，2011年我再去凤凰镇时，看到了一个漂亮的建筑群，走过气派的石牌坊，贴青砖的照墙上五个金色大字十分夺目：河阳山歌馆。

河阳山歌馆四面皆水，前面为三孔平桥，后面用石拱桥相连，和永宁寺相距不远。山歌馆为一组明清江南水乡民居风格的古建筑群落，总占地面积5万余平方米,建筑面积近4000平方米。馆内小桥流水,亭台楼阁,就像一座苏州古典园林,里面还建有一座仿自古戏台的山歌台,临池一座气派而精美的三层楼阁,飞檐如翅,叫凤凰阁。馆内设有山歌演艺馆、历史名人馆、历史文物陈列馆(展出的许多与山歌、讲唱文化相关的器物约二百五十件,馆内还收藏有许多过去秘不示人的河阳山歌唱本、抄本,几乎都是孤品,馆内共收集有河阳山歌上千首,极为珍贵)、河阳山歌主题馆、古河阳地域文化风貌沙盘等,游客不仅可以在其中了解河阳山歌的产生和传承、听山歌手们的质朴之音,还能向山歌手学唱,甚至可以登台表演。

桃花美,桃花艳,开在那三月间,也开在优美的河阳山歌里……

河阳山巅的文昌阁

黄泗浦
鉴真东渡扬帆处

鉴真东渡纪念馆

很多年前的事了，我去张家港市，车过鹿苑镇，正谈着著名的鹿苑三黄鸡时，有人指着公路南面稻田里隐约显露的一座石经幢告诉我说，这里是当年鉴真和尚第六次东渡日本成功的起锚地。那座经幢不太高，好像还围有几根柱子，挂着铁链，孤零零的，周边除了稻浪外再也没有其他建筑了。江岸离这里大约有十来公里距离了，我怎么也无法将这一片农田和樯桅林立的大江古港口联系起来。后来再经过，那里建成了一个景点，有黄墙，有绿树掩映，经幢看不见了，原来已改建成一个以鉴真和尚东渡为主题的现代公园——东渡苑。

但更让人意外而又骄傲的是，唐代高僧鉴真东渡这一伟大事业，竟然是因为从苏州扬帆启航而获得成功。

中国佛学书、古代历史书均对鉴真东渡记载不详，那是因为鉴真大和尚和日本僧人交往较多，也因为那时中国僧人赴日本传教为国家所不允许，所以有一定的保密性。中国对他东渡的具体细节并不是太清楚，是可以理解的。但在日本《大正新修大藏经》第五十一册收有《游方记抄》，其中有日本僧人真人元开于公元779年（唐大历十四年）撰成的《唐大和上东征传》，记载了鉴真东渡日本及在日传播佛教的事迹，是研究鉴真和尚的珍贵文献。

日僧荣睿、普照留学唐国已经十载，他们深感大唐的佛教，戒律森严，佛学深湛，高僧众多，希望能请动大唐高僧去日本传教，这也是天皇的旨意。天宝元载（742）冬十月，两人慕名来到扬州大明寺，拜见鉴真，请他东游弘法。鉴真当时说，日本国长屋王崇敬佛法，其袈裟上绣着四句话："山川异域，风月同天，寄诸佛子，共结来缘。"听了日僧所求，鉴真同意赴日。但鉴真东渡日本，进行得很不顺利。从天宝二年（743）开始，一共东渡了五次，全都失败，备极艰辛，有三十六位和尚包括日僧荣睿，先后病故，道俗二百多人中途退出。甚至鉴真在漂流到韶州时，因眼疾让一胡人治疗，眼睛被治瞎了。

鉴真回到扬州，住在延光寺，日本第十次遣唐使节藤原清河、副使大伴宿弥胡麻吕、副使吉备真备等前来拜访，意思是我们想通过正规途径得到朝廷批准，但大唐皇帝只同意道士前往日本传道，而不同意佛教前去，您和您的五位弟子的名字已被大唐皇帝"各亦奏退，愿大和尚自作方便。弟子等自在载国信物船四舶，行装具足，去亦无难"。日本语言的一大特点是真实意图较为含蓄宛转，这四位日本外交官员的意思又带着外交辞令，更是隐晦，话中的意思要转几个弯才能理解。鉴真虽已六十六岁年龄，又双目失明，而且此去还是违背朝廷旨意，日本使节又要求鉴真自行承担私自搭乘日本官船偷渡出海的责任，意即有什么事和他们日本使节无关。鉴真听懂了他们的意思，"时大和上许诺已竟"，答应六赴扶桑，并从扬州"乘船下至苏州黄泗浦"，准备从这里第六次东渡扶桑。

黄泗浦，不见于唐以前的记载，始见于南宋时的《吴郡志》。黄泗浦旁的庆安镇，可以为航海或打鱼船提供给养。历史沧桑，后来港口既已成为农田，镇随之退化为村，庆安镇也逐渐退出人们的视野，现在杨舍镇有个庆安村（社区）。

鉴真、日本外交官们、同去的唐人和要返故国日本的其他人一行，大约五百多人，共乘四艘大船，会集黄泗浦，准备择日启航。到了农历十一月十五日，这是一个月圆之日，四船起锚同发。但这时出现了波折，正准备出发时，一只野鸡扑棱一声，飞在了使节藤原清河乘坐的第一艘船头的前面。江滩芦苇丛生，有野鸡、野鸭本属正常，但藤原清河认为不是吉兆，坚持要取消这次出航。于是四艘大船只好再回黄泗浦港口。

又等了一天，到了十六日再次起碇出发。这次从苏州出发的东渡也不太顺利，起先两天海面风平浪静，但行程未至一半，就起风浪了，鉴真乘坐的第二艘船和第一、第三艘船漂到了阿尔奈波岛，也就是琉球。可能是为了躲避海上的暴风雨，船在阿尔奈波岛停泊了半个月之久。第一艘船大概是触礁了，十二月六日，鉴真乘坐的第二艘船向多祢岛方向驶去。十二月十八日，第二艘船自益救岛出发续航。十九日，遇到暴风雨，海上不辨东南西北，但后来在浪尖上看见了山顶。坚持到次日中午，鉴真等历经磨难终于抵达日本九州萨摩国阿多郡秋妻屋浦（今日本鹿儿岛），算是到了日本。现在那里竖有鉴真登陆纪念碑，上书"鉴真大和尚凌沧海遥来之地"。鉴真登陆后，又等了几天，二十六日辛卯，延庆和尚引鉴真大和尚到日本的太宰府，鉴真到此时，方算是完成了东渡。藤原清河和阿倍仲麻吕（晁衡）的第一艘船在触礁后，被风吹到了越南，后两人又回到长安，从此再没有能回到日本。

鉴真这次从黄泗浦去日本，给日本带去了很多文物和佛经，是中日文化交流史上一件划时代的大事。但鉴真在从正使藤原清河的第一艘船上下来那十多天，是住在哪儿的呢？

现在一般的看法是，鉴真大和尚在离开祖国东渡前，最后的十几天里，是住在黄泗浦的尊胜禅院里的。

鉴真等人来到这座寺院，大量的人和行李，又是住了那么长时。但苏州黄泗浦一带的百姓包括僧人，没有人去官府告发，也许有驻黄泗浦的官方机构，也不会不知道这信息（这四艘船都很大，停在港口那么长时间不可能没人知道），但也没有人来干涉。烦恼主要还是来自日本使团方面。这一次由于是在苏州黄泗浦起锚，总的说来干扰少，比较顺利，值得庆幸。

经考古发现，黄泗浦遗址位于张家港市杨舍镇庆安村与塘桥镇滩里村交界处，2008年11月在第三次全国文物普查中被发现并进行了初步勘探与发掘，探明遗址面积约1平方公里，探出三处遗迹密集区，涉及水系、港口、寺庙等内容，还出土了陶器、瓷器、铁器等文物一千五百多件。2011年6月7日，江苏省文物局正式公布了首批"江苏大遗址名录"七处，黄泗浦遗址榜上有名。采访时听说，张家港市已决定建设黄泗浦考古遗址公园，现在大概建好了吧。

张家港市于1996年在古黄泗浦东渡遗址建成东渡苑景区，面积300亩，有纪念馆、东渡桥、经幢亭、两座诗碑亭等各类景点，据说有十五处之多。

东渡苑景区中间是广场，西侧中轴线从东到西分别是仿唐建筑东渡纪念馆、东渡桥、黄泗浦经幢；广场东侧是东渡寺。但经幢是东渡苑的核心纪念物，这个景区就是以这根石经幢开始发展起来的。这根经幢现在竖在一个上覆赭色琉璃瓦的长方形亭子里，这亭子出檐比较平缓，是一种仿唐风格，四角八柱，不设苏州古典园林里亭子常见的吴王靠，而是围以雕花石栏。亭中竖着一根青石石幢。石幢上有垂幔形顶盖，下有莲花形阶梯式底座，整个经幢总高近2米。中间主体为六面体石柱，朝东一面刻有"古黄泗浦"四个楷书字，经幢右侧刻小字"唐鉴真和尚东渡启航处"，字写得敦厚遒劲。左侧刻"鉴真和尚逝世一千二百年纪念委员会立"，鉴真本是佛门中人，当时是利用常熟市文管会保管的一个青石古经幢改作纪念碑，虽不高大，但古朴典雅，神完气足。

这座经幢是1963年竖立的。据参与者之一的张家港市文联的包文灿撰文透露："在（1963年）4月初，外交部办公厅获悉，在邦交尚未正常化的日本国内，佛教界将于5月份举办一次纪念鉴真和尚圆寂一千二百周年的盛大佛事，这位和尚是中国人。周恩来总理听到汇报后，非常重视，马上找郭沫若先生商量此事。……郭沫若又去找了中国佛教协会会长赵朴初，得知：原来鉴真和尚是中国十大高僧之一，在日本有'圣僧'之誉。……由于当时中日尚未建交，国家领导人正在寻找打开中日关系的钥匙，赵朴初便向周总理建议，中日邦交正常化可以通过民间促官方逐步实现，佛教是个很好的载体。周总理很快采纳了这一建议，批示国务院办公厅，在日本5月份举办纪念鉴真逝世的佛事之前，我们必须在鉴真东渡的最后一次启航地方（即黄泗浦），建造一座有纪念意义的标志性文物，并向全世界发布消息，说明我们十分重视中日友谊。同时，中国政府成立'鉴真和尚逝世一千二百年纪念委员会'，由赵朴初任会长，并以纪念委员会的名义，在鉴真第六次东渡启航处黄泗浦建造一座经幢。国务院办公厅根据总理批示，马上拟了文稿，发至江苏省政府速办。"原来，在黄泗浦竖立这座经幢还是当年周恩来总理的意见呢！怪不得，张家港人对这座经幢特别有感情，除了是国家竖立、是国家对鉴真最后一次启航地的权威认定这一层意义外，还有对周总理的感情在内这一原因。

此碑的竖立，意义重大。据1991年《沙洲县志》第二十五卷第六章记载："'文化大革命'期间，'经幢'被砸，1978年修复。"但在新世纪出版的一些书中说，"文化大革命"开始之际，当时公社和大队干部因担心被破坏，为保护此幢，将幢拆下，一部分构件砌进生产队仓库的墙里，一部分作了池塘边的水栈石。到了1972年，中日两国恢复邦交，沙洲县（张家港前身）又将经幢取出重建，但重竖时东移了一丈，并浇制了六根水泥柱，用铁链相连以作围护。这两种说法均转述在这里，不知孰是。

日本唐招提寺内的鉴真髹漆夹纻造像高80.1厘米，为日本国宝。东渡苑纪念馆需要在此复制一座鉴真铜坐像，并放大尺寸，由扬州大明寺捐赠，北京制作。纪念馆两壁为六幅精美的反映鉴真东渡事迹的苏州漆雕画，背后屏板上是张家港老艺人木刻的《唐大和上东征传》部分节段。

后来东渡苑又有扩建，建了仿唐风格的东渡寺。为引入一艘高9米、长32米、宽10米的气势不凡的仿东渡船，划出了48亩地，建了花圃、河道、小岛、绿地、码头，构成了东渡船景观区。另建了徐家湾新石器遗址、马嘶古桥、鹿苑名人雕塑、韩世忠梁红玉骑马雕像、茶楼、弘济亭、梅花鹿雕塑、广场、照壁、牌楼等，还堆了小岛种上日本友人赠送的樱花。现在完全可以说，东渡苑已经成为张家港也是苏州一处独具风格、意义重大的旅游胜地。

香 山
一虎雄峙大江边

香山，位于苏州最西北处的长江南岸，张家港市西的金港镇境内，北枕长江，东临张家港运河，西连江阴，南接平畴，风景雄秀，古迹众多，自古就是名山。清《江阴县志》中说："香山突出平壤，高峻磅礴，甲于他山。"虽仅136.6米高，但在这一带就数香山体量最大，占地4.37平方公里，又是在大江边，就显得特别雄伟。当地人又称此山老虎山，从东峰看过去，香山果然就像一只回首的卧虎，头南尾北，威风凛凛，所以香山又名"伏虎山"。香山不仅有虎形和虎威，山上还有老虎背、老虎峰、老虎嘴等与虎有关的景点。香山的植被非常好，山坡多是马尾松，也随处可见一些竹林，丰茂的植被可以看作是虎毛，满山翠色生气勃勃，体现出大自然充沛的生命力。

山腰处，两片大石朝东突出，裂开处进深约有2米，叫老虎嘴，两石中间还有一石，就像是虎舌，越看越像一只巨大的虎嘴，成为香山最吸引人的景点之一。在老虎嘴观景，视野开阔，身边是悬崖峭壁、怪石嶙峋，山下是公路、厂房、镇区，历历可见，心胸为之一爽。据说南朝宋武帝刘裕东巡至香山，在老虎嘴一带的巨岩上观看形胜，并在岩壁上题刻"香岩晓岚"四字。

香山由大香山和小香山组成，两山衔接处，山壁陡峭，形成石门，称石虎门，形势险要。当地传说伍子胥从江阴陈障出发，败越兵于石虎门。这一场战事不见于正史，但又颇为合理。这里确实是拱卫苏南地区的门户，不仅南宋时韩世忠在这里一直到凤凰山设下长江防线，而且后来的朱元璋与张士诚的交战，解放战争渡江战役东段战线发生的登陆和反登陆战斗，均发生在这里。

张家港市政府在香山之巅新建了一座宝塔，叫聆风塔。来到塔下，可听到江风将塔铃吹得叮当叮当响，非常悦耳。宝塔迎江而建，八面九级，为明清楼阁式江南古塔。因为不是佛塔，而是一种景观塔，所以塔身没有涂上黄色，白粉墙、红门、黑瓦，在蓝天的映衬下，气势非凡而又秀美。

站在塔的北面，凭墙远眺。前面就是双山岛，内夹江和外面的长江，清晰可见，江中的双山岛也是张家港的旅游胜地。往江边望去，可见长山（山的一大半在江阴）、巫山等，分列江边，加上江阴境内的秦望山、张家港东面的凤凰山和常熟境内的福山等，一系列山或岭屏障着大江，形成险要的地势。当年朱元璋和割据苏州的张士诚，都遣大军在这一带多次鏖战，当地人说巫子门大战就发生在巫山。

这些烽烟往事，让香山秀美之外又多了几分阳刚之气。

明代旅游家、江阴人徐霞客曾在写香山的诗中说："佳迹空山漫记吴"，确实，香山的得名，当地的地方志书都记载说与吴王有关。所以香山在进山处新建了一个大石牌楼，上刻"吴苑遗迹"，特地说明此山和吴王的关系。

古代地方志书上记载说，吴王令美女去采香草。徐霞客《题小香山梅花堂诗五首》的诗序也谓"予兄雷门，结庐种梅于小香山，山以吴妃采香名也"，其中有一首《醉中漫歌》诗起笔就写道："吴妃当年将香采，此地遗名遂千载。"人们一般就认为他提到的吴妃应该就是美人西施，并说她和宫女们曾在这里采过一种叫马蹄草（杜衡）的香草，还自己挥锄开辟采香路径，后人就在这基础上开出了一条山路叫采香径。现在又传说西施和宫女们出了香汗，在山上一水潭里洗天浴，被吴王看见，宫女们在水里还唱起了歌以取悦吴王，故事香艳得让人逸思乱飞。

明代时，说香山有八景，到清代时发展为"香山十八景"，但现在山下大门处的大指示牌子上，标出的是三十八景。据有关人士透露，"由于炸山采石，历史上依据峰石而形成的胜迹如石虎门、和尚石、石筏等均在爆炸声中化为乌有，连梅花堂所在的小香山也被夷为平地……"今天看到的香山是如此美丽、耐看，这是因为近年来张家港市对香山景区进行了很多建设，整理采石后残破的山体，大力绿化，修路，修水塘，又恢复和新开发出许多景点，如望江亭、坡仙亭、鹿女湖、奇螺亭、香山寺、拾春湖、三生石、滴血岩、仙牛背、圣过潭、揽月桥、湛露桥、圣清池、葫芦塘、南北采香径等，使得香山的景色更加丰富了。也有人说，过去久负盛名的"香山十八景"里暗藏着草香、梅香、荷香、桃香、墨香、佛香等，现在开发就扣住"香"字，建了沁香楼、暗香亭、溢香堤、品香亭、闻香亭、暗香湖、飘香湖、藕香湖、梦香轩等许多新景点。香山有了这么多围绕"香"字做文章的景点，如今真是名副其实的香意氤氲了。

走过鹿女湖，在距葫芦塘不远处，有五间平房，体量也不是太大，放在苏州城里，也就一中等水平家庭的大厅，上面一匾题有三个字"梅花堂"，是集

香山绝顶的聆风塔

苏东坡的手迹。《沙洲县志》上介绍梅花堂的历史后说是"今废",大概没有了踪影。今天的梅花堂作为香山的经典景点之一,是易地重建的。我去时,正值深秋,虽闻不到梅香,但见山上树叶开始转黄,也很好看。

北宋苏东坡元丰三年(1080)谪居黄州,元丰七年(1084)来到常州,在堂妹夫柳仲选和好友葛延之的陪同下，到香山游玩。有个姓苏的人在山上建有梅花堂，苏东坡就给题了"梅花堂"三字相赠，然后就在堂后水池里洗净笔砚，还给主人，留下了"东坡洗砚池"这一古迹。

苏东坡在此次香山游后的第二年也即元丰八年（1085），回到了汴京，惠崇和尚向他展示了一幅新绘的鸭戏图。此画勾起了苏东坡的思绪，他回想起上年春天在常州、江阴香山的事，就提笔为画题诗，这就是著名的《惠崇春江晚景》，其中一首：

竹外桃花三两枝，　春江水暖鸭先知。
蒌蒿满地芦芽短，　正是河豚欲上时。

诗中所写的景色，我认为就是香山江边的景色。

一是因为他来过香山；二是诗中写的是春江而不是春河，香山下就是长江；三是河豚，这正是江阴还有今天张家港、常熟至太仓沿江地区的特产。这三个因素联系在一起，可见《惠崇春江晚景》诗，写的应是香山脚下的景色。他这首诗，记载下了江阴包括今天张家港一带江边的食俗，记载了这个地区宋代时的一道名菜。诗中讲到的食材蒌蒿，是春季江边所产的食材。而且，苏东坡也很有可能在香山吃过河豚鱼。

梅花堂还和另一名人有关，就是徐霞客。他不仅留下了《题小香山梅花堂诗五首并序》的五首诗，还去游玩了离梅花堂不过一里路的桃花涧，也写下四十二行的五言律诗《游桃花涧》。香山是江苏唯一被徐霞客所歌咏的景区，因此这些诗是很值得珍惜的。

从香山寺东面闻香亭那边走采香径下山，一路上树荫浓密，倦鸟归林，走着走着，山林里飘出夜色来。特别是到一个叫"听松吟"的地方，这里有松林百亩，环境清幽，这时看上去真有点黑松林的感觉了。我有一位南沙籍的朋友说，刘半农、刘天华、刘北茂三兄弟，祖籍南沙乡（今并入金港镇）。刘天华去上海、北京后，还是要常回故乡三甲里（今金港镇三省村）。有一次他来到听松吟这个地方，松风簌簌，如在低语，树林里鸟鸣婉转，触动了他的创作灵感，他创作出了二胡曲《空山鸟语》，用音乐描绘了深山幽谷、百鸟啁啾的优美意境，是一部优秀的民族乐器作品。也有资料说，他的另一二胡名曲《病中吟》的旋律，也是回家乡养病期间，在香山获得了灵感而构思的。

香山满山是景，确实能触发人的灵感，关键是人要能在这山色中物我两望，心里透彻空明，看到的景就真是又香又美了。

后 记

2010年12月23日，我正在苏州大学附属第一医院参加行风监督员座谈会，接到浙江摄影出版社林青松主任打来的电话，说社里正在组织编一套"文化名城走读系列"的丛书，有杭州、苏州、绍兴等，约我撰写《走读苏州》。当时我的感觉是与有荣焉，编写一本介绍苏州的普及性读本，应该并不太难，就答应了下来。

谁知不到一个月，我妻子意外查出脊髓内有肿瘤，2011年1月20日做了手术，留下行动不便的后遗症。当妻子还住神经外科病房时，正逢春节，林青松来到苏州，还约了我的几位朋友作陪，商谈书稿的事。看他那样诚恳，在纸质出版物很困难的大形势下，一个兄弟省的一级出版社愿意这样热忱宣传介绍苏州，让我不好意思拒绝，就答应了下来。稿子的体裁要求是游记散文，所谓"走"，就是要基本到过这个地方；"读"，就是要求文章有可读性和有自己的真实想法，这才明白此书稿的要求并不简单。林青松知道我遇到的具体困难，还特地说，合同上约定的交稿时间适当往后推迟一点也没有关系。我听了心头一热，非常感动。谁知我妻子医院一住就是七个月，我需天天去医院，回到家写稿时，往往已是晚上十一二点钟，一般是写到凌晨三四点钟，早上七八点钟起床后再写一会儿，中午并无午休。为尽可能挤时间赶稿，只好一天只食两餐，人非常疲劳，虽终于用七个月时间交出了初稿，但稿子的质量也可想而知。出版社审读看过后要求压缩篇幅，再作修改和完善，也是合情合理的要求。

苏州山温水软，风物清嘉，除苏州市区外，还下辖有张家港、常熟、太仓、昆山、吴江五个县级市，市区和这些县级市千年一体，个个历史文化深厚，地理风貌、物产民情也各有特色，要想写一本大致反映苏州的书，除了重点写市区外，这五个县级市是无论如何无法省略的，只好在详略上注意分寸。苏州可写的不仅是古城、街巷、镇村，到具体的寺观店肆、园林宅第、岛桥堤墓、古树名木、山江湖河，甚至残碑础石、一块糕、一道菜、一粒药、一出戏等等，几乎都有掌故可谈，而这里面所蕴含的文史内容，可能正是苏州的魅力所在。苏州的历史里还有无数的先贤名宦、能工巧匠、俊才丽姝、诗人画家、僧道医侠，人文景观和自然景观之水乳交融，旅游资源之丰富多彩，就全国来看，也当属第一方阵。为抒爱苏州之情而写苏州的人，早已无可胜数，美文妙章，法式皆备，如果要想写出一点新意，让人读后多少有所得，我只能在知识性方面和材料取舍方面多做努力。更何况苏州城乡各地各单位开发建设景区景点，保护历史文化遗存，都有很高的积极性，导致新的景区景点不断涌现，苏州之美从总体上是一种动态的过程，以我个人之力既难以尽述，也难以写好。虽我已尽心尽力，但到要结束书稿时才深切感觉，这是一个永远无法让自己满意的任务。而且需要说明的是，许多地方书中没有反映，这不是这些地方没有什么内容可写，也不是我故意遗漏，实在是因为书的容量有限，我或已基本准备好了材料，或已到现场采访过，或已写好了初稿，考虑再三，根据出版社意见，最后还是只能割爱，尚祈鉴谅。

　　写此书时，得到众多朋友的支持。除出版社编辑的尽心尽力外，还有寒山寺秋爽方丈，西园寺普仁方丈，苏州市道教协会张凤林会长，玄妙观薄建华住持，常熟市方志办祝慧江主任，苏州市国画院周矩敏院长、苏州市博物馆张欣馆长、市图书馆古籍部卿朝晖、中新社苏州支社李克祥、苏州市外事办公室程大炜，画家杨明义、江野，苏州市民间文化艺术交流中心主任钱杏珍，吴江市黎里镇柳亚子纪念馆原馆长、黎里古镇管委会顾问李海珉以及丁华强、蒋锐、王晨明、杨同兴、平龙根、汪香元、孙宁华、杨陈晨、杨晓莉、李莹斐、张凌、陆允昌等先生和女士，或提供材料，或审改稿子，或组织照片，或联系有关人士，都给了我许多具体的指导和宝贵的帮助。其中特别值得一提的是原广州食品厂厂长刘石林先生，已处癌症晚期，瞒着病情多次来向我介绍观前街、石路过去的情况，因我忙于写稿，疏于过问他的身体，等到有一天想起刘先生已多月未见人也无电话，再打电话却不通了，转问了他单位才知他等不及看到我这本书出版人已仙逝多日了，他不告诉我病危是不想打扰我写稿，这让我感动而难过。我还要感谢周永成先生，因有些景点我已多年未去，一时也无暇前去，他都替我一一前去现场，找人了解细节，拍摄照片，让我再有身临其境之感，了解这些我要写到的地方有了什么新变化，有时则陪我去一些现场。他和许钰贤老师还分别替我通看了稿子，作文字的初步把关。杨蕴华女士为我此稿不厌其烦地多遍整理文稿、资料和照片，事务极为烦琐，因为她的认真细致才使此稿得以顺利完成。沈筱霞女士为我寻找、整理照片，联系材料和有关人士，花费了大量工夫。还有许多单位和亲朋好友，或关心支持我撰写此书，或无偿提供照片，使此书生色许多，在此表示真诚的感谢！

我还要诚挚感谢两篇序言的作者。1974年我还在医院工作在病房穿着白大褂时，看到一篇不署具体名字的长篇通讯，报道的是南京一家矿山医院的陈腊贞医生的先进事迹，心里感动之余，也佩服作者的文才和写作激情，未料想十一年后我也调到南京，在新华日报社工作，才知当年报道陈腊贞的记者叫刘向东。后来他由一线记者成了总编辑、社长、党委书记，作为我的领导，对我的工作多有爱护指导。他虽退休多年，此次拙稿草成，求他赐序，他慨然答应义务写序，并抱病看了全部稿子，替我把关，指出文中错误，然后亲笔写了热情洋溢的序言，对我多有过奖和勖勉。捧读大序之余，既感动又惭愧，自将当作今后人生继续努力的鞭策。王守仁是我初中同学，既有同窗之谊，又有诤友之情，每次和他交流，我总获益不少。此次请他写序，他正接受了国家重点社科项目，但也在百忙中通看了全稿，提出极有见地的修改意见。荣幸得他写序，成为我人生一快意之事。

　　在这里，我也要感谢我的妻子，她在病痛之余，将自己的生活要求压至最低，尽可能少给我增加麻烦。女儿是苏州一家大医院的眼科医生，我写书时她正逢哺乳期，我不仅对她和刚出生的外孙女鲜有照顾，而且她知我以听她临床工作情况及经她手术后病人康复的故事为人生乐事，产假后即按期上班勤勉工作，使我常有临床故事可听而心情欣慰不少。当我妻子因术后落下残疾而情绪低落时，当年曾是女八路的岳母以八十六岁高龄住进病房，陪伴我妻子三个月，以便做其思想工作，使我得以天天可以放心离开医院回到家中电脑前打写稿子。

　　报社记者通联部和苏州办事处诸位领导及徐苏女士，也对我甚为体谅和关照，还有许多其他朋友，对我的关心、支持，不能一一列举，谨在此一并致谢！最后，再次感谢林青松主任和他的同事，使我与浙江摄影出版社的此次合作如沐春风，同时也受益良多，亦谨表谢忱。

　　本人才疏学浅，书中差错定然不少，望读者有以赐教，则为至幸。文中个别对历史的解读，观点或有不同，仅是我本人因景而生的随感，非是严谨的学术观点，不足为训。

嵇　元
2012年5月11日改稿毕，书于苏州望梅楼

再版后记

《走读苏州》自2013年初出版以来，受到读者的钟爱，到2016年已经印了六次，作为作者，对读者关心苏州和支持笔者深为感动，但同时也甚为不安。因为主客观原因，初版中难免存在着一些问题，城市日新月异的发展，也导致部分信息已经滞后。但因为我在《走读苏州》出版后开始其他创作，没有时间作全面修改，心里一直压着一个心思，也怀着歉意。

2016年11月，我的五卷本作品《品读苏州》在作家出版社出版，12月，《本草——生长在时光的柔波里》由人民卫生出版社出版，在这期间，责任编辑林青松老师多次建议对《走读苏州》进行修订后再版。上述两部作品付梓之后，我终于得空进行认真修订。

这对作者来说，是莫大的褒奖和关爱，也是一种荣誉，我自然珍惜，也深深感谢。因时间较紧，我日夜赶工，如期完成浙江摄影出版社交给的"作业"。此次修订，主要做了以下几个方面的工作：改正错别字和标点符号；对部分语法问题加以改正；校对了一些引文的原始出处；调整和补充了部分照片；删除了个别过时信息，并补充了一些新的信息；推敲了个别观点，等等。相信典藏版《走读苏州》会较初版的《走读苏州》更准确、雅净，也更经得起时间的考验。

最后，对此次修改提出宝贵建议或提供其他帮助的丁嵇玲、王苏华、周永耀、周薇、周晓冬、谢勤国、宋昌鸿、姚红兰、周赟等读者、老师、朋友等，以及为本书付出大量心血的责任编辑林青松老师谨致真诚谢意。

稽 元

2017年3月3日

鸣 谢

本书中照片，除作者本人拍摄一小部分外，主要有周永成、李克祥、杨蕴华、程大炜、薛卫、郭成、李金明、蒋峰、查正风、李宗唐、王海燕、谈燕、阙明芬、邵家声、李晓、王克明、阮强、江国一、顾益明、陈铭以及苏州大学宣传部、吴中区委宣传部、相城区委宣传部、苏州工业园区管委会新闻办、苏州高新区工委宣传部、苏州市园林与绿化管理局、常熟市古里镇、苏州市卫生职业技术学院、桃花坞建设发展有限公司、石湖景区管理处、盘门景区管理处、圣恩寺以及全景网等个人和单位，为宣传、介绍苏州友情提供照片，谨表示诚挚感谢！

责任编辑　林青松　方　妍
装帧设计　任惠安
责任校对　王　莉
责任印制　汪立峰

图书在版编目（CIP）数据

走读苏州：典藏版 / 嵇元著. -- 杭州：浙江摄影出版社, 2017.3（2024.11重印）
 ISBN 978-7-5514-1749-5

Ⅰ.①走… Ⅱ.①嵇… Ⅲ.①苏州—概况 Ⅳ.①K925.33

中国版本图书馆CIP数据核字(2017)第044986号

ZOU DU SUZHOU (DIANCANG BAN)
走读苏州（典藏版）
嵇　元　著

全国百佳图书出版单位
浙江摄影出版社出版发行
地址：杭州体育场路347号
邮编：310006
电话：0571-85151156
网址：www.photo.zjcb.com

经　销：全国新华书店
制　版：浙江新华图文制作有限公司
印　刷：浙江海虹彩色印务有限公司
开　本：787mm×1092mm　1/16
印　张：25.75
字　数：396千
2017年3月第1版　2024年11月第6次印刷
ISBN 978-7-5514-1749-5
定　价：45.00元